# 大清一統志

第十四册

陝西（二）

# 陕西（二）

#目録

漢中府圖……八五四一
漢中府表……八五四四
大清一統志卷二百三十七　漢中府一……八五五四
大清一統志卷二百三十八　漢中府二……八五九四
榆林府圖……八六六一
榆林府表……八六六四
大清一統志卷二百三十九　榆林府一……八六六八
大清一統志卷二百四十　榆林府二……八六九〇
興安府圖……八七二三
興安府表……八七二六
大清一統志卷二百四十一　興安府一……八七三〇
大清一統志卷二百四十二　興安府二……八七五四

同州府圖……八七八三
同州府表……八七八六
大清一統志卷二百四十三　同州府一……八七九二
大清一統志卷二百四十四　同州府二……八八二一
大清一統志卷二百四十五　同州府三……八八七四
商州直隸州圖……八九一九
商州直隸州表……八九二三
大清一統志卷二百四十六　商州直隸州……八九二五
乾州直隸州圖……八九六九
乾州直隸州表……八九七二
大清一統志卷二百四十七　乾州直隸州……八九七五
邠州直隸州圖……九〇〇七
邠州直隸州表……九〇一〇
大清一統志卷二百四十八　邠州直隸州……九〇一三
鄜州直隸州圖……九〇四五

鄜州直隸州表……九〇四八
大清一統志卷二百四十九　鄜州直隸州……九〇五一
綏德直隸州圖……九〇八五
綏德直隸州表……九〇八八
大清一統志卷二百五十　綏德直隸州……九〇九三

# 漢中府圖

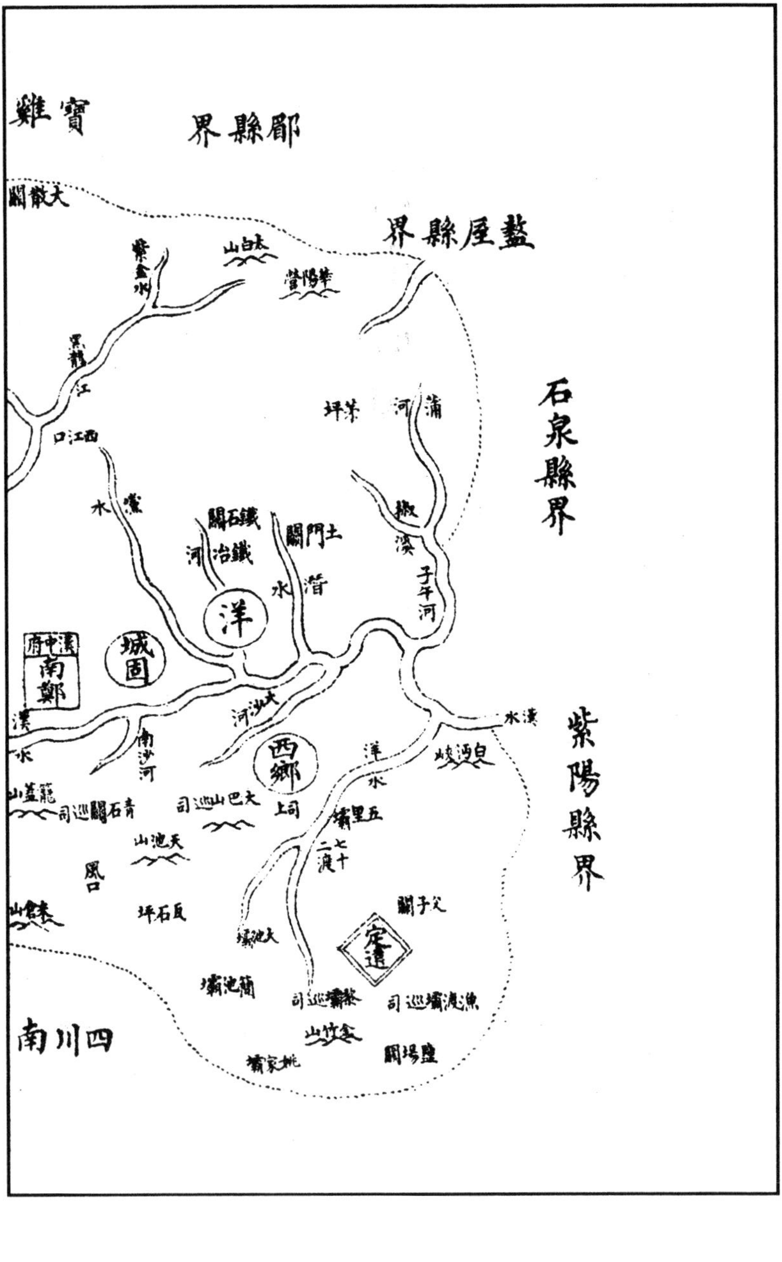
寶雞
郿縣界
大散關
盩厔縣界
太白山
華陽營
黑龍江
西江口
石泉縣界
蒲河
茶坪
灙水
鐵石關
土門關
鐵冶河
湑水
椒溪
子午河
洋
城固
漢中府
南鄭
大沙河
漢水
南沙河
西鄉
洋水
漢水
青石關巡司
大巴山巡司
五里壩
天池山
瓦石坪
大池壩
定遠
父子關
簡池壩
黎壩巡司
漁渡壩巡司
金竹山
鹽場關
四川南
紫陽縣界

縣界
甘肅兩當縣界
兩當水
故道水
鳳
馬鞍嶺
南岐山
鐵爐川營
南星巡司
柴關
白水江
嘉陵江
紫柏山
留壩
沮水
武關驛
何家巖
略陽
洛索河
宜口關
沔
沔水
褒谷
褒城
陽平關
嶓冢山
甘肅階州界
黃官嶺巡司
鐵鎖關
牢固關
寧羌
嘉陵江
江縣界

# 漢中府表

| | 漢中府 | 南鄭縣 |
|---|---|---|
| 秦 | 漢中郡 惠王十三年置。 | 南鄭邑 |
| 兩漢 | 漢中郡 屬益州。 | 南鄭縣 郡治。 |
| 三國 | 漢中郡 屬蜀漢，後入魏，置梁州治。 | 南鄭縣 |
| 晉 | 漢中郡 梁州治。東晉兼爲秦州治。 | 南鄭縣 |
| 南北朝 | 漢中郡 宋兼置南秦州。梁天監三年入魏，大同初還屬梁。西魏廢帝元年復入于魏。 | 南鄭縣 |
| 隋 | 漢川郡 開皇三年郡廢，大業三年州廢，改置。 | 南鄭縣 郡治。 |
| 唐 | 興元府 武德元年復置梁州，天寶元年改漢中郡，乾元元年復。興元元年升府，爲山南西道治。 | 南鄭縣 府治。武德三年析置白雲縣，九年省。 |
| 五代 | 興元府 屬蜀。周改漢川郡。 | 南鄭縣 |
| 宋 | 興元府 復名，爲利州路治。紹興十四年又改爲利州東路治。 | 南鄭縣 徙治。 |
| 元 | 興元路 改路，屬陝西行省。 | 南鄭縣 路治。 |
| 明 | 漢中府 洪武三年改名，九年屬陝西布政司。 | 南鄭縣 府治。 |

續表

| | 褒城縣 |
|---|---|
| | 褒縣 屬漢中郡。 |
| | 褒中縣 更名。 |
| | 褒中縣 |
| | 苞中縣 更名。 |
| 漢陰縣 魏屬漢中郡，後廢。 廉水縣 魏延昌中置，屬褒中郡，梁省。 | 褒中郡 魏永平四年置。 褒中縣 宋省，魏永平四年復置，郡治。 武鄉縣 魏延昌元年置，後廢。 |
| | 廢。 褒城縣 初更名褒內，仁壽元年又改名，屬漢川郡。義寧二年復曰褒中。 |
| | 褒城縣 貞觀三年復名，屬興元府。 |
| | 褒城縣 |
| 廉水縣 紹興四年復置，紹定中廢。 | 褒城縣 移治。 |
| | 褒城縣 屬興元路。 |
| | 褒城縣 屬漢中府。 |

續表

| 城固縣 | 洋縣 |
| --- | --- |
| 成固縣 屬漢中郡。 | 成固縣地。 |
| 成固縣<br>安陽縣 初置，屬漢中郡。 | |
| 成固縣<br>安陽縣 後徙廢。 | |
| 成固縣 | 興道縣 初置，屬漢中郡。 |
| 城固縣 宋更名。 | 儻城郡 西魏置。<br>興勢縣 宋廢。魏延昌三年改置，屬晉昌郡。 |
| 城固縣 屬漢川郡。 | 廢。<br>興勢縣 屬漢川郡。 |
| 城固縣 武德二年更名唐固，貞觀初復。興元元年屬興元府。 | 洋州 天寶十五載移置洋川郡，乾元元年改置，屬山南西道。<br>興道縣 初屬洋州，貞觀二十三年更名，後爲州治。 |
| 城固縣 | 洋州 孟蜀更名源州。<br>興道縣 |
| 城固縣 移治。 | 洋州 復名，屬利州東路。<br>興道縣 |
| 城固縣 屬興元路。 | 洋州 屬興元路。<br>至元二年省入州。 |
| 城固縣 屬漢中府。 | 洋縣 初降縣，屬漢中府。 |

續表

| | 西鄉縣 |
|---|---|
| | 成固縣地。 |
| | |
| | |
| 黄金縣屬漢中郡，後廢。 | |
| 黄金縣西魏復置。 晉昌郡魏置，後廢。 龍亭縣郡治，後廢。 | 洋川郡西魏置，兼置洋州。 |
| 黄金縣屬漢川郡。 | 開皇三年郡廢，大業三年州廢。 |
| 黄金縣 真符縣開元中置華陽縣，天寶三載廢，八載復置，改名，屬京兆府，旋改屬洋州。 | 武德元年復置洋州，天寶元年改曰洋川郡，後徙。 |
| 黄金縣 真符縣 | |
| 真符縣乾德四年移治，廢黄金縣入。 | |
| 至元二年省。 | |
| | |

| | 鳳縣 |
|---|---|
| | |
| | |
| 南鄉縣 蜀置。 | |
| 西鄉縣 更名，屬漢中郡。 | |
| 豐寧縣 魏改置。西魏州郡治，又分置懷昌郡。周降縣。 | 固道郡 魏太和元年置，孝昌中兼置南岐州。西魏改州曰鳳，郡曰歸真。 |
| 西鄉縣 大業初省懷昌縣，復名，屬漢川郡。 | 河池郡 開皇三年郡廢，大業三年州廢，改置。 |
| 西鄉縣 屬洋州。 洋源縣 武德七年置，屬洋州。寶曆初廢。 | 鳳州 武德元年復置州，天寶元年改河池郡，乾元元年復屬山南西道。 |
| 西鄉縣 | 鳳州 初屬岐，後屬蜀。 |
| 西鄉縣 | 鳳州 屬秦鳳路。 |
| 西鄉縣 徙治，屬興元路。 | 鳳州 屬興元路。 |
| 西鄉縣 屬漢中府。 | 鳳縣 降縣，屬漢中府。 |

續表

| | 寧羌州 |
|---|---|
| 故道縣 屬隴西郡。 | 葭萌縣地。 |
| 故道縣 屬武都郡。 | |
| 故道縣 | |
| 故道縣 永嘉後亂廢。 | 晉壽縣地。 |
| 梁泉縣 魏太和初置縣，爲州郡治。 | |
| 梁泉縣 郡治。 | 綿谷縣地。 |
| 梁泉縣<br>黃花縣 武德元年置，寶曆初廢。 | 三泉縣 武德四年置，兼置南安州及嘉牟縣，八年廢州及嘉牟縣。興元元年屬興元府。<br>金牛縣 武德二年置，寶曆初廢。 |
| 梁泉縣 | 三泉縣 |
| 梁泉縣 | 三泉縣 乾德三年直隸京師，至道二年建大安軍，三年軍廢，紹興三年復建大安軍，屬利州路。 |
| 至元五年省入州。 | 大安縣 初爲大安州，至元二十年降縣，屬沔州，省三泉縣入。 |
| | 寧羌州 洪武初省大安縣，復置寧羌衛，成化二十二年升州，屬漢中府。 |

| 沔縣 | |
|---|---|
| | |
| 沔陽縣屬漢中郡。 | |
| 沔陽縣 | |
| 沔陽縣 | |
| 沔陽縣宋、齊屬漢中郡，魏屬華陽郡。 | 嶓冢縣魏析置，屬華陽郡。 |
| 省。 | 西縣大業初更名，屬漢川郡。 |
| | 西縣初置褒州，旋廢，屬安州。興元元年屬興元府。 |
| | 西縣 |
| | 西縣乾德三年直隸京師，後屬興元府。 |
| 沔州至元二十年置鐸水縣，移州來治。 | 鐸水縣置爲州治，後省入州。至元二十年省。 |
| 沔縣降縣，屬漢中府。成化二十二年屬寧羌州。 | |

續表

續表

| | 略陽縣 |
|---|---|
| | |
| | 沮縣 屬武都郡。 |
| | 沮縣 |
| | 沮縣 永嘉後入氐。 |
| 華陽郡 魏置，治華陽縣。 | 武興郡 魏正始三年置武興鎮，尋改置，兼置東益州。正光後入氐。梁曰東益州，尋建武興國。西魏改州曰興，郡曰順政。 武興縣 魏正始三年置州郡治。西魏更名漢曲。 |
| 郡縣俱廢。 | 順政郡 開皇三年郡廢，大業初州廢，復置。 順政縣 開皇十八年更名，郡治。 |
| | 興州 武德元年復置州，天寶元年改順政郡，乾元元年復屬山南西道。 順政縣 |
| | 興州 屬蜀。 順政縣 |
| | 沔州 初屬利州路，紹興十四年分置利州西路，開禧三年改名，後復屬利州路。 略陽縣 開禧三年更名。 |
| | 徙廢。 略陽縣 屬沔州。 |
| | 略陽縣 初屬漢中府，成化二十二年改屬寧羌州。 |

| | | | | | |
|---|---|---|---|---|---|
| | | | | | |
| | | | | | |
| | | | | | 修城道 屬武都郡。後漢廢。 |
| | | | | | |
| | | | | | |
| 槃頭郡 魏置，周廢。 | 萇舉縣 魏置，郡治。 | 落叢郡 魏置。 | 明水縣 魏置，郡治，後改名落叢。 | 修城郡 魏太和中置，周廢。 | 廣長縣 魏置，郡治。 |
| | 長舉縣 屬順政郡。 | 廢。 | 鳴水縣 開皇六年更名廚北，八年又改名，屬順政郡。 | | 修城縣 仁壽初更名，屬順政郡。 |
| | 長舉縣 屬興州。 | | 長慶初省。 | | 廢。 |
| | 長舉縣 | | | | |
| | 長舉縣 | | | | |
| | 至元中省。 | | | | |
| | | | | | |

續表

| 定遠廳 | 留壩廳 |
| --- | --- |
| 成固縣地。 | 故道縣地。 |
| | |
| | |
| | |
| | |
| | |
| 洋州地。 | 鳳州地。 |
| | |
| | |
| | |
| 西鄉縣地。 | 鳳縣地。初置留壩巡司，後廢。 |

# 大清一統志卷二百三十七

## 漢中府一

在省治西南一千七十里，東西距八百十里，南北距六百五十里。東至興安府石泉縣界三百十里，西至甘肅階州界五百里，南至四川保寧府南江縣界一百四十里，北至鳳翔府寶雞縣界五百十里。東南至興安府紫陽縣界三百二十里，西南至四川保寧府廣元縣界三百四十里，東北至西安府盩厔縣界三百六十里，西北至甘肅秦州兩當縣界四百八十里。自府治至京師三千五百里。

### 分野

天文翼、軫分野，鶉尾之次。漢書地理志：楚地，翼、軫之分野也。漢中，楚分。

### 建置沿革

禹貢梁州之域。春秋時爲蜀地，戰國初秦、楚之境，後屬秦，置漢中郡。史記：秦惠王十三年，攻楚漢中，取地六百里，置漢中郡。華陽國志：周赧王二年，秦惠文王置郡，因水名也。漢初爲漢國，後仍爲漢中郡，屬益州。後漢因之。三國屬蜀。通典：後漢末，張魯改漢中爲漢寧，魏武復曰漢中郡。後蜀先主有其地，以爲重鎮。魏景元四年克蜀，兼置梁州。王隱晉書：魏末克蜀，分廣漢、巴、涪陵以北七郡爲梁州，治沔陽。晉因之。晉書地理志：泰始三年，立梁州於漢中、南鄭。宋書州郡志：李氏據梁、益，江左於襄陽僑立梁州。李氏滅，復舊。東晉隆安中，又僑置秦州，宋兼置南秦州。梁天監三年入於魏，曰梁州漢中郡。大同初，還屬梁。西魏廢帝元年，復克之。隋開皇元年郡廢。大業三年州廢，改爲漢川郡。唐武德元年，復曰梁州。開元十三年，改曰褒，二十年復故。舊唐書地理志：開元二十一年，分置山南西道採訪使，理梁州。天寶元年曰漢中郡，乾元元年復曰梁州。興元元年升興元府，爲山南西道治。唐書方鎮表：至德元載，置山南西道防禦守捉使。廣德元年升爲節度使，治梁州，尋降爲觀察使。建中元年復升爲節度使。興元元年節度使兼興元尹。五代屬蜀。文獻通考：王蜀改興元府爲天義軍，後復故。宋曰興元府，爲利州路治。宋史地理志：興元府，次府，梁州，漢中郡，山南西道節度。紹興十四年，分爲利州東路治。輿地紀勝：利州東、西路，乾道四年合爲一，淳熙二年復分，三年復合，五年復分，紹熙五年復合，慶元二年復分，嘉定三年復合，十一年復分，尋復合。元爲興元路，屬陝西行省。明洪武三年，改爲漢中府。領州二、縣十四。九年，屬陝西布政司。萬曆二十三年，升興安州直隸陝西布政司，割平利、石泉、洵陽、紫陽、漢陰、白河六縣屬焉。本朝因之，隸陝西省。乾隆三十八年，設留壩廳。嘉慶七年，設定遠廳。今領州一，縣八，廳二。

南鄭縣。附郭。東西距五十里，南北距一百六十里。東至城固縣界二十里，西至褒城縣界三十里，南至四川保寧府南江縣界一百四十里，北至褒城縣界二十里。東南至保寧府通江縣界一百二十里，西南至保寧府巴州界一百九十里，東北至城固縣界四十里，西北至褒城縣界二十里。本秦南鄭邑。漢置縣，爲漢中郡治，後漢至南北朝因之。隋爲漢川郡治。唐爲興元府治，宋因之。元爲興元路治。明爲漢中府治。本朝因之。

**褒城縣**。在府西北四十里。東西距五十五里，南北距三百四十里。東至南鄭縣界二十五里，西至沔縣界三十里，南至四川保寧府南江縣界二百里，北至留壩廳界一百四十里。東南至南鄭縣界二十里，西南至寧羌州界一百八十里，東北至城固縣界六十里，西北至沔縣界七十里。古褒國。秦置褒縣，屬漢中郡。漢置褒中縣，後漢因之。晉義熙中，改曰苞中，劉宋省。後魏永平四年，復置褒中縣，兼置褒中郡。隋開皇初郡廢，改縣曰褒内。仁壽元年，又改褒城，屬漢川郡。義寧二年，又改褒中。唐貞觀三年，復曰褒城，興元元年，屬興元府。宋因之。元屬興元路。明屬漢中府。本朝因之。

**城固縣**。在府東少北七十里。東西距六十里，南北距二百二十里。東至洋縣界十里，西至南鄭縣界五十里，南至西鄉縣界七十里，北至留壩廳界一百五十里。東南至西鄉縣界五十里，西南至南鄭縣界一百四十里，東北至洋縣界六十里，西北至南鄭縣界五十里。秦置成固縣，屬漢中郡。兩漢及晉因之。劉宋曰城固，齊及後魏因之。隋屬漢川郡。唐武德二年，改曰唐固，貞觀二年復故。興元元年，屬興元府。宋因之。元屬興元路。明屬漢中府。本朝因之。

**洋縣**。在府東一百二十里。東西距二百里，南北距一百六十里。東至興安府石泉縣界一百六十里，西至城固縣界四十里，南至西鄉縣界六十里，北至西安府盩厔縣界一百里。東南至西鄉縣界九十里，西南至西鄉縣界七十里，東北至盩厔縣界二百四十里，西北至城固縣界八十里。秦、漢成固縣地。晉置興道縣，屬漢中郡。劉宋廢。後魏延昌三年，置興勢縣，屬晉昌郡。西魏分置儻城郡。隋開皇初郡廢，縣屬漢川郡。唐初屬洋州。貞觀二十三年，改曰興道。天寶十五載，移洋川郡來治。乾元初，復改郡曰洋州，屬山南西道。五代時，孟蜀改曰源州。宋復曰洋州，屬利州東路。元至元二年，以州治興道縣省入，屬興元路。明初降州爲縣，屬漢中府。本朝因之。

**西鄉縣**。在府東南二百四十里。東西距三百四十里，南北距三百九十里。東至興安府石泉縣界一百八十里，西至城固縣界一百六十里，南至定遠廳界二百七十里，北至洋縣界一百二十里。東南至定遠廳界一百七十里，西南至四川保寧府通江縣界三百三十里，東北至寧陝廳界二百五十里，西北至洋縣界六十里。秦、漢成固縣地。三國漢置南鄉縣。晉改曰西鄉，屬漢中郡。宋、齊因之。後魏改置豐寧縣。西魏兼置洋州及洋川郡。隋開皇中郡廢。大業初州廢，縣復曰西鄉，屬漢川郡。唐武德元年，復於縣置洋州。天寶元年曰洋川郡。十五載，徙郡治興道，以西鄉屬焉。宋亦屬洋州。元屬興元路。明屬漢中府。本朝因之。

**鳳縣**。在府西北三百八十里。東西距一百七十里，南北距二百五十里[一]。東至鳳翔府寶雞縣界一百十里，西至甘肅秦州兩當縣界六十里，南至留壩廳界一百七十五里，北至兩當縣界八十里。東南至留霸廳界一百二十里，西南至沔縣界一百四十里，東北至寶雞縣界一百十里，西北至兩當縣界七十里。秦置故道縣，屬隴西郡。漢屬武都郡。後漢及晉因之。永嘉後没於氐、羌，後魏太和元年，改置涼泉縣，兼置固道郡，尋改縣曰梁泉，孝昌中又置南岐州。西魏廢帝三年，改州曰鳳州，郡曰歸真。隋開皇初郡廢，大業三年改州爲河池郡。唐武德元年，復爲鳳州，天寶元年曰河池郡，乾元元年仍曰鳳州，屬山南西道。五代初屬岐，後屬蜀。宋仍曰鳳州，屬秦鳳路。元至元五年，以州治梁泉縣省入，屬興元路。明初降州爲縣，屬漢中府。本朝因之。

**寧羌州**。在府西南二百八十里。東西距三百九十五里，南北距二百六十里。東至沔縣界一百二十里，西至四川龍安府平武縣界二百七十五里，南至四川保寧府廣元縣界一百五十里，北至沔縣界一百十里。東南至保寧府南江縣界二百五十里，西南至廣元縣界六十五里，東北至沔縣界一百五里，西北至甘肅階州文縣界一百二十里。秦蜀郡葭萌縣地。漢屬廣漢郡。晉爲梓潼郡晉壽縣地。隋爲義成郡緜谷縣地。唐武德四年，分置三泉縣，兼置南安州。八年州廢，縣屬梁州。天寶元年，改屬漢中郡。興元元年，屬興元府。宋乾德三年，以縣直隸京師。至道二年，建爲大安軍，三年軍廢，縣仍屬京師。紹興三年復置大安軍，屬利州路。元初爲大安州。至元二十年，降州爲大安縣，屬沔州，又省三泉縣入之。明洪武二十九年省大安入沔縣，改置寧羌衛。成化二十二年升爲寧羌州，屬漢中府。本朝因之。

**沔縣**。在府西一百十里。東西距一百里，南北距一百七十里。東至褒城縣界六十里，西至略陽縣界四十里，南至寧羌州界七十里，北至鳳縣界一百里。東南至褒城縣界六十里，西南至寧羌州界七十里，東北至褒城縣界五十里，西北至略陽縣界六十里。秦蜀郡地。漢置沔陽縣，屬漢中郡。後漢、晉及宋、齊皆因之。後魏析置嶓冢縣，並屬華陽郡。隋初省沔陽縣。大業初改嶓冢曰西縣，屬漢川郡。唐武德三年，於縣置褒州，八年州廢，縣屬梁州。興元元年，屬興元府。宋乾德中，以縣直隸京師，後屬興元府。至道二年，改屬大安軍，三年還屬興元府。元初屬沔州。至元二十年，省西縣入略陽，改置鐸水縣，移沔州來治，後又省鐸水縣入州。明初降州爲縣，屬漢中府。成化二十二年，改屬寧羌州。本朝仍屬漢中府。

## 略陽縣。

在府西北二百九十里。東西距二百四十里，南北距二百十里。東至沔縣界一百三十里，西至甘肅階州界一百十里，南至寧羌州界八十里，北至甘肅秦州徽縣界一百三十里。東南至寧羌州界四十里，西南至階州界一百六十里，東北至沔縣界一百三十里，西北至階州成縣界一百九十里。秦蜀郡地。漢置沮縣，屬武都郡。後漢及晉因之。永嘉後没於氐、羌。宋昇明元年，楊氏自號爲武興國。後魏正始三年，置武興鎮，尋改置東益州及武興郡武興縣。正光後，復没於氐。梁大同初，復曰東益州，尋置武興國。西魏大統十一年，復曰東益州。廢帝二年，改州曰興州，郡曰順政，縣曰漢曲。隋開皇三年郡廢，十八年更縣名曰順政。大業三年州廢，復置順政郡。唐武德元年，復爲興州。天寶元年，復曰順政郡。乾元元年，仍曰興州，屬山南西道。五代屬蜀。宋仍曰興州，屬利州路。紹興十四年，分置利州西路治此。開禧三年，改州曰沔州，縣曰略陽。嘉定三年，仍屬利州路。元至元十四年，改屬廣元路，二十年移沔州治鐸水縣，以略陽縣屬焉。明初屬漢中府，成化二十二年改屬寧羌州。本朝仍屬漢中府。

## 定遠廳。

在府東南四百八十里。東西距三百八十里，南北距二百一十五里。東至興安府紫陽縣界一百四十里，西至四川保寧府通江縣界二百四十里，南至四川太平廳界一百四十里，北至西鄉縣界七十五里。東南至紫陽縣界一百五十里，西南至通江縣界一百七十里，東北至西鄉縣界八十五里，西北至西鄉縣界一百里。秦、漢成固縣地。唐洋州地。明西鄉縣地。本朝嘉慶七年，分西鄉縣設定遠廳同知，屬漢中府。

留壩廳。在府西北一百九十里。東西距三百四十里，南北距一百五十里。東至西安府盩厔縣界二百四十里，西至鳳縣界一百里，南至褒城縣界五十里，北至鳳縣界一百里。東南至城固縣界一百里，西南至略陽縣界一百九十里，東北至鳳縣界二百二十里，西北至鳳縣界一百三十五里。秦、漢故道縣地。唐鳳州地。明鳳縣地，初置留壩巡司，後廢。本朝乾隆三十八年，分鳳縣地設撫民通判，四十年改設留壩廳同知。嘉慶十三年，移駐太平嶺，屬漢中府。

## 形勢

東接南郡，南接廣漢，西接隴西陰平，北接秦川。華陽國志。秦之坤，蜀之艮，連高夾深，九州之險。唐歐陽詹棧道銘序。氐羌接軫，爲威禦之鎮，寰宇記。秦蜀出入之衝。宋文同集。前瞰三秦，後蔽巴鎮。宋孫道夫奏議。

## 風俗

其民質直好義，士風樸厚，有先民之遺。華陽國志。質樸無文，不甚趨利，性嗜口腹，多事畋漁，好祀鬼神，尤多忌諱。隋書地理志。俗多醇謹，不尚浮華。寰宇記。君子精敏，小人勇悍。元一統志。

## 城池

漢中府城。周九里有奇，門四，池廣十丈。宋嘉定十三年建。本朝順治十三年、康熙二十七年、乾隆三十年修，嘉慶十九年重修。南鄭縣附郭。

褒城縣城。周三里有奇，門四，池深七尺。明弘治十二年土築，正德四年甃甎。本朝康熙二十六年修，乾隆十二年重修。

城固縣城。周七里有奇，門四，池廣二丈。明正德七年因宋舊址改建。本朝康熙四十六年修，乾隆十四年重修。

洋縣城。周七里有奇，門五，池廣三丈。宋熙寧中土築，崇禎中甃石。本朝順治九年、康熙二十七年、乾隆三十一年、嘉慶十四年屢修。

西鄉縣城。周六里有奇，門四。元末土築，明正德中增築東關新城，嘉靖初甃甎。池廣三丈。本朝順治七年修，康熙五十五年、乾隆十三年、嘉慶二十四年屢修。

鳳縣城。周四里有奇，門三。元至正二十八年土築，明嘉靖中甃甎。本朝順治十一年、乾隆三十年、五十六年屢修。

寧羌州城。周四里有奇，門四，因河爲池。明洪武二十九年建，成化二十三年增建。本朝雍正八年、乾隆二十四年修，嘉慶十八年重修。

沔縣城。周三里有奇，門三，池深一丈。明洪武四年土築，萬曆元年甃甎。本朝順治十二年、康熙三年、乾隆三十年修，嘉慶二十一年重修。

略陽縣城。周五里，門四。明正德六年土築，八年甃甎。本朝順治十一年、康熙二十四年、乾隆三十一年修，嘉慶二十三年重修。

定遠廳城。周二里，門四，池深一丈。嘉慶九年建，二十四年修。

留壩廳城。周一里有奇，門二。嘉慶十二年建。

## 學校

漢中府學。在府治西南。舊在縣城外東南一里，宋慶曆中建，元至元六年移建今所。明時屢修。本朝康熙二十五年修。入學額數二十名。

南鄭縣學。在府學西。舊在縣治東南，明洪武八年建，成化九年移建今所。本朝康熙二十三年修。入學額數十五名。

褒城縣學。在縣治西南。舊在縣西，宋崇寧中建，明洪武中移建今所。本朝康熙四十八年修，嘉慶十八年重修。入學額數十二名。

城固縣學。在縣治東南。宋崇寧二年建，元、明時屢修。本朝康熙二十三年修，四十五年重修。入學額數十五名。

洋縣學。在縣治西北隅。舊在城東，明嘉靖九年移建今所。本朝康熙三年修，二十八年重修。入學額數十五名。

西鄉縣學。在縣治東。舊在東關外，元延祐二年建，明正統十四年移建今所。本朝順治五年、康熙二十三年、五十六年屢修。入學額數八名。原額十二名，嘉慶二十四年裁撥定遠廳四名。

鳳縣學。在縣治東。明洪武四年建。本朝乾隆四十四年、嘉慶十年屢修。入學額數八名。

寧羌州學。在州治西北羊鹿坪。明正統四年建於舊衛治西北，本朝康熙四十二年遷於城東南，雍正二年改建今所。入學額數十二名。

沔縣學。在縣治西。明洪武四年建。本朝順治十年、康熙二十四年，乾隆四十三年屢修。入學額數十二名。

略陽縣學。在縣治北。舊在縣治西北隅，宋慶曆中建，元至正十年移建今所。明正德十五年重建。本朝康熙中修，嘉慶十五年重修。入學額數八名。

定遠廳學。在東關外。生童舊附西鄉縣考試，嘉慶二十四年建學。入學額數四名。

留壩廳學。未設。生童附鳳縣考試。

漢南書院。在府城内。乾隆三十年建。

樂城書院。在城固縣。乾隆三十年建。

定淳書院。在洋縣。乾隆二十五年建。

豐盈書院。在西鄉縣治西。康熙五十四年建，乾隆四十九年修。

鳳翼書院。在鳳縣。乾隆四十九年建。

振文書院。在寧羌州治西。嘉慶十五年建。

班城書院。在定遠廳治東。嘉慶十七年建。

## 户口

原額人丁一十萬八千六百五十六，今滋生民户共男婦一百五十四萬一千六百三十四名口。

## 田賦

民地七千五百六頃二十九畝二分三釐，額徵地丁銀六萬六千六百八兩三錢九分，糧一十石五斗六升一合九勺。屯地三千六百二十三頃四十五畝六分八釐，額徵地丁銀一萬九千二百三十八兩三錢六分七釐。

## 山川

幞頭山。在南鄭縣。輿地紀勝：在縣東南一百里，以形似名。

梁州山。在南鄭縣東南。亦名梁山。寰宇記：爾雅云「梁山，晉望也」，又「南方之美者，有梁山之犀象焉」，州因山名。輿地紀勝：山在縣東南一百八十里。其西與孤雲、兩角諸山相接，大山四圍，其中三十里許甚平曠，或云古梁州治也。

崁公山。在南鄭縣南六十里。宋元嘉十年，楊難當焚掠漢中南，漢中太守蕭承之自下桃進據崁公山，擊賊敗之。其後梁土民思承之功，於崁公山立廟祭祀。

大巴山。在南鄭縣南，接定遠廳界。亦名巴嶺山。水經注：廉水出巴嶺山。元和志：巴嶺在南鄭縣南一百九十里，旁臨漢江，與三峽相接，山南即古巴國。舊志：在縣南一百九十里，西鄉縣西南一百五十里，延亘數百里。冬夏積雪，中包孤雲、兩角、米倉諸山，南接四川巴州界。又小巴山，在定遠廳西北一百六十里。舊志：在西鄉縣西南二十五里。

米倉山。在南鄭縣南，一名玉女山。唐書地理志：南鄭有玉女山。寰宇記：仙臺山，一名玉女山，在南鄭縣南一百九十里。上有古城三門，不可登。山下時聞鐘磬之聲，道家開山經云，仙人玉女所居之地。輿地紀勝：仙臺山，一名米倉山，與大巴山相連。有韓信廟及截賢嶺，云蕭何追韓信至此。府志：米倉山在縣西南一百四十里。續志：在縣南一百九十里。按：輿地紀勝，大安軍有韓溪水，俗傳蕭何追韓信至此，故名。韓溪即寒水，今在寧羌州西南，距米倉絶遠，此必流傳之譌，附辨於此。

鶴騰山。在南鄭縣西南四十五里。輿地紀勝：相傳有仙人於此乘鶴騰去，因名。府志：鶴騰巖在褒城南五十五里，左右三巖相接，狀如畫屏。巖半有石洞三，深邃叵測，鶴騰泉下注此巖，如瀑布焉。

玉京山。在南鄭縣西南四十餘里，一峯突出。

青銼山。在南鄭縣西南五十里。輿地紀勝：山多杉檜，頂有一石如銼，因名。府志：在褒城縣南九十里。

黄牛山。在南鄭縣西南。魏書地形志：華陽有黄牛山。寰宇記：山在南鄭縣西南五十里，有石黄色，遠望如牛，下有黄牛川。十道記：黄牛川有再熟之稻，土人愛之。府志：山在縣西南三十里。續志：在縣西南五十里。

籠蓋山。在南鄭縣西南五十里。輿地紀勝：在縣西南八十里，其南與巴山相接。府志：老渚河源出此。

漢山。在南鄭縣西南。一名旱山。詩：「瞻彼旱麓。」毛傳：「旱，山名。」漢書地理志：南鄭縣旱山，池水所出。水經注：

山下有祠，列石十二，不辨其由，蓋社主之流，百姓時祈禱焉。寰宇記：山在縣西南二十里。旁有石牛十二頭，蓋秦惠王所造以鎮蜀者，名天池山。輿地紀勝：漢山在南鄭縣西南二十里。四峯八面，南接巴山，上有池水，即天池也。按：通志及續漢中府志均云旱山即漢山，而舊志及續志均分爲二。據漢書地理志，旱山池水所出，而雍大記池水出漢山，疑本一山，而後人以漢、旱音近，遂分而爲二也。謹附記。

寶頂山。在南鄭縣西南。輿地紀勝：在縣西南七十里，與青銼山相接。上生芝草。府志謂之寶鼎山。

金華山。在南鄭縣西南。輿地紀勝：在縣西南七十里，與巴山相接。其上峭峯特起，左右環遶，旁有數泉，合爲一池。府志：在褒城縣南九十里。山有三峯，一名三教山。山半有洞，有泉流經洞前，直下溉田。又南五里爲雙乳山，兩山並峙。

孤雲山。在南鄭縣西南。輿地紀勝：在廉水縣東南一百七十里，相連者曰兩角山，山頂高峻有兩峯，古語云：「孤雲、兩角，去天一握。」府志：孤雲山在褒城縣南一百二十里，亦名兩角山。通巴州，其路險峻，三日而達於山頂絶高處，謂之孤雲。

龍岡山。在南鄭縣西。華陽國志：龍岡北臨漢水，南帶廉津。隋書地理志：南鄭有龍岡山。輿地紀勝：山在縣西十里，相傳梁天監中有龍鬭於此。

中梁山。在南鄭縣西。唐書地理志：南鄭有中梁山。輿地紀勝：山在縣北十三里。漢中紀云，以其鎮梁州之中，故名。府志：在縣西十五里，褒城縣南三十五里。南麓有玉女洞，谿水自山峽下瀉，懸如瀑布。又數步有水湧出，爲玉女泉，合谿水灌田。縣志：從山南入褒城有三道，東曰猴子嶺，中曰土地埡，西曰石梯口，石路崎嶇。迤西孤峯特立者曰大孤山，又西峙立兩河口者爲小孤山。

聽山。在南鄭縣西北。水經注：壻水北發聽山。輿地紀勝：山在南鄭縣西北二十七里，西抵壻水小谿。府志：聽山在城固縣西九十里。

寶山。在南鄭縣北。輿地紀勝：在縣北十餘里，舊傳山中得寶珠，因名。

天臺山。在南鄭縣北。輿地紀勝：在縣北四十餘里。山頂平坦如臺，府治坐其岡脈。山谷石皆堅潤，有金星，可作硯，俗號石碑谷。谷中泉流可溉田。上有楞伽谷，又有佛子潭，飛泉流注數百尺，下爲深淵。

王子山。在南鄭縣北，接褒城縣界，距天臺山二里。峯巒拔削，如列畫屏。相近有七峯山，七峯峭拔。

天池山。有五。一在褒城縣南四十五里。上有穴曰風洞，春夏多風，秋冬白氣上騰，亦名氣眼。府志：縣北五十里亦有此，頂有池不涸。一在城固縣南三十里，頂有池水曰天河，四時不涸，歲旱祈雨輒應。一在西鄉縣西南六十五里，上有池。一在寧羌州東南四十里，層巒疊嶂，迴出羣峯，上有池，寒氣逼人，近視則雷電立至。一在略陽縣北，上有池方二畝，四時不涸。

立石山。在褒城縣南八十里。輿地紀勝：東接青銼，西連金華。府志：山頂有大石壁立，因名。

玉映山。在褒城縣南一百二十里，明嘉靖中始開。有石竇曰麒麟洞，祈雨輒應。

女郎山。在褒城縣西南。水經注：漢水南有女郎山，上有女郎冢，裁有墳形〔二〕。山上直路下出，不生草木，世人謂之女郎道。下有女郎廟及擣衣石，言張魯女也。有小水北流入漢，謂之女郎水。隋書地理志：褒城有女郎山。輿地紀勝：俗呼姑子山。縣志：有雙山在縣西南八十里。兩山横列，峯巒峻麗相似。又十里爲馬鞍山，山麓有泉，東流入廉水。

華山。在褒城縣西南一百十里，根盤百里許。有洞高大深邃，内有湫水。相近曰寶頂山，皆能興雲布雨。又南二十里爲仙臺山。

牛頭山。在褒城縣西。唐書地理志：褒城縣有牛頭山。寰宇記：山形如牛頭，高百仞，雲覆如笠即雨，故彼人亦號爲戴笠山。縣志：在縣西二十五里。下有靈液泉。

箕山。在褒城縣西北。後漢建武四年，公孫述將程焉出屯陳倉，馮異迎擊破之，焉退走漢川，異追戰於箕谷。三國漢建興六年，諸葛亮揚聲由斜谷道取郿，使趙雲、鄧芝爲疑軍，據箕谷。輿地紀勝：箕山在縣北十五里。上有池，四時不涸，俗號秦王獵池。山内有穴，號丙穴。有谷號道人谷，即鄭子真隱處。

雲霧山。在褒城縣西北七十里。絶頂有崖高百丈，横數十步。縣境諸山，此爲最高。有水痕如龍，黑白各四，有泉流於其下。其北界東西横截者，爲横當山，接留壩廳界。

雲夢山。在褒城縣西北，俗名觀山。最高處有雲臺觀，觀東一里曰飛仙崖，石峯壁立，高三百五十五丈。崖下曰白龍洞，深數步。下有石池，水自上滴入，不溢不涸。又西三里有青龍洞，深丈餘，亦有石池三，水亦自上滴入，從洞流出。後有聖水洞，石井深丈餘，水從底峽中出。

連城山。在褒城縣北二里，下臨褒水。有十二峯連接如城壘，皆平曠可居，土人謂之十二連城峯。各有池。下有黑溝泉，東麓有龍潭。

雞翁山。在褒城縣北。入谷十五里，即連城後山，延據龍江，突起高峯，狀類雞冠，因名。稽神録：唐温造爲興元節度，赴任將近漢中，大雨，平地水尺許，不可進，乃禱雞翁山神，疾風驅雲，即時晴霽。文宗聞其事，封山神爲侯。

七盤山。在褒城縣北。唐元微之詩：「迤邐七盤路，坡陀數丈城。」縣志：在縣北十里雞頭關下。自北南上，盤迴七轉，由此入連雲棧，最爲險峻。下有穴如斗大，曰魚洞。

衙嶺山。在褒城縣北。漢書地理志：褒斜水出衙嶺山。寰宇記：山在縣西北九十八里。府志：有馬道山在縣北九十里馬道驛西。又鳳凰山在馬道驛東北，山連兩翼，形如飛鳳，又名大白山。又石笋山在縣北一百二十里馬道迤西，下有鳳潭。

同鼎山。在褒城縣東北十五里。西瞰黑龍江，東連漢王山，三峯鼎峙，故名。崖半有飛虎洞。迤南與釣魚臺對者曰鐵屏崖。山後峯巒起伏，亘三十餘里。

少年山。在城固縣西南四十里。西枕沙河，路通西鄉及四川保寧府通江縣。俗傳彭祖祈年於此，因名。上有彭祖廟。

石籌山。在城固縣西四十里。府志：在縣西北十里。

斗山。在城固縣西北。寰宇記：在縣南五里。周地圖記云，斗山上下有石穴。道家開山經云，斗山凡五穴，通崑崙、隴山、武當、青城、長安。府志：斗山在縣西北二十里。脈自三嵎山迤邐而南，迴轉東向，聳起一峯，與三嵎山對峙，形似斗杓，因名。山後有三石洞。壻水自北來，繞山東出，五門堰在焉。山上有砦。明初下漢中，傅友德襲木槽關，攻斗山砦，即此。

浮遊山。在城固縣西北三十里。東西兩山並峙，亦曰伏牛山。

三嵎山。在城固縣西北。寰宇記：三嵎谷在縣西十九里。周地圖記云，三嵎山上有三峯，如覆鼎足。輿地紀勝：山在縣西北四十里。高聳萬仞，中多靈藥。

通關山。在城固縣北。水經注：壻水逕通關勢南，山高百餘丈，上有丘如城，方五里，濬塹三重。高祖北定三秦，蕭何守漢中，欲修北道通關中，故名爲通關勢。元和志：通關山在縣東北九里。府志：在縣北三十里。

慶山。在城固縣北三十五里。峯頂有烽堠遺址。西南三里有赤土坡，其土色赭，周圍十五里，亦名赤坂。

桃林山。在城固縣北四十里。

九真山。在城固縣北。輿地紀勝：在縣北五十里。道家謂太白山，南六百里與三嵎山相接，有大峯，上有九真玉井。

馬盤山。在城固縣北一百里。巍然高聳，形如卧馬，陂陀縈紆二十餘里，内有清溪三道。

白雲山。在城固縣東北三十里。多產藥物，俗傳張良辟穀於此。

龍亭山。在洋縣東，後魏置龍亭縣於此。輿地紀勝：有赤坂在洋州東二十里。龍亭山土色甚赭。蜀漢建興八年，魏曹真、張郃、司馬懿侵漢，武侯次於城固赤坂以待之。即此。府志：在縣東二十五里。

蒿平山。在洋縣東六十五里。山腹有靈湫，禱雨多應。

雞子山。在洋縣南五里，亦名祈子山。下瞰漢江，東枕大沙河，峯巒兀然聳峙。

蕎麥山。在洋縣南四十里。明景泰中有妖僧定山，據此作亂。

酆都山。在洋縣西北二十五里。山脈遠通秦嶺，爲縣重鎮。上有池二，深各六七尺，其一冬夏不涸。

石柱山。在洋縣西北一百里。山頂有石如柱，又有石盤，中常注水。

牛首山。在洋縣北五里。輿地紀勝：又有彌陀山、念佛巖。明統志：巖下有潭，面如碧鏡。府志：念佛巖，在縣北十五里。

白崖山。在洋縣北。輿地紀勝：在興道縣北六十里益水沙溪中，山有白石崖，因名。府志：在縣西北六十里。又白崖山在沔縣。輿地紀勝：在西縣北。山出靈藥，隱者多居焉。元統志：山上有雷公霹靂潭。

石砫山。在洋縣北六十里。明統志：山最高，頂石如砫。府志：山有九十四峯。

寒泉山。在洋縣北。水經注：陽都坂西有寒泉嶺。九域志：漢中記云，仙人李八百居此山。崖間有泉湧出，故名。府志：山在縣北一百二十里。

華陽山。在洋縣北一百四十里，舊置華陽縣以此。

興勢山。在洋縣北。後漢建安二十四年，先主與魏將夏侯淵、張郃相拒，於興勢作營。後主延熙七年，魏將曹爽侵漢中，鎮將王平遣劉敏據興勢拒之。魏書地形志：龍亭縣有鎮勢山，即興勢山也，亦謂之興勢坂。水經注：小城固城北百二十里，有興勢坂，諸葛亮出洛谷，戍興勢，置烽火樓，處處通照。元和志：山在興道縣北二十里。寰宇記：在縣西北四十三里。今郡城所枕，形如一盆，外險而内有大谷，爲盤道上數里，方及四門，縣因有興勢之名。

女冠山。在洋縣北。輿地紀勝：在真符縣北一百七十里。上有石壁，卓然瑩浄，石内有女仙之狀。舊志：灊水出此。

太白山。在洋縣東北，即終南山也。唐書地理志：真符縣有太白山。輿地紀勝：山去真符縣四百五十里，面隸鳳翔，背屬真符。唐天寶中得玉册於此。明統志：山在洋縣東北五百里。關中謂之南山，漢中謂之北山。

大龍山。在洋縣東北。輿地紀勝：在興道縣東北三十八里。相接者爲小龍山，下有大小二龍谿。

鐵城山。在西鄉縣東三十里，一曰鐵繩山。相近有金牛山，亦名牛嶺山。

午子山。在西鄉縣東南二十里，一名母子山。三峯削立，二水環流。山嶺有洞四五，深不可測，風出入有聲，謂之風洞，亦謂之午子洞。又聖水峽，在山之東，峽中有泉，自石穴湧出，一日三潮，謂之龍泉。又飛龍山，在午子山左。冠朱山，在午子山右。一名華表山，峯巒峭峻。

鹽水山。在西鄉縣東南，接興安府紫陽縣界。

雲亭山。在西鄉縣南八里。唐書地理志：西鄉縣有雲亭山。輿地紀勝：圖經云，山連巴嶺五百里，崖谷險峻，因山興雲，其狀如亭，故名。

皁軍山。在西鄉縣南十五里，一名皁均山。上有擂鼓臺，相傳宋吴玠駐兵處。

席帽山。在西鄉縣南。輿地紀勝：在縣南平定鄉，去縣一百五十里。有石龍洞，深五百餘丈。府志：在縣南平鄉口。

鷹山。在西鄉縣西南四十里，龍溪發源於此。

硃砂山。在西鄉縣西南八十里。上有飛泉。

樓山。在西鄉縣西五十里。山形如樓。

神山。在西鄉縣西七十里。又石人山，在縣西一百里，上有石如人。

文昌山。在西鄉縣北十五里。又北十五里，有望江山。

香積山。在西鄉縣東北。輿地紀勝：在真符縣東南一百三十里，饒風關南。

鳳凰山。在鳳縣東三里，上有鳳嶺，一曰鸑鷟山。又太白山，在縣東六十里，有靈湫。

三松山。在鳳縣南，今名紅石山。元和志：在梁泉縣南五里。寰宇記：一名長松山。山有三峯，並有長松，因名。縣志：又有堡子山，在縣南二里，上有堡。

南岐山。在鳳縣南十里。嶺有竹雲洞，洞有湫池。

武都山。在鳳縣南六十里。上有谷，出雄黃。

欣雲山。在鳳縣西南十五里，一名君子山，今名倉平山。山半有靈惠洞。又縣西四十里有馬嶺山。

紅崖山。在鳳縣西北。寰宇記：樵崖山，在黄花故縣西北四十五里。舊志：今名紅崖山，接甘肅秦州兩當縣界。下爲紅崖河。

豆積山。在鳳縣北。方輿勝覽：山在梁泉縣北一里，沖妙先生之别隱。淳熙中，憲使李大正大書「遯跡山」三字，鐫於山麓。府志：山在鳳縣北一里，一名龍腦山。上有消災巖，下臨嘉陵江，有張果老洞。

九峯山。在鳳縣東北五里。有九峯攢聚，故名。

御愛山。在鳳縣東北三十里。方輿勝覽：在縣松陵堡之側。唐韋莊入蜀記云，大散嶺之北，僖宗巡幸歷山下，愛玩不能去，因名。

月山。在寧羌州東一里。衆山環拱一山，其形如月。

龍頭山。在寧羌州東南二十里。山巔聳岸，狀如龍首。舊名馬面山，明弘治中改今名。

冠山。在寧羌州南門外。形如紗帽，俗名紗帽山。

烽燧山。在寧羌州南五里，昔人置烽燧於其上。又有烽燧山，在沔縣治西。

龍洞山。在寧羌州西南四十里。上有寒泉，紅魚時躍，烟霞斷續，傳有神驅龍於此。

嶓冢山。在寧羌州北。禹貢「梁州，岷、嶓既藝」，又「導嶓冢，至於荆山」。水經注：漢中記曰，嶓冢以東水皆東流，嶓冢以西水皆西流，即其地勢源流所歸，故俗以嶓冢爲分水嶺。魏書地形志：華陽郡嶓冢縣有嶓冢山，漢水出焉。元和志：嶓冢山，在金牛縣東二十八里。府志：在今州北九十里。按：禹貢嶓冢，本梁州山。漢志隴西郡西縣有嶓冢山，水經則在氐道縣。考漢之西縣在今鞏昌府秦州界，而氐道不知所在，要之皆雍州域，非梁州域。至後魏地形志始云嶓冢縣有嶓冢山。蓋縣本漢沔陽縣地，隋爲西縣，唐爲金牛縣，宋爲三泉縣，元爲大安縣，隋志、通典、元和志、寰宇記、元統志諸書並云山在此地，斯真禹貢「嶓冢導漾，東流爲漢」處。而嶓冢之在隴西者，自爲西漢水所出之山，與漢沔絶無交涉。梁州山當還之梁州，地形志所言爲得其實。

玉簪山。在寧羌州北。輿地紀勝：山有要嶺亭，爲一郡登覽之要。其後最高處曰雞冠山，今呼爲山砦。

五丁山。在寧羌州東北四十里。其峽曰五丁峽，亦曰金牛峽，俗傳即秦作五石牛紿蜀，蜀王令遣五丁開導引牛處。峽口懸崖萬仞，水自峽中噴薄而出，下合漾水爲蜀道之最險者。峽南兩崖峙立，懸崖兩大石，東崖爲石鼓，西崖爲石鐘。明弘治中，知州張簡嘗修鑿之。

龍泉山。在寧羌州東北。輿地紀勝：在大安軍十餘里，温水谿出此。半山有泉，水湧地中，漩沙而出。

定軍山。在沔縣東南。蜀志：建安二十四年，先主自陽平南渡沔水，緣水稍前，於定軍山勢作營。夏侯淵將兵來争，先主命黄忠乘高攻之，斬淵，遂有漢中。華陽國志：定軍山北臨沔水。水經注：沔陽故城，南對定軍山。元和志：山在西縣東南十里。府志：在沔縣東南十里。兩峯對峙，山上平坂，可駐萬軍。

卓筆山。在沔縣東南三十五里。輿地紀勝：在縣西南二十里泥潭谷中，一峯削出，有如卓筆。

龍門山。在沔縣西南六十里。大安軍志：龍門山東南去軍城十里。

潭毒山。在沔縣西南八十五里。宋紹興二年，劉子羽守此。又西南十里有普明山，大安水出焉。

白馬山。在沔縣西。水經注：瀘水逕張魯治東，水西有山，庾仲雍謂之白馬塞。寰宇記：西縣有白馬山。張衡家傳云，衡於瀘口升仙時乘白馬，後人遥望山上，往往有白馬往來，因名。輿地紀勝：在西縣西五里。

卧龍山。在沔縣北一里，連百丈坡。上有蓮花池，池上有卧龍亭，相傳諸葛武侯讀書處。

鐵山。在沔縣北。漢書地理志：沔陽有鐵官。輿地紀勝：鐵山在西縣北五里，多鐵鑛。隆興間，姚仲置砦於此，以禦金兵。

蓬山。在沔縣北。輿地紀勝：在西縣東北黄沙谷口，中有洞穴。

武興山。在沔縣東北十五里。東臨舊州河，西接百丈坡，元褒州城在此。又武興山，在略陽縣北。元和志：在順政縣北百里，山多漆及黄蘗。寰宇記：其山峯巒秀出，竹柏参差，特爲蔚茂。方輿勝覽：山在沔州西一里，古興州城治此。蓋别一山也。

雲濛山。在沔縣東北十五里。山高聳，常有雲氣濛其上。又灌子山，在縣東北三十里，山下有水，流灌田畝。

鷹嘴山。在略陽縣東二十七里，中有一峯如鷹嘴。

白熊山。在略陽縣東。元統志：在略陽縣北八十里，昔有白熊出此。

浮圖山。在略陽縣東南。輿地紀勝：在縣東南三里。卓然獨秀，狀若浮圖。

玉女山。在略陽縣東南三十里。山峯特立，雲霧掩映。山半有白石，修潔如人形。

大丙山。在略陽縣東南，與沔縣接界。蜀都賦：「嘉魚出於丙穴。」注：「丙穴在漢中沔陽縣。有魚穴二所，嘗以三月取之。丙，地名也。」寰宇記：大景、小景二山，「景」字本爲「丙」，唐諱改，並在順政縣東南七十里。其山峻崖，南北相對，高百餘丈，山衣石髮，被於崖陰。北有穴，方圓二丈餘，其穴有水潛流，土人相傳爲丙穴。沮水經穴門過，或謂之大丙水，每春三月上旬，有魚從穴出躍，相傳名爲嘉魚。府志：大丙、小丙二山，在沔縣西北八十里。

巾子山。在略陽縣南。寰宇記：去縣三里，山半有洞，名硃砂洞。方輿勝覽：鳳凰山一名巾子山，去州一里，如鳳之翔。元統志：一名三峯山，在縣南一里。首冠羣山，高聳萬仞。

寒山。在略陽縣南。元統志：在縣南一百里，四時常有積雪。

龍山。在略陽縣西。方輿勝覽：在縣西五里，山形夭嶠。下有泉水灣環，狀如盤龍，元統志謂之盤龍山。府志有三公山，在縣西五里。

廚山。在略陽縣西。元和志：廚山在嗚水縣南三里。崇峻幽深，多產木蜜。明統志有廚谷山，在略陽縣南三百里，崖穴常興雲霧，如廚爨之狀。

保福山。在略陽縣西北一百十里白水江北。

落叢山。在略陽縣西北。元和志：在嗚水縣西北十里，出鐵。

寶子山。在略陽縣西北。元統志：在長舉廢縣西半里，隔嘉陵江，相傳其山產金寶。又有萬仞山，在長舉廢縣後。蒼崖架日，危峯矗雲，上有白起砦，下枕嘉陵江，有關。

石鑑山。在略陽縣西北。元統志：在長舉廢縣東五十餘里。巖崖當中，一石片方廣尺餘，光明可鑑。又思宜山，在長舉廢縣東八十里，高秀出羣。山中產水銀硃砂，兼產羢麝雜藥。

師子山。在略陽縣北。寰宇記：在順政縣北五步。元統志：在略陽縣北五里。山形屈曲盤伏，狀若狻猊。府志有冉家山，在縣北三里。山形起伏，羣峯環拱，相傳冉閔生此。其山中斷，亦名斬斷山。

八渡山。在略陽縣北十五里。四面險阻，上下四十里，路分三歧，山谿交錯，林木茂盛。

堡子山。在略陽縣東北二里，宋時吴曦屯兵其上，故名。與斬斷山相連。

星子山。在定遠廳東南八十里，洋水源出此。

白廟山。在定遠廳東南。寰宇記：西鄉縣有白廟山，山有老子廟。

歸仁山。在定遠廳南一百里，產茶。

遊仙山。在定遠廳西南。舊志：在西鄉縣西南二百五十里。

金竹山。在定遠廳西七十里。

富子山。在定遠廳西北一百里，一名父子山。

四州山。在留壩廳南四十五里。入斜谷一百三十里，與武關驛對。山高聳，登其頂，望見古褒、沔、洋、鳳四州，因名。

紫柏山。在留壩廳西北五十里。寰宇記：紫柏坂在梁泉縣東八十七里。周地圖記云，其山兩頭狀如龍形，一名龍如山，樹多紫柏。方輿勝覽：山去梁泉縣七十里，中有七十二洞。府志：洞在山巔，石壁峻險，人不可到。

玉皇山。在留壩廳北一百一十里。山極高寒，不生禽鳥。絶頂有大石，覆如殿宇，内有玉皇古像。

玉泉嶺。在南鄭縣。輿地紀勝：在縣西南三十里。下有玉泉，舊名薤谷岡。

白雲嶺。在南鄭縣。輿地紀勝：在縣北十里，相傳嶺上有白雲屯聚，因名。

駱駝嶺。在洋縣北。輿地紀勝：在興道縣東北三十里。府志：在縣北六十七里。

饒風嶺。在西鄉縣東北一百五十里，漢江北岸，與興安府石泉縣接界。有關。詳見石泉。

天臺嶺。在寧羌州東四十里。形勢高聳，頂平如臺，亦名天臺山，下有鐵鎖橋。

鵓鳩嶺。在沔縣東。輿地紀勝：在西縣東北黄沙谷口。

黄土嶺。在沔縣西南，與寧羌州接界。

飛仙嶺。在略陽縣東南。方輿勝覽：在沔縣東三十里，相傳徐佐卿化鶴昇仙之地。上有閣道百餘間，即入蜀大路。元統志：此路舊由西縣過，經由沮水，宋太平興國五年，移改於是嶺。府志：嶺在縣東南四十里。又分水嶺，在縣東南八十里，嶺下水流分東西，因名。又走馬嶺，在縣西三十里，下有梅泉。

拴馬嶺。在定遠廳北六十里。上下盤曲十餘里，相傳張桓侯拴馬於此。

柴關嶺。在留壩廳北五十里。形勢峻險，設關於下。

壺子臺峯。在寧羌州西南四十五里。輿地紀勝：自韓谿西四十餘里，水出巖下成潭，潭口湍流成溪，下流五里，平地突出一峯，猶浮圖狀，上干雲霄，謂之壺子臺。

大唐峯。在略陽縣東南。唐光啓元年，邠寧叛將王行瑜攻興州，詔遣都將李鋋敗之於大唐峯〔三〕。

藏劍巖。在褒城縣東南二十五里。輿地紀勝：在縣東南二十里，俗傳漢高祖藏劍於此。

滴水巖。在寧羌州北。輿地紀勝：在大安軍西七十里。兩山峭拔，其中一峯有飛泉千丈，下瀉山根，激石成五花。府志：在州北三十里。

藥水巖。在略陽縣南。方輿勝覽：巖去沔州城七里，南有二石洞，洞門有泉能療疾。元統志：一名靈巖。兩洞之間有一泉，西流入嘉陵江，謂之藥水。上山約五里，又有一洞，謂之石乳洞，容二十人。前有一泉不竭。府志：巖在縣南七里嘉陵江上靈巖寺。其右有羅漢洞，寬廣四十丈。後有邃穴，深不可測。中有石柱。又有藥水洞，在縣北一百二十里白水江上，山峯之下。

赤崖。在褒城縣西北，褒斜閣道所經，亦曰赤岸。蜀漢置赤岸庫於此，以儲軍資。趙雲別傳雲有軍資餘絹，請悉入赤岸府庫是也。

紅崖。在西鄉縣東十里。茂林修竹，高閣臨流，爲邑之勝。又紅崖在定遠廳西，廣四十里。俗傳明建文帝遯跡於此，因名建文崖。舊志：在縣西南三百里。

穿石崖。在西鄉縣南七十里。絶壁千仞，上有水簾。

聖水崖。在寧羌州南三十里。岸畔懸石如龍，石滴水甘洌，人仰而飲之。

白崖。在寧羌州東北九十里。輿地紀勝：白崖在大安軍東北八十里。半山有洞，中有小池，方五尺許。山趾有泉，即洞中水復行至此。每歲驚蟄後，魚自泉出者無數。又南白崖，在軍東八十里，寬敞可容千人。九子崖，在軍東九十里，崖有洞，相傳有九人修道於此。

石門。在褒城縣西北。蜀都賦：阻以石門。水經注：褒水東南逕大石門，歷故棧道下谷。又東南歷小石門，門穿山通道六丈有餘。刻石言漢永平中司隸校尉犍爲楊厥所開，逮建和二年，漢大中大夫同郡王升琢石頌德，以爲即石牛道，蜀王時五丁所開，厥因而廣之。門在漢中之西，褒中之北。後魏王遠石門銘序：正始元年，漢中獻地，褒斜始開，至於門北一里，西上鑿山爲道，峭岨盤紆，行者苦之。梁秦初附，刺史羊公表求自迴萬以東，開創道路，至永平二年畢工。閣廣四丈，路廣六丈，皆沿溪棧壑，砰險梁危，自迴萬至谷口三百餘里，連輈駢轡，莫不夷通。縣志：石門在縣北雞頭關下，此門通，可避七盤之險。南三十步爲手爬崖，崖南五十步爲一點油石。

白沔峽。在西鄉縣東五十里，一名白面峽，漢水所經。

鳩谷。在南鄭縣南。輿地紀勝：在縣南二十里，谷中有棲真洞。

武鄉谷。在南鄭縣東北。寰宇記：在縣東北三十一里，即諸葛孔明受封之地。

黄鹿谷。在褒城縣東。寰宇記：在縣東二十里，以山多鹿，因名。輿地紀勝：一名鹿堂谷，在縣北三十里。

褒谷。在褒城縣北。梁州記：萬石城泝漢上七里有褒谷，南口曰褒，北口曰斜，長四百五十里。水經注：褒水又東南歷褒口，即谷之南口也。括地志：褒谷在褒城縣北十里。舊志：在縣東北十里。自此入連雲棧，西北一百五十里入鳳縣界。

篔簹谷。在洋縣西北五里。其谷多竹，宋文同築亭其中，名曰披錦，蘇軾有詩。

儻谷。在洋縣北，即駱谷南口。唐書地理志：興道有駱谷路，南口曰儻谷，北口曰駱谷。元和志：儻谷一名駱谷，在興道縣北三十里。輿地紀勝：駱谷在真符縣，屈曲八十里，凡八十四盤。明統志：在洋縣北三十里。

黄金谷。在洋縣東北。水經注：漢水又東逕大小黄金南，山有黄金峭水，北對黄金谷。元和志：黄金縣西北百畝山黄金谷，其谷水陸艱險，語曰：「山水艱阻，黄金子午。」魏遣曹爽由駱谷伐蜀，蜀將王平拒之於興勢，張旗幟至黄金谷，謂此山也。府志：黄金谷在縣東八十里，漢水逕其中，亦謂之黄金峽。灘石迅惡，舟楫難通。

子午谷。在洋縣東北。元和志：黄金縣有驛，即子午道也。舊道在今金州安康縣界，梁將軍王神念以舊道緣山避水，橋梁百數，多有毀壞，乃別開乾路，更名子午道，即此路也。府志：子午谷有二。一在洋縣東一百六十里，此漢、魏舊道也。梁別開乾路，在縣東三十里龍亭。

麻谷。在鳳縣東一百里，山形險惡。

父子谷。在鳳縣北。寰宇記：父子崖在梁泉縣東北二十里。有大小石若相懷抱，因名。府志：父子谷在縣北二里，亦名猴石谷。

角弩谷。在略陽縣西。宋元嘉十一年，蕭承之破楊難當，追至角弩，即此。

興趙原。在鳳縣東北。方輿勝覽：紹興十二年，與金分劃，乃割秦商之半，又棄和尚原、方山原，以大散關爲界，於關內則興趙原爲控扼之所。

青野原。在略陽縣北。宋紹興三年，金人扼大散關，游騎攻黄牛堡，吴璘自河池馳至，駐青野原，分兵赴援。端平二年，蒙古破沔州，四川制置使趙彦吶自蜀口進屯青野原，即此。

陽都坂。在洋縣東北。水經注：漢水又南逕陽都坂東，坂自上及下，盤折一十九曲，西連寒泉嶺。漢中記曰：自西城涉黄金峭、寒泉嶺、陽都坂，峻崿百重，絶壁萬尋。既造其峯，謂已踰嵩岱，復瞻前嶺，又倍過之。山豐野牛野羊騰巖越嶺，馳走若飛。

百丈坡。在沔縣東北二十里。地由鳳縣桑坪鋪而入，至此而出，路長二百里，爲古陳倉道。今荒塞。

麻坪。在褒城縣北二十五里。左繞江流，右倚山麓，乃山市也。

殺金坪。在略陽縣西北一百十里，一名殺金嶺，在仙人關右。宋紹興四年，吴玠拒金人，移兵守此。

蒿壩洞。在南鄭縣東南。輿地紀勝：高崖壁立，前臨深澗，洞當半崖，飛橋而入，洞中極寬廣，巉巖萬狀，石乳參差。

玉井洞。在南鄭縣北十五里，平岡有穴如井。明統志：宋時大雷雨，一石出泥如老聃像，因立祠其上。

乾龍洞。在褒城縣西南五十里。高數丈，深數十步，内有小谿，自北壁下流出洞底，谿左右有石牀相向。行者執火入，路多曲折，行三十里，達華山洞。

迴水洞。在褒城縣北一百二十里石崖下。褒水至此潛入崖穴，東通城固壻水河。

桃谿洞。在城固縣西北。輿地紀勝：在縣西北四十餘里，水自洞出，一日數潮。又西北有漁洞，穀雨日其魚躍出。又白龍洞，在縣西北百二十里，山崖高峻，上有龍洞，水流潔白。

秦王洞。在西鄉縣東。輿地紀勝：在縣東四十里，地名秦里巖，洞後山多産牡丹花。

太白洞。在西鄉縣東八十里。洞有石人，歲旱禱雨於此。

蒙崖洞。在洋縣北。輿地紀勝：在真符縣北四十五里。府志又有八里洞，在縣北七十里，亂山中有平地八里，故名。上下二洞，皆有水流出，上洞中有靈湫。

岫山洞。在寧羌州東南十五里，洞中可容百餘人。

龍洞。在寧羌州西北。輿地紀勝：龍洞記曰，自三泉西二里，見有若觀闕者，即龍洞也，其深七十三步，廣半之。兩旁石壁嵌空，若目鼻口，鱗甲皆具。其下皆平石爲底，水行其上。又龍門山，在大安軍西五里外官道之旁。自龍溪行三里，山半又有後洞，中有石室石牀，若重簷廈屋，深不可窮。府志：龍門洞，在沔縣西一百八十里。又有龍洞，在寧羌州東北百里。大山洞門三十重，每門有二石柱爲之障限。通志：龍洞在州西北一百五里。

老兵洞。在寧羌州西北一百里。深廣可容百人，舊傳伏兵之所。

池水。在南鄭縣南。漢書地理志：旱山，池水所出，東北入漢。水經注：池水，俗謂之獠子水，夾溉諸田，散流左注漢水。寰宇記：旱山下有石池，即池水之源也。輿地紀勝：老子水在廉水縣，源出米倉山，下流合石劍等水，號老子谿，即酈道元所謂獠子水也。府志：老渚河在縣南十里，源出籠蓋山，經城東南十五里，北流入漢江。俗又譌老子爲老渚也。又有冷水河、紅花水，俱出漢山，合流入老渚河。

壻水。在南鄭縣西北。源出聽山，又謂之聽水。東流逕城固縣北，入漢水。亦曰左谷水。漢書地理志：安陽縣，左谷水出北，南入漢。水經注：左谷水出漢北，即智水也，北發聽山。山下有穴水，穴水東南流，歷平川中，謂之智鄉，水曰智水川。唐公房升仙之日，壻之行未還，不獲同階雲路，約以此川爲居，俗因號爲壻鄉，故水亦即名焉。壻水南歷壻鄉谿，出山東南流，逕通關勢南。又東逕七女冢，又逕樊噲臺南。又東南逕大城固北，東迴南轉，又逕其城東，而南入漢水，謂之三水口。寰宇記：壻水在城固縣東九里。輿地紀勝：壻水在興道縣西三十二里，源出扶風界秦嶺西三十里，流出城固壻鄉，又東流二十里入漢。府志：壻水源出太白山，東流逕城固縣東北六里，又東南入漢。又有上、中、下清谿，在縣北七十里，源出馬盤山南，流合壻水。

褒水。在褒城縣東。自鳳縣流入，東南逕留壩廳東，又西南流逕縣東南入漢。其上流爲紫金水，下曰黑龍江。史記河渠書：孝武時，人有上書欲通褒斜道及漕，事下御史大夫張湯。湯問其事，因言抵蜀從故道，多阪迴遠，今穿褒斜道，少阪，近四百里。而褒水通沔，斜水通渭，皆可以行船漕，漕從南陽上沔入褒，褒之絶水至斜間百餘里，以車轉，從斜入於渭。如此漢中之穀可致，山東從沔無限，便於底柱之漕。上以爲然，拜湯子卬爲漢中守，發數萬人，作褒斜道五百餘里，道果便近，而水湍石不可漕。漢書地理志：武功縣褒水出衙嶺山，至南鄭入沔。水經注：褒水西北出衙嶺山，東南逕大石門，歷故棧道下谷。又東南逕三交城，城在三水之會，一水北出長安，一水西北出仇池，一水東北出太白山，是城所名矣。褒水又東南得丙水口，又東南歷小石門，又東南歷褒口，又南逕褒縣故城東，又南流入於漢。括地志：褒水出褒城縣西北九十八里衙嶺山，與斜水同源而派分。輿地紀勝：山河水即褒水，出太白山。又有石鼓，在褒城縣北四十里褒水中，擊之有聲。又有將軍石，亦在水中，入谷十五里，有石如兜鍪然。又有白玉盆，亦在水中，大石光白，其中可實五斗。方輿勝覽：紫金水在河池縣北一里，源出太白山，沿流至鳳州武休關，入漢中爲山河堰，即褒水也。府志：紫金河在鳳縣東南一百五十里。又有車倒河，在縣東南八十里。蒿壩河，在縣南八十里。俱流入紫金河。又有西溝河，在留壩廳西南四十里，源出安山驛西山後，南至武關驛入黑龍江。縣志：褒水在縣東門外，一名黑龍江，自東北南流出褒谷，至縣南二十里入漢江。曰兩河口，歷代爲堰，溉田二千三百二十頃。

廉水。在褒城縣西南。自四川巴州流逕縣境，又南北逕南鄭縣西南入漢水。魏書地形志：華陽有廉水。水經注：廉水出巴嶺山，北流逕廉川，故水得其名。又北注漢水。寰宇記：南鄭縣廉津在龍岡山北。通志：廉泉在褒城縣西南一百二十五里，出大巴山密谷。東北流逕雙乳山，兩山並峙，水經其中。又北逕中梁山，入南鄭縣界，至縣西南四里入漢水。

讓水。在褒城縣西南一百三十里。明統志：一名遜水，其源出於廉水，溉田之餘，東南流至故廉水城側，與廉水合。宋范柏年對明帝云：「臣鄉有廉泉、讓水。」即此。

華陽水。在褒城縣西北。輿地紀勝：在縣西北十五里。源出牛頭山，南流入漢水。

丙水。在褒城縣西北。水經注：丙水上承丙穴，出嘉魚，常以三月出，十月入地。穴口廣五六尺，去平地七八尺，泉懸注，魚自穴下透入水，穴口向丙，故曰丙穴。下注褒水。寰宇記：丙水源出褒城西北牛頭山。輿地紀勝：大丙水源出黃崖嶺下。明統志：水在沔縣北八十里。

涔水。在城固縣南。漢書地理志：安陽縣，鬵谷水出西南，北入漢。水經注：涔水出南鄭縣旱山，即黃水也。東北流逕城固南，城北右岸有悦歸館，涔水歷其北，北至安陽入沔，爲三水口也。按：顔師古注「鬵音潛」，其字亦或從水。禹貢「沱潛」，史記作「岑」，古字通用也。或以此爲即禹貢之潛，非是。

磐余水。在城固縣西南。水經注：磐余水出南山巴嶺上，泉流兩分，飛清孤注，南入蜀水，北注漢津，謂之磐余口。庾仲雍曰：「磐余去胡城二十里。」府志有南沙河，在縣西南三十里。又小沙河，在縣南十里。源俱出巴山，合流入漢江，疑即古磐余水也。

文水。在城固縣西北。水經注：文水即門水也，出胡城北山石穴中。長老云，杜陽有仙人宮，石穴宮之前門，故號其川爲門川，水爲門水。東南流逕胡城北，右注漢水，謂之高橋谿口。縣志：文水在縣西北四十里，兩水合流，有如「文」字。宋范柏年對明帝云：「臣鄉有文川。」即此。

玉谷水。在城固縣西北三十里。輿地紀勝：漢水記云，漢水自魏興泝流百八十里至玉谷口，是也。縣志：玉谷泉，源出扁鵲觀之龍洞，流入文水。

黑水。在城固縣北。水經注：水出北山，南流入漢。庾仲雍曰：「黑水去高橋三十里，諸葛亮牋云，朝發南鄭，暮宿黑水，指謂是水也。」元和志：黑水出縣西北太山，南流入漢。府志：黑水在縣西北五里。又有北川河，在縣西北十五里，源出太白山，南流入漢水。

龍涓水。在洋縣東。輿地紀勝：在興道縣東二十九里。水出龍涓谷，屈曲西南流十五里入漢江。府志：今有大龍谿，在縣東北三十里。源出秦嶺，南流入漢，即龍涓水也。

灒水。在洋縣東六十里。源出華陽山，東南流入漢。

西水。在洋縣東。水經注：西水北出秦嶺西谷，南歷重山，與寒泉合。水東出寒泉，泉湧山頂，望之交橫似瀑布，頹波激石，散若雨灑，勢同厭源風雨之池。其水西流入於西水。西水又南注漢，謂之西口。寰宇記：寒泉在舊黃金縣北八十四里。縣志：西水河在縣東七十里。

黃金水。在洋縣東。今曰金水河，即古蘧蒢水也。水經注：蘧蒢水北出就谷，在長安西南。其水南流，逕巴谿戍西。又南逕陽都坂東，又南歷蘧蒢谿，謂之蘧蒢水，而南流注於漢，謂之蒢口。元和志：黃金水，出黃金縣西北百畝山黃金谷，南流逕縣西，去縣九里。縣志：金水河，在縣東百里〔四〕。源出秦嶺，南流至黃金峽之金潭，入漢。

益水。在洋縣西。水經注：益水出北山益谷，東南流注於漢水。輿地紀勝：在興道縣西十里。縣志：益水河，在縣西二十五里。源出秦嶺，南流入漢。

灙水。在洋縣西。水經注：洛谷水北出洛谷，谷北通長安。其水南流，右則灙水注之。水發西谿，東南流合爲一水，亂流南出，際灙城西南，注漢水。元和志：駱水在興道縣西一里。寰宇記：灙谷水一名駱谷水，在興道縣北三十里。明統志：灙水出洋縣北石硡山，流入漢水。縣志有鐵冶河，在縣北百十里，下流合灙水，逕縣城西入漢江，即洛谷水也。又有天安河，在縣東五里，源出牛頭山，亦南流入漢。

苧溪水。在洋縣西北。輿地紀勝：在興道縣西北七里，源出縣界石子山，東流入漢，以谿多野苧，因名。

木馬水。在西鄉縣南。輿地紀勝：馬源水在西鄉縣，源出巴山。圖經云，元名木馬水，天寶間改名。縣志：木馬河源出大巴山，東北流經縣南百步，轉經縣東，合洋水入漢。又左西河，在縣西南六十里。莖莒河，在縣西南三十里，一名空渠水。俱出巴山，北流入木馬河。又私渡河，在縣西南七十里，自城固縣流來入木馬河。

北川水。在鳳縣西。水經注：水出北洛櫛山南，南流逕唐倉城下，又南至困冢，入故道水。通志：今有紅崖河，在鳳縣西七十里。源出秦州，南流至唐倉，合小峪河。又流至兩當縣界，入嘉陵江。小峪河，在縣西三十里。源自寶雞秦嶺界，西南流合紅崖河，即北川水也。

故道水。在鳳縣北。自鳳翔府寶雞縣流入，又西南入甘肅秦州兩當縣界。水經注：兩當水出陳倉縣之大散嶺，西南流入故道川，謂之故道水。西南經故道城東，與馬鞍山水合。又西南流，北川水注之。又西南合廣香川水。又西南入秦岡山，尚婆水注之，右又合黃盧山水。南入東益州之廣漢郡界，與沮水枝津合，謂之兩當谿。又西南注於濁水。九域志：梁泉縣有嘉陵江，又大散關西南有嘉陵谷，即嘉陵水所出，自是方有嘉陵江之名。方輿勝覽：嘉陵江源出大散關之西，去鳳州九十里。通志：故道水源出大散嶺之陽，西南流鳳縣東，合黄花川、安河水；又西逕縣北一里，又西合紅崖水，入兩當界。又西南至略陽界，與白水合。按：水經注西漢水南入嘉陵道，爲嘉陵水。是古之嘉陵水本西漢水也，九域志始以故道水爲嘉陵江。或又指濁水爲嘉陵江，蓋三水皆嘉陵上流，故得通稱。然惟西漢爲嘉陵之正源，今西漢水别號犀牛江，而故道水羣目爲嘉陵，皆沿訛也。

寒水。在寧羌州西南。水經注：寒水東出寒川，西流入漢。寰宇記：大寒水，在三泉故縣南十五里。西流至龍門山，入大石穴。輿地紀勝有韓谿水，源出崑山里鍬洞山下，蓋即寒水，以聲近而誤也。府志有西流河，在州南六十里，其水西入川江。舊志：源出七眼洞，逕麻線灘，一百十里入廣元界，或謂即古之寒水也。

漢水。在寧羌州北。源出嶓冢山，東流經沔縣南，又東經褒城縣南，又東經府治南鄭縣南，又東經城固縣、洋縣南、西鄉縣東北，東南流入興安府石泉縣界。書禹貢：「嶓冢導漾，東流爲漢。」又：「梁州，西傾因桓是來，浮於潛，逾於沔。」孔安國傳：「泉始出山爲漾水，東南流爲沔水，至漢中東流爲漢水。」史記封禪書：沔祠漢中。水經注：尚書曰「嶓冢導漾，東流爲漢」，山海經所謂漾出鮒嵎山也。東北流得獻水口，又東北合沮口，同爲漢水之源，故如淳曰「北方人謂漢水爲沔水」，孔安國曰「漾水東流爲沔」，蓋與沔合也。至漢中爲漢水，是互相通矣。沔水又東逕白馬戍南，濜水入焉。又東逕武侯壘南，又東逕沔陽縣故城南。又東逕西樂城北，容裘谿注之。漢水又左得度水口，又東右會温泉水口，又東黄沙水左注之，又東合褒水，又東逕萬石城下，又東逕漢廟堆下，又東逕南鄭縣南，廉水北注漢水，漢水又合池水。又東得長柳渡，又東逕胡城南，右會磐余水，又左會文水，又東黑水注之，又東過城固縣南，又東過魏興安陽縣南。涔水出自旱山北注之，左谷水出西南而東北入漢。又有壻水南入漢，謂之三水口。漢水又東會益水。又東至灙城南，與洛谷水合。又東逕小城固南，東歷上濤，而逕於龍下。又東逕石門灘，東會西水。又東逕嬀虚灘，又東逕猴經灘，又東逕大小黄金南，又東合蘧蒢谿口，又東右會洋水，又東歷敖頭。通典：漢中金牛縣嶓冢山，禹導漾水至此爲漢水，亦曰沔水。元和志：漢水經南鄭縣南，去縣一百步。又漢水南去城固縣二里。寰宇記：漢水在興道縣南二百步，屈曲行三百七十里，而流入金州漢陰縣界。按：禹貢所云沔、漾、漢，皆指東漢水，今寧羌州嶓冢山出者是也。漢志以漾水出氐道爲東漢水之源，移禹貢嶓冢於隴西西縣下，謂西漢水所出。至漢中之漢水，則但載沮水出沮縣東狼谷，不言與漢水合。今氐道不知所在，西縣之嶓冢，別在秦州，東西兩漢水，源流絶無交涉。出東狼谷之沮水，乃東漢之別源，禹貢所不言。漢志所載，與禹貢多所不合，華陽國志、水經注承漢志之誤，又移漾、沔之名於西漢，又謂西漢至葭萌入漢，誤謬逾甚。今惟以合禹貢者爲正。

**度水**。在沔縣東。水經注：度水出陽平北山，水有二源，一曰清檢，出佳鱯，一曰濁檢，出好鮒，常以二八月取之，美珍常味。度水南逕陽平縣故城東，又南逕沔陽縣故城東，而南流注於漢水。府志有舊州河，在縣東二十五里，源出百丈坡，南流入漢。按：元沔州治鐸水縣，縣以鐸水得名。鐸、度聲相近，是度水即鐸水，亦即舊州河也。

**黄沙水**。在沔縣東。水經注：黄沙水北出遠山，山谷邃險，人跡罕交。谿曰五丈谿，水側有黄沙屯，其水南注漢。輿地紀勝：西縣有青羊峽，黄沙水所出。府志：黄沙河，在縣東四十里，源出雲濛山，南至褒城界入漢。

**容裘水**。在沔縣東南。水經注：西樂城東有容裘谿，俗謂之洛水。南遵巴嶺山東北流，又北逕西樂城東，而北流注於漢。九域志：西縣有洛水。府志有養家河，在縣南二十里。源出巴山，北流入漢，蓋即容裘水也。又有黄壩河，自老龍池流三十里入養河池。

**温泉水**。在沔縣東南。水經注：温泉水發山北平地，方數十步，泉源沸湧，冬夏湯湯，望之白氣浩然，言能瘥百病云。洗浴者皆有硫磺氣。池水通注漢水。輿地紀勝：温泉在西縣東南三十五里鳳凰山之南。通志：今有金泉水，在縣東南四十五里，灌田千餘頃，疑即温泉也。

**沮水**。在沔縣西。自略陽縣流入，即漢水別源也。漢書地理志：武都郡沮縣，沮水出東狼谷，南至沙羨，南入江，過郡五，行四千里。水經注：沔水出武都沮縣東狼谷中，一名沮水。闞駰曰「以其初出沮洳然，故曰沮水也」。道源南流，泉街水注之。又東南逕沮水戍，而東南流注漢，曰沮口。元和志：沮水出順政縣東北八十二里。寰宇記：水出縣東北小谷下。府志：沮水在略陽縣東百二十里，俗稱黑河，源出鳳縣紫柏山，東南流入沔縣界。縣志：水出縣北百八十里母猪山，南流逕縣西三十里，至沮口合漢。

**潓水**。在沔縣西。水經注：潓水北發武都氐中，南逕張魯城東，又南逕張魯治東，南流入沔，謂之潓口。寰宇記：潓水源出西縣北四十五里獨石谷，南流逕縣西二百步注漢水。府志有龍門溝，在縣北一里，東爲卧龍山，西爲烽燧山，其中如門，故名。又云白馬河在縣西三十步，出龍門溝，南入漢水，即潓水也。

**八渡水**。在略陽縣東。水經注：北谷水出武興東北，西南流逕武興城北，又南轉逕其城東，而南與一水合。水出東溪西北，流注北谷水，又南注漢水。寰宇記有黄板水，在順政縣東一里。通志：八渡水，在縣東八十步。源出退水，自徽縣界來逕八渡山下，遶城東南，會夾渠水入嘉陵江。自源徂流，渡者凡一百八處，故又名一百八渡河，蓋即水經注之北谷水，寰宇記之黄板水也。又夾渠河，在縣東二里。源出飛仙嶺，西流入八渡河。

**西漢水**。在略陽縣西。自甘肅階州成縣流入，又南經寧羌州西，入四川保寧府廣元縣界亦曰嘉陵江。水經注：西漢水自會口東南，逕脩城道南，與脩水合。又東南於槃頭郡南與濁水合。又東南歷漢曲，逕挾崖，與挾崖水合。又東逕武興城南，又東南與北谷水合。又西南逕關城北，除水出西北除谿，東南流入於漢。漢水又西南逕通谷，合通谷水。又西南寒水注之。又西逕石亭戍，廣平水西南流注之。元和志：嘉陵江經長舉縣南十里，又逕順政縣南百步，又經金牛縣西，去縣三十里。寰宇記：嘉陵江，在三泉縣西半里。明統志：犀牛江，在略陽縣西北一百二十里，自階州東流流入。通志：嘉陵江，今俗名犀牛江，自略陽縣北與白水江合。又南逕略陽縣城西，有八渡河入之。又西落索河入之。又西南經寧羌州西北百里，又西南合黑水、燕子、廣平等河，入蜀之廣元界。

**挾崖水**。在略陽縣西。水經注：挾崖水西出檐潭交，東入漢水。縣志有横現河，在縣西十五里。又有洛索河，在縣西南十里。皆東南流入嘉陵江。横現河，疑即挾崖水也。

**濁水**。在略陽縣西北。水經注：濁水自合故道水，又南逕槃頭郡東，而南合鳳溪水，又南注漢水。通志：白水江，在縣西北一百二十里。自徽縣流入，南合故道水，即濁水也。

鳳谿水。在略陽縣西北。水經注：鳳谿水自鳳凰臺下東南流，左注濁水。隋書地理志：長舉縣有鳳谿水。寰宇記有左谿水，在廢鳴水縣西南七里，自栗亭縣北來合嘉陵江〔五〕。通志：青泥江，在略陽縣西北百五十里。源發成縣，至石門入嘉陵江，蓋即古鳳谿左谿也。

泉街水。在略陽縣東北。漢書地理志：河池縣泉街水，南至沮入漢。水經注：泉街水自河池縣東南流入沮水，會於沔。

洋水。在定遠廳西。源出星子山，逕廳城西北，又三十里歷陳家灘，又西北流逕黄石坂，又北逕西鄉縣東入漢。水經注：洋水導源巴山，東北流逕平陽城。洋川者，漢戚夫人所生處也。高祖更名曰縣，又目其地爲洋川。洋水又東北流入漢，謂之城洋水口。隋書地理志：西鄉縣有洋水。元和志：洋水在洋源縣南三百步，又逕西鄉縣東八里。寰宇記：水出廢洋川縣東巴嶺，北流入黄金縣界。西鄉縣志：在縣南三百里，源出星子山，流逕縣東，合木馬河入漢。

七十二渡水。在定遠廳西七十五里。源出金竹山。其流縈迴，有渡七十二處，東北流入洋水。其北又有撈旗河、大竹河、楊家河，俱流入洋水。

翦子河。在褒城縣西南一百二十里。又楊家河，在縣西南三十里。皆東北流，入漢水。

沙河。在褒城縣北二十五里。源出縣西北横當山，流逕滴水崖爲鍋底灘。又十里爲黑灘，又東南爲頭渡河，又東南入黑龍江。又響水河，在縣北六十里，源出雲霧山麓，亦名冷水河，流入褒水。

青橋河。在褒城縣北六十里青橋驛北。源自西南來，流入褒水。

馬道河。在褒城縣北九十里，一名寒谿。源自馬道山峽中東流至樊橋，合褒水。又北岔河，在馬道西十里，迤南入寒谿。又西河，在馬道西五里，從石井溝流出，亦入寒谿。

子午河。在洋縣東一百四十里。上流曰椒谿河。源出秦嶺，東南流會蒲河、文水河，名三河口。折而南至白河鋪，名子午河。又西南經西鄉縣東北界，又南入漢水。

大沙河。在洋縣東南三十里。源出巴山界，東北流逕雞子山，又東北入漢水。又東峪河，在縣東南四十里。源出南山，流入大沙河。

羊溪河。在西鄉縣東南一百五十里。崖上有石，形如雙羊，因名。相近又有高川水，俱流入洋河。

斜谷河。在鳳縣東二里。通志：一名安河，源出夫子嶺，遶鳳凰山南，西北流入嘉陵江。水經注：馬鞍山水東出馬鞍山，歷谷西流，至故道城西，入故道水，即此。

黄壩河。在寧羌州南一百里。源出牢固關，西南流四十里，入四川保寧府廣元縣界。

玉帶河。在寧羌州城北。源出州西南九十里箭竹嶺，東北流遶城西，而北而東，若帶圍然。又東北至沔縣界入漢水。又迴水河，在州西三十里。源出牢固關，曲折南流，十五里合玉帶河。

燕子河。在寧羌州北一百二十里。其水西入嘉陵江。按：水經注有通谷水，出東北通谿，上承漾水，西南流入西漢水。庾仲雍言漢水自武遂川南入蔓葛谷，越野牛徑至關城，合西漢水。禹貢錐指謂即通谷水。今東西兩漢絶不相通，惟燕子河與漾水發源處相近，然無可考。

大安河。在沔縣西。源出縣西普明山，南流入漢水。

武關河。在留壩廳南四十五里，一名石溝河。源出廳西南一百里萊子嶺，合褒城五十三壩水注之，至武關驛南，合於褒水。水經注所云一水西北出仇池，蓋指此也。

野羊河。在留壩廳西北五十里。源出紫柏山，西北流逕陳倉道口，又東北流至鳳縣廢邱關，合東溝河，西流入故道水。東溝河，府志在鳳縣南六十里。源自三岔驛後東山，流合野羊河。

清涼川。在西鄉縣北五里，自洋縣流入。寰宇記：在西鄉縣北。唐德宗以朱泚之亂幸梁洋，梁帥嚴震具軍容拜迎於此川。

黄花川。在鳳縣東北。寰宇記：大散水出黄花縣東界大散嶺，流逕縣西，去城十步。水經云，大散水流入黄花川。明統志：黄花川在鳳縣東北十里，唐黄花縣以此名。王維有詩。府志：大散水在縣東北五里，南入嘉陵江。

東龍谿。在西鄉縣南二十里。又南十里有西龍谿。源俱出鷹山，引以溉田。

蜜蜂溝。在鳳縣西南一百里。地多蜜蜂，居民利之。

玉女潭。在南鄭縣西南。寰宇記：在縣西南二十八里，源從褒城縣南梁山來。

佛洗潭。在南鄭縣西北四十里獅子山西南。水自懸崖下注，其潭有三，地險水深。

臘魚潭。在褒城縣北一百十里。其水流入褒水，今有臘魚棧閣。

五門潭。在城固縣西北二十里，水淵深莫測。又雷呼潭，在縣北四十里，水聲似雷，因名。

偃浴潭。在洋縣東南三十里，俗傳仙人浴其中，因名。

鵞公潭。在洋縣西南。輿地紀勝：潭在漢江南，去興道縣十三里。府志：潭在洋縣西南十五里，有石洞，水入莫知所出。又五龍潭，在縣西一里。

雪公潭。在沔縣東。輿地紀勝：在西縣東百餘里。山崖斷絶，谿水隨注。

白鹿池。在南鄭縣東北三十里，相傳曾有白鹿見於此。

蓮花池。在城固縣東三里，又一在縣南十二里，多蓮花。

九龍池。在城固縣西南十五里，俗傳有九蟒現池畔，因名。

七女池。在城固縣北，接洋縣境。水經注：壻水東逕七女冢，水北有七女池，池東有明月池，狀如偃月，皆相通注，謂之張良渠，蓋良所開也。寰宇記：明月池，在興道縣西北。中有一臺，是漢祖所造。

百頃池。在洋縣西南十里，一名九頃池。輿地紀勝：在興道縣西二十二里，可溉田五百頃。

飲馬池。在西鄉縣東南二十五里。

天池。在西鄉縣東南。輿地紀勝：在縣東南三十里聖水峽東山。

鴛鴦池。在西鄉縣西南大巴山西，夏不解冰。又九龍池，在縣西南左西峽。

鼀鼊池。在鳳縣南三岔驛西七里。山頂一池，水極澄清，四時不竭，内産鼀鼊。

黑龍池。在寧羌州東四十里。烟霧常騰，俗傳昔有黑龍潛此。又有蓮花池，在州西門外。府志：州南列山如屏，下遶清谿，即蓮花池也。灘聲清響，若雜管絃。

東池。在沔縣東三十里，唐鄭谷、宋蘇軾、蘇轍俱有詩。明統志又有金池，在縣東北八十里金池院中，昔人淘金成池，故名。

湧泉。在南鄭縣北天臺山。泉行池中，人於泉上砌井，深尺五寸。欲禱雨，以瓶著水中，水自湧起。

涼水泉。在褒城縣南四十五里中梁山麓，至玉女洞前，與玉女泉合。

碧玉泉。在褒城縣南五十里。泉廣一畝，深五七丈，自下噴出，色如碧玉，溉田可千畝。

一碗泉。在褒城縣西南四十里山崖下。其泉如碗，居民以之溉田。

湧珠泉。在褒城縣西南五十里大石嶺下。源出平地，三泉鼎列，居民利之。相近又有没底泉，水極清，其深莫測。

鶴騰泉。在褒城縣西南六十里。源出中梁山，由二穴湧出，南注谿中。有石梁天成，平分兩渠，東西溉田，名曰天生堰。餘水還峽中，下注鶴騰巖。又雙泉，在縣西南七十里。源出中梁山西南山峽中，兩泉湧出，下溉民田。

醴泉。在洋縣南。輿地紀勝：在興道縣南十里，有醴泉院。又聖泉，在縣西一里，病者飲之多愈。

杖錫泉。在洋縣北十五里。又湧泉，在縣西北三十里。其泉噴溢清瑩，歲旱禱雨有應。

龍泉。在洋縣東北十五里。其泉清潔，冬夏不涸，可資灌溉。又有東西二龍泉，俱在西鄉縣南阜軍山，東泉流入木馬河，西泉流入東龍谿，皆引以溉田。

温泉。在西鄉縣西南六十五里，四時温暖。

涼泉。在鳳縣西十里。西流入故道水，後魏以此名縣。

香泉。在鳳縣北十五里。水自石孔中出，甘冽宜釀酒。

莫底泉。在沔縣東南四十里，溉田百餘頃。

三泉。在沔縣西。寰宇記：三泉故城北二十里山下有三泉，縣以此名。輿地紀勝：三泉記云，在大安軍東門外，瀕江石上有泉三眼，大如車輪，品列鼎峙，泉流涓涓下注，水旱無盈縮。通志：三泉水，在沔縣西八十里，東南流入寧羌州界，曰瀕倉河，亦曰東流河，流四十里入漢。

靈泉。在留壩廳西北六十里。舊志：在鳳縣三岔驛南七十里，泉自石罅中出，旁有神祠。

玉井。在城固縣文川口，二井相並。

## 校勘記

〔一〕南北距二百五十里　按，下文言南至留壩廳界一百七十五里，北至兩當縣界八十里，則南北相距二百五十五里，與此有五里之差，疑此「十」下脱「五」字。

〔二〕裁有墳形　「裁」，原作「栽」，據乾隆志卷一八五漢中府山川（下同卷簡稱乾隆志）及水經注卷二七沔水改。

〔三〕詔遣都將李鋋敗之於大唐峯　「李鋋」，乾隆志、新唐書卷二二四下王行瑜傳同，舊唐書卷一七五王行瑜傳作「李鋌」。

〔四〕金水河在縣東百里　「縣」，原脱，據乾隆志補。

〔五〕自栗亭縣北來合嘉陵江　「栗」，原作「粟」，據乾隆志及太平寰宇記卷一三五山南西道興州改。按，栗亭縣於唐屬成州。

# 大清一統志卷二百三十八

## 漢中府二

### 古蹟

南鄭故城。在今南鄭縣東。史記：秦厲公二十六年，城南鄭。惠王十年，攻楚漢中，取地六百里，置漢中郡。漢元年，項羽立沛公爲漢王，王巴、蜀、漢中，都南鄭。後漢末，張魯據漢中，改爲漢寧郡。建安二十年，曹操討平之，復爲漢中郡。二十四年，先主克漢中，稱漢中王。魏延、蔣琬、費禕相繼鎮此，號爲重鎮。魏景元四年克蜀，置梁州。晉建興二年，没於李雄。永和三年，復屬晉。寧康元年，又陷苻堅。太元九年，復歸晉。梁天監三年，夏侯道遷以梁州降魏。水經注：縣故褒之附庸也。南鄭之號，始於鄭桓公。桓公死於犬戎，其民南奔，故以南爲稱。大城周四十二里，城内有小城，皆漢所修築。晉咸康中，梁州刺史司馬勳斷小城東面三分之一，以爲梁州漢中郡南鄭縣治。寰宇記：後魏廢帝三年，改南鄭爲光義縣，移理州東光義府。隋開皇初，復爲南鄭縣。大業八年，移縣理郡西城，南臨漢水，即今所理，故城在今縣東北。輿地紀勝：古漢中郡城，在今縣東二里許，即秦厲公所築。宋嘉定二年，始徙今治。按：南鄭縣，前漢時即爲郡治，未嘗治西城也。辨見興安府。

廉水故城。在南鄭縣西南。後魏延昌中置縣，屬褒中郡。梁大同中省，宋復置。輿地紀勝：縣在府南五十里。紹興四年，安撫使宇文价奏於南鄭縣南路石幢修置廉水縣，以便民户輸納。舊志：紹定中廢。

**漢陰故城**。在南鄭縣南。水經注：漢水東過南鄭縣南，水南即漢陰城也，相承言呂后所居。魏書地形志：漢中郡有漢陰縣，周、隋間廢。

**褒中故城**。在褒城縣東南，古褒國。國語：周幽王伐有褒，褒人以褒姒女焉。漢書高帝紀：元年，張良辭歸韓，漢王送至褒。後爲縣，屬漢中郡。東晉時曰苞中。宋書州郡志：譙縱滅，梁州刺史還治漢中之苞中縣，所謂南城也。元嘉十年，刺史甄法護於南城失守，刺史蕭思話還治南鄭，而苞中遂廢。水經注：褒水南經褒縣故城東，褒中縣也。本褒國，漢昭帝元鳳六年置。元和志：褒城縣東至興元府三十三里，本漢褒中縣，當斜中大路。隋開皇元年，以避廟諱改爲褒內。仁壽元年，改爲褒城。九域志：褒城縣在府西北四十五里。縣志：唐褒城在縣東南十里。宋嘉祐中，徙治山河堰北，後移堰南，即今治。古褒國城，在今縣東三里。

**武鄉故城**。在褒城縣東。蜀志：建興元年，封諸葛亮爲武鄉侯。魏書地形志：褒中郡領武鄉縣，延昌元年置。按：隋志不載武鄉廢置，蓋西魏時已廢也。寰宇記謂武鄉谷在南鄭東北三十一里，即諸葛受封處，後魏置縣，疑亦相近。舊志謂在褒城縣西十七里，恐亦無據。

**城固故城**。在今城固縣西北。漢置成固縣，屬漢中郡。蜀漢謂之樂城。蜀志：建興七年，築漢、樂二城。姜維傳：景耀元年，令監軍王含守樂城。華陽國志：蜀時以成固爲樂城是也。晉仍爲成固縣。宋志作城固縣。水經注：壻水東南逕大城固北，城乘高勢，北臨壻水。元和志：城固縣西至府七十二里，本漢舊縣。城固故城在縣東六里，韓信所築。晉平譙縱後，梁州刺史嘗理於此。寰宇記：城固，漢舊縣，有南北二城相對。按四夷縣道記云，城固今縣東六里故北城是，以有南城，故謂此爲北城。周地圖記云，後魏正始中，城固縣移居壻鄉川，即今理。府志：宋崇寧二年，縣尉柴炳移今治，舊縣城在今縣西十八里。

**城固南城**。在城固縣南。水經注：涔水東北流逕城固南城北。城在山上，或言韓信始立，或言張良創築。義熙九年，索邈爲梁州刺史，自城固治此，故謂之南城。城周七里，衿澗帶谷，絶壁百尋。北谷口造城，東門傍山尋澗，五里有餘，盤道登涉，方得城治。城北水舊有桁，北渡涔水，水北有趙軍城。城北又有桁，渡沔取北城，城即大城固縣治也。按：沈約宋志，梁州刺史所治南城在褒中縣，與水經注不同，未知孰是。

**安陽故城**。在城固縣東。漢置，屬漢中郡。後漢因之。魏晉時徙廢。按：水經云漢水自城固又東過安陽縣南，則漢安陽本在今城固東界，自魏晉時分屬西城，又改名安康，乃漸徙而東。今漢陰境有故城，乃晉後之安康，非漢初之安陽也。

**興道故城**。今洋縣治，即灙城也，一作儻城。晉書地理志：漢中郡有興道縣。魏書世宗紀：正始三年，將軍趙遐破梁軍於灙城桑坪。元和志：興道縣，洋州郭下，本漢城固縣地。後魏宣武帝分置興勢縣，在興勢山上以爲名。貞觀二十三年，改爲興道縣。寰宇記：後魏正始中，分城固置興勢縣，復自石泉移晉昌郡於縣。廢帝三年，改爲灙城郡。隋大業二年，自山上移縣居廢郡廨，先是移郡就西鄉縣，此爲屬邑，後以險固，貞元初又移洋川郡於此。明統志：興道廢縣，在縣城東門内。通志：興勢故城，在縣東北三十三里。

**黄金故城**。在洋縣東北。晉書地理志：漢中郡有黄金縣，宋、齊志不載。隋書地理志：漢川郡復領黄金縣。元和志：縣西南至洋州一百三十里，本漢安陽縣地，後魏文帝置縣，因黄金水爲名。寰宇記：後魏大統十二年置縣，屬直州。廢帝二年，分屬洋川郡。隋開皇三年，屬洋州。大業三年，屬漢川郡。十一年，移縣治北六十里巴嶺鎮。唐貞觀三年，移今理。廣德後因羌亂，權於蜂湍置行縣，在漢江北，南至西鄉縣六十里。元和以後，仍移今理。宋乾德四年，併入真符縣。

**真符故城**。在洋縣北。唐置，屬洋州。元和志：縣南至洋州六十里。開元十八年，分興道縣置華陽縣。天寶三載廢，八載復置，因鑿山得玉册，改名真符，仍隸京兆府。寰宇記：縣本漢安陽縣地，初置於黎園北，去京兆府四百餘里。天寶十一載，改隸洋州，以去州偏遠，移縣就桑坪店北，去盩厔四百四十里。九域志：真符縣在州東南四十九里。輿地紀勝：乾德四年，併黄金縣入真符，仍移縣就廢黄金縣。明統志：真符縣宋末廢，元復置，至元二年，併入洋州，故城在縣東十里。

**西鄉故城**。在今西鄉縣南。晉書地理志：漢中郡統西鄉縣。宋書州郡志：西鄉令，蜀立，曰南鄉，晉太康二年更名。水經注：洋水東北流逕平陽城，漢中記曰本西鄉縣治也。元和志：西鄉縣西北至洋州一百里。武德元年，州理在西鄉，後移理興道縣。寰宇記：西鄉，即今縣南十五里平陽故城。後魏正始中廢，仍於今縣西五十里豐寧戍置豐寧郡及豐寧縣，屬直州。廢帝二年，於今西鄉縣置洋州。隋大業二年，廢洋州，仍改豐寧爲西鄉，移理廢州廨，即今縣治。縣志：宋改建縣治於嵩坪之陽百步許，未有城池。元時皇櫆公屯徙西鄉，改遷今治，去嵩坪一里餘。

**梁泉故城。**今鳳縣治。魏書地形志：南岐州領固道郡，延興四年置。元和志：其地本氐羌故居，後魏太平真君二年，拓定仇池，於此立鎮。太和元年，置固道郡。孝昌中，以郡置南岐州。廢帝三年，改鳳州，因州境鸑鷟山爲名。東北至鳳翔府三百八十里，東南至興元府三百八十里。治梁泉縣，本漢故道縣地，後魏太和元年置，取縣西梁泉山爲名。通志：梁泉故城，在縣東一里。

**故道故城。**在鳳縣西北，接甘肅秦州兩當縣境。漢書高帝紀：元年，漢王引兵從故道出襲雍。水經注：捍水逕武都故道縣之故城西。又兩當水，西南逕故道城東，魏征仇池，築以置戍。元和志：漢故道縣，晉永嘉後，地没氐、羌，後魏變文爲「固」，置固道郡。

**三泉故城。**在寧羌州西北。元和志：縣東北至興元府二百五十里，本漢葭萌縣地。武德四年，置南安州，又置三泉縣。八年州廢，以縣屬梁州。寰宇記：後魏正始中，置三泉縣，以界内三泉山爲名。唐天寶元年，自今縣西南一百二十里故縣，移理嘉陵江東一里關城倉陌沙水西置，即今縣理也。東至西縣一百五十里。故城，唐武德四年置，在利州東北一百五十里。輿地紀勝：紹興三年，金人自饒風關入漢中，吴玠遣劉子羽統諸軍屯三泉，以護蜀口，以縣令權輕，奏復爲軍。八年，升爲大安軍。元統志：國初爲大安州，至元二十年降爲大安縣，屬沔州，併三泉縣入之。東北至本州一百七十里，北至略陽縣二百里。明初廢。府志：大安軍城，在沔縣西一百八十里，又三泉故縣在軍東一里瀕江。

**沔陽故城。**在沔縣東南，漢置，以在沔水之陽而名。蜀志：建安二十四年，先主於沔陽設壇場，爲漢中王。建興五年，諸葛亮率諸軍駐漢中，行屯於沔陽。華陽國志：魏置梁州，初治沔陽。又云：蜀時以沔陽爲漢城。水經注：沔水又東逕沔陽故城南，蕭何所築也。城南臨漢水，北帶通逵。寰宇記：故城在梁州西八十四里，西縣東南十六里。隋開皇三年廢。府志：在縣東十里。

**西縣故城**。在沔縣西。後魏置嶓冢縣，隋改名。元和志：縣西至興元府一百里。寰宇記：按郡國縣道記云，西縣本名白馬城，又曰濜口城。周地圖記云，後魏正始中，分沔陽縣地置嶓冢縣，屬華陽郡。隋開皇三年罷郡，置白馬鎮於古諸葛城，縣理不改。大業二年，改嶓冢爲西縣，以縣西南有西樂城名之。唐武德二年廢鎮，置褒州。八年省州，自今縣東南五里移西縣理於此。本屬興元府，宋平蜀，以此縣當要衝，直屬朝廷。西至三泉縣一百六十里，西北至順政縣一百五十里。九域志：至道二年，以西縣隸大安軍。九年，還屬興元府。元統志：壬子年改屬沔州，至元二十年，省入略陽縣。明統志：在縣西四十里。

**鐸水故城**。在沔縣東。九域志：西縣有鐸水鎮。元統志：沔州治鐸水縣，本西縣舊鎮也，戊午年，始以其地升爲褒州，改鎮爲縣。至元二十年，廢褒州，移沔州來治。縣東至興元府七十里，西至大安縣一百七十里，東北至褒城縣六十里，西北至略陽縣一百三十里。府志：明洪武四年，知州王昱移今治，舊州在縣東二十里。

**武興故城**。今略陽縣治。三國漢置武興督於此，炎興初，鍾會圍漢、樂二城，遣別將進攻關口，武興督蔣舒開城出降。晉時爲武興戍，隆安中，没於氐。宋時以氐楊文弘爲白水太守，屯武興，武興爲國始於此。後魏正始三年，文弘孫紹先反，邢巒遣傅豎眼攻武興，克之，遂滅其國，以爲武興鎮，尋置東益州。正光以後，紹先復奔還武興，自立爲王。梁中大通六年，以武興王楊紹先爲梁、南秦二州刺史。大同元年，紹先子智慧表求歸國，詔以爲東益州。西魏大統十一年，仍於武興置東益州，以紹先子辟邪爲刺史。廢帝二年，辟邪據州反，詔叱羅協與趙昶討平之，以宇文貴爲興州刺史鎮之。元和志：興州，東南至興元府二百五十里，治順政縣，本漢沮縣地。州城，即古武興城也。宋開禧三年，吳曦據興州叛，即州爲行宮，僭改州爲開德府，稱蜀王。安丙等討平之，改州爲沔州。元統志：宋端平三年，蜀亂，守臣皆棄去。壬子年，復立沔州於舊治。至元二十年，遷州治鐸水縣，略陽屬焉。縣志：

武興廢城，在縣東關。府志：在縣南二百步。

**沮縣故城**。在略陽縣東，漢置。元和志：興州，即漢武都郡之沮縣也。晉永嘉末，氐人楊茂搜據武都，自後郡縣荒廢。縣志：故基在縣東一百十里沮水河側。

**長舉故城**。在略陽縣西北，後魏置。魏書地形志：東益州有槃頭郡，領蓑舉、武世二縣。隋書地理志：順政郡領長舉縣，西魏置。又立槃頭郡，後周郡廢。元和志：縣南至興州一百里，本漢沮縣地，後魏於此置長舉縣，屬槃頭。周武帝廢槃頭郡，縣改屬落叢郡。隋開皇三年罷郡，縣屬興州。舊唐書地理志：長舉縣本治槃頭城，貞觀三年移今所。寰宇記：縣在沔州北八十里，後魏太武置，以長舉城爲名。槃頭故城，在縣南三里，因水槃曲爲名。元統志：長舉廢縣，先在州北八十二里，唐貞觀二年移治在州西一百里，至元十二年併入略陽。縣志：在縣西北一百二十里。

**鳴水故城**。在略陽縣西。魏書地形志：東益州有落叢郡，領武都、明水二縣。隋書地理志：順政郡領鳴水縣。西魏置曰落叢，并置落叢郡。開皇初郡廢。六年，縣改爲廚北。八年，改曰鳴水。元和志：縣東至興州一百十里，本漢沮縣地。後魏宣武於此置落叢郡，因落叢山爲名，又置鳴水縣，因谷爲名。舊唐書地理志：鳴水縣，舊治落蕃水南，永隆元年，移治水北。唐書地理志：長慶元年，省入長舉。

**定遠故城**。今定遠廳治。東觀漢記：永元七年，以南鄭西鄉封班超爲定遠侯。名勝志：亦號平西城，以超平定西域故名。

**白雲舊縣**。在南鄭縣東。隋書地理志：南鄭有西魏置白雲縣，大業初併入。唐書地理志：武德三年，析城固置白雲縣，九年省。寰宇記：白雲故城在南鄭縣東，後周天和中立。

**龍亭舊縣**。在洋縣東。後漢書蔡倫傳：元初元年，倫封龍亭侯。水經注：漢水東歷上濤而逕於龍下。龍下，地名也，有丘郭墳墟，舊謂此館爲龍下亭。魏書地形志有晉昌郡，治龍亭縣，隋志不載，蓋西魏時郡縣俱廢也。寰宇記：龍亭故城，在今興道縣東。梁州記云，龍亭縣屬儻城郡。縣志：廢縣在縣東十八里龍亭山下。

懷昌舊縣。在西鄉縣西。隋書地理志：西鄉舊有懷昌郡，後周廢爲懷昌縣，至大業初廢入焉。寰宇記：西魏廢帝二年，洋州領懷昌郡，郡領懷寧一縣。後周天和五年省郡，改懷寧爲懷昌縣。隋開皇三年，屬洋州，大業三年省縣。

洋源舊縣。在西鄉縣南。元和志：縣西北至洋州一百二十里。本漢、晉西鄉縣地，武德七年分置，因洋水以爲名。寰宇記：廢洋源縣，本漢成固縣地。唐武德七年，析西鄉縣東南一百八十里地置。大曆元年，爲狂賊燒刼，遂北移於西鄉縣南二十里白湍村。寶曆元年，節度使裴度奏准敕洋源縣爲鄉，以地隸隣近諸邑。

黄花舊縣。在鳳縣北。唐書地理志：武德元年，析梁泉置黄花縣，寶曆元年省。寰宇記：廢縣在鳳州北六十里，漢故道縣地，梁泉縣之梁道鄉也。唐置縣，以東有黄花川，因名。九域志：梁泉縣有黄花鎮。

金牛舊縣。在寧羌州東北。元和志：金牛縣，東至興元府一百八十里。本漢葭萌縣地，東晉孝武分置綿谷縣。武德二年，分綿谷縣通谷鎮置金牛縣，取秦時石牛出金爲名。舊唐書地理志：金牛縣本屬褒州，武德八年州廢，屬梁州。唐書地理志：寶曆元年，省金牛入西縣。寰宇記：廢縣在梁州西一百八十里，本漢褒中縣地。唐開元十八年，按察使韓朝宗自褒城縣西四十里故縣，移就白土店置，南臨東漢水，西臨陳平水。九域志：金牛鎮，在三泉縣東六十里。府志：金牛故城，在沔縣西南九十里，即金牛驛也。

嘉牟舊縣。在寧羌州南。舊唐書地理志：武德四年置嘉牟縣，屬南安州，八年廢。

華陽舊縣。在沔縣東。魏書地形志：華陽郡治華陽縣。寰宇記：隋開皇三年罷郡，縣必廢於此時。今褒城縣有華陽水，蓋以近故縣得名。

修城舊縣。在略陽縣西北。漢置修城道，屬武都郡，後漢廢。魏太和中，任城王澄爲梁州刺史，授氐帥楊仲顯爲修城鎮副將。魏書地形志：南秦州有修城郡，治廣長縣，太和四年置。又領柏樹縣，太和八年置。又東益州有廣長郡，領廣長、新邑二縣。周書本紀：世宗二年，以修城郡屬康州。隋書地理志：順政郡領修城，舊置修城郡，縣曰廣長。後周郡廢，仁壽初改名。又西魏置柏樹縣，後周廢入。　按：今本地形志作修武郡，誤。

仇池舊縣。在略陽縣西北。隋書地理志：西魏於順政郡置仇池縣，後改曰靈道。大業初，省入順政。舊志：仇池縣城，在縣西北一百六十里，非甘肅階州成縣之仇池也。

南鄉舊縣。在定遠廳南九十里漁渡壩口，漢成固縣地。宋書州郡志：蜀立，晉廢。

漢中舊衛。在府治西。明洪武四年建，本朝順治十六年裁。

寧羌舊衛。今寧羌州治，本沔陽縣地，名羊鹿坪。明洪武二十九年，羌民田九成作亂，討平之。明年，於此建寧羌衛。成化二十二年，巡撫鄭時以地僻山險，流民聚集，奏設州治於衛治之南。本朝順治十六年裁衛。府志有古城二，一在城東北，一在城東南。

曹操城。在南鄭縣北。輿地紀勝：在縣北十七里。漢建安二十年，操克漢中，留夏侯淵守此。

下桃城。在南鄭縣東。宋元嘉十一年，梁州刺史蕭思話討楊難當，難當將薛健、蒲甲子退保下桃城。舊志：南鄭縣有下桃城。

漢王城。在褒城縣南。輿地紀勝：在縣南十里。舊志：在縣東北二十里。又有漢王城，在城固縣東十里，南近漢江，北繞壻水，相傳漢王駐兵於此。或曰，即劉封所築之樂城也。又鳳縣南四十里亦有漢王城。

萬石城。在褒城縣東南。水經注：漢水又東逕萬石城下。城在高原上，原高十餘丈，四面臨平，形若覆瓮，水南遏水爲岨，西北並帶漢水。其城宿是流離聚居，故世亦謂之流離城。

胡城。在城固縣西。魏書地形志：漢陰縣有胡城。水經注：漢水東逕胡城南。義熙十五年，城上有密雲細雨，五色昭章，曉而雲霽，乃覺城崩半許淪水，出銅鐘十二枚，刺史索邈奉送洛陽。南對扁鵲城，當是越人舊所經涉，故邑留其名耳。九域志：漢張騫使西域，與胡妻俱還，至漢中，築城居之，即此城也。舊志：古胡城，在縣西四十里。又扁鵲城，在縣西南四十里。

小城固城。在洋縣東。水經注：漢水東逕小城固南。州治大城固，移縣治此，故曰小城固也。

白公城。在洋縣西。九域志：昔白起守漢中，築城以控制蠻獠處。府志：城在縣西二十里。又魏書地形志：龍亭縣有安國城。輿地紀勝：城在興道縣東南七里，臨漢江。

木馬城。在西鄉縣西南。宋白曰「梁大同間，於巴嶺側立東巴州，治木馬縣」，即此地。又縣志有寨子城，在縣西南六十里，相傳漢高祖屯兵於此。

唐倉城。在鳳縣北。水經注：北川水南流逕唐倉城下。通鑑：五代周顯德二年，王景等伐蜀，蜀李延珪分兵出鳳州北唐倉鎮及黄花谷，絶周糧道。寰宇記：梁泉縣有唐倉柵，舊立倉廩，至今謂之唐倉柵。舊志：唐倉鎮在縣北三十里。

威武城。在鳳縣東北六十里。五代梁貞明初，蜀王建置城於此，爲戍守之地。

白馬城。在沔縣西北，即漢陽平關也。漢建安二十年，曹操征張魯，自散關入武都至陽平關，魯使弟衛據關，横山築城十餘里。二十二年，先主謀取漢中，次陽平關，與夏侯淵相拒。二十四年，自陽平關渡沔水，破於定軍山。皆即此。宋元嘉十年，氐王楊難當襲梁州，攻白馬，獲晉太守張範。梁天監三年，梁州刺史夏侯道遷以漢中降魏，白馬戍主尹天寶引兵擊之，敗死。後魏孝昌初，淳于誕行華陽郡事，帶白馬戍主。魏書地形志：沔陽縣有白馬城。水經注：張魯治東對白馬城，一名陽平關，其城西帶濜水，南面沔川，城側二水之交，亦曰濜口城。章懷太子曰：陽平關在褒縣西北。按：今寧羌州界有陽平關，蓋後代移置，或謂即白馬城，非是。詳見關隘。

張魯城。在沔縣西。水經注：沔水南逕張魯城東。初平中，劉焉授魯督義司馬，住漢中斷絶閣道，用遠城治。因即嶓嶺周迴五里，東臨濬谷，西北二面連峯接崖，從南爲盤道，登陟二里有餘。瀘水又南逕張魯治東，水西山上有張天師堂，於今民事之。庾仲雍謂山爲白馬塞，堂爲張魯治。通典：西縣西四十里有關城，俗名張魯城。

西樂城。在沔縣東南。蜀志：建興七年，丞相亮徙府營於南山下原上，築漢、樂二城。華陽國志：蜀以沔陽爲漢城，以對城固之樂城而言，故亦曰西樂城。水經注：沔水東逕西樂城北。城在山上，周三十里，甚險固。城側有谷，謂之容裘谷，道通益州。山多羣獠，諸葛亮築以防遏。梁州刺史楊亮以即險之故，保而居之，爲苻堅所敗。後刺史姜守、潘猛亦相仍此城。通典：故西樂城，在西縣西南。

諸葛城。在沔縣西，亦名武侯壘。水經注：沔水又東逕武侯壘南，諸葛武侯所居也。南枕沔水，水南有亮壘，背山向水，中有小城，迴隔難解。寰宇記：隋開皇三年，置白馬鎮於古諸葛城，是也。

黄沙城。在沔縣東北。蜀志：建興十年，丞相亮休士勸農於黄沙。魏書地形志：沔陽有黄沙城。水經注：黄沙水側有黄沙屯，諸葛亮所開也。

街亭。在城固縣西十五里。寰宇記：南鄭縣有街亭，即蜀將馬謖與張郃戰處。

黄金戍。在洋縣東北，其相近又有鐵城。蜀漢咸熙七年，曹爽侵漢中，王平議先遣軍據興勢，若賊分向黄金，平帥千人下自臨之。晉永嘉末，賊王如餘黨李運、楊虎等，自襄陽率衆入漢中，刺史張光遣晉邈率衆於黄金拒之。宋元嘉十一年，楊難當據漢中，蕭思話討之，難當魏興太守薛健據黄金，副姜寶據鐵城。鐵城於黄金相對去一里，思話遣漢中太守蕭承之進攻拔之，遂進據黄金。齊書本紀：黄金山張魯舊戍，南接漢川，北枕驛道，險固之極。水經注：黄金戍傍山依峭，險折七里，氐掠漢中，阻此爲戍，與鐵城相對。一城在山上，一城在山下，言其嶮峻，故以金鐵制名。通典：黄金城，在黄金縣西北八十里，張魯所築。元和志：故鐵城，在黄金縣西北八十里，城在山上。

迴車戍。在鳳縣南。寰宇記：戍在梁泉縣南一百六十里。梁太清五年，西魏遣雍州刺史達奚武爲大都督，及行臺楊寬，率衆七萬，由陳倉路取迴車戍，入斜谷關，出白馬道，謂此也。

大桃戍。在略陽縣東。宋元嘉十一年，蕭承之討楊難當，其黨趙温等自南城奔走，退據大桃。元和志有大城戍，在順政縣東四十九里，寰宇記謂之大桃戍。元統志：大桃驛，在縣東四十五里。蓋即大桃也。

嬀墟。在城固縣西北。後漢書郡國志：成固縣嬀墟在西北。縣志：在縣西北二十里。其地有二井，一苦一甘，名曰雙井，相傳爲舜所居。按應劭漢書注，嬀墟當在今興安府。又考水經注，當在洋縣東北界。未知孰是。

韓信壇。在城固縣北。水經注：大城固北臨壻水，水北有韓信臺，高十餘丈，上容百許人。相傳高祖齋七日，置壇設九賓以禮拜信也。輿地紀勝：韓信壇，在縣東六里。

督軍壇。在沔縣東南，其旁有八陣圖。水經注：定軍山東名高平，是亮宿營處，營東即八陣圖也，遺址略在。元和志：八陣圖，在西縣東南十里，諸葛亮壘門，以石爲圖。元統志謂之武侯督軍壇。府志：八陣圖，在定軍山下。圖列八陣，聚細石爲之，各六十四聚。又有二十四聚，作兩層，每層各十二聚，其跡尚存。或爲人所散亂，及夏水没，水退如故。

漢廟堆。在南鄭縣西南。水經注：昔漢女所遊，側水爲釣臺，後人立廟於臺上。世人觀其頹基崇廣，因謂之漢廟堆。

武侯琴室。在沔縣東南定軍山下。室内有石琴，相傳諸葛亮所御。

范柏年宅。在南鄭縣西南。柏年嘗對宋明帝言「梁州有廉泉、讓水，臣所居在廉、讓之間」，即此。

天漢樓。在南鄭縣城東北子城上，宋建，周覽江山，爲一郡之勝。鮮于侁詩：「千峯赴華陽，一水連天漢。」

望雲樓。在洋縣北。世傳唐德宗幸梁、洋，嘗登是樓，御題十字於梁上。及還京，鑿取以歸。

五雲樓。在洋縣五雲宮內，宋建。

草涼樓。在鳳縣東北六十里，舊傳唐明皇駐蹕於此。

淩霄閣。在南鄭縣西南中梁山寺前，下瞰漢川，據一郡最勝處。

郙閣。在略陽縣西，漢太守李翕建。有銘曰：「惟斯析里，處漢之右。谿源漂疾，横注於道。涉秋霖瀌，盆溢深溝。漢水逆瀼，稽滯商旅。路當二州，經用所阻。斯谿既然，郙閣尤甚。太守漢陽阿陽李君諱翕，字伯都，聞此爲難，其日久矣，乃命衡官掾下辨仇審，改解危殆，即便求隱。析里大橋，於今乃造。行人夷欣，慕君靡已。」宋文同詩：「南征曾讀浯溪頌，西溯今觀郙閣銘。」方輿勝覽：郙閣在靈巖寺。縣志：閣在縣西二十里臨江崖，高數十丈，俗名白崖，水溢則上下不通，故李翕鑿石架木，建閣以濟行人，廢址猶存。宋理宗時，太守田克仁以銘字昏訛，重刻於靈巖之絶壁，在今縣南。按：李翕，歐陽修集古録及舊志誤作「李會」，今從趙明誠金石録、洪适隸釋改正。此銘相傳以爲蔡邕文，後人附會未可信。

柱石堂。在府治內，宋文同建。

襲美堂。在洋縣城內。宋韓億、韓縝父子相繼知州事，有美政，洋人德之，爲建此堂。

嘯歌堂。在鳳縣治內。名勝志：宋黄庭堅過鳳州詩有「嘯歌山水重」之句，後人因建此堂。

臨漢亭。在府治內，宋文同建，引漢水繞其下，因名。內又有四照亭、緑景亭。

衆芳亭。在府治內，宋興元帥晁公武建。

領要亭。在府治內，宋虞允文建。外覽江山，內瞰城郭，取杜甫詩「佳處領其要」爲名。又分巡道署內有漢節亭，亦允文建，取杜詩「漢節梅花外」爲名。

吸月亭。在鳳縣治後，宋建，取蘇軾「勸君且吸杯中月」句爲名。

飛蓋亭。在鳳縣治内。方輿勝覽：縣出金絲柳，宋元豐間，有旨取百株。邵康節詩：「楊柳垂金絲，風動如飛蓋。」後於此建亭，取其詩「飛蓋」爲名。

秋興亭。在沔縣舊郡治内，唐刺史賈載所築，賈至有記。

連理亭。在留壩廳西北五十三里柴關。嶺北有栗樹二株比連而長，中間兩樹相合，長二丈許，又復枝幹各分，因名。

美農臺。在南鄭縣東。寰宇記：梁州記云，後漢安帝時太守桓宣，每至農月，親載耒耜以登此臺勸民，故後人號曰美農臺。在郡西。通志：在今府城東。

釣臺。在褒城縣東北五里，褒水出谷處。巨石高廣，相傳鄭子真垂釣於此。又南九十里廉水旁，亦有釣臺。

樊噲臺。在城固縣北。水經注：壻水逕樊噲臺南。臺高五六丈，上容百許人。輿地紀勝：臺在縣北五里，樊噲所築。

天漢臺。在洋縣北五里。上有望京樓，宋王沖建。

梳粧臺。在西鄉縣東南子午山下，相傳漢高祖爲戚夫人築。

思計臺。在鳳縣南五里。蜀鑑：梁泉縣有思計臺，在城南，諸葛武侯登臺籌畫，因以爲名。

廟臺子。在留壩廳西北四十五里。有留侯祠，祠後即紫柏山，留侯避穀之處，叢篁古木，翠色參天。

凝雲榭。在府治園内，宋建，文同有詩。

玉峯園。在洋縣城南。又城北有高園、北園、西園。

郡圃。在洋縣治北，唐時創闢。宋文同知洋州，乃飾其臺榭，有横湖、湖橋、水池、荻浦、蓼嶼、寒蘆港、二樂榭、金橙徑、待月臺、瀼泉亭、吏隱亭、霜筠亭、露香亭、涵虚亭、谿光亭、過谿亭、禊亭、菡萏亭、野人廬、此君菴、荼蘼洞諸勝，政暇賦詩，蘇軾、蘇轍、鮮于侁皆遥和。

銅場。在略陽縣東。九域志：順政縣有青陽銅場。方輿勝覽：青陽驛在縣東五十里。

合江倉。在略陽縣治東。宋開禧中，楊巨源監合江倉，即此。

濟衆監。在略陽縣東，宋置。九域志：監在興州東一百七十里，景德三年置，鑄鐵錢，後廢。

鬼迷店。在鳳縣東北。宋陸游詩：「往者秦蜀間，慷慨事征戍。猿啼鬼迷店，馬噤飛石鋪。」方輿勝覽：鬼迷店，在大散關下。飛石鋪，在小益道中。

石鏡。在褒城縣北十二里山河堰石門上，光瑩可鑑。

## 關隘

雞頭關。在褒城縣北十里，關口有大石，狀如雞頭，因名。自此入連雲棧，最爲險峻。明初置巡司，今裁。又十里關，在縣北六十里，以距青橋十里，故名。馬道關，在縣北九十里，羊腸一線，沿烏龍江上，亦爲險要。虎頭關，在縣北一百四十里。武曲關，在縣北一百五里武曲山上。

松梁關。在褒城縣南一百二十里。東西亂山相接，南即四川巴州界。

米倉關。在褒城縣南一百七十里。元史李進傳：進從征蜀，道陳倉，入興元，度米倉關。其地荒塞不通，進伐木開道七百里。

漢陽關。在褒城縣西北二十里。寰宇記：在縣西北，漢時所立，蜀先主破魏夏侯淵於此。

甘亭關。在褒城縣西北，亦曰甘寧關。隋書地理志：褒城有關官。通典：甘寧關，隋開皇初置，在牛頭山北。元和志：關在縣北九里。寰宇記：在縣北九十里。

木曹關。在城固縣，元置。明初下漢中，徐達駐益門鎮，遣傅友德夜襲木曹關，攻斗山砦，即此。府志：北木曹關，在縣西北三十五里，接連雲棧道。南木曹關，在縣南三十里，通西鄉縣界。今皆廢。

槐樹關。在洋縣東五十里，明置。

鐵石關。在洋縣東九十五里，唐置。又縣東有土門關、宜娘子關，縣南有藥木關、桐木關、重陽關，縣北有八里關、水碓關、平陸關、蒻嶺關，東北有三河關、三嶺關、榆林關、白椒關，皆久廢。

皁軍關。在西鄉縣南五十里。

團樂關。在西鄉縣東南一百五十里。明正德中，副使來天球駐兵於此，平荆襄賊。

廢丘關。在鳳縣南六十里，亦名費丘關。

仙人關。在鳳縣西南一百二十里，接甘肅秦州徽縣界。宋紹興三年，吴玠棄和尚原，别於仙人關右創築一壘，移兵守之。四年，金烏珠自鐵山東攻仙人關，玠力戰敗之，自是金人不復窺蜀。明統志：仙人關外分左右道。自成州經天水，出皁郊堡，直抵秦州，其地皆平衍，此左出之路。自兩當趨鳳州，直出鳳翔大散關，至和尚原，此右出之路。「烏珠」舊作「兀朮」，今改。

馬嶺關。在鳳縣西四十五里，亦曰馬嶺砦。五代周顯德二年，遣將王景等入散關，攻蜀、秦州，蜀將李廷珪遣别將據馬嶺砦，即此。

大散關。在鳳縣東北五十里，與鳳翔府寶雞縣分界。方輿勝覽：關在梁泉，係極邊，爲秦、蜀要路。漢高祖從故道敗章郿於陳倉，即由此出。又見「寶雞縣」。

陽平關。在寧羌州西北一百里。關城東西徑二里，南倚雞公山，北傍嘉陵江，舊置巡司，今裁。有陽平關營，設參將防守，並設州同駐此。按：古陽平關，即白馬城，在沔縣界，今關乃古陽安關地。三國漢景耀六年，姜維聞鍾會治兵關中，表請遣張翼、廖化等督軍分護陽安關口。後魏時謂之關城，世宗時荀金龍爲梓潼太守，帶關城戍主。魏書地形志東益州有梓潼郡，領華陽、興宋二縣，蓋置於關城也。水經注西漢水西南流逕關城北。元和志關城俗名張魯城，在金牛縣西三十八里。皆即此。近代改置陽平關，仍漢舊名耳，明統志以爲即古陽平關，誤。

鐵鎖關。在寧羌州東六十里。又牢固關，在州南四十里。七盤關，在州西南六十五里，接四川界。

百牢關。在沔縣西南七十里。隋書地理志：西縣有關官，有百牢山。元和志：百牢關，在西縣西南三十步。隋置白馬關，後以黎陽有白馬關，改名百牢。自京師趨劍南，達淮右，皆由此。寰宇記：隋開皇中置關，以蜀路險峻，號曰百牢。一云關置於百牢谷。九域志：關在三泉縣。輿地紀勝：在西縣西三十里。元統志：今三泉舊縣西古關是。

石頂關。在沔縣南。輿地紀勝：石頂原在西縣東南三十餘里，宋置關，最爲險要。通志：石頂關，去縣八十里。又有白馬關在縣西，明正德間置白馬巡司，後裁。

興城關。在略陽縣南。元和志：關在順政縣南五里。縣志又有七防關，在縣西一百九十里，接甘肅階州界。

罝口關。在略陽縣西北三十里。宋開禧二年，金人陷大散關，吴曦退屯罝口，即此。明弘治初，設巡司，今裁。又有白水巡司，在縣西北一百十里。九股樹巡司，在縣東北六十里。均裁。

鹽場關。在定遠廳南一百五十里，接四川保寧府通江縣界。舊設巡司，嘉慶七年裁。又火鑪關，在廳西北六十里。父子關，在廳西北百里。土門關，在廳西北百餘里。白陽關，在廳西三百二十里，接四川界。

畫眉關。在留壩廳南十里。石磴盤折，爲棧道要路。

武休關。在留壩廳南四十五里。九域志：梁泉縣有武休鎮，宋紹興三年，金將薩里罕入興元，由斜谷北去，劉子羽謀邀之於武休，即此。方輿勝覽：褒斜谷旁連武休關。又極東爲饒風關，倚饒風以控商虢，由武休以達長安，爲蜀之咽喉。府志：武休關，在鳳縣東南二百二十里，今置武關驛。「薩里罕」舊作「撒離喝」，今改。

柴關。在留壩廳北五十里。

土關隘〔二〕。在鳳縣東南三十五里。明統志：自青岡坪墖過武休關山砦，至此甚險峻，元將汪世顯取蜀經此。府志又有青崖谷隘，在鳳縣東三十里。

魚孔隘。在沔縣西南十里，即今老虎溝。宋淳祐三年，蒙古破大安軍，宋將楊世安守魚孔隘不降，即此。

青石關巡司。在南鄭縣南九十里。宋置關。明正德中，設巡司於此，今因之。其地與西鄉縣及四川保寧府之巴州南江縣相接，爲通茶要路。

黃官嶺巡司。在褒城縣南一百一十里，接四川保寧府南江縣界。乾隆四十七年設，兼設有把總分防。

大巴山巡司。在西鄉縣西南百二十五里。明成化中置設巡司，本朝因之。路通四川，通巴、綏定各處。

漁渡壩巡司。在定遠廳南九十里，四面崇山，中開田壩，接四川通江縣界。明隆慶中，移本府通判駐此，崇禎中改設守備，本朝增設遊擊，後裁。嘉慶十年，由姚家壩移駐。

黎壩巡司。在定遠廳西南一百里。嘉慶七年，由簡池壩移駐。

南星巡司。在留壩廳北一百里，接鳳縣界。嘉慶十三年設。

華陽營。在洋縣北一百五十里。三面老林，直接終南、太白，五方雜處，處處可通，設有都司駐守。舊有縣丞分駐，乾隆二十六年裁，嘉慶七年復設。

鐵鑪川營。在鳳縣東南一百七十五里。嘉慶二十年，設有守備駐守。

司上汛。在西鄉縣南一百里。兩面峻嶺，一線中開，設有把總分防。

何家巖汛。在略陽縣東六十里，設有把總分防。

西江口汛。在留壩廳東北九十里。東達洋縣，南接城固，北通岐、郿、寶、鳳，設有千總防守。

連雲棧。在褒城縣北。戰國策：秦棧道千里，通於蜀漢。史記：漢王之國，張良送至褒中，因説漢王燒絶棧道。顔師古曰：棧道即閣道，蓋架木爲之。魏書崔浩傳：險絶之處，傍鑿山石而施版梁爲閣。水經注：褒水自大石門歷故棧道下谷，俗謂千梁無柱也。諸葛武侯與兄瑾書曰：「前趙子龍退軍，燒壞赤崖以北閣道，緣谷一百餘里。其閣梁一頭入山腹，一頭立柱於水中，今水大而急，不可安柱。」後諸葛卒於五丈原，魏延先退而燒之，自後案舊修路者，悉無復水中柱，經涉者浮梁振動，無不摇心蕩目也。寰宇記：梁州西北入斜谷，至鳳州界一百五十里。輿程記：陝西棧道長四百二十里，自鳳縣東北草涼驛爲入棧道之始，南至褒城之開山驛路始平，爲出棧道之始。縣志：明洪武二十五年，因故址增修，約爲棧閣二千二百七十五間，統名曰連雲棧。自縣北雞頭關起，一里至石洞，又一里至石嘴七盤，又七里至獨架橋，上阻石崖，下臨龍江，最爲險峻。又三里至倚雲棧，即響水灘，前有石佛灣、盤龍塢。又七里至老君崖，又四里至堡子鋪，又四里至飛石崖。又一里至閻王碥，憑虚最險。又三里至架雲。又八里至逍遥，即青橋。又十七里至馬道鋪，又十里至順平，又十里至甜竹碥。又三里至三岔鋪，即馬道驛。又五里至燕子崖，巨石横亘，江水瀠洄。又二十里至鳴玉，即簸箕棧。又二里至虎頭關，又一里至上天橋，又三里至武曲關，又一里至火燒碥，又一里至碧霄，又二里至石梯。又七里至青雲，即臘魚溝。又數十步至臘魚潭，縣境閣道止此。自臘魚潭而北，又有焦崖鋪、黑龍灣、飛仙閣、石溝橋、八里關、雲門、新開嶺、安山灣、青陽等棧。

米倉道。在南鄭縣南，通四川巴州境。圖經：漢末曹操擊張魯於漢中，張魯奔南山入巴中。又張郃守漢中，進軍宕渠，皆由此道。自興元逕此達巴州，不過五百里。

五里壩。在西鄉縣東南一百八十里。本朝嘉慶七年，由大池壩移縣丞駐此。

姚家壩。在定遠廳南一百五十里。舊設巡司，嘉慶十年移。

簡池壩。在定遠廳西二百四十里，接連川省，山路詰屈，羊腸一線。舊設巡司，嘉慶十年，移駐黎壩，每歲分防數月。

茅坪。在洋縣東北九十里。重巒疊嶂，徑路崎嶇，設有把總分防。

瓦石坪。在定遠廳西二百里，設有守備防守。

清風閣。在鳳縣東北一百里，今一名北星。唐僖宗曾駐蹕於此。山險林密，盜賊出沒。明嘉靖八年設巡司，今裁。

長柳鎮。在南鄭縣東南三十里，與城固縣接界。水經注：漢水自南鄭又東得長柳渡。長柳，村名也。九域志：南鄭有長柳、桓香、西橋三鎮。縣志：又有沙河鎮，在縣西二十五里。彌勒院鎮，在縣北三十里。

褒城鎮。在褒城縣南十里，今名打鐘壩。九域志：褒城縣有褒城、橋閣二鎮。舊志：褒城驛，在縣南二十五里，其地有園池竹木，可供遊覽。蓋即褒城鎮也。

陰平鎮。在城固縣南十八里，今名大平村。三國漢景耀中，張翼、董厥詣陽安關口，爲諸圍外助，至陰平留住待之，即此。水經注：白水東南逕陰平故城南。又袁揚鎮，在縣西北十五里。原公鎮，在縣北二十里。

壻水鎮。在洋縣西北四十里，與城固縣接界，以近壻水故名。九域志：興道縣有壻水鎮。又有謝村鎮，在縣西二十五里。

茶谿鎮。在西鄉縣東一百一十里。

子午鎮。在西鄉縣東北一百六十里，西接洋縣，東指石泉。明設巡司，今裁。

黄花鎮。在鳳縣東北十里，即古黄花縣也。九域志：梁泉縣有黄花、保安、方石、東河橋、白澗、鹵土、武休七鎮。府志又有白石鎮，今爲白石鋪。

青烏鎮。在寧羌州西北，宋置。九域志：在三泉縣西四十里。又輿地紀勝：州東有仙流鎮。

峽口鎮。在略陽縣東一百里。又横現鎮，在縣西十五里。嗚水鎮，在縣西四十里。

石門鎮。在略陽縣西北。九域志：順政縣有石門、沮水二鎮。縣志有石門梁，在縣西九十里，即石門也。

馬盤砦。在褒城縣西。唐天復二年，王建將王宗播攻馬盤砦，即此。

渭門砦。在洋縣東一百二十里西城路口。又陽嶺砦，在縣東北一百二十里子午谷口。石佛堡，在縣東北六十里駱谷口。皆宋置。

萬仞砦。在略陽縣北。宋乾德二年，王全斌伐蜀，由鳳州路進討，拔乾渠，度萬仞、燕子二砦，遂下興州。元統志：萬仞山，在長舉縣後，有關。

故縣堡。在西鄉縣東南一百五十里，明正德中置。

黄牛堡。在鳳縣東北一百一十五里，接鳳翔府寶雞縣界。五代周顯德二年，王景攻蜀，入散關，拔黄牛砦。宋紹興三十一年，金圖克坦哈希扼大散關，遊騎攻黄牛堡，吴璘自河池馳至青野原，調兵分道援黄牛。府志：黄牛堡，在縣東北五十里，去寶雞縣一百八十里，吴玠將楊崇義築，今有千總分防。又松陵堡，在縣東北大散關旁，宋時置戍於此，與散關相犄角。「圖克坦哈希」舊作「徒單合喜」，今改。

長林驛。在南鄭縣東。自驛西北四十里爲褒城縣，自驛西二十里爲沔縣之黄沙驛。今廢。

漢陽驛。在南鄭縣西。又西二十里，達褒城縣界。又五十里，達沔縣黄沙驛。自驛而北七十里，達褒城縣之開山驛。

開山驛。在褒城縣治西，明初置。東南接南鄭縣漢陽驛，西南接沔縣黄沙驛。

青橋驛。在褒城縣北六十里，明初置。舊有驛丞，乾隆四十七年裁。南至開山驛五十里，北至馬道驛四十里。

馬道驛。在褒城縣北一百里，明初置。北至鳳縣武關驛五十里。今有驛丞。

梁山驛。在鳳縣治東南。自驛而東七十里，接草涼驛。轉南五十里至三岔驛，又南六十里至松林驛，又六十五里至安山驛，又四十五里至武關驛，又五十里達褒城縣之馬道驛。

草涼驛。在鳳縣東六十里。有驛丞。又東七十里，接寶雞縣之東河橋驛。

三岔驛。在鳳縣南五十里。有驛丞。

柏林驛。在寧羌州治北。

黄壩驛。在寧羌州西南八十里。有驛丞。南至四川保寧府廣元縣神山驛四十里，今有把總分防。

順政驛。在沔縣治西。

黄沙驛。在沔縣東四十里，明置。本朝初設驛丞，乾隆五十五年裁。北至褒城縣開山驛五十里。

大安驛。在沔縣西南九十里。本名金牛驛，明初置。舊有驛丞，今裁，設有把總分防。南九十里達寧羌州柏林驛。

青羊驛。在沔縣西六十里，南接大安，西通陽平，今廢。本朝乾隆三十八年，移設縣丞，嘉慶十三年裁。

安山驛。在留壩廳治南。

武關驛。在留壩廳南四十里武休關。本朝乾隆三十八年設驛丞。

松林驛。在留壩廳西北七十五里。有驛丞，今裁。

## 津梁

梳洗橋。在南鄭縣東五里。

沙河橋。有二：一在南鄭縣東一里，一在城固縣西南十五里。

通濟橋。在南鄭縣南二里。舊爲木橋，明時易以石。

明珠橋。在南鄭縣西三里。

小江橋。在南鄭縣西十五里。

柏鄉橋。在褒城縣東南二十里。

大通橋。在褒城縣南門外。又縣南半里有西河橋。

樊河橋。在褒城縣東北九十里馬道驛北。漢舞陽侯樊噲所造。

天生橋。有三。一在褒城縣北七盤山下，有大石横亘江中，舉足可渡。一在寧羌州西南八十里，其地有山高數十仞，河水自山下入川，石勢天成如橋。一在略陽縣西八十里，有石長七丈，闊二丈，横於大澗。

薛公橋。在城固縣西北二十五里。宋紹興初，縣令薛可光開渠溉田，民謂之薛公渠，橋亦因之而名。又段橋，在東關外，縣民段文海建。張橋，在西關外，縣民張成建。

天臨橋。在洋縣東五里。明天啓中，諸生周昕重修。本朝順治中，邑人周應瑞、子命新相繼重修。康熙中爲水衝圮，知縣鄒溶重建。又貫溪橋，在縣東十里。

東渡橋。在西鄉縣東三里。又南渡橋，在縣南一里木馬河渡口。

斜谷橋。在鳳縣東二里斜谷。今廢。

五丁橋。在寧羌州東北金牛峽。

舊州橋。在沔縣東二十五里，跨舊州河。

黄沙橋。在沔縣東四十里，跨黄沙河。

通惠橋。在略陽縣東城外。山谿時漲，修廢無常。又翠秀橋，在縣西三十里。

梁橋。在定遠廳西一百三十里。嘉慶十五年建。

青羊橋。在留壩廳東南二十里。

武關橋。在留壩廳南五里。

上水渡。在南鄭縣西南五里。又下水渡，在縣南三里。二渡皆夏秋設船，冬設橋以濟。

龍岡渡。在南鄭縣南十里。

柳渡。在城固縣南四里，亦曰上柳渡。又白崖渡，在縣西南四里。

白沙渡。在洋縣東一百三十里，出黄金峽口。

堉水渡。在洋縣西四十里。東岸堉水鋪，西岸漢王城，城固、洋兩縣，每歲十月設橋，夏秋設渡。

洋河渡。在西鄉縣東十里。

子午渡。在西鄉縣東北一百八十里。

## 隄堰

利民隄。在鳳縣。其相近有壋子堰，宋祥符二年置，今廢。

班公堰。在南鄭縣東南三十里。本朝嘉慶七年，知縣班逢揚引冷水灌田，自李家街起，至城固之乾沙河止，灣環三十餘里。逢揚升任，知府嚴如熤竟其功，以此堰創之逢揚，因名之曰班公堰。又芝子堰，在縣南十五里，亦引冷水溉田〔二〕。黄土堰，在縣東南二十里，引觀溝河水溉田。

馬湖堰。在南鄭縣西南八十里，褒城縣西南一百里，引廉水灌兩縣田。又東北三十里爲野羅堰，又東北爲馬嶺堰，又東北三里爲流珠堰。舊志載流珠堰勢若流珠，亦漢蕭何所築，宋嘉祐、乾道、元至正年間重修。明嘉靖中圮，監生歐本禮濬源導流，編竹爲籠，實之以石，置中流，限以木樁，數月工竣。又東北六里爲莊頭堰。又東北二十五里爲石梯堰，一名柳堰子。又東北一里爲楊村堰。又有龍潭堰者，在褒城縣西南一百十里，向與、馬湖等堰，共稱廉水八堰，而所引實爲泉水，今改正。

山河堰。在褒城縣東，引褒水溉田，一名柳邊堰。輿地紀勝：山河堰，本蕭何所創，相傳爲蕭何堰，後乃語訛爲山河。紹興二十二年，利州東路帥臣楊庚奏稱褒斜舊有六堰，灌溉民田，靖康之亂，民力不能修葺，爲水衝壞，請修治。乾道四年，知興元府吴拱修復六堰，濬大小渠六十有五，凡溉南鄭、褒城田二十三萬三千畝有奇。府志：蕭何始立爲二堰，曹參落成之。諸葛亮軍駐漢中，踵跡增築。至宋復壞，吴玠、吴璘相繼修治，廣溉民田，復業數萬。今堰凡三。第一堰在縣北三里，亦曰鐵樁堰，今廢。第二堰在縣東門外，舊隄長三百六十步。本朝嘉慶七年，陜安道朱勳修築石隄五十餘丈。十五年，水漲，於石隄下將舊隄衝決。知府嚴如熤就石隄上下加築土隄七十九丈，另開新渠一百三丈三尺，深三丈，十六年工竣。經流之地首爲高堰子。又東三里爲金華堰，支分小堰七，曰雞翁、沙堰、周家、崔家、何家、劉家、橙槽。又東三里爲舞珠堰，支分小堰五，曰魯家、鄧家、朱家、瞿家、白火石。又東五里爲小斜堰。以上專溉褒城縣田。又東一里爲大斜堰，在南鄭龍江鋪。又東五里爲柳葉洞。以上分溉褒城、南鄭田。又東爲豐立洞。又東八里爲羊頭堰，在南鄭縣西北十五里。又東五里爲杜通堰，又東三里爲小林洞，又東二里爲燕兒窩，又東一里爲紅崖子堰，又東二里爲姜家洞，又東二里爲營房洞，又半里爲李堂洞，又半里爲李官洞。自金華堰至此爲上壩。又東一里至二道官渠，分高低兩渠，高渠下達三皇川，低渠爲高橋洞。又東一里爲小王官洞，又半里爲大王官洞，又東一里爲康本洞，又半里爲陳定洞，又半里爲花家洞，又半里爲何棋洞，又半里爲高洞子，又半里爲東柳葉洞，又半里爲任明水口，又半里爲吴剛水口，又半里爲王朝欽水口，又半里爲聶家水口。又東流至三皇川，設水閘以節水，分渠爲七。自高橋洞至此爲下壩。第三堰，在第二堰下五里，由堰口東南流至三橋洞，分東西兩溝。其工較省，其灌田之多寡亦懸殊焉。

鐵爐堰。在褒城縣南七十里，引華山水。龍河堰，在縣西南九十里，引漳溪水，左右横截十一渠溉田。今俱廢。

東流堰。在城固縣南五里。引南沙河水灌田，在東岸曰東流堰，在西岸曰西流堰。

萬壽堰。在城固縣西南四十五里，引小沙河於東岸作堰灌田。又北流爲倒柳堰、沙平堰。於西岸築堰爲上盤堰，一名蛇盤堰。又下盤堰、新堰、蓮花堰，均出小沙河。

上官堰。在城固縣西三十里，引北沙河水，於東岸作堰灌田。又南流，於西岸作堰曰西小堰，曰棗兒堰。又横渠堰，在縣西三十五里。郭公堰〔三〕，在縣西北四十里。俱出北沙河〔四〕。

五門堰。在城固縣西北二十五里，舊築隄，激堨水以灌斗山之麓〔五〕。元至正間，縣尹蒲庸改創石渠。明弘治間，推官郝晟重開濬，溉田四萬八百四十餘畝〔六〕。

高堰。在城固縣西北四十里，引壻水灌田。又南流繞慶山而下，爲百丈堰，在縣西北三十里，於中流以木石障水東行，闊百餘丈。

楊填堰。在城固縣東北十五里，洋縣西五十里，引壻水溉兩縣田。宋楊從義於河中流填成此堰，故名。堰兩岸皆沙土，易沖圮，元明至本朝，官民隨時修補。嘉慶十五六年，山水頻漲，舊渠平爲河身。知府嚴如熤率兩邑士民，買河東岸地，將渠身改進，築幫河隄二百二十八丈九尺，於河水入渠之處修石門五洞，十七年工竣。堰水東南流爲丁家洞、姚家洞、青泥洞，至寶山繞山而東爲鵝兒洞，又東南爲竹竿洞、孫家洞，又北，東南流爲梁家洞，入洋縣界爲新開洞。其北岸爲倪家渠、魏家渠，又東南流爲柳家洞、磑眼洞、黄家洞、漢龍洞、水磑堰、分水渠。其北岸爲北高渠，又下爲野狐洞，東南流入漢。

高原堰。在洋縣東三十里，引大龍河水灌田。

溢水堰。在洋縣西北三十里。溢水出縣北山中，南流五里，於東岸築堰，分水東南流，爲小飛槽、大飛槽、鐦板堰、腰渠、西渠、石堰渠、吴家渠、北渠、南渠。溢水又南流五里，於西岸築堰，引水西南流，爲二郎堰，在縣西十五里。溢水又南流五里，於下流截河爲堰，從東岸分水，與溢水偕下而南者，爲三郎堰，在縣西十里。

瀼濱堰。在洋縣北十五里。瀼水出縣北石鏟山，南流至周家坎，於西岸築堰，分水西南流，循山麓紆迴南下，中經二澗，澗深廣數丈，舊架木爲飛槽，渡渠水以達於田，每水漲沖没。萬曆中，知縣李用中創建石槽，以爲渠道，以數丈之槽，利溉數千畝。瀼水又南流五里，於東岸築堰，分水東南流，爲土門堰，在縣北十里，阻牛首山之麓，故鑿爲門，以通渠道，因名。相近有賈峪河，出没無常，狂瀾一倒，直斷中流，隴畝間動苦枯涸。萬曆中，知縣姚立誠築長隄以障之，共修成石堰二座，飛槽九座，洞口一十四處。瀼水又南流四里許，截河築堰，從東分水，流至縣西關外，爲斜堰，在縣北六里。居瀼水下流，歲苦衝溢，知縣李用中甃石數丈，分門閘板，視水之消長以時啓閉，數遇洪濤，終莫能壞。仍東開土渠二百四十丈，灌溉賴之。

金洋堰。在西鄉東南二十里子午山左。有大渠一，分小渠二十五道，上、中、下三壩。明景泰初，知縣丘俊築，溉田四千六百畝。本朝康熙五十三年，知縣王穆重築。相近又有三郎鋪堰，在縣東四十里。聖水峽堰，在縣東六十里。洋谿河堰，在縣東七十里。官莊堰，在縣南二里，渠分二道。五渠河堰，在縣南二十里，分渠五。法寶堂堰，在縣南三十里，渠分六。平地河堰，在縣西九十里。私陀河堰，在縣西一百二十里。鶩軍壩堰，在縣西一百五十里。別家壩堰，在縣北三十里。高川堰，在縣東南一百六十里。西龍溪堰，在縣西南二十里。葖菖河堰，在縣西南三十里。桑園鋪堰，在縣西北四十里。

七里堰。在寧羌州西南七里，明嘉靖中知州李應元修。

琵琶堰。在沔縣南三十里，引養家河水灌田。又北爲馬家堰，又北爲麻柳堰。又北爲白馬堰，一名白崖堰。又北爲天生堰，又北爲金公堰，又北爲瀘水堰，又北爲康家堰。

石剌塔堰。在沔縣東北三十五里，亦名山河堰。引舊州河水灌田，分兩派，東流者爲山河東堰，西流者爲山河西堰。

石燕子堰。在沔縣東北五十里，又名天分堰。引黃沙河水灌田，分兩派，東流者爲天分東堰，西流者爲天分西堰。

五渠。在西鄉縣北。一東河渠。一中沙渠。一北寺渠，去城二里許。一白廟渠。一西沙渠，去城三里許。衆山之水入五渠，由渠入城濠，遶木馬河。五渠淤塞，夏秋雨積旬，水陡漲，害民田廬舍。本朝康熙中，知縣王穆按畝役夫，於農隙頻加挑濬，而西北隅賴以有秋。

## 陵墓

### 周

鬼谷子墓。在褒城縣西北五十里黃草坪。

漢

戚夫人墓。在西鄉縣東南。輿地紀勝：有廟在縣東五里。府志：在縣東南二十五里。

張騫墓。在城固縣西北八里。

蔡倫墓。在洋縣東三十里。

李固墓。在城固縣西。水經注：長柳渡有漢太尉李固墓，碑銘尚存，文字剥落，不可復識。府志：墓在縣西三十里，有石碣，題曰「漢忠臣太尉李公神道」。

七女冢。在城固縣北。水經注：壻水東逕七女冢。冢夾水羅布如七星，高十餘丈，周圍數畝。元嘉六年，大水破墳，得一甎刻云：「項氏伯無子，七女造槨。」世人疑是項伯冢。輿地紀勝：七冢，三在城固縣，四在興道縣。

三國　漢

諸葛武侯墓。在沔縣南定軍山。蜀志：亮遺命葬定軍山，因山爲墳，冢足容棺。魏鍾會至漢川，令軍士不得於墓所左右芻牧樵採。水經注：亮遺令因即地勢，不起墳隴，惟深松茂柏，攢蔚川阜，莫知墓塋所在。元和志：墓在西縣東南八里。貞觀十一年，敕禁樵採。

馬超墓。在沔縣東三里，今其地名馬場。

張嶷墓。在褒城縣南柏鄉街，世呼爲褒德將軍墓。

宋

楊從義墓。在城固縣北十五里。

明

楊洪墓。在南鄭縣西北十五里。

張鳳翮墓。在城固縣南十五里杜家山。

吉孔嘉墓。在洋縣東南三里。

本朝

佛泥勒墓。在南鄭縣北門外百餘步。

李聖翼墓。在南鄭縣東三里。

## 祠廟

黃帝廟。在城固縣西南二十里。

禹王廟。一在府治西南隅，一在寧羌州北嶓冢山下。

漢高祖祠。在南鄭縣南漢水濱。相傳高祖遊憩於此，後人立祠祀之。

伍子胥廟。在城固縣北百丈堰，元至正元年建。

二郎廟。在府治西。秦蜀郡太守李冰子二郎佐父治水有功，元至順六年，加封爲英烈昭忠靈顯仁祐王。

太白山神廟。在府治西北。府以北廳縣堰渠資黑龍江、壻水、故道河、灙水河，其源皆出太白山，天旱祈禱輒應。嘉慶十七年，知府嚴如熤率屬建。

酇侯廟。在府治堂東，明洪武十五年建。一在褒城縣南八里流珠堰側，祀漢蕭何。

淮陰侯廟。有三。一在南鄭縣米倉山下，一在縣西南仙臺山，一在褒城縣南孤雲山，祀漢韓信。

留侯祠。有二。一在城固縣東三里，一在洋縣西四十里雲山，祀漢張良。

惠遠侯廟。在褒城縣山河堰，祀漢曹參。宋政和中賜額。

武侯廟。在沔縣東南，祀蜀漢諸葛亮。蜀志：景耀六年，詔爲亮立廟沔陽。裴松之註：襄陽記曰，亮初亡，百姓因時節私祭之於道陌上。步兵校尉習隆、中書郎向充等共上表，因近其墓立廟沔陽，斷其私祀。水經注：定軍山東，地名高平，是亮宿營處，有亮廟。通志：廟内有唐御史沈迥碑。本朝嘉慶五年重修。

張桓侯廟。在西鄉縣西關，祀蜀漢張飛，侯初封西鄉，因立廟焉。明正統四年，流賊逼近邑城，忽大雨水湧，賊不戰而懾。時巡撫藍璋、兵備來天球以督軍至，夢侯助陣，事定，題請敕封武義忠顯助順王，建侯廟邑西。本朝順治六年、康熙二十二年重修。

楊君神祠。在略陽縣。元和志：在順政縣西南二里嘉陵水南山上〔七〕，即楊難當也，土人祀之。府志：今曰武都王廟，在縣治。

忠烈祠。在鳳縣西南仙人關，祀宋吴玠、吴璘。又有祠在略陽縣東一里。

二相祠。在南鄭縣治内，宋嘉定間建，祀張浚、虞允文，魏了翁爲記。

楊將軍廟。在城固縣北十五里，祀宋楊從義。

旌忠廟。在寧羌州北。輿地紀勝：在大安軍學旁，祀楊震仲。

蒲尹祠。在城固縣西北斗山之麓，祀元縣尹蒲庸。

方正學祠。在南鄭縣治西南，祀明方孝孺。

三公祠。在南鄭治西。舊爲藍公祠，祀明都御史藍璋，康海爲記。後因原傑、吴道弘相繼撫鄖，招撫流移，皆有功漢中，故並祀之。

二都祠。在西鄉縣東，祀明都御史原傑、吴道弘。

節義祠。在略陽縣東一里，祀明知縣孫璽。

靈澤廟。在褒城縣南五十里玉泉北，宋建。因屢次禱雨靈應，封神爲孚濟侯。

澤潤廟。在褒城縣南三十里中梁山，宋建。

靈潤廟。在洋縣東五十里蒿平山腹，有靈湫，旱禱輒應。

龍王廟。在寧羌縣東北道林子龍洞。明弘治中，祈雨靈應，爲之立廟。

昭忠祠。在留壩廳北門外，嘉慶十四年建，祀同知齊默慎、司獄黄定一、守備田得、廪生羅浮鳳、附生羅克選。

# 寺觀

聖水寺。在南鄭縣東南三十里。寺有五色泉，一泉黑色在佛座下，四泉在泉東西，天旱禱雨輒應。

乾明寺。在南鄭縣西中梁山上。宋建。

延慶寺。在褒城縣東南十里。唐貞觀中賜額。

福嚴寺。在褒城縣南九十里。即金華寺，中有塔。

崇慶寺。在褒城縣西二十五里。俗呼牛頭寺，唐建。宋蘇軾有贈牛頭寺明上人詩。

寶山寺。在城固縣東北十五里。唐開禧時建〔八〕，即今蕙香院。

開明寺。在洋縣南一里。唐建，有浮圖高十三層。宋文同畫古松八株，根節礧砢，筆勢飛動。

醴泉寺。在洋縣南十六里。唐開元中建。

智果寺。在洋縣西三十里。唐儀鳳中建。

湧泉寺。在洋縣西北三十里。宋建，禱雨屢驗，即今普澤院。

廣慶寺。在西鄉縣治東。宋建。

開元寺。在西鄉縣東三十里。

聖德寺。在鳳縣東南六里。唐貞元中建，戴正倫記，梁肅書碑。今廢。

鐵佛寺。在寧羌州一百三十里。原爲華嚴寺，唐宋以來古刹也。遺鐵佛三尊，故名。

靈巖寺。在略陽縣南七里。唐建。

崇勝院。在洋縣北十五里。宋大中祥符中建，鄭郥有詩。

成化觀。在褒城縣西北九十里雲夢山。舊名雲霧寺，宋慶元間改爲觀。

白鶴觀。在城固縣南十里老君山。唐建。

奉真觀。在城固縣西北二十里。即斗山觀，亦名昇仙觀，唐竇子明得道之所。

崇道觀。在洋縣西北二十五里酆都山。宋元豐中建。

## 名宦

### 漢

田叔。陘城人。初爲趙王張敖郎中，高帝召見與語，漢廷臣無能出其右者，拜爲漢中守。

丁邯。陽陵人。世祖時，遷漢中太守，治有異政。

陳禪。安漢人。安帝時，漢中蠻叛，以禪爲漢中太守，賊素聞其名聲，即時降服。子澄有清名，亦官漢中太守。

## 三國 漢

呂乂。南陽人。丞相亮出軍，徙爲漢中太守，兼領督農，供繼軍糧。

王平。宕渠人。初爲安漢將軍，領漢中太守。延熙六年，拜鎮北大將軍，統漢中。平在北境，甚著名績。

## 晉

張光。鍾武人。永嘉中，爲梁州刺史。鄧定等抄盜，進逼漢中，光不能赴州，止於魏興，綏撫荒殘，百姓悦服，於是卻鎮漢中。時賊黨李運、楊武自襄陽入漢中，光嬰城固守，憤激成疾。佐吏及百姓咸勸光退據魏興，光按劍曰：「吾受國厚恩，不能除寇，何得退還！」聲絶而卒。子邁，多才略，有父風，州人推邁權領州事，與賊戰没。

## 南北朝 宋

蕭思話。南蘭陵人。元嘉中，爲梁、南秦二州刺史。氐帥楊難當寇漢中，思話遣司馬蕭承之進據磝頭，難當引衆西還，留其將趙温守梁州，薛健據黄金，姜寶據鐵城。承之遣陰平太守蕭坦進攻二戍，拔之。思話遣軍繼進，與承之軍合，難當遣其子和悉力來攻，承之等力戰敗之，漢中平。悉收没地，置戍葭萌水，還鎮南鄭。

劉道真。彭城人。元嘉中，爲梁、南秦二州刺史。楊難當寇漢中，道真與裴方明討破之，難當奔上邽，仇池遂平。

劉秀之。莒人。元嘉中，爲梁、南秦二州刺史。漢川饑饉，秀之躬自儉約。先是，漢川悉以絹爲貨，秀之限令用錢，百姓利之。遷益州刺史。折留俸禄二百八十萬，付梁州鎮庫，此外蕭然。

齊

蕭懿。梁武帝兄。永明末，爲梁、南秦二州刺史。魏軍十萬入漢中，圍南鄭，懿率二千餘人固守，拒戰六十餘日不下，死傷甚衆，軍中糧盡，擣麴爲食。懿遣氐帥楊元秀説氐起兵，攻魏歷城等六戍，魏人震懼，邊境遂安。

梁

蕭脩。鄱陽王恢子。武帝以爲梁、秦二州刺史。在漢中七年，移風改俗，人號慈父。將秋遇蝗，脩躬至田所，深自咎責。功曹史勸捕之，脩曰：「此由刺史無德所致，捕之何補？」言卒，忽有飛鳥千羣，蔽日而至，瞬息之間，食蝗遂盡而去。

魏

李崇。頓丘人。孝文南討漢陽，崇行梁州刺史事。氐楊靈珍襲破武興，與齊相結，崇督諸軍討破之，靈珍奔漢中。孝文嘉其功，拜梁州刺史。

邢巒。鄚人。世宗時，梁夏侯道遷以漢中降，詔巒都督征梁、漢諸軍事。巒至漢中，白馬以西猶爲梁守，巒遣將領鋭卒攻下之，乘勝追北，至關城之下。詔拜巒梁秦二州刺史，於是開地定境，東西七百里，南北千里，獲郡十四〔九〕、二部護軍及諸縣戍，遂逼涪城。

魏子建。下曲陽人。初宣武平氐，遂於武興立鎮，尋改爲東益州。其後鎮將刺史乖失人和，羣氐作梗，乃除子建東益州刺史，子建布以恩信，遠近清静。

寇儁。上谷人。永安二年爲梁州刺史。梁俗荒獷，多盜賊，儁令郡縣立庠序，勸耕桑，敦禮讓，數年風俗頓革。梁將曹炎之鎮魏興，屢擾疆埸，儁遣長史杜林道攻克其城，并擒炎之。梁頓兵魏興，志圖攻取，儁撫厲將士，人思效命，梁知其得衆心，弗敢逼。

## 周

李暉。成紀人。建德初，出爲梁州總管。時渠蓬二州生獠積年侵暴，暉至州綏撫，並來歸附。

## 隋

裴藴。聞喜人。高祖時，歷洋州刺史，有能名。

## 唐

薛大鼎。汾陰人。高宗時，爲山南道副大使。開屯田以實倉廩，有治名。

韓思復。長安人。永淳中，調梁州府倉曹參軍。會大旱，輒開倉賑民。州劾責，對曰：「人窮則濫，不如因而活之，無趣爲盜賊。」州不能詰。

唐璿。始平人。武后時，授梁州都督。吐番大將麴莽布支寇梁州，入洪源谷，璿臨高望之，見賊騎鎧鮮明，謂麾下曰：「莽布支新將兵，欲以示武。其下皆貴臣子弟，騎雖精，不習戰，吾爲諸君取之。」乃被甲先登，六戰皆克，築京觀而還。

張嘉貞。猗氏人。歷秦、梁二州都督，政以嚴辦，吏下畏之。奏事京師，明皇善其政，數慰勞。

元結。河南人。肅宗時，爲山南西道節度參謀，募義士於唐、鄧、汝、蔡，降劇賊五千。史思明亂，帝將親征，結建言賊鋭不可與争，宜折以謀，帝善之。

李勉。鄭王元懿曾孫。肅宗時，爲梁州刺史。勉假王晬南鄭令，晬爲權倖所誣，詔誅之，勉曰：「方藉牧宰爲人父母，豈以讒殺良吏乎？」即拘晬，爲請得免。晬後以推擇爲龍門令，果有名。

嚴震。鹽亭人。建中中，爲興、鳳兩州團練使。興利除害，號稱清嚴。遷山南西道節度使。朱泚反，遺帛書誘之，震即斬以聞。時李懷光與賊連和，德宗欲徙蹕山南，震聞馳表奉迎。既入駱谷，懷光以騎追襲，賴山南兵以免。至梁州，宰相請西幸成都，震曰：「山南密邇畿輔，李晟方圖收復，藉此軍爲聲援。今引而西，則諸將顧望，責功無期。」會李晟表至，亦請駐蹕梁、洋，議遂定。梁、漢間自安、史後，户口流散，震隨宜勸課，鳩斂有法，民不煩擾，而行在供億具焉。車駕還，改梁州爲興元府，即用震爲尹。

嚴礪。震從祖弟。震卒，以礪權知留府事，即拜本道節度使。興州自長舉北至青泥嶺，西抵成州，崖谷峻隘，十里百折，秋潦冬雪，泥淖爲害，運饋者顛踣，糗糧芻稾，委填溝壑。礪乃出軍府之幣，即山僦工，自長舉而西，疏嘉陵江三百餘里，以饋成州，民嘉賴之。

裴玢。京兆人。元和中，爲山南西道節度使。爲治嚴稜，遠權勢，不務貢奉，蔬食敝衣，居處取蔽風雨，倉庫完實，百姓安之。

裴度。聞喜人。穆宗時，出爲山南西道節度使。寶曆二年，復入朝輔政。

李絳。贊皇人。太和中，爲山南西道節度使。監軍楊叔元激軍士作亂，牙將王景延戰殁，絳遂遇害。事聞，贈司徒，謚曰貞。景延亦贈官。

温造。祁人。興元軍亂，殺李絳，衆謂造可夷其亂，乃授山南西道節度使。造至，斬八百餘人，醢殺絳者，取其級祭絳及死事官王景延等。以功加檢校禮部尚書。

李從晦。文宗時，歷山南西道節度使，以風力聞。

令狐楚。華原人。開成中，爲山南西道節度使，爲政善撫御，治有績，人人得其宜。

鄭澣。滎陽人。文宗時，爲山南西道節度使。始其父餘慶鎮興元，創學廬，澣嗣完之，養生徒，風化大行。

封敖。蓨人。大中中，爲興元節度使。初鄭涯開新路，水壞其棧，敖更治斜谷道，行者告便。蓬果賊依雞山寇三川，敖遣副使王贄捕平之。

## 五代　梁

唐道襲。爲山南西道節度使。李茂貞攻蜀，道襲拒於青泥嶺，以死守之，茂貞自是無窺山南意。

## 宋

張暉。大城人。建隆中，議伐蜀，以暉爲鳳州團練使，兼緣邊巡檢濠砦橋道使。暉盡得山川險易，密疏陳之，太祖大悦。及大軍西下，暉督軍開大散關路，躬撫士卒，且役且戰，人忘其勞。

李穆。陽武人。宋初爲洋州通判，剖決滯訟，無留獄。

安守忠。晉陽人。乾德中，蜀平，太祖知遠俗苦苛虐，南鄭爲走集之地，特命守忠知興元府以撫綏之。

周渭。恭城人。乾德中，通判興州。州領罝口砦，多戍兵，監軍傲狠，縱其下爲暴，居人苦之。渭馳往，諭以禍福，斬其軍校，衆皆懾服。詔書褒嘉，命兼本砦鈐轄。開寶初，鳳州主吏盜隱官銀，擇渭往代，周歲羨課數倍。

趙安易。薊人。太平興國中，知興元府。先是，兩川民輸稅者，以鐵錢易銅錢。安易言其非便，請許納鐵錢，詔從之。

韓億。雍丘人。真宗時，知洋州。州豪李甲兄死，迫嫂使嫁，因誣其子爲他姓，以專其貲。嫂訴於官，甲輒賂吏掠服之，積十餘年，訴不已。億視舊牘，未嘗引乳醫爲證，召甲出乳醫示之，甲無以爲辭，冤遂辨。

楊繪。綿竹人。仁宗時，知興元府。吏請攝穿窬盜庫縑者，繪就視之，踪跡不類人所出入，呼戲沐猴者詰於庭，一訊具伏，府中服其明。在郡，獄無繫囚。

文同。梓潼人。皇祐中，知興元府。治庠序，擇行藝之秀者掌之，風諭境内，遣子弟就學，暇日躬閲訓導。褒斜間道多剽竊，吏不能禁，同治之，盜不敢犯。後徙知洋州，有惠政。

盧士弘。新鄭人。知洋州。先是，圭田多虛籍，士弘考校，令隨實以輸，自部使者而下，皆十損七八。文彦博、包拯皆以廉能薦。

楊文廣。太原人。治平中，爲興州防禦使。韓琦使築篳篥城，文廣聲言城噴珠，率衆急趨篳篥，比暮至其所，部分已定。遲明，敵騎大至，知不可犯而去，文廣遣將襲之，斬獲甚衆。

种世衡。洛陽人。通判鳳州。州將王蒙正，章獻后姻家也，所爲不法。嘗干世衡以私，不聽，蒙正怒，乃陰構之，坐謫。

劉子羽。崇安人。建炎中，吴玠戍河池，王彦戍金州，皆饑，興元帥臣閉糴，二鎮病之。張浚承制拜子羽知興元府，子羽至漢中，通商輸粟，二鎮遂安。

郭浩。隴干人。紹興初，金人破饒風嶺，侵梁、洋，入鳳州，攻和尚原。浩與吴璘往援，斬獲萬計。徙知興元府，飢民相聚米倉山爲亂，浩討平之。

王庶。慶陽人。紹興中，知興元府。庶以士卒單寡，籍興、洋諸邑及三泉縣强壯，兩丁取一，三取二，號義士，日閲於縣，月閲於州，厚犒之。不半年，有兵數萬。

王夢易。滎州人。常攝興州，改川陝茶運。置茶鋪，免役民，歲課亦辦。

吴璘。隴干人。紹興中，爲利州西路安撫使，治興州。時和議方堅，而璘治軍經武，常如敵至。二十六年，改判興州，後拜四川宣撫使。乾道初，又改判興元府，修復褒城古堰，溉田數千頃，民甚便之。

楊政。臨涇人。紹興二年，知鳳州。十年，徙知興元府。會金渝盟，政建迎敵之策，斬獲甚多。明年，政出和尚原，屢敗金兵。和議成，帝召政還，軍民詣部使者借留，還鎮屯興元府，守漢中十八年。六堰久壞，失灌溉之利，政爲修復。漢江水決爲害，政築長隄捍之。凡有益於民者，不敢以軍旅廢，故將士上下安之。

唐文若。眉山人。高宗時，通判洋州。洋西鄉縣産茶，亘陵谷八百餘里，山窮險，賦不盡括。使者韓球將增賦以市寵，園户避苛斂轉徙，饑饉相藉。文若力争之，賦訖不增。

吴拱。璘兄玠之子。乾道中，知興元府。漕使王炎委修復山河堰。盡修六堰，濬大小渠六十五里，凡溉南鄭、褒城田二十三萬三千畝有奇，下詔獎諭。

虞允文。仁壽人。乾道中，爲四川宣撫使。至漢中，金、洋、興元歸正人二萬，遮道訴繫縲之苦，允文分給官田，俾咸振業。

李蘩。晉原人。孝宗時，知興元府，安撫利州東路。漢中久饑，劍外和糴，在州者獨多。蘩訪求民瘼，有老嫗進曰：「民所以饑者，和糴病之也。」蘩感其言，奏免之，民大悦。

吴挺。璘子。淳熙初，爲興州都統。初，軍中置互市於宕昌，羌馬騎兵雄天下，自張松典榷牧，奏絶互市，所得多下駟。挺至首陳利害，詔許歲市七百匹。始武興所部就餉諸部，漫不相屬，挺奏以十軍爲名，營部於是井然。四年，除知興州、利州西路安撫使，密修阜郊堡，增二砦，繕戎器，儲於兩庫，敵終不覺。成州西和歲大祲，挺力爲賑恤，全活數十萬。郡東北有二谷水，挺作二隄捍之。紹熙中，水暴發入城，挺既賑被水者，復增築長隄以爲障。詔問備邊急務，即建增儲之策，由是糧糗不乏，民賴以安。

張詔。成州人。趙汝愚爲從官時，每奏吳氏世掌蜀兵，非國家之利，請以詔代領武興之軍。汝愚既知樞密府，力辭不拜，白於光宗曰：「若武興朝除帥，則臣夕拜命。」帝許之，乃以詔爲成州團練使、興州諸軍都統制。詔在興州，甚得士心。

楊震仲。成都人。開禧初，辟興元府通判，權大安軍。吳曦叛，馳檄招之，震仲辭疾不行。時軍教授史次秦亦被檄，謀於震仲，震仲曰：「大安自武興來，爲西蜀第一州，若首從其招，則諸郡風靡矣。顧力不能拒，義死之。」曦遣郭鵬飛代震仲，趣其行益急，震仲飲毒死，闔郡爲之流涕。明年，曦伏誅，安丙爲興州安撫使，以震仲死事聞，贈朝奉大夫。

史次秦。眉山人。爲大安軍教授。吳曦叛，招次秦甚遽，次秦遷延固避。曦迫之，乃以石灰桐油塗兩目，末生附子傅之，比至，目益腫。次秦母年高而賢，聞次秦爲曦所招，即命家人以疾篤馳報，曦乃聽還。曦誅，蜀帥上其事，改秩利州路主管文字。

安丙。廣安人。慶元間，知大安軍。歲旱民艱食，丙以家財糴米數萬石以賑。開禧二年，程松爲四川宣撫使，吳曦副之，丙陳十可憂於松，言曦必誤國，松不省。既而曦奏丙爲隨軍轉運使，居河池。曦僭號，稱臣於金，丙與楊巨源、李好義等誅曦，加丙知興州安撫使。時方議和，丙獨戒飭將士，以攻爲守，威名甚著。

李好義。下邽人。開禧初，爲興州正將。吳曦叛，好義自青坊聞變，亟歸謀誅之。以所謀告李貴，遣人約楊巨源等，夜饗士，麾衆授甲，與兄好古、好仁拜訣家廟，入僞宮，遂斬曦首。馳告安丙，宣詔軍民。好義請乘時取關外四州，十戰至山砦高堡，七日至西和，以少擊衆，前無留敵。金西和節度使完顏欽遁，好義整衆而入，軍民歡呼迎拜，籍府庫以歸於官。

楊巨源。益昌人。爲鳳州堡子原倉官，傾財養士，沿邊忠義咸服其才。移監興州合江贍軍倉。吳曦叛，巨源陰有討賊志，結義士三百人，給其衣食，與李好義會。好義率其徒入僞宮，巨源持詔乘馬，自稱奉使入内。曦啓户欲逸，李貴執殺之，以曦首徇三軍，推安丙權四川宣撫使，巨源權參贊軍事。丙奏功於朝，以巨源第一，詔補承宣郎。

劉甲。龍游人。開禧中，知興元府、利東安撫使。金立吴曦爲蜀王，曦以書致甲，甲援大義拒之。欲自拔歸朝，先募二兵持帛書遺參知政事李壁告變〔一〇〕。壁袖帛書以進，上覽之，稱忠臣者再，召甲赴行在。後再知興元府，權四川制置司事。先是，大臣撫蜀者，諸將有互送禮，實賄賂也，甲下令首罷之。凡安丙所立茶鹽柴邸俱廢之。又乞復通吴氏莊，歲收租四萬有奇，錢十三萬，以裨總計，從之。丙增多田税，甲歲減凡百六十萬緡，米麥萬七千石，邊民感泣。

高稼。蒲江人。寶慶中，桂如淵鎮蜀，辟稼通判沔州，兼幕職，創山砦八十有四，募義兵爲守禦計。元兵由東道入，如淵辟稼知洋州。及漢中陷，沔州破，稼率遺民駐廉水縣以保巴山。制置使趙彦呐以參議官辟之，稼言漢中蕩無藩籬，宜經理仙人原。乃繕營壘，峙芻糧，比器甲，開泉源，守禦之規，罔不備具。尋知沔州，葺理創殘，招聚流散，民皆襁負來歸。後元兵自泉關入，衆潰城陷，遂死焉。

曹友聞。栗亭人。端平中，權知沔州，節制屯戍軍馬，引兵扼仙人關。元兵大至，制置使趙彦呐檄友聞控制大安以保蜀口，友聞馳書曰：「沔陽蜀之險要，吾重兵在此，敵有後顧憂，必不能越沔陽入蜀。大安無險可守，豈可以平地控禦？」彦呐不從，一日來速者七。友聞引兵夜出，遇元兵，與弟萬血戰俱死。贈龍圖閣學士，謚曰節。

胡世全。景定四年，爲沔州都統，護糧運至虎象山，遇元兵，戰敗死之。

楊世威。宋末爲忠義副總管。元兵破大安，世威堅守魚孔隘孤壘，不降，詔以世威就知大安軍。

## 元

暢師文。南陽人。至元間，爲漢中道巡行勸農副使，置義倉，教民種藝法。改僉本道提刑按察司事，黜奸舉才，咸服其公。

姚燧。柳城人。至元中，除陝西漢中道提刑按察司副使。録囚延安，逮繫詿誤，皆縱釋之，人服其明決。

王利用。潞縣人。大德初，爲興元路總管。減職田租額，站户之役於他郡者，悉除之，民甚便焉。有婦毒殺其夫，問藥所從來，吏教婦指爲富商所貨。獄上，利用曰：「家富而貨毒藥，豈人情哉？」訊之果冤。

## 明

金興旺。洪武初，守興元。明昇將吴友仁以三萬衆來攻，城中兵止三千，興旺迎敵，面中流矢，拔矢復戰，敵益衆，乃斂兵入城。傅友德來援，友仁敗走，興旺出兵躡之，蜀兵墜崖石死者無算，威震隴、蜀。

費震。鄱陽人。洪武初，知漢中府。歲凶盜起，震發倉粟十餘萬斛貸民，俾秋成還倉，易陳爲新。盜皆來歸，令占宅自爲保伍，得數千家。秋大熟，民盡償前粟。太祖聞而嘉之。

方孝孺。寧海人。洪武中，除漢中府教授，日與諸生講學不倦。蜀獻王慕其賢，延爲賓師，每日陳説道德，王尊以殊禮。孝孺嘗以「遜志」名齋，王改曰「正學」。

王黼。武進人。宣德中，知洋縣，奏最當遷，民詣闕乞留者數千人，詔加秩還任。

張仕隆。安陽人。嘉靖初，以御史爲關南副使。時漢中爲民害者，有五狼八犬一虎一彪之謡，按得其實，即置於法。嚴禁苛索，一時貪墨望風解去。礦徒爲盜，召而諭之，即時解散。

趙鯤。壽張人。知漢中府。大盜胡海珠依山險爲寇，父子相繼四十餘年。鯤下車，即選練民兵以計擒之，餘黨奔潰，境内悉平。

李用中。杞縣人。萬曆中，知洋縣，多惠政，百姓立祠祀之。

姚立誠。安邑人。萬曆中，知洋縣，惠政及民，瑞麥嘉禾疊見徵應。

張兆曾。雲南人。天啓中，以隴右參議署關南道。道上聞哭聲，詢之，曰：「貪弁科役，貧無措，懼咥耳。」曾按得其實，時巨蠹謂爲代庖官，曰：「五日京兆耳。」曾曰：「去蠹如鋤莠，除治務盡。」旬餘肅清。

呂大器。遂寧人。天啓中，任關南道。時關南稱盜藪，大器招募，以俸金鑄錢爲的，射中即賞之，由是人皆競奮，精於射。念陽平關爲秦蜀咽喉，繕葺之，寇盜聞之，皆逃遁。

潘文。太原人。天啓中，知漢中府，案無留牘。時礦寇肆掠，文設策招安，令充牙兵。未一載，殺人如故，文以計殲滅之，民獲安堵。

馮上賓。獲嘉人。崇禎初，知漢中府。不避權貴。每有寇警，上賓多方豫備，城保無虞。

司五教。内黄人。崇禎末，知城固縣。山民據險稱亂，五教率兵擒斬之。闖賊至，且戰且守，城陷不屈，遇害。

周應泰。湖廣人。崇禎間，知寧羌州。巨寇陷城，罵賊遇害。

胡上進。藁城人。崇禎中，知鳳縣。巨寇陷城，罵賊遇害。

吉永祚。輝縣人。崇禎末，爲鳳縣主簿。將去任，會賊至，縣令棄城遁，永祚倡義拒守。城陷，與二子士樞、士模皆死之。教諭李之蔚、鄉官魏炳亦不屈死。永祚贈漢中衛經歷，餘贈卹有差。

## 本朝

楊可經。順天通州人。順治初，知漢中府。賀珍犯境，與同知董應徵、李芳徵、原體蒙峙備芻糧，協力固守，城賴以完。

李天敘。安陽人。順治中，知洋縣。時吴三桂駐漢中，邑苦騷擾，天敘每與力争，民以獲蘇。

衣璟如。棲霞人。順治中，任漢中府推官。吴三桂駐漢中，兵民錯處，豪猾依倚爲姦。璟如莅政嚴明，豪民皆相戒曰：「各自愛，毋犯衣君令。」尤長於聽斷，雖詞涉兩端，獄稽數載者，以片語折之，皆屈服。

劉澤霖。直隸人。順治中，任漢中府同知。吴三桂駐漢中，其黨重利剥民，及移駐雲南，索逋甚急，質民子女，號泣遍野。澤霖以法逮治其尤者，仍率屬捐金贖男婦數百口，民皆安堵。南鄭有柳邊堰，爲沙所衝，澤霖疏鑿得宜，沿邊栽柳以障沙，民利賴之。

吴樹聲。江寧人。知略陽縣。時寇氛未靖，邑當衝要，樹聲設計防禦，以勞勩卒於官。

汪化鼇。涇縣人。康熙中，任漢中府同知。吴三桂據漢南，逼受僞職，化鼇不從，自經死。又馮皐彊，永濟人，亦漢中同知。吴三桂叛，隨征至沔縣，陷賊中，導之降，不從，賊幽之古寺中，歷五載不易節。後漢中平，督臣哈占疏其節於朝。

費雅達。滿洲人。康熙中，授漢中鎮總兵。先是，漢中失守，官兵退屯南山之麓，費雅達至，約束軍士，沿山村堡，民不知兵。及大兵復漢中，費雅達帥師進征，居民争挈壺漿、囊糗糒以送之。

滕天綬。遼陽人。康熙中，知漢中府。諳練精敏，修復廟學倉廒。漢南素饒水利，天綬相視地形，築隄建閘，啓閉有期，蓄洩有界，自是争端永杜。

柯棟。建德人。康熙初，知洋縣。時華陽多盜，棟恩威兼濟，且捕治之，山境悉清。招徠復業，捐給牛種，山民頌德不衰。

劉棨。諸城人。康熙中，知寧羌州。州處羣山中，無宿儲。值漢南大饑，艱於輓運，乃貸於他邑，約能負斗粟至者，予三升，不十日輓三千石。奉檄賑洋縣民，即先馳赴，徧歷審勘，移粟借糶，數日而畢。山産槲葉而民不習于蠶，乃募善蠶者教之蠶，民賴其利，稱爲劉公繭。始寧羌頗形雕瘁，棨爲均田額，完逋賦，補棧道，修旅次，安輯招來，期年而廬舍萃集，户口倍增。

王穆。婁縣人。康熙五十一年，知洋縣。時徵賦不符原額，官民俱病，穆招民墾荒，授田者數千家。又洋阻山，多虎患，穆禱于神，募人射之，患以息。修洋縣、城固兩縣志，均稱詳備。

范昉。會稽人。雍正中，知略陽縣。時西口用兵，昉運馬赴軍營，即留辦軍糧，六年積功加布政使銜。卒于官，民爲建祠祀之。

岳禮。滿洲正白旗人。乾隆初，任漢興道。守正不阿，以作育人材爲務。偕郡守朱閑聖創建漢南書院，捐置膏火，講論性命之學，士林至今頌之。

郭愈博。解州人。乾隆中，知略陽縣。修理城垣，凡四年而竣，一椽一索，不以累民，隄防堅固，城垣高峻。嘉慶二三年，賊寇略陽，數來城下窺探，曰：「此不可攻。」遂去。

鄧夢琴。浮梁人。乾隆中，知漢中府。修復城固、洋縣五門堰，定引水章程，以利灌溉。勘罷略陽縣舊銅廠，游民屏跡。

閃煜龍。保安人。乾隆中，任寧羌營游擊。嘉慶元年，剿賊歿于陣。又慶陽人陳載德，二年任寧羌營游擊，剿賊奮勇，歿於陣。

王行儉。溧陽人。乾隆中，知南鄭縣。修縣志，徵文考獻，燦然明備。嘉慶二年，在白土關剿賊，歿於陣。事聞，賜卹，給雲騎尉世職。

齊默慎。蒙古鑲紅旗人。任留壩廳同知。嘉慶三年，賊匪張漢潮攻城，默慎率司獄黄定一禦之，力竭俱死之。又漢鳳營游擊蘇維龍，勦賊至唐藏，歿於陣。

汪銓。彭澤人。任留壩廳同知。嘉慶六年，從勦賊匪於城固縣之小河口，死之。事聞，贈太僕寺卿。

周湖本。清泉人。知略陽縣。嘉慶三年，賊匪竄至，軍需糧運，不以累民。捐修望房，集勇守禦，城賴以完。積勤卒於官。

朱集才。寧夏人。任西江口營游擊。嘉慶八年，從剿賊匪於鄖西縣，歿於陣。又漢中城守營都司劉勝祥，松桃廳人，亦從征，剿賊匪於大寧縣之松木坪，奮勇殺賊，歿於陣。

班逢揚。崞縣人。嘉慶五年，知南鄭縣。清介自矢，勤於吏治。時諸軍剿賊，供億無誤，修東關堡城九百餘丈，引冷水河灌田數千畝，民德之，曰班公堰。定遠初設廳治，以才升任，甫至官，卒。

曾彰泗。德陽人。知洋縣。嘉慶十一年，寧陜兵叛，彰泗登城守禦，寡不敵衆，遂遇害。事聞，照知州例賜卹。同時大興劉錫名，以乾州吏目署華陽縣丞，卸篆過洋協同堵禦，亦爲賊所害。張掖人田得，任西江口守備，叛兵竄至，戰死。

周鳴球。瀘溪人。嘉慶十二年，知沔縣。潔清自守，慈惠愛民，橋梁道路郵政，無不修飭。嚴懲訟棍，黑河爲奸匪叢藪，設卡房二十四處，奸匪相戒不敢入。以積勞卒於官。

## 人物

### 漢

鄧公。城固人。景帝時，以謁者僕射爲校尉，擊吴楚。帝問曰：「道軍所來，聞鼂錯死，吴楚罷兵不？」鄧公曰：「吴爲反數十歲矣，以誅錯爲名，其意不在錯也。錯患諸侯强大不可制，故請削之以尊京師。計畫始行，卒受大戮，内杜忠臣之口，外爲諸侯報仇，臣竊爲陛下不取也。」拜爲城陽中尉。建元中，爲九卿，一年，謝病免歸。其子章以修黄老言顯諸公間。

張騫。城固人。建元中爲郎，應募使月氏，徑匈奴，留十餘歲乃還。後以校尉從衛青擊匈奴，封博望侯。

張猛。騫孫。師事周堪。元帝時，爲光禄大夫、給事中，與周堪同心輔政，爲石顯所譖，自殺。

李法。南鄭人。博通羣書，性剛而有節。永元九年，應賢良方正對策，除博士，遷侍中、光禄大夫。歲餘，上疏以爲宦官權重，椒房寵盛，又譏史官記事不實，下有司免爲庶人。在家八年，徵拜諫議大夫，正言極詞，無改於舊，出爲汝南太守。

李郃。南鄭人。通五經，善河洛風星，縣召署幕門候吏〔一一〕。和帝分遣使者微行，觀採風謡。使者二人當到益部，投郃候舍。時夏夕露坐，郃仰觀，問曰：「二君發京師時，豈知朝廷遣二使耶？」二人驚問，郃曰：「有二使星入益州，故知之耳。」後舉孝廉，五遷尚書令，拜太常。代袁敞爲司空，數陳得失，有忠臣節。

李固。郃之子。少好學，常步行尋師，不遠千里，遂究覽墳籍，結交英賢。陽嘉二年，以災異對策，順帝覽其對，多所納用，即時出宋阿母還舍，諸常侍悉叩頭謝罪，朝廷肅然。以固爲議郎，而阿母、宦官疾固言直，因詐飛章以陷其罪，出爲廣漢雒令，歷荆州刺史、泰山太守。沖帝即位，以爲太尉。及沖帝崩，質帝遇弒，固與杜喬欲立清河王蒜，梁冀竟立桓帝，誣固下獄，遂見害。二子基、兹皆死獄中。

李歷。郃弟子。清白有節，博學善交，與鄭康成、陳紀等相結。爲新城長，政貴無爲。官至奉車都尉。

樊志張。南鄭人。博學多通，隱身不仕。嘗遊隴西，破羌將軍段熲出征西羌，請見志張，其夕熲軍爲羌所圍，因留軍中。夜謂熲曰：「東南角無復羌，宜乘虚引出，住百里，還師攻之，可以全勝。」熲從之，果破賊，於是以狀表聞，有詔特徵，會病終。

李燮。固少子。固既遇害，時燮年十三，姊文姬以燮託父門生王成。成將燮入徐州界内，變姓名爲酒家傭十餘年，冀既誅，始還鄉里。後徵拜議郎，廉方自守。靈帝時，拜安平相。先是，安平王續爲張角賊所掠贖還，燮奏續不宜復國，已而續竟歸藩，未滿歲，果坐不道誅，乃擢燮河南尹。時以貨賂爲官，燮上書陳諫，辭義深切，帝乃止。在職二年卒，時人感其世忠正，咸傷惜焉。

程包。漢中人。靈帝時，爲郡上計。時巴郡板楯蠻寇掠三蜀及漢中諸郡，帝問益州計吏征討方略，包對曰：「板楯立功先世，復爲義人，自永初以來，忠功屢著，本無惡心，愁苦賦役，困罹酷刑，以致叛戾。但選明能牧守，自然安定。」帝從其言，即皆降服。

## 三國　漢

陳術。漢中人。博學多聞，著釋問七篇、益都耆舊傳及志。

## 南北朝　南齊

陽黑頭。華陽人。疏從四世同居。建元三年，大使奏表門閭，蠲租税。

郝道福。華陽人。累世同爨。建武三年，明帝詔表門閭，蠲其調役。

## 周

趙文表。南鄭人。世爲二千石。父珏，性方嚴有度量，位御史中大夫。文表少修謹，志存忠節，爲周文親信，累遷車騎大將軍儀同三司。天和中，除梁州總管府長史。所管地名恒稜者，方數百里，恃險固，常懷不軌，文表率衆討平之。遷蓬州刺史，政尚仁恕，人皆懷之。大象中，拜吴州總管。

## 唐

强循。鳳州人。仕累雍州司户參軍。華原無泉，人畜多暍死，循教濬渠水以浸田，一方利之，號强公渠。詔書褒予甚厚。

歷大理少卿、右庶子，爲政辦給，不爲威嚴，遇人盡信不疑。

## 宋

張伯威。大安軍人。紹熙初武進士，調神泉尉。時大母黄年九十八，伯威不忍之官，黄得疾瀕殆，伯威剔左臂肉食之，遂愈。繼母楊因姑病篤，驚成疾，伯威復剔臂肉作粥以進，疾亦愈。事聞，詔與升擢，伯威不赴，遂隱，號無辯居士。

張珏。鳳州人。年十八，從軍釣魚山，以戰功累官中軍都統制，號爲四川虓。寶祐末，元兵圍合州，珏與王堅協力戰守，攻之九月不能下，尋以珏爲合守。德祐元年，升四川制置副使、知重慶府。元兵圍重慶，城中糧盡，部將趙安開門降，珏巷戰不支，東走涪，被執，至安西自經死。

## 元

李孟。漢中人。博學强記，通貫經史。成宗時，武宗、仁宗皆未出閤，孟以薦爲師傅。大德初，武宗撫軍北征，仁宗留宫中，孟日陳善言正道，成宗聞而嘉之。至大三年，拜中書平章政事。仁宗嗣立，進階光禄大夫，累封魏國公。孟宇量弘廓，才略過人，三入中書，民間利害，知無不言，引古證今，務歸至當。進拔賢士，遊其門者，後皆知名。卒，謚文忠。

## 明

王信。南鄭人。生半歲，父忠北征戰殁，母岳氏苦節育之。正統中，襲千户。成化初，積功至都指揮僉事，守備荆襄，平大盜劉千斤。移湖廣，平永順、保靖二宣慰及荆州武岡蠻。累遷都督同知，總督漕運。帥府舊有湖，擅爲利，信開以泊漕艘。勢要壅水，一裁以法，漕務修舉。信沈毅簡重，歷大鎮不營私産。子繼善、從善，皆舉進士。

張羽。南鄭人。性至孝。弘治末進士。武宗時，以御史巡按山東。時宰以故人爲託，至部，按其人，則山東大害也，立劾去之。中官導帝遊幸，羽上疏力諫。出爲廣平知府，調河間，甚著聲績。嘉靖中，擢貴州布政使，吏以羨金進，卻不納，爲籍記於官。歷南京工部侍郎。

石可礪。城固人。萬曆中舉於鄉。知寶豐縣。寶豐有舉人牛金星肆虐，可礪執法按之，遂逃去。後從流賊陷西安，或縛可礪獻之，備受慘毒，不屈死。

李遇知。洋縣人。萬曆中進士，知東明縣，以廉正稱。擢兵科給事中，疏月凡十上，忤魏忠賢削籍。崇禎初，歷官吏部尚書。都城陷，自縊於紅廟。賊解縊執之，迫之仕，不屈，遂遇害。一門同死者七人。

何百户。缺名。沔縣人。崇禎九年，流賊小紅娘夜半入城，百户與柳指揮合戰，均死之。時有孫教諭者，夫婦同罵賊死。

歐植。褒城人。崇禎中舉於鄉，以教諭攝知長葛縣。流賊寇河南，城破被執，罵賊不屈，賊怒縛於柱，觸柱死。

吉孔嘉。洋縣人。幼時訴父冤於巡按御史，獲釋，時稱其孝。崇禎初舉於鄉，知寧津縣，有善政。遷順德同知，調真定，尋擢順德府。大兵至，悉力捍禦，城陷，與妻張氏、長子貢生惠迪、次子婦王氏，並死之。贈太僕寺少卿，妻子子婦並獲旌。本朝乾隆四十一年，賜謚忠節，妻子並入忠義祠。

張鳳翮。城固人。天啓中進士。崇禎中官御史，極論四川巡撫王維章貪劣，請召還給事中章正宸。累官右僉都御史，巡撫江西。十六年，流賊陷城固，脅之降，不從，遇害。本朝乾隆四十一年，賜謚忠節。

## 本朝

張兆熊。洋縣人。明末舉人。性至孝，居父喪，哀毁踰禮。流賊寇洋，兆熊偕縣令郭一龍，募鄉勇數百剿之，賊遁，城得不陷。順治中，擢御史，歷淮、徐、郴、桂參政，所至有聲。

周基昌。城固人。順治初，從大兵至延安，招撫諸砦有功。賀珍寇漢中，基昌單騎潰圍，赴省乞救。賊平，授保定通判，歷敘州知府。劉文秀自滇窺蜀，城陷不屈死。妻王氏，守節撫孤，歷五十餘年。

陳安國〔一二〕。沔縣人。順治初，以僉事監軍四川，時姚黄賊衆猖獗，安國招降之。歷井陘、九江道，至仕歸，修黄金峽險道三百里，建連雲棧坍塌橋梁數十處，邑多賴之。

吉允迪。洋縣人。順治中進士，知信豐縣。剿賊寇，屢著軍功。歷雲南參政、貴州學道，皆有實績。

張勇。洋縣人。幼孤，落拓不羈，善騎射。初隸總督孟喬芳，剿賊南北山，平河西叛回，所至有功。授甘肅總兵，從經略洪承疇取滇黔，進雲南提督。康熙初，復調甘肅。吴三桂據雲南叛，蔓延隴涼，勇以靖逆將軍率兵圍蘭州，復臨洮，下鞏昌，降岷州。及川賊出秦州，勢甚熾，勇分兵四應，以麾下數百騎駐伏羌，與賊相持數月，三戰敗賊，大兵至，賊遂遁。以收復全秦功，授一等侯世襲，累進太子太師。卒，贈少師，謚襄壯。勇身經大小數百戰，拔郡五，州縣數十，擒僞王一人，斬僞將軍以下數百人。每臨陣身先士卒，料敵制勝，能以寡擊衆。紀律嚴明，將吏不敢犯。居恒恂恂退讓，賓禮文士，有古儒將風。

王憲。南鄭人。乾隆初，舉武鄉試，授松潘鎮千總。與同縣大通協營千總淡明志，均從征金川陣亡，賜卹。又鳳縣王應舉，由行伍拔補千總，從征金川，戰於三滕溝，死之。

朱之茂。南鄭人。性至孝，避寇山中，賊欲刼其父，之茂涕泣哀求。賊脅以刃不懼，歎曰孝子也，釋之，父得無恙。乾隆八年旌。又城固李天植、劉鴻澤，洋縣梁杲，鳳縣王天章，略陽封爾燕，俱乾隆年間以孝行旌。

譚福。南鄭人。由行伍拔補二郎壩把總。嘉慶七年，禦賊於盩厔之黄柏園，同縣馬萬春，以華陽營外委，禦賊於洋縣之茅坪，均奮勇當先，身被數創陣亡，賜卹。又武舉范瑞星，貢生霍顯周，廩生張漢升，生員李天宇、黄列五、李思白、文在中、席思誠、龍淩雲、吴爾舉，義民進忠孝、何玉、林邦銘、張桂、張宗德、范瑞名、范瑞璽；褒城武生瞿景元，生員李祥雲，義民門廷獻、趙章、傅世錦；城固武生傅焕、王增印、張某，貢生衡起鳳、尚希誠，廩生韓拜彦、王際虞，義民李野、趙晉卿、孫承祖；洋縣生員任策勳、張友直、吕筌、白雲翰，貢生王國棟，武生姚文德，監生田榮宗，義民吕笙、亢玳、李譜、李光桂、楊應華、李光貴、白廷英、白廷才、白廷揚、白文翠；西鄉生員劉赤舄，武生周文臨，外委吴文學；寧羌生員閔德言、林挺生、林逢春、郭鮮修，貢生陳希正，武生馬世泰、宋啓祥，義民彭登謚；沔縣廩生杜立基，武生劉文振；略陽生員王殿元、劉思謙、黨北海、敬潛修，義民張埰；定遠廳武生王國英、李玉庭、張菊，生員馬呈瑞、馮時貴、張瑄；留壩廳廩生羅浮鳳，生員羅光遠、汪掄元，均以團練義勇防堵教匪，或臨陣捐軀，或受執不屈死。

白鳳翠。洋縣人。少孤，事母孝。常奉母歸省，路遇虎暴，鳳翠以身蔽虎大呼，虎即去。母殁，廬於墓所。嘉慶十五年旌。

楊森。南鄭人。性至孝，能以色養。善醫，有求輒應，不計其值。弟鑣，選拔貢生。與同縣張全理，俱嘉慶十六年以孝行旌。

晏文質。沔縣人。諸生。與同庠晏騰霄、曹應新，武生晏經邦、黄永凝，俱堵禦賊匪，力戰死。嘉慶十九年入祀忠義祠。又略陽顔士貴，禦賊被十七創，猶力戰死，亦於十九年旌。

## 流寓

### 漢

承宫。姑幕人。新莽時將諸生避地漢中。

# 列女

## 漢

陳文矩妻李氏。漢中人。李法之姊，字穆姜，有二男，而前妻四子。文矩爲安衆令，喪於官，四子以母非所生，憎毀日積，而穆姜撫字益隆，衣食資供，皆倍所生。長子興，遇疾困篤，親調藥膳，恩情篤密。興疾久乃瘳，自知過惡，遂將三弟詣南鄭獄，陳母之德，狀己之過，乞就刑辟。縣言之於郡，郡守表異其母，蠲除家徭，遣散四子，許以修革，自後訓導愈明，並爲良士。穆姜年八十餘卒。

趙伯英妻李氏。南鄭人。太尉李固女，字文姬，賢而有智。固既策罷，文姬密與二兄謀，預藏匿弟燮。有頃難作，二兄受害，文姬乃告父門生王成曰：「君執義先人，有古人之節，今委君以六尺之孤。」成感其義，將燮亡命徐州。後遇赦還鄉，姊弟相見，悲感旁人。既而戒燮曰：「先公正直，爲漢忠臣。今弟幸而得濟，豈非天耶！宜杜絶衆人，勿妄往來，慎無一言加於梁氏，唯引咎而已。」燮謹從其誨。

趙宣妻杜氏。南鄭人，字泰姬。教子有法度。子元珪、雅珪並有聞望，七子皆辟命，察舉牧守。其教子也，曰：中人情性可上下也。昔西門豹佩韋以自寬，宓子賤帶弦以自急，故能改身之恒，爲天下名士。

## 宋

崔均妻張氏。大安軍人，張伯威妹。其姑王疾甚，張剔左臂肉作粥以進，達旦即愈。事聞，賜束帛。

劉當可母王氏。當可爲利州路提舉常平司幹辦公事。紹定三年，王氏就養興元，元兵屠興元，王氏義不辱投江死。其婦杜氏及僕婢五人咸及於難。當可奔赴江滸，得母喪歸。詔贈和義郡太夫人。

## 明

陳情妻李氏。南鄭人。正德中，蜀寇自膏石關來，氏從夫入城避寇。至漢江未渡，忽傳寇至，衆皆逃匿，氏與夫相失，遂偕幼子投水死。同縣强振妻田氏，二十守節，甘貧撫孤，嘉靖中旌。馮朝江妻傅氏，夫亡，撫育遺腹，劬勤成立。又朱永臨女，年十六字宋氏子，未婚而宋亡，女聞信，七日不食死。

馬安然妻余氏。褒城人。與同縣許襄隆妻李氏，均二十餘夫亡，撫育遺孤成諸生，又早卒，撫育孤孫，又克見其成立。又張雲鵬妻張氏，年二十夫亡，守節終身。

湯銘妻劉氏。城固人。年十九，苦節撫孤六十三年，同縣韓仲才妻王氏，亦以苦節著。又烈婦李爲範妻張氏，夫亡殉節。

段平妻張氏。洋縣人。年二十夫亡，撫育遺孤，自訓以詩書。同縣吴天爵妻王氏，夫亡無子，孝養舅姑。舅姑殁，廬墓三年。均嘉靖中旌。又楊仕妻王氏，年十八夫亡，家貧撫遺腹子，竭力以事舅姑。黄錫極妻賈氏、曹宗武妻何氏、樊維禎妻亢氏、李作樞妻白氏、薛琦妻强氏，均以苦節著。又烈婦杜春輝妻王氏、杜春芳妻康氏、張兆禄妻周氏，均夫亡殉節。

閻朝順妻張氏。西鄉人。與同縣許天祥妻王氏，均夫亡守節，撫遺腹子成立。符鉞妻陳氏，夫亡守節，孝事舅姑。又烈婦符廷踽妻王氏，夫亡殉節。

劉曇妻某氏。鳳縣人。夫病，調治極誠篤，殁即自縊以殉。同縣梁雲高妻劉氏，夫亡，子枚生甫七月，苦節教育，枚後成諸生有聲。

鈕尚忠妻張氏。寧羌人。年十五，夫亡守節，孝事舅姑。嘉靖中旌。同縣王以諫妻靳氏，夫亡子夭，將從死，姑曰：「吾惟汝是依，何忍棄我？」氏感泣從命，曲盡孝養。姑殁，殯殮畢，即自縊。萬曆中旌。張講妻許氏，夫亡，撫遺腹子，克底成立。駱文彦妻蔡氏、楊國楨妻王氏、趙洛妻孫氏，均以苦節著。

錢一貫妻金氏。沔縣人。年十八夫亡，子在襁褓，紡織自給，苦節五十二年卒。

陳悌妻賈氏。略陽人。强暴欲污之，躍身入漢江死。同縣王世業妻劉氏，年十九夫亡，撫遺腹子，甘貧自勵。

岳氏女。城固人。許字諸生王棐子。賊至，欲辱之，不從遇害。同縣張拱壽妻李氏，年十八，罵賊不從，被磔死。又岳中衡女，先賊未至，自刎死。

段際昌妻李氏。洋縣人。賊殺其夫，氏罵不絶口，被殺。同縣王延緒妻薛氏，罵賊死。又王貴女，許字程姓未婚，賊暴至，岔罵不從，被磔死。

馬義女。鳳縣人。城破，賊欲挾之去，女閉目不從，鞭之，終不應，賊碎其身而死。又盧效先妻來氏，賊至，觸樹自絶。

曹良輔妻靳氏。寧羌人。賊至，與同縣谷自登妻張氏，均自縊死。沈文斗妻蔡氏，夫婦均被執，賊欲害沈，蔡請以身代，不從，遂罵賊死。

梁賓妻趙氏。沔縣人。聞流賊至，因夫病，不忍遠避。賊索得，欲驅之去，氏厲聲罵曰：「我清白婦，肯從汝賊耶！」賊斷其兩手，罵不絶口，又斷其兩足而死。同縣蔡一仕妻胡氏，同次女渡江避賊，女曰：「即得渡江，賊從馬上追之，亦不免，何若葬此江之爲愈？」女先躍入水，氏從之，時稱母子雙烈。

徐士選妻王氏。略陽人。賊至，氏被執，誘之不從，脅以刃不從，賊怒，剖其腹而死。同縣王康安妻王氏，遇賊不屈，寸磔死。

本朝

李彦碩妻武氏。褒城人。孀居，賀珍之亂，賊黨欲污之，氏引刀自刎，不得死，尋翦髮毁容以免，苦節終身。同縣何謙妻徐氏，康熙十八年，逆寇潰走，氏避寇爲遊騎所掠，縛馬上，誓死不從，遂被害。又何邦海妻謝氏、歐材妻張氏，均以苦節著。

李挺女。南鄭人。許字田應朝，未歸而應朝亡。女聞訃哀號，絶食數日，欲隨母往弔不遂，乃自縊。同縣李式楨妻朱氏，年二十守節，教子成立。又傅永鴻聘妻朱氏，李漢翔母劉氏，均以節著。

王爾麟妻党氏。城固人。年十九而寡，有賊將欲娶之，不從，將劫之，遂自縊死。同縣張士英妾閻氏，遇賊義不受辱，投崖死。劉振祚妻饒氏，與夫相失，抱兒投水死。

周公輔妻王氏。洋縣人。爲賊所逼不從，被創十餘，置之去，斃而復蘇。同縣李國士妻王氏，夫亡，賊將欲妻之，氏斷髮毁容以免。張兆驄妻李氏，被掠投崖死。李躍龍妻周氏，與夫同被執，駡賊死。又李迥知妻王氏，年二十守節，順治年間旌。

高映碧妻李氏。略陽人。孀居，有豪右欲强妻之，氏翦髮毁面，誓死以拒。同縣梁天培妻張氏，吴逆變起，賊將欲逼之，氏引刀毁容以免。撫孤成立，守節五十餘年。李應登妻潘氏、王丹所妻王氏，均遇賊投崖死。

王懋功女。城固人。許字蔡起麟，未婚而起麟死。父欲令改適，氏不從，往起麟家執喪，孝養舅姑終其身。

李英女。洋縣人。年十六，許字楊暄，未婚而暄殁。氏聞訃，飲泣奔喪，矢志守節。楊家貧，女日夜績紡，奉事翁姑，立嗣繼後。翁殁於蜀，氏多方稱貸，扶櫬歸。康熙中旌。同縣李國宣妻杜氏、范立功妻常氏、楊仁聲妻王氏、常銘兹妻張氏、王奇瑾妾李氏、王啓叡妻薛氏、吉聯妻妻張氏、李國寧妻張氏、强百福妾張氏，均以苦節著。又翟沖雯妻段氏，夫亡，翁欲奪而嫁之，自經死。

李銘盤妻郝氏。南鄭人。夫亡年二十三，上事雙親，下撫遺孤，守節四十餘年。雍正元年旌。同縣王世經妻唐氏、楚之奇妻李氏，均雍正年間旌。

梁衡妻李氏。城固人。衡知萊陽縣，氏年十七，隨任所。值寇至，助衡守禦城賴以完。年二十二，夫亡，守節垂五十年。同縣韓之荆妻吕氏，荆壯歲遊學不歸，氏歷經兵燹，事姑克孝，撫子成立。黎廷鐸妻陳氏，姑遘奇疾，醫藥罔效，氏封股作羹進之，疾忽愈。王鉉妻黨氏、段彦升妻鄢氏、杜完妻趙氏、許無忝妻黨氏、黨容妻廉氏、譚明義妻張氏、李應麟妻陳氏、周基昌妻王氏、鄭以德妻秦氏、許無息妻鄭氏、米色炳妻王氏、趙懋才妻黨氏、許天牧妻張氏、張國帽妻王氏、趙嵩妻劉氏、杜運緯妻胡氏，均以苦節著。鄭啓泰妻張氏、黄鍾妻張氏、李沐潤妾戴氏，均夫亡殉節。

王國紀妻汪氏。洋縣人。年二十，歸王。時翁年七旬有四，子皆前歿，無嗣。氏夫其季也，越二載又亡，遺孤方五月，氏誓於夫靈，以養老存孤爲志。後以先世葬地不吉，恐不利於孤，晝夜拮据襄事，得改殯。雍正七年旌。同縣王宜經妻趙氏、馬汗勛妻周氏，均雍正年間旌。

龐文章妻唐氏。西鄉人。年十八，守節撫孤，入邑庠。氏病，子封股療疾。同縣楊鸞妻符氏、段文成妻楊氏、許天祥繼妻王氏、周仁妻唐氏、焦宰母嚴氏、袁運乾妻席氏、張宗妻李氏、丁琦妻糜氏、穆魁妻馬氏、米萬鍾妻金氏，均以節孝著。

張鳳儀妻曲氏。鳳縣人。年二十二夫亡，事親教子，苦節五十餘年。雍正八年旌。

張試之妻章氏。沔縣人。年十九夫亡，負土成墳，血流指掌，守節三十年。同縣姚璋妻謝氏，夫亡守節，事親撫孤，歷四十餘年。又李聖極妻趙氏，夫亡殉節。均雍正年間旌。

梁貢妻羅氏。略陽人。夫亡，有遺腹子，舅姑相繼逝，竭力斂葬。俄而子夭，泣曰：「梁氏絶矣，何生爲！」遂不食死。同縣劉起敬妻芮氏，以苦節著。又陳伊訓妻高氏，夫亡守節，雍正六年旌。又烈婦梁五十妻羅氏，年十六，爲强暴所逼，不從磔死，亦被旌。

韓體道女。南鄭人，名隨珍。許字郭汾裔，未歸而汾裔卒。姑趙氏，貧且老，女聞訃奔喪，事姑生養死葬，無不盡禮，守貞三十餘年。乾隆二十四年旌。同縣藺氏女，適李國柱家童養。國柱稍長，欲與苟合，脅之不從，斃命。乾隆一十六年旌。

周氏女。城固人。許字劉悅，未婚而悅病，即日往視。悅故，遂執喪禮，奉養翁姑，教子成立。乾隆三十八年旌。

全氏女。洋縣人。許字焦思義，未歸而思義亡。氏往奔喪，事舅姑，喪葬盡禮。又丁貞女，許字王錫珩，未歸而錫珩亡，矢志守貞。周貞女，許字張勇，未婚而勇亡，奔喪守貞。均乾隆年間旌。

吳顯章女。沔縣人，名玉姐。幼端莊，足不踰閨閣。有虞杰者，窺女父母他出，潛來調之，女驚避。杰逼之，女執刀相拒，杰奪刀還斫，被數創死。女婢沙女奔救，亦被殺。事聞，敕建雙烈坊。同縣陳袞女，許字宋愷，未歸而愷亡，氏年十九，守貞四十餘年。乾隆十五年旌。

張志仁妻蘇氏。南鄭人。年二十夫亡，仰事俯育，各盡其道，守節三十六年。乾隆六年旌。同縣魏益妻潘氏、盧尚友妻姚氏、鍾德義妻周氏、劉尚賓妻劉氏、毛光先妻張氏、周鼎臣妻楊氏、陳啓妻陳氏、王啓鳳妻侯氏、趙民賴妻徐氏、袁文繡妻趙氏、來璋妻李氏、雷諭妻昝氏、陳大成妻程氏、王鑑妻范氏、胡文妻王氏、運文妻王氏、某妻唐氏、温啓祥妻何氏、楚洪妻潘氏、楊宣妻黄氏、張秉政妻王氏、趙采銘妻季氏、劉紹先妻朱氏、張耀妻陳氏、杜錫妻丁氏，又烈婦王洪德妻蔡氏，均乾隆年間旌。

劉秉義妻王氏。褒城人。夫亡年十九，仰事俯育，守節四十餘年。乾隆二年旌。同縣潘月蘭妻高氏、袁志麟妻張氏、張國楨妻李氏、居士珍妻顧氏、王輯妻汪氏、馬璽妻許氏、黨中廉妻曹氏，均乾隆年間旌。

李德長妻王氏。城固人。夫亡，守志撫孤。姑楊氏久病，不肯服藥，氏常長跪以進，姑始一嘗，已而卒愈。德長弟德昇妻伍氏、德發妻范氏，皆早寡，娣姒三人，以志節相勵，同居無間言，稱一門三節。同縣劉芳琇妻徐氏、何繩祖妻劉氏、石曰松妻賈氏、党熙妻傅氏、王敬禹妻曾氏、劉啓科妻何氏、和毓秀妻葉氏、佘志義妻張氏、李浵妻孫氏、何乾妻陳氏、謝坪妻馬氏、王玉棟妻李氏、熊際龍妻吕氏、余明娃妻王氏、劉琣妻張氏、劉坦妻郝氏、王嘉修妻汪氏、王經元妻黄氏、藍衣盛妻李氏、葉長厚妻徐氏、孫紹武妻吴氏、劉體恕妻李氏、劉可訓妻李氏、馮廷仕妻張氏、姬應奇妻白氏、王沖斗妻何氏、李蕡妻劉氏、張文光妻杜氏、李湝妻張氏、曾兆林妻陳氏，又烈婦楊升庚妻陳氏、楊文秀媳劉氏，均乾隆年間旌。

王世尉妻嚴氏。洋縣人。夫亡守節。乾隆三年旌。同縣張緯妻李氏、劉文第妻史氏、楊卓妻蘇氏、李敦妻張氏、仝眉妻潘氏、白定妻時氏，均乾隆年間旌。

張維賢妻喬氏。西鄉人。夫亡守節。乾隆元年旌。同縣趙完璧妻鄧氏、路啓鵬妻王氏、向從周妻陳氏，又烈婦廖士法妻孫氏，均乾隆年間旌。

彭博萬妻馮氏。鳳縣人。夫亡守節。乾隆二年旌。同縣賈漢翼妻羅氏、曹自叙妻辛氏、王禄妻董氏、羅世彩妻曹氏、羅禮妻吴氏，均乾隆年間旌。

王詔妻李氏。寧羌州人。年十九夫亡，遺孤甫三月，孝事翁姑，守節六十一年。同州唐思恭妻王氏、趙珂妻馬氏、張洪英妻郭氏、趙玿妻李氏、趙鳳妻陳氏、趙洪仁妻史氏、楊維世妻衛氏、張信妻王氏、楊天經妻李氏、姜漢英妻吕氏、周俊妻趙氏、計福妻魏氏、張元妻楊氏，均以節著。

李中肯妻季氏。沔縣人。夫亡守節。同縣李柟妻陸氏、李楷妻李氏、嚴志妻白氏、李繼白妻郭氏、苗時亨妻張氏、葉煊妻柏氏、張麟振妻蔡氏、張書臺妻劉氏、馬騮妻張氏、杜鋕妻劉氏、黄文華妻李氏、王文燦妻杜氏、李師沆妻誾氏，均乾隆年間旌。

譚可久妻劉氏。略陽人。夫亡守節。同縣唐宗漣妻周氏、芮纘光妻劉氏、何澤祥妻高氏、郭維屏妻趙氏、湯興妻鄧氏、劉堳妻姜氏、郭洪妻何氏、馬貞元妻周氏，均乾隆年間旌。

李氏女。洋縣人。許字宋玳，未婚而玳殞，守貞五十餘年。值教匪擾害，與嗣子俱被戕。嘉慶五年旌。

鄧添喜女。沔縣人。守正捐軀。嘉慶元年旌。同縣夏學詩姪女，名么姑，不辱捐軀。李烈女，年十六，罵賊被戕。方烈女，年十六，遇賊抗拒不屈，被殺。均嘉慶年間旌。

馬斐妻周氏。南鄭人。夫亡守節。嘉慶七年旌。同縣赫嚴妻梁氏、張天香妻章氏、李瑞淶妻楊氏，又烈婦李某妻雷氏、汪朝銓妻陳氏、趙玉麟妻張氏、趙寶麟妻門氏，均嘉慶年間旌。

路周妻王氏。褒城人。夫亡守節。嘉慶二年旌。同縣張鑑妻吕氏、王元基妻高氏，又烈婦李光連妻羅氏，俱嘉慶年間旌。又王廷祥妻張氏，年十九，夫亡無子，家貧，姑病瞽，父母勸之嫁，以死自誓。持禮法嚴於處子，故飲食衣服，出之紡績，姑躁急，嘗謾詈，輒婉容奉以湯茶，曰：「聊以潤喉，毋過勞也。」姑有憨女，嫁近鄰，有三日糧，即私遺之，氏知之，不爲言。姑兩足復痿，坐卧便溺，氏事之朝夕弗離。姑死葬畢，氏太息曰：「未亡人今可死矣，然夫宗祀不可絶也。」拮据立姪爲夫嗣。殁年五十七。

王度妻饒氏。城固人。夫亡守節。與同縣趙温妻孫氏，均嘉慶三年旌。又烈婦張玉衡妻唐氏、張玉佩妻田氏、胡永清妻韓氏，均因教匪竄邑境，義不受辱，自縊死。韓鳳岐妻李氏、尚振德妻王氏、王應春妻張氏、王楠女，均罵賊死。

岳綸妻牟氏。洋縣人。夫亡守節。嘉慶五年旌。同縣岳著祥妻聶氏、岳崑妻衛氏、宋天禧妻王氏、陳喈鳳妻許氏、王舉妻岳氏，又烈婦王振友妻楊氏、王先春妻楊氏、馮翊綸妻賈氏，遇賊不屈，白珦妻馮氏，賊逼投井，均嘉慶年間旌。

孟顯妻聶氏。西鄉人。夫亡，甘貧守節，孝事舅姑，撫孤成立。嘉慶二年旌。同縣張拱母陳氏、劉大經妻楊氏、楊蕙妻符氏、焦耀林妻岳氏，均以節著。

尹繼商妻孫氏。鳳縣人。夫亡守節。嘉慶二十三年旌。同縣朱漢林妻胡氏，年十九，夫亡二月，生遺腹子，甘貧茹苦，教子成立。苦節五十餘年。劉克念妻張氏，年十八，撫遺腹成立。馮泰妻文氏、趙元妻楊氏、趙璽妻鄭氏、崔世榮妻顧氏、子成均妻張氏，均以節著。又黎輔清妻鄧氏，教匪竄至，罵賊不屈死。

彭登元妻李氏。寧羌州人。年十九，夫亡守節。教匪犯茅坪溝，刼之不屈，身被十數創死。同州郭玉妻高氏，夫亡，年十八，以死自誓。後自責曰：「有姑在，義不容死。」因紡績奉親。姑殁既葬，結衣自縊。

劉思成妻楊氏。沔縣人。夫亡守節。嘉慶六年旌。同縣趙光祖妻解氏、樊遐齡妻蘇氏、陳銘妻宋氏、蕭士亨妻胡氏，又烈婦晏國瑞妻閻氏，均嘉慶年間旌。

夏元禮妻饒氏。略陽人。捐軀明志。又節婦韓鳴鶴妻雷氏，均嘉慶年間旌。同縣王普妻孟氏、薛漣妻劉氏、劉學妻張氏、周卜妻任氏、周老三妻高氏，均以苦節著。又烈婦生員張皡妻李氏，年三十餘，夫皡爲翁養子曖所殺。曖逃逸，氏痛姑孀，二子俱幼，夫冤莫伸，哭泣數月，抱石投江死。後曖被獲正法。

易子璋妻鄒氏。留壩廳人。易子坤强脅之，不從，爲所殺。嘉慶七年旌。同廳陳明璋妻唐氏，割股愈姑，鄉黨感其篤孝。楊成章妻敬氏，年十九夫亡，苦節三十餘年卒。

# 仙釋

## 漢

唐公房。城固人。王莽居攝二年，爲郡吏，遇真人授以藥，拔宅仙去。或云李八百居寒泉山，公房師事之。按：公房，後漢郡國志作公防，歐陽修集古録作古昉。洪适隸釋云，隸法「房」字其户在側，故人多不曉。或作「防」，或作「昉」，皆誤。

## 唐

張果。梁泉人。夏居豆積山，冬居鸑鷟山，明皇賜號曰通玄先生。

## 五代

僧子朗。蜀王建時，梁州大旱，僧子朗具十石甕貯水，身坐其中，滅頂者凡三日，雨皆霑足。

## 宋

趙抱一。梁泉人。嘗遇一老人，篋中取物餌之，狀如蘆菔。又與之小瓢，中有藥如菉豆，戒曰：「遇有疾施之。」自是絶粒。宋真宗東封召見，賜名抱一。

# 土產

鐵。城固縣出，有鐵冶。又略陽縣亦産生鐵。

穀。元和志：興元貢絲、棉、絹。府志：略陽縣出綿紬。

布。南鄭、沔縣、略陽皆産木棉。

麻苧。元和志：興元貢麻布，洋州貢火麻布、野苧布，鳳州賦麻布。洋縣志：縣有苧谿，出野苧。

紙。寰宇記：興元貢蠲紙。

漆。元和志：順政縣武興山多漆。府志：今褒城、鳳縣皆產漆。

樺皮。鳳縣出。

樱。唐書地理志：洋州貢白交樱。

氊。鳳縣出。

鹿茸。城固、寧羌皆出。

麝香。寰宇記：鳳州、興州、洋州出。

麢羊。黑猿。皆鳳縣出。

山雞。洋縣出。

錦雞。西鄉縣出。

翡翠。略陽縣出。

蜜蠟。元和志：鳴水縣廚山產木蜜。府志：今府境俱產蜜蠟。

嘉魚。出沔縣丙穴。

茶。出留壩廳歸仁山。

椒。府境俱產，出鳳縣白石鎮者佳。

紅花。唐書地理志：興元貢紅藍燕脂。

乳香。西鄉縣出。

藥。寰宇記：鳳州産石斛、葛根、蓬累子。元和志：順政縣武興山多黄蘗。府志：略陽縣出黄精。

石燕。石蟹。俱寧羌州出。按：舊志西鄉出金。又唐書地理志興州貢硃砂。謹附記。

## 校勘記

〔一〕土關隘　「關」，乾隆志卷一八六漢中府關隘(下同卷簡稱乾隆志)同，明一統志卷三四漢中府關梁作「門」。

〔二〕亦引冷水溉田　「引」，原作「因」，據上文及雍正陝西通志卷四〇水利改。

〔三〕郭公堰　「郭」，乾隆志作「鄒」。考雍正陝西通志卷四〇水利二城固縣下有東兒堰，其按語云：「按，馮志載縣西引北沙河者有鄒公、横渠二堰，據册報，今無考。」則乾隆志作「鄒」似爲有據。

〔四〕俱出北沙河　「北沙河」，原作「沙河北」，據乾隆志及雍正陝西通志卷四〇水利二乙。

〔五〕激堨水以灌斗山之麓　「斗」，原脱，據乾隆志及雍正陝西通志卷四〇水利二補。按，陝西通志云「城固西北有堰，曰五門，爲田幾五萬頃，激堨水以灌，堰抵斗山之麓」。乾隆志與本志似删略未當。

〔六〕溉田四萬八百四十餘畝　乾隆志作「溉田四萬頃零四十餘畝」，二者相差極大。按，上條校勘記所引陝西通志言五門堰灌溉田畝「幾五萬頃」，與乾隆志所言差合，本志疑誤。

〔七〕在順政縣西南二里嘉陵水南山上　「南」，原脱，乾隆志同，據元和郡縣志卷二二山南道興州補。

〔八〕唐開禧時建　按，唐無開禧年號，開禧實爲南宋寧宗第三個年號，此必有誤。然雍正陝西通志、關中勝蹟圖志均作「唐開禧時建」，究爲朝代誤，抑年號誤，今無從考正。

〔九〕獲郡十四　「十四」，原倒作「四十」，乾隆志同，據魏書卷六五邢巒傳乙。按，資治通鑑卷一四六梁紀胡三省注云：「蕭子顯齊志『梁州』注：籍者二十二郡，荒郡不預焉。今魏取十四郡。」

〔一〇〕先募二兵持帛書遣參知政事李壁告變　「李壁」，原作「李璧」，據乾隆志改。下文同。按，時參知政事爲李壁，乃李燾之子。燾五子，垕、埴、塾、壁、𡌴，名皆從土。

〔一一〕縣召署幕門候吏　「候吏」，原作「侯史」，據後漢書卷八二上李郃傳改。

〔一二〕陳安國　「安國」，原倒作「國安」，據乾隆志及雍正陝西通志卷三〇選舉、四川通志卷七上名宦改。下文作「安國」不誤。

# 榆林府圖

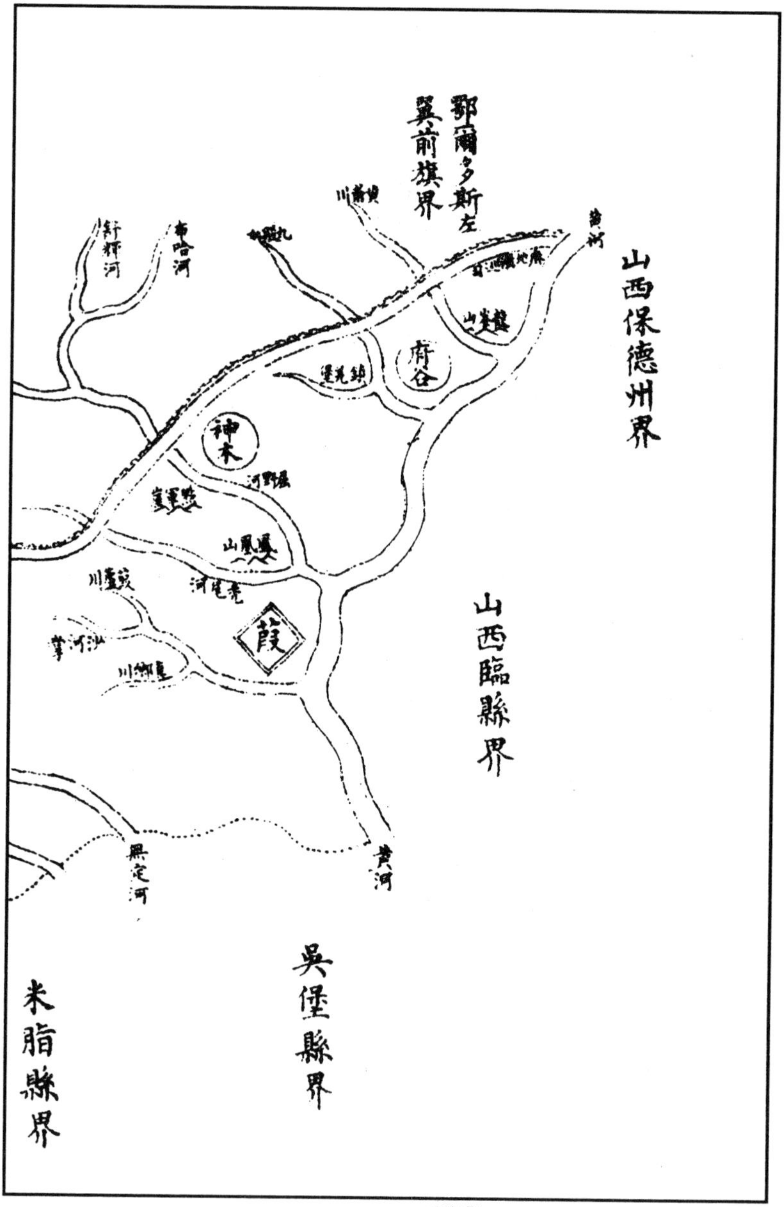

鄂爾多斯左翼前旗界
山西保德州界
府谷
神木
山西臨縣界
葭
黃河
無定河
吳堡縣界
米脂縣界

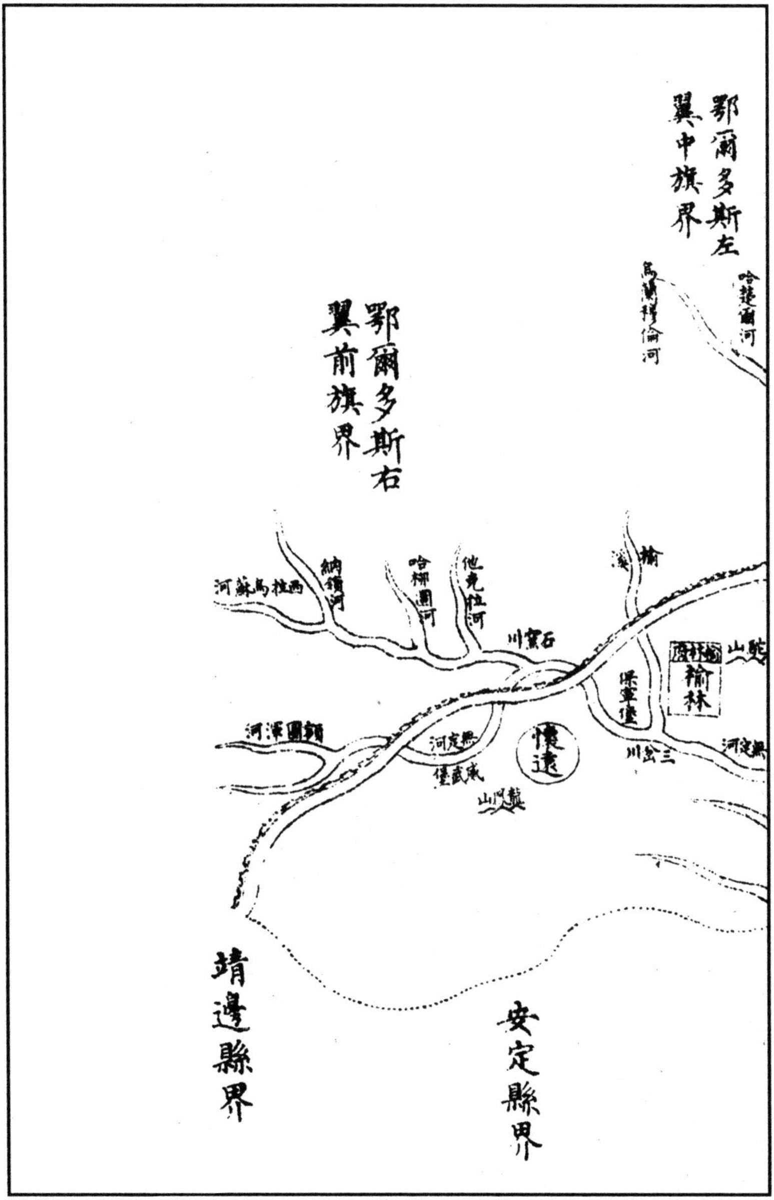
鄂爾多斯左翼中旗界
鄂爾多斯右翼前旗界
烏蘭穆倫河
西拉烏蘇河
哈柳圖河
石窯川
榆溪
駝山
榆林
保寧堡
懷遠
三岔川
無定河
威武堡
靖邊縣界
安定縣界

# 榆林府表

| | 榆林府 | 榆林縣 |
|---|---|---|
| 秦 | 上郡地。 | |
| 兩漢 | | 龜茲縣屬上郡，爲屬國都尉治。 |
| 三國 | | 龜茲縣屬魏。 |
| 晉 | 義（寧）〔熙〕中赫連勃勃稱夏王，築統萬城。 | 省。 |
| 南北朝 | 化政郡魏太和十一年置，兼置夏州。西魏改郡曰弘化。 | 周置彌渾戍。寧朔縣周置。 |
| 隋 | 朔方郡開皇三年郡廢，大業三年州廢，改置。 | 德靜縣大業九年置，屬朔方郡。寧朔縣屬朔方郡。 |
| 唐 | 夏州貞觀二年復置州，天寶元年改朔方郡，乾元元年復屬關内道。 | 德靜縣屬夏州。寧朔縣屬夏州。 |
| 五代 | 夏州 | 德靜縣 寧朔縣 |
| 宋金附 | 李元昊建夏國，尋徙廢。 | |
| 元 | 綏德州地。 | 米脂縣地。 |
| 明 | 榆林衛成化七年置，爲延綏鎮治。 | |

續表

| 懷遠縣 | 葭州 |
| --- | --- |
| 上郡地。 | 上郡地。 |
| 奢延縣 屬上郡。 | 固陰縣地。 |
| 省。 | |
| | |
| 巖緑縣 魏州郡治。 | |
| 巖緑縣 郡治。 | |
| 朔方縣 州治，貞觀初改名。 | 銀州地。 |
| 朔方縣 | |
| 廢。 | 晉寧軍 宋元豐五年置葭蘆寨，屬石州臨泉縣。元符二年置軍，屬河東路。金貞元元年屬汾州，大定二十二年升爲州，尋改名葭州。興定二年改屬延安府。 |
| 米脂縣地。 | 葭州 屬延安路。 |
| 天順中建懷遠堡，屬榆林衛。 | 葭州 洪武四年降縣，屬綏德州。八年復屬延安府。 |

| | 神木縣 |
|---|---|
| | 上郡地。 |
| | 圁陽縣屬西河郡。 圁陰縣屬西河郡。 |
| | 圁陽縣 圁陰縣 |
| | 省。 省。 |
| 中鄉縣西魏置。周兼置中鄉郡。 開光縣周保定二年置開光郡，大象二年降縣。 | 石城縣西魏置。周改銀城縣。 |
| 真鄉縣郡廢，更名，屬雕陰郡。 開光縣屬雕陰郡。 | 銀城縣屬雕陰郡。 |
| 真鄉縣屬銀州。 開光縣屬銀州。 | 銀城縣屬麟州。 |
| 真鄉縣 開光縣 | 銀城縣 |
| 廢。 廢。 | 宋元豐中置神木寨，屬新泰縣。金廢。 宋政和四年省入新秦。 |
| | 神木縣初置雲州，屬延安路，至元六年改置縣，屬葭州。 |
| | 神木縣洪武初省，十四年復置，屬葭州。 |

續表

| | 府谷縣 |
| --- | --- |
| | 上郡地。 |
| | 西河郡地。 |
| | |
| | |
| | |
| | 銀城縣地。 |
| 麟州 開元十二年置，尋廢。天寶元年改置新秦郡，乾元元年復屬關内道。<br>新秦縣 天寶初置，州治。<br>連谷縣 貞觀中置，屬麟州。 | |
| 麟州<br>新秦縣<br>連谷縣 | 唐建府州。<br>唐置府谷縣。 |
| 麟州 屬河東路。<br>新秦縣 金廢。<br>宋政和四年省入新秦。 | 府州 宋屬河東路。金廢。<br>府谷縣 州治。<br>豐州 宋嘉祐七年置，後廢。 |
| | 初復曰府州，屬延安路，至元六年廢。<br>府谷縣 至元二十六年屬葭州。 |
| | 府谷縣 |

# 大清一統志卷二百三十九

## 榆林府一

在省治北一千三百五十里，東西距六百八十五里，南北距二百二十三里。東至山西汾州府臨縣界九十五里，西至甘肅寧夏府靈州界五百九十里，南至綏德州米脂縣界一百六十五里，北至鄂爾多斯界五十八里。東南至山西汾州府永寧州界三百四十里，西南至延安府靖邊縣界二百五十五里，東北至鄂爾多斯界一百三十里，西北至鄂爾多斯界八十里。自府治至京師一千七百九十里。

### 分野

天文井、鬼分野，鶉首之次。

### 建置沿革

禹貢雍州之域。春秋時翟地。秦爲上郡地。漢爲上郡、龜茲、奢延等縣地，兼置屬國都尉，後漢末廢。晉義熙中，赫連勃勃據地稱大夏國，名其城曰統萬。後魏始光四年平〔二〕，爲統萬鎮。太和十一年，改置夏州，兼置化政郡。西魏改郡曰弘化。隋開皇三年，郡廢。大業三年，州廢，改置朔方郡。唐初爲梁師都所據。貞觀二年，復爲夏州，置都督府，屬關内道。天寶元年，復改朔方郡。乾元元年，仍曰夏州。唐書方鎮表：貞元三年，置夏州節度觀察處置押蕃落使。中和元年，賜號定難軍。五代因之。宋爲西夏地。元爲綏德州地。明成化七年，始置榆林衛，爲延綏鎮治。本朝雍正八年，改置榆林府，並置榆林縣爲府治，又升懷遠堡爲縣。屬陝西省。乾隆元年，以所屬之定邊、靖邊二縣改隸延安府，降葭州爲屬州，及神木、府谷二縣來屬。今領州一，縣四。

榆林縣。附郭。東西距一百五十五里，南北距一百七十五里。東至葭州界九十五里，西至懷遠縣界六十里，南至綏德州米脂縣界一百六十五里，北至邊牆十里。東南至葭州界一百二十里，西南至懷遠縣界八十五里，東北至邊牆八十里，西北至邊牆四十里。秦上郡地。漢置龜茲縣，屬上郡，爲屬國都尉治。後漢因之。三國屬魏。晉省。後魏爲夏州地。北周置彌渾戍。隋開皇初，改德靜鎮。大業九年，置德靜縣，屬朔方郡。唐貞觀七年，於縣置北開州，八年改曰化州，十三年州廢，縣屬夏州。五代因之。宋没於西夏。元爲米脂縣地。明永樂初，置榆林寨。成化七年，置榆林衛，爲延綏鎮治。本朝雍正二年省衛，入綏德州。八年置榆林縣，爲榆林府治。

懷遠縣。在府西南一百六十里。東西距一百九十五里，南北距一百十里。東至榆林縣界一百里，西至延安府靖邊縣界九十五里，南至延安府安定縣界九十里，北至邊牆二十里。東南至綏德州米脂縣界一百八十里，西南至延安府安塞縣界一百七十里，東北至榆林縣界一百二十里，西北至靖邊縣界一百三十里。秦上郡地。漢置奢延縣，屬上郡。後漢因之。魏省。晉屬赫連氏。後魏置巖緑縣，爲夏州及化政郡治。西魏爲弘化郡治。隋爲朔方郡治。唐貞觀二年，改曰朔方，爲夏州治。宋没於西夏。元爲米脂縣地。明天順中，置懷遠堡，屬榆林衛。本朝雍正二年，改屬綏德州。九年，置懷遠縣，屬榆林府。

**葭州**。府東一百七十里。東西距六十二里，南北距二百七十里。東至山西汾州府臨縣界二里，西至綏德州米脂縣界六十里，南至綏德州吴堡縣界一百十里，北至神木縣界一百六十里。東南至臨縣界二里，西南至綏德州界八十里，東北至神木縣界一百十里，西北至榆林縣界一百七十里。秦上郡地。漢爲西河郡圁陰縣地。晉時荒廢。西魏置中鄉縣。後周兼置中鄉郡。隋開皇初郡廢，改中鄉曰真鄉，屬雕陰郡。唐屬銀州。宋初屬西夏，元豐五年收復，置葭蘆砦，屬石州臨泉縣。元符二年，以砦置晉寧軍，屬河東路。金貞元元年，屬汾州。大定二十二年，升爲晉寧州。二十四年，改曰葭州〔二〕。興定二年，屬延安府。元仍爲葭州，屬延安路。明洪武四年降爲縣，屬綏德州。八年復爲州，屬延安府。本朝雍正三年，升爲直隸州，領吴堡、神木、府谷三縣。乾隆元年，分吴堡縣屬綏德州，仍以葭州及神木、府谷二縣並屬榆林府。

**神木縣**。在府東北二百四十里。東西距一百八十里，南北距一百四十里。東至府谷縣界一百三十里，西至邊牆五十里，南至葭州界一百三十里，北至邊牆十里。東南至山西太原府興縣界一百里，西南至葭州界一百里，東北至府谷縣界八十里，西北至邊牆三十里。秦上郡地。漢惠帝五年，置圁陰縣，屬西河郡。後漢因之。晉時荒廢。後魏置石城縣。北周改曰銀城。隋屬雕陰郡。唐初屬勝州。開元十二年，析置麟州，後廢。天寶元年，復置，兼置新秦縣爲治，其年改新秦郡。乾元元年，復曰麟州，屬關內道。五代周時屬北漢。宋亦曰麟州，屬河東路。元豐中於銀城縣界置神木寨。政和四年，省銀城縣入新秦。金時地屬西夏，州縣皆廢。元初於神木寨置雲州，屬延安路。至元六年，廢州爲神木砦，縣屬葭州。明洪武初省。十四年復。本朝乾隆元年改屬榆林府。

**府谷縣**。在府東北二百里。東西距一百一里，南北距九十一里。東至山西保德州河曲縣界一里，西至神木縣界一百里，南至保德州界一里，北至鄂爾多斯界九十里。東南至保德州界一里，西南至神木縣界四十里，東北至鄂爾多斯界九十里，西北至鄂爾多斯界一百里。秦上郡地。漢西河郡地。隋爲銀城縣地。五代後唐置府谷縣，兼置府州。宋亦曰府州，屬河東路。崇寧元年，改曰靖康軍。政和五年，賜名榮河郡。金地屬西夏。元初仍曰府州，屬延安路。至元六年州廢。二十三年，縣屬葭州。明因之。本朝乾隆元年改屬榆林府。

## 形勢

榆溪爲九塞巖險第一，連亘千里。鄭汝璧都督題名記。邊牆千二百餘里，連墩勾堡，橫截套口，内復塹山湮谷，是曰夾道。明鄭曉吾學編。邊陲衝要，全陝籓籬，北臨沙漠，巍然重鎮。延安府志。東界黄河，西繞蘆水，峯巒迴抱，道路險阻。葭州志。

## 風俗

地接邊荒，多尚武節。隋書地理志。人物勁悍善戰。宋史种諤傳。懷忠畏法，果悍敢勇，多將材，有節氣。鄭曉吾學編。

## 城池

榆林府城。即舊衛城。周十三里三百餘步，門七，西南臨河。明正統初創築，成化九年增築北城，弘治五年拓南城，嘉靖、隆慶、萬曆中相繼甃甎。南關外有外城，正德十年建。西門外又有羅城七里，隆慶元年建。本朝乾隆十四年修。榆林縣附郭。

懷遠縣城。即舊堡城。周三里有奇，門三。明天順中建，本朝乾隆二十三年重修。

葭州城。分内、外二城，内城門二，外城門三，周三里有奇。明洪武初因金元舊址建。内城北郭，隆慶間增建。南郭，本朝順治十五年建。康熙十六年、乾隆三十二年重修。

神木縣城。周四里有奇，門四，池深一丈。明正統八年土築，萬曆六年甃甎。本朝雍正四年、乾隆十一年重修。

府谷縣城。周五里有奇，門六，因河爲池。明正統中因舊址拓建。本朝乾隆十一年、四十六年重修。

## 學校

榆林府學。在府治西，即舊衛學。明成化八年建，本朝順治十年修，乾隆四十六年重修。入學額數十二名。

榆林縣學。附府學。入學額數八名。

懷遠縣學。在縣治東。乾隆八年建，嘉慶二年修。入學額數八名。

葭州學。在州治東南。明成化中改建，本朝順治九年、康熙三十九年、乾隆四十九年、嘉慶十二年重修。入學額數十二名。

神木縣學。在縣治南。明洪武十四年建，本朝順治八年、康熙五十四年重修。入學額數八名。

府谷縣學。在縣治南。明洪武十四年建，本朝順治八年、康熙二十四年、乾隆三十四年重修。入學額數八名。

榆陽書院。在榆林縣城内。乾隆十九年建。

正鄉書院。在葭州治西。乾隆四十三年建。

榮河書院。在府谷縣南門外。乾隆三十五年建。按：舊志載懷遠書院在懷遠縣，乾隆十二年建。希文書院、麟城書院在神木縣，乾隆十九年建。今並廢。謹附記。

## 户口

原額人丁一十九萬六千八百七十六，今滋生民户共男婦五十一萬五千二百六十四名口。

## 田賦

民地一千二百四十九頃七十五畝九分九釐，額徵地丁銀六千五百一十七兩二分五釐，糧四千三百八十六石三斗五升一合四勺。屯地二千九百九十頃九十六畝八分四釐，額徵地丁銀三千二百九十一兩一錢六分五釐，糧四千二百五十四石一斗四升一合。

## 山川

駝山。在榆林縣治東，高數十丈，縣城半居其上，俗呼爲東山。土人穴山爲居。山之西有堡兒山，三峯並立，上有塔，亦名文筆峯。

塔兒山。在榆林縣東雙山堡東南二十里。葭州志：在州西北一百四十里。

萬佛洞山。在榆林縣東南十二里，高峯特起。其北十餘里有淩霄塔。

木𥗬神山。在榆林縣東南五十里。明成化中，嘗有妖神棲此，後有道士經此，焚其祠，妖遂息。

羊羔山。在榆林縣東南五十餘里木𥗬神山東。又南十里有暖泉山。

嗣武城山。在榆林縣南一百三十里，魚河堡南五十里。由石磴而上，四面石岩高百丈。舊爲囉兀城。

王墓山。在榆林縣西南十里。有殘碑無字，相傳爲夏元昊祖墓。

黑山。在榆林縣西十里。有黑水出其下，水甘草茂。明成化中，巡撫余子俊築塞堡，植柳萬株其下。

紅山。在榆林縣北十里。環拱若屏，上皆紅石，落日返照，霞采爛然。山之兩崖爲紅石峽，榆溪、獐河匯流其中。其上有款貢城、鎮北臺、易馬臺，昔李繼遷葬其祖彝昌，障水別流，鑿石爲穴，既葬復引水其上，疑即此峽也。明巡撫鄭汝璧改名雄石峽。

馬神山。在榆林縣東北二里。每秋祭馬神於此。

馬鞍山。在懷遠縣東南土門砦北五里。又五龍山，在縣東南波羅堡南三十里。

盤龍山。在懷遠縣東南八十里。橫江怪石，盤繞河邊。下有石佛洞，上有盤龍寺，建於明季，爲響水堡之屏障。

橫山。在懷遠縣南。宋熙寧中，韓絳宣撫陝西，用种諤策，規取橫山。元豐中諤復上言，橫山延袤千里，多馬宜稼，且有鹽鐵之利，夏人恃以爲生，其城壘皆控險，足以守禦。即此。舊志：橫山即古橋山，與延安府安定縣接界。

龍鳳山。在懷遠縣西南十五里。

牛心山。在懷遠縣西南威武堡東十餘里。

赤木山。在懷遠縣西六十五里。峙萬山中，峻險特出。

契吳山。在懷遠縣北。十六國春秋：赫連勃勃北遊契吳，歎曰：「美哉！臨廣澤而帶清流。吾行地多矣，自馬嶺以北，大河以南，未之有也。」元和志：山在朔方縣北七十里。

白雲山。在葭州東南。石洞峥嶸重疊，爲州中名勝。

西嶺山。在葭州西五里葭蘆川旁。宋將薛義敗夏人於葭蘆西嶺，即此。又相近有桃李塢，在申家灣，東遶蘆水，西峙石崖。

天池山。在葭州西六十里。其山外高中卑，積水若池，又名天池窪，亦曰白草窪。

麻椿山。在葭州西北百五十里。

鳳凰山。在葭州北八十里。南憑黄河，高數百仞。又無量山，在州北百六十里。

瞭高山。在神木縣東一百步。一名紗帽山。

龍眼山。在神木縣東南一百步。上有二穴，透穿如龍眼。

白龍寺山。在神木縣東南十里。四面壁立，中通一徑。又東有鳳凰石。

石盤山。在神木縣西柏油堡，東南接榆林縣界，相接爲沈家寺山，有巨人足跡長尺五寸。

筆架山。在神木縣西三里。本名駝兒山，正德中賜名。大川經其下，山有張家洞。

鳳頭山。在神木縣東北一里。舊名香爐山，明正德十三年幸榆林，駐蹕於此，因賜名。又有錦屏山，在鳳頭山南。

五龍山。在府谷縣東一里。五峯突起，狀如伏虎，亦名五虎山。

方臺山。在府谷縣東，有東嶽行宫。又黑山，在縣東北十里。

天臺山。在府谷縣西南，接神木縣界。

鍥子山。在府谷縣西六十五里。

半坡山。在府谷縣西七十里。又縣西一百里有小木山。

水塞山。在府谷縣北十五里。兩川夾流，山峙川中。又縣北二十里有陶家山。

龍峯山。在府谷縣東北三十里。山形盤曲，上有高峯特立，歲旱禱雨輒應。

三山。在府谷縣東北清水堡南。又堡東有粱家山、古城山，堡西有瓦窑山。

高寒嶺。在神木縣東北永興堡東。又有饗石崖，在堡南。

沙井嶺。在府谷縣西北。九域志：豐州西五十里至沙井嶺，西北三十七里至暖泉峯，北六十里至龍尾房，東北九十里至

超沿渡〔三〕。元統志：皆隸府州。

第一峯。在葭州北五里，高出羣峯。

臥牛峯。在神木縣東北永興堡東南十五里。宋時夏將咄龐東侵，宋將郭恩被執於此。

龍頭岡。在葭州東南百步。其東有果老洞，層崖横出，洞臨黄河。

獅子崖。在葭州南三里。其下爲龍虎灣，相近有嵯峨峯。

石鼓崖。在葭州北百里漢樓子溝西。又花石崖，在州北一百十里。

點軍崖。在神木縣西柏林堡南三十里，接榆林縣界。

青石崖。在府谷縣東北黄甫營北。

馬湖峪。在榆林縣南無定河西，接綏德州米脂縣界。

萬户峪。在葭州北八十里鳳凰山西南。雍勝略：萬户峪，古爲沃壤，有民萬家。宋咸平中，啜咄引趙保吉自此入寇麟州，至松花砦。延綏志：峪在高家堡南一百二十里。

檀家坪。在葭州南五十里，地濱河。又州南六十里有艾蒿坪，即子午嶺之北垂。

大會坪。在葭州北二十五里。宋史夏國傳：元豐二年，夏人自滿堂川入大會坪。

箭筈塢。在葭州西三十里。地多竹箭。

鞦韆塢。在葭州東北一百里。有大樹植兩山之巔，其下爲路，行者望之若鞦韆架，故名。

龍王泉水。在榆林縣城中。自山半湧出，匯而爲池，疏而爲竇，周灌城中，居人皆汲飲此。又西南入西河，一名南門河，又名南泉。又一自鐘樓街中出者爲北泉，渟潴不流。其上皆有龍王廟，故名。

帝原水。在榆林縣西，亦名西河。漢書地理志：膚施縣有帝原水。水經注：帝原水，西北出龜兹縣東南流，又東南注奢延水。延綏鎮志：西河在鎮城西，即榆溪，源出塞外葫蘆海，南流。有常縣堡所出之獐河，西流入焉。又南流逕紅石峽，入邊爲西河，合芹河水、龍王泉。又南，鍾家溝水西注之。又南五里，屈而東流，合劉指揮河、柳河。又南得三岔川。又東南，騙馬井水注之。又南得黑水河，又南至魚河堡西入無定河。

奢延水。在懷遠縣北。上源曰額圖渾河，自鄂爾多斯右翼前旗東流，經縣北邊外，合西拉烏蘇河、納領河、哈柳圖河、他克拉布河，入邊，合榆溪水，逕榆林縣西南，入綏德州米脂縣界，即無定河。後漢書段熲傳：建寧九年，熲追羌至奢延澤，擊破之。晉書載記：赫連勃勃於朔方水北、黑水之南營都城。水經注：奢延水出奢延縣西南赤沙阜，山海經所謂「生水出孟山」者也。俗因縣土謂之奢延水，又謂之朔水。東北流逕其縣故城南，赫連隆昇七年，於是水之北築城也。又東北與温泉合，又東黑水入焉。又東合交蘭水，又東北與鏡波水合。又東逕膚施縣，帝原水入焉。元和志：朔方縣無定河，一名朔水，一名奢延水，源出縣南百步，又流入德靜縣。通志：無定河，俗名滉忽都河。源出龍州堡南宜家畔，合靜邊城西紅柳河，城東之莜麥河，東流出塞。至懷遠縣之清平堡東北，又入邊牆，右合清平水、柳兒泉、狄青原諸水。又東逕威武堡北，合海棠河水。又東逕懷遠縣北，復出塞，合塞外之圁水及打狼河口窯川水，至波羅堡，復入而東南流，黑水、頭溝水東流會之。又逕響水堡東，東南入榆林界。又逕魚河堡西，與榆林之西河合。又南逕鎮川堡西，入米脂界。

葭蘆水。在葭州西，自榆林縣流入，即古諸次水也。水經注：諸次水，自榆林塞東入長城，小榆林水合焉。又東合首積水，又東入河。元和志：真鄉縣有葭蘆水，源出縣理西北。宋史夏國傳：李繼遷誘敗曹光實於葭蘆川。明統志：川在州西五里，岸多葭葦，故名。州志：一名沙河，自榆林界流入，合真鄉川、五女川，至州城西山下，凡一百八十里。又東入黃河。又有闞家川，在州西北百三十里。真鄉川，在州西北百里。五女川，在州西北十里。下流俱入葭蘆河。

圁水。在葭州北，自邊外流入，下流入河。漢書地理志：上郡白土縣，圁水出，東入河。水經注：圁水東逕鴻門縣，又東梁水注之。又東逕圁陰縣北，又東桑谷水注之。又東逕圁陽縣南，東流注於河。隋書地理志：開光縣有圁水。顏師古曰：圁音銀，今銀州銀水即是。通志有禿尾河，自建安堡北塞外流入，又東南逕高家堡西，合永利河、蒺藜川。又東南合開光川，又東南入河，蓋即圁水也。其永利河源有二，一出神木縣西柏林堡境外野麻灣，一出水洞岔。俱西南流，入故林堡南水掌兒水，至高家堡北，注禿尾河。蒺藜川，源出州北建安堡。開光川，源出黑龍潭。均東南流入禿尾河。按：元統志引輿地廣記云，銀州東北有無定河，即圁水，土俗以河流不定，故以無定爲名。明統志遂謂奢延水一名圁水。今按元和志，銀州無定河，乃奢延水也。考水經注奢延水在南，圁水在北，二水源流迥別。且元和志謂圁州之得名，因蕃語稱「驄馬」爲「乞銀」之故，亦與圁水無涉。舊志謂今禿尾河即圁水，與漢志、水經注水道甚合，今從之。

**端水**。在葭州北。水經注：水西出號山，東流注於河。州志有寧河，在州東北四十里，源出州北八十里王元溝，東南流與寧河、塞水合，流四十里入河，疑即端水也。又有彌勒河，在州北七十里禿尾河北，自神木界來，至州北萬户峪東入河。

**九股水**。在府谷縣西南，一名孤山水。源出草地，九源並導，合爲一流。東南流入邊牆，經鎮羌堡東、孤山堡西，又東南流入河。又桑家溝，在縣西北，一名長沙溝。源出塞外，南流逕鎮羌堡西，折而東南入九股水。又木瓜口河，亦自塞外流入，逕木瓜園西，西南流入九股水。

**湳水**。在府谷縣北。水經注：湳水出美稷縣，俗亦謂之爲遄波水，東南流入長城東。鹹水出長城西鹹谷，東入湳水。又東南渾波水，出西北窮谷，東南流注之。又東逕富昌縣故城南，又東流合善無水入河。

**劉指揮河**。在榆林縣南，源出縣東北十里水掌兒，西南流抵藍家橋，入西河。亦名南渠，居民引以溉田。

**柳河**。在榆林縣西南十五里，發源自東南流入西河〔四〕，長湖數頃，其地可耕。

**芹河**。在榆林縣西。源出邊外，有湖隨山勢曲折，兩岸芹藻繽紛，故名。東南流入邊，又東南入西河。又有小沙河，在芹河西，亦自邊外流入，合於芹河。

大理河。在懷遠縣東南一百五十里。自清平堡南，東流合小理河，逕縣境一百里入綏德州界。又小理河，在縣東南一百二十里，源出清平堡東老虎塢，東流至巡檢司溝，合大理河。

屈野河。在神木縣西。上源曰烏蘭木倫河，自鄂爾多斯左翼中旗東南流，經縣邊外，合哈楚爾河、布喀河、舒輝河，入邊合禿尾河，入黃河。宋史夏國傳：麟州西城枕睥睨曰紅樓，下瞰屈野河。九域志：連谷、銀城二縣，皆有屈野川。縣志：屈野河，一名曲源水，在縣城西百步。源出塞外五蘭茆兒，遶筆架山之陽，至縣南一百二十里河茆頭入黃河。又有柏油河，在縣西三十里，有東西二源，俱出柏油堡境外，南流入邊。又東合柏林城東闕王茆水，入屈野河。又柏林河，在縣西柏林堡西。泗滄河，在縣東永興堡西。皆自塞外南流入屈野河。

黃河。在府谷縣東。自鄂爾多斯左翼前旗南流入縣境。又西南逕神木縣東南界，又南逕葭州東，又南入綏德州吴堡縣界。水經注：河水自君子濟南，左合契吴水。又南樹頹水注之，又南太羅水復注之。又左得湳水口。又南過圁陽縣東，圁水注之。又東端水入焉，又南諸次之水入焉，又南湯水注之。又南過離石縣西，奢延水注之。元和志：麟州東至嵐州界黃河一百二十里〔五〕。元統志：府谷縣東至保德州界黃河五里，神木縣東至保德州界黃河一百里，葭州東至太原路界黃河五里。又曰：黃河自西豐州馮家會村入府谷縣境，流一百五十里，至神木縣碾谷村。又西南流十里，至葭州長壽村。又南逕吴堡縣東。通志：河水自故勝州東北折而南流入塞垣，爲府谷東境。逕太子灘〔六〕、唐家匯，合黃甫、清水二川。又西南爲天橋峽，兩岸縣崖攢合，河流甚狹，隆冬積冰成橋，亦謂之冰橋峽。又西南逕府谷縣東南百步，東岸爲山西河曲縣、保德州，孤山川東南流入之。又西南至盤塘渡，入神木界。又西南逕縣東南百二十里，東岸爲山西興縣，屈野河入焉。又西南至棗峪溝，入葭州界。又西南禿尾河入焉。又稍折而南行，逕州東一里，東岸爲山西臨縣，至卧龍灣，葭蘆川入焉。又南合神泉、烏龍諸水，至螅蜊谷，入吴堡縣界。

三岔川。在榆林縣南二十里。一自常樂殺草灣發源，爲石窯溝水。一自常樂劉家灣發源，爲焦家川水。皆西流。一自紀家灣東注，會爲一，入西河。又黑河，在縣南五十里，東入西河。

石窯川。在懷遠縣北，即黑水也。晉書載記：赫連勃勃於黑水之南營都城。北史：魏太武伐赫連昌，次黑水，去城三十餘里。水經注：黑水出奢延縣黑澗，東南歷沙陵，注奢延水。元和志：烏水出朔方縣烏澗，本名黑水，避周太祖諱改名。唐書地理志：朔方縣，貞元七年開延化渠，引烏水入庫狄澤，溉田二百頃。通志：黑水，今名石窯川河，在威武堡北塞外。東南流逕懷遠縣亂窯川河。又有打狼河，自塞外南流，逕縣東入焉。又東南逕波羅堡，入滉忽都河。按：此水在邊外名哈柳圖河，會西拉烏蘇河、納領河、他克拉河，入邊爲石窯川，即黑水，亦無定河別源也。延綏鎮志謂之圁水，誤，辨見「圁水」下。

兔毛川。在神木縣北。九域志：新秦縣有兔毛川。宋張亢破夏人於此。源出塞外，流入屈野河。

黄甫川。在府谷縣東北六十里。自塞外牛武城南，流逕黄甫堡東，至縣東楊家川口入河。

清水川。在府谷縣北五十里。自西北沙漠界流入，逕清水堡，過歡喜梁，折而東流，又東南注於河。邊方士騎，賴以汲飲。

黑水頭溝。在懷遠縣東南四十里。源出威武堡鄧家墕、王家墕，東流合鮑家寺水，至響水堡入無定河。通志：按水經注，交蘭水出龜茲交蘭谷，東南流注奢延水，疑即此。又有石山子溝，在清水堡東，自塞外流入清水河。

鹽溝。在葭州北八十里。東距黄河，西抵沙漠，地出鹽泥，爲州北要區。

楊官海。在榆林縣西二十里。又西十里曰方家海，又西十里曰酸梨海，又稍南曰天鵞海。凡水之所會，渟而不流者，邊人通謂之海。

黑龍潭。在葭州西北三十里。清泉出崖罅中，旱禱有應。

神泉。在葭州西十里許。初出僅一綫，數武之外，泉流四出，至譚家坪入河。

官泉。在葭州西北一里。自石罅中出，下注石池，清冽而甘。又苦泉，在州西郭門外，味苦，天旱蛇浴其中，牛飲之立死。

龍泉。在神木縣西北十八里，旱禱有應。

## 古蹟

龜茲故城。在榆林縣北。漢書地理志：上郡龜茲縣，屬國都尉治。後漢書：光武建武六年，罷郡國都尉官。和帝永元二年，復置上郡屬國都尉。又永壽元年，南匈奴左薁鞬等寇美稷，東羌復應之，安定屬國都尉張奐，進屯長城，招誘東羌，因據龜茲，使南匈奴不得交通。水經注：帝原水出龜茲縣，縣因處龜茲降人著稱。

奢延故城。在懷遠縣西。漢置，屬上郡。魏省。水經注：奢延水出奢延縣西南，東北流逕其縣故城南。

夏州故城。在懷遠縣西，本漢奢延縣地。晉書載記：義熙中，赫連勃勃自稱大夏，改元鳳翔，以叱干阿利領將作大匠，發嶺北夷夏十萬人，於朔方水北、黑水之南，營起都城。自言方統一天下，君臨萬邦，可以統萬爲名。蒸土築城，錐入一寸，即殺築者而并築之。後剋長安還統萬，以宮殿大成，刻石頌功德。名其南門曰朝宋，東門曰招魏，西門曰服涼，北門曰平朔。北史：魏太武始光四年，西伐赫連昌，剋其城。城高十仞，基厚三十步，上廣十步。宮牆五仞，其堅可以礪刀斧。魏書地形志：夏州，赫連屈子所都。始光四年平，爲統萬鎮。太和十一年，改置，治大夏，領化政郡。太和十二年置，領革融、巖緑二縣。隋書地理志：朔方郡，後魏置夏州。後周置總管府，統巖緑縣。西魏置弘化郡，開皇初廢。大業初置朔方郡。元和志：夏州，即赫連勃勃都城。隋末爲賊帥梁師都所據，貞觀二年討平之，改爲夏州。東至銀州一百八十里，東南至延州四百里，西南至鹽州三百里，西北至豐州七百五十里，理朔方縣。本漢舊縣，後魏更置巖緑縣，貞觀二年改名。其城土色白而牢固。有九敵樓，峻險非人力可攻。寰宇記：朔方縣，後魏太平真君六年，更名巖緑縣，其子城在羅城東。門曰鳳陽。本有三門，以其俗尚東，故東向開。有真珠樓、通天樓，皆勃勃建，在城内。宋史夏國傳：夏國本拓跋氏，居夏州，號平夏部。唐末拓跋思恭鎮夏州，統銀、夏、綏、宥、静五州地。討黄巢有功，賜姓李，遂世有西土。至太平興國七年，李繼捧率族人入朝，賜姓趙，更名保忠。其族弟繼遷獨出奔，後數爲邊患，漸以强大。咸平六年，遂都於靈州。舊志：夏州城在榆林衛西南二百里。又唐時有雲中都督府，管小州五。呼延州都督府，管小州三。皆党項部。又桑乾都督府，管小州四。又安化州、寧朔州、僕固州三都督府，皆寄治朔方界。按：夏州，本漢上郡地，北去朔方尚遠。自隋代移朔方之名於此，元和志遂謂即漢朔方郡，寰宇記從之，皆誤。辨見邊外鄂爾多斯古蹟下。

葭州故城。今葭州治，宋置。九域志：石州臨泉縣有葭蘆砦。宋史地理志：晉寧軍本西界葭蘆砦，元豐五年收復。元祐四年，以葭蘆給賜夏人，紹聖四年收復。元符二年，升爲晉寧軍。東至剋狐砦隔河五里，西至神泉砦二十五里，南至吴堡一百七十里，北至通秦砦二十里。金史地理志：葭州，本晉寧軍，大定二十二年，升爲晉寧州，二十四年更今名。元統志：葭州，金初爲夏人所踐，皇統三年，復立軍治。後爲州。元領葭蘆縣，至元六年併入州。東至太原路臨州一百二十里，西至米脂縣一百二十里，西南至綏德州一百八十里，東北至興州一百八十里，西北至定州九十里。延安府志：葭州故城，在今州南三百步。

真鄉故城。在葭州西。元和志：縣西至銀州一百里。漢圁陰縣地。周保定二年，置真鄉縣，屬銀州。寰宇記：後周於今縣置中鄉縣，屬中鄉郡。隋開皇元年，避「中」字改爲真鄉縣，兼廢中鄉郡，以縣割隸銀州郡。延安府志：真鄉故城，在今葭州西北一百里，鼓樓尚在，土人呼爲圓峯子。延綏志：真鄉城在雙山堡南三十里。

開光故城。在葭州北。隋書地理志：雕陰郡領開光縣。舊置開光郡，開皇三年郡廢。元和志：縣西南至銀州二十里，漢圁陰縣地。周保定二年，於今縣理置開光郡。大象二年廢郡，置開光縣，屬撫寧郡。隋罷郡，以縣屬銀州。舊唐書地理志：開光，隋縣。貞觀二年，屬綏州。八年，改屬柘州。十二年，柘州廢，來屬銀州。寰宇記：隋大業中，開光縣廢，以其地入真鄉縣。唐貞觀二年平梁師都，於此復立縣。宋史地理志：銀州領開光縣，五代爲西夏所有。延綏鎮志：開光城在建安堡南開荒川。州志：在今州北百里。

麟州故城。在神木縣北。元和志：天寶初，王忠嗣奏割勝州連谷、銀城兩縣置麟州。東北至勝州四百里，西南至銀州三百里，治新秦縣。寰宇記：漢武帝徙貧人於關以西，及充朔方以南新秦中，麟州蓋其地也。周、隋以降，爲銀、勝二州地。唐開元十二年，置麟州并縣，至十四年又廢郡，以屬邑還隸勝州。天寶元年復置，尋改爲新秦郡。乾元元年，復爲麟州，升爲振武麟勝等節度，以勝爲支郡。宋史地理志：麟州新秦郡，乾德初，移治吴兒堡。九域志：麟州北至豐州一百六十里，東北至府州一百二十里，西北至夏州一百二十里。元統志：麟州，周顯德五年，劉崇不賓，移壘小堡，宋初，又徙吴兒堡，後又置麟府兵馬司。金皇統八年，地陷西夏，不復立。明統志：麟州城在縣北四十里。

銀城故城。在神木縣南。隋書地理志：雕陰郡領銀城縣，後周置曰石城，後改名。元和志：縣北至麟州四十里，本漢圁陰縣地。漢末亂，其地遂空，迄魏晉初立州縣。後魏時置石城縣，廢帝改爲銀城縣。後周保定二年，移於廢石龜鎮城，即今縣理是也。貞觀元年屬勝州，天寶元年屬麟州。九域志：縣在麟州南八十里。宋史地理志：政和四年，廢銀城縣入新秦城砦。明統志：故城在縣南四十里。

連谷故城。在神木縣北。隋書煬帝紀：大業三年北巡，獵於連谷。唐置縣屬麟州。元和志：縣南至州四十里。本漢圁陰縣地。隋文帝於此置連谷鎮，煬帝改爲連谷戍，大業十三年廢戍。貞觀八年，於廢戍置連谷縣，屬勝州。天寶元年，割屬麟州。宋史地理志：政和四年，廢連谷縣入新秦。延安府志：故城在縣北七十里。

神木故城。今神木縣治，宋置。九域志：銀城縣有神木砦。宋史地理志：屬新秦縣。元統志：金時銀城陷西夏，惟存神木砦。貞元中，撥隸葭州。收附後，創立雲州於神木砦，隸延安路。至元六年，廢州爲神木縣。東至保德州一百里，西至定西州一百八十里，南至葭州一百九十里，北至古麟州四十里。明統志：雲州故城在縣東三里。縣志：明正統八年徙今治。

府州故城。今府谷縣治。寰宇記：府州本河西蕃界府谷鎮，土人折大山、折嗣倫代爲鎮將。後唐莊宗天祐七年，以代北諸郡屢爲邊患，於是升鎮爲府谷縣。八年，麟州刺史折嗣倫子從阮，招回紇歸國，詔以府谷縣建府州以扼蕃界，仍授從阮爲府州刺史。尋以遼人與小蕃侵擾，移州於留得人堡，即今州理也。晉高祖賂遼人以雲中河西之地，遼欲盡徙河西之民以實遼東，人心大擾，從阮因保險拒之。少主嗣位，北絶虜好，詔從阮出師。明年，從阮率兵深入，連拔十餘砦。漢祖建號，從阮率衆歸之。尋升府州爲永安軍，析振武之勝州，并沿河五鎮隸焉。乾祐元年，從阮入覲，朝廷命其子德扆爲府州團練使。周顯德元年，升府州爲節鎮，復以永安爲軍額，就拜德扆爲節度使。東過河至火山軍四十里，南過河至岢嵐軍一百四十里，西至麟州一百五十里，東北至唐龍鎮一百五十里。文獻通考：周升府州爲永安節度。宋崇寧元年，改爲靖康軍，後又改保成軍，置麟府路軍馬司，以太原府代州路鈐轄領之，屬河東路。其地在河之西，控扼西夏。紹興間，折氏不能守，入於金。元統志：金皇統八年，麟府爲西夏所據。元初收附，復建州治，改屬延安路。至元六年，州廢。二十六年，以縣屬葭州。東至大同路武州二百里，西至神木縣二百里，南至保德州五里，北至東勝州五百里。

**德静舊縣**。在榆林縣西。元和志：縣西南至夏州八十二里，周武帝於此置彌渾戍，南有彌渾水，因名。隋改爲德静鎮，尋廢鎮爲縣。舊唐書地理志：德静，隋縣。貞觀七年，屬北開州。八年，改北開州爲化州。十三年，廢化州，以縣屬夏州。

**寧朔舊縣**。在榆林縣南。元和志：縣西北至夏州一百二十里，本漢朔方縣地。周於此置寧朔縣，屬化政郡。隋罷郡，以縣屬夏州。唐書地理志：夏州寧朔縣，武德六年，置南夏州。貞觀二年，州廢，縣省入朔方。五年復置，來屬。長安二年省，開元四年又置。九年省，其後又置。五代因之。宋没於夏。又舊唐書地理志：定襄都督府，管小州四。達渾都督府，管小州五。皆寄治寧朔縣界。

**通秦舊縣**。在葭州西北。宋史地理志：晉寧軍有通秦砦，地名昇囉嶺，元符二年賜名。東至黄河二十九里，西至女萌骨堆界堠五十里，南至神泉砦四十三里，北至通秦堡十七里。又通秦堡，地名精移堡，元符二年，同砦賜名。東至黄河十七里，西至龍移川界堠五十里，南至通秦砦二十七里〔七〕，北至寧河砦十一里。金志：葭州領通秦砦、通秦堡。元統志：金正大三年，葭州領通秦縣，至元六年省入州。延安府志：砦在州北少西五十里，明初置税課司於此。延綏志：在雙山堡南一百里。

彌川舊縣。在葭州北。宋史地理志：晉寧軍領彌川砦，地名彌勒川，元符二年賜名。東至黄河六十里，西至砦浪骨堆界堠七十里，南至彌川堡十五里，北至麟州大和砦三十里。又彌川堡，地名小紅崖，元符二年，同砦賜名。東至黄河四十里，西至祖平四十里，南至寧河砦十五里，北至秦平堡十里。金志：葭州領彌川砦、彌川堡。元統志：金正大三年，葭州領彌川縣，至元六年併入州。延安府志：彌川故砦，在州北一百十里。

圜陰舊縣。在神木縣南。漢書地理志：西河郡圜陰，惠帝五年置，晉廢。水經注：圁水東逕圁陰縣北。顔師古曰：「圜字本作圁。縣在圁水之陰，因以爲名也。王莽改爲方陰，則是當時已誤爲圜字。」元和志：銀州，漢圁陰縣之地。

圜陽舊縣。在神木縣東。漢置，晉省。水經注：圁水逕圁陽縣南。

鴻門舊縣。在神木縣西南。漢書地理志：西河郡領鴻門縣，後漢省。水經注：圁水東逕鴻門縣，縣故鴻門亭。地理風俗記曰，圁陰縣西五十里有鴻門亭。

太和舊縣。在神木縣西南。宋史地理志：麟州有太和砦，地名太和谷，元符二年進築賜名。東至神木砦五十五里，西至饒咩浪界堠七十里，南至彌川砦三十里，北至清水谷二十里。又太和堡，地名麻也娘，元符二年進築賜名。東至肅定堡二十五里，西至松木晉堆界六十五里，南至清水谷二十里，北至銀城砦二十五里。元統志：金葭州領太和縣，至元六年併入神木。府志有舊縣城，在縣西南五十五里。

建寧舊縣。在府谷縣西北。宋史張亢傳：康定中，管勾麟府軍馬事，築建寧堡。元統志：金末葭州領建寧縣，本宋銀城縣砦地，至元六年併入府谷。縣志：建寧堡在縣西北七十里。

舊榆溪州。在榆林縣西。唐書地理志：羈縻州有榆溪州，以契苾部置。又幽陵都督府，以拔野古部置。延綏鎮志：榆溪州廢址，在鎮城西四十里，唐處契苾衆於此，俗名古城兒。又幽陵都督府，在衛東高家堡東五里，唐開元中置。

**舊豐州**。在府谷縣北。宋史地理志：豐州，慶曆元年，元昊攻陷州地。嘉祐七年，以府州蘿泊川掌地，復建爲州。政和五年，賜郡名寧豐。九域志：豐州南至府州一百十五里，西南至麟州一百四十里。元統志：五代折從阮取遼人城堡十餘，蘿泊川在中，其地方圓百餘里，如掌之平，故於此置治。圖冊云屬西京。按：豐州凡有三。隋唐時豐州在今榆林邊外河套内。遼、金志又有豐州，在今黄河東歸化城界。此宋嘉祐中所置豐州，亦在邊外，以近府谷，故附入此。

**長城**。在榆林縣西。水經注：諸次水東入長城。又走馬水，東北入長城，注奢延水。元和志：秦長城在德静縣西二里，寧朔縣北十里。

**石堡城**。在榆林縣南。唐武德初，延州總管段德操擊梁師都石堡城。三年，師都石堡留守張舉來降。宋元豐四年，克米脂，進攻銀、石二州，破石堡城，遂進至夏州。皆即此。

**款貢城**。在榆林縣北紅山上。中有鎮北臺、易馬臺，俱明萬曆五年巡撫涂宗濬甎築。又有筆架城，在縣西北，明嘉靖四十五年套部陷此。

**烏延城**。在懷遠縣南。唐書地理志：朔方縣，長慶四年，節度使李祐築烏延、宥州、臨塞、陰河、陶子等城於蘆子關北，以護塞外。宋史夏國傳：元豐五年，沈括請城古烏延城以包横山，使夏人不得絶沙漠。

**察罕淖爾城**。在懷遠縣北。元世祖十七年，作行宫於察罕淖爾，築土爲牆。明洪武四年，湯和攻察罕淖爾，擒將虎臣。永樂中，總兵柳升請修察罕淖爾城。景泰中，石亨請移寧塞堡於此，不果。「察罕淖爾」舊作「察罕腦兒」，今改。

**楊家城**。在神木縣西北。明正統五年，副都御史陳鎰移縣於楊家城，王翺以楊家城在西北十五里山巔不便，乃復故處。

**卧牛城**。在府谷縣西北孤山堡東北。又有連城，在木瓜堡北。又壽州城及東古城，在黄甫營東北。延綏志：黄甫營北濱河，往往有城郭遺址，皆隋唐故縣也。

鎮羌廢所。在神木縣治西。明正德二年建，今廢。

竺緑臺。在府谷縣黄甫川東北。臨邊，凭黄河，南北俱有石纏，名蓮花纏。西有一峯特立，名尖山會。

桃園。在葭州西三十里，地多桃樹。

柳樹會。在葭州西北一百里。有砦依山而立，砦外地勢寬平，有水泉灌漑之利。

百花塢。在府谷縣内。石晉後，折氏世爲府州刺史，創此塢於郡圃，爲一方之勝。

## 校勘記

〔一〕後魏始光四年平　「始」，原作「治」，據乾隆志卷一八七榆林府建置沿革（下同卷簡稱乾隆志）及魏書卷一〇六下地形志二下改。

〔二〕二十四年改曰葭州　乾隆志同。按，此蓋因襲雍正陝西通志。元一統志卷五四八葭州建置沿革以爲大定二十三年閏十二月改名爲葭州，讀史方輿紀要卷五七陝西亦作大定二十三年改。當以「二十三年」爲是。

〔三〕東北九十里至超沿渡　「沿」，乾隆志作「没」。按，元豐九域志卷四河東路作「超没堠」，或本作「超没堆」、「起後堠」、「起汶堠」，皆在形似之間，未知孰是，但未有作「沿」、「渡」者，疑二統志皆誤。

〔四〕發源自東南流入西河　按，此句未明。考關中勝蹟圖志卷二四、雍正陝西通志卷一一載柳河，稱「源自西南入西河」，此蓋本志所本，但誤「西南」爲「東南」。然其語亦似有脱文，待考。

〔五〕麟州東至嵐州界黄河一百二十里　「州」，原作「川」，據乾隆志及元和郡縣志卷四關内道四麟州改。

〔六〕逕太子灘　「子」，原作「了」，乾隆志同，據雍正陝西通志卷八山川改。按，太子灘界跨府谷縣與山西保德州，本志山西保德州山川云黄河「西南經保德州，中間有娘娘灘、太子灘，皆套中渡河處」，是也。

〔七〕南至通秦砦二十七里　乾隆志同，宋史卷八六地理志「二十七里」作「一十七里」。

# 大清一統志卷二百四十

## 榆林府二

### 關隘

三捷關。在懷遠縣東二十里。衆山環列，中通一道，頗稱險要。又懷德關，在縣西波羅堡南。威武關，在縣西威武堡西。今俱廢。

桃花關。在葭州東城外，下臨黄河。

合河關。在神木縣東。唐開元九年，叛蕃康待賓與党項攻銀城，并州長史張説將步騎出合河關，掩擊破之。元和志：麟州東一百二十里黄河上有合水關。元統志：唐合河關在銀城北，爲河外直道。自折氏世有府谷，即大河通保德以便府人，而故關路廢。

麻地溝巡司。在府谷縣東北九十里。乾隆二年設，並設千總分防。

波羅營。在懷遠縣東少北四十里，北至大邊十三里。明正統十年，巡撫馬恭置，以有波羅寺，因名。城在山畔，周二里二百七十步，門二，爲極衝中地。本朝設延綏中協副將駐此，管轄綏德、常樂、雙山、響水、懷遠、保寧、魚河、清平、歸德、威武等十營。

乾隆五十九年裁，改設參將駐守。

**黃甫營**。在府谷縣東北七十里，東至黃河二十里，西至清水堡十里，北至大邊二十里。明天順中置，屬清水營。弘治中，添設關城。城在山畔，周三里有奇，西北就山，東南臨川，邊垣長三十里。今設遊擊駐守。

**碎金鎮**。在榆林縣南一百三十里。通志：宋史康定初，黃德和以二十人屯碎金谷，即此。

**烏龍砦**。在葭州西南。宋史地理志：晉寧軍領烏龍砦。元符二年，進築賜名，東至神泉砦二十五里。金志：葭州領烏龍砦，又有水作、康定二堡。元統志：水作、康定二堡，隸烏龍砦。明統志：砦在州西南五十里。

**神泉砦**。在葭州西。宋史地理志：晉寧軍領神泉砦。地名榆木川，在廢葭蘆砦北，元符元年賜今名，東至晉寧軍二十五里。金志：葭州領神泉砦。州志：在州西十五里。下即神泉，上有古城。

**寧河砦**。在葭州北。宋史地理志：晉寧軍領寧河砦，地名窟薛嶺，元符二年賜名，東至黃河三十里。又寧河堡，地名哥崖嶺，元符二年同砦賜名。又靖川堡，東至黃河三十里，南至寧河砦十四里，北至彌川堡十三里。延安府志：寧河砦，在州北六十里。

**銀城砦**。在神木縣東南。九域志：銀城縣有銀城、神木、建寧三砦，肅定、神木、通津、欄干四堡。宋史地理志：皆屬新秦縣。金志惟有神木砦、通津堡屬葭州。元廢。縣志：銀城砦，在縣東南四十里。欄干堡，在縣東六十里。

**神堂砦**。在神木縣北。宋史：元祐四年，夏人犯麟州神堂砦。九域志：新秦縣有神堂、静羌二砦，惠寧、鎮川二堡。金時地入西夏，皆廢。縣志：神堂砦，在縣東南六十里。静羌砦，在縣東南百里。

**寧遠砦**。在府谷縣西。宋史：咸平六年，於府州西寒嶺置砦，賜名寧遠。又九域志：縣有安豐、寧府、百勝三砦。又宋志有寧邊砦，地名端正平，元符二年進築賜名。元廢。

紫城砦。在府谷縣東北百里，直接大漠。

常樂堡。在榆林縣東三十里。東至雙山堡四十里，東南至葭州一百四十里，北至大邊半里，地名岔河兒。明成化初，巡撫盧祥於今堡南二十里創築。弘治二年，巡撫劉忠因其地沙磧無水徙建於此。城在平川，周三里五十步，門三，爲極衝中地。本朝初設守備，雍正十年改設都司，乾隆二十九年裁，設有把總分防。

雙山堡。在榆林縣東少南七十里。東至建安堡四十里，東南至葭州五十里，北至大邊十里。明正統二年築水地灣寨。成化中，巡撫余子俊移築今堡。城在山岡，周三里九十步，門三，東北深溝，南面峻坡深壑，唯西稍平，爲極衝中地。本朝初設都司駐守，乾隆四十七年裁，設有千總分防。

歸德堡。在榆林縣南四十里。南至魚河堡，東至常樂堡，西至響水堡，皆四十里。明成化中，巡撫余子俊置。城周二里六十七步，門二，爲腹裏中地，有經制外委分防。

魚河堡。在榆林縣南八十里。東至榆林石佛堂界六十里，東南至米脂縣九十里，西至響水堡四十里，地名黑土圪塔。明正統二年，置魚河砦於九股水。成化十一年，巡撫余子俊移置今所。城在半山，周三里三百步，門二，居無定、明堂兩河之間，爲腹裏上地。今有守備分防。又鎮川堡，在縣南一百四十里。西北至魚河堡五十五里。明嘉靖二十九年，巡撫張珩置，周一里有奇。

保安堡。在榆林縣西三十里。東南至歸德堡，西南至波羅堡，皆四十里。北至大邊一里。舊名古梁城，明嘉靖四十三年，巡撫胡志夔增建。城在平川，周二里一百四十步，門一，爲極衝要地。本朝初設守備，乾隆三十七年裁，設有把總分防。

響水堡。在懷遠縣東南八十里。東至歸德堡四十里，北至大邊七十里。明正統二年置。成化二年，尚書王復移出黑河山，易名平夷堡，九年復還響水。城在山坡，周三里二百一十步，門二，爲極衝中地。本朝設都司駐守，嘉慶元年裁，有經制外委分防。

威武堡。在懷遠縣西南四十里。南至安塞縣三百里，北至大邊四里，地名響鈴塔。明成化五年，巡撫王銳置堡。城在山阜，周二里八十步，門二，爲極衝上地。今有把總分防。

清平堡。在懷遠縣西南八十里。東北至威武堡四十里，南至延安衛屯七十里，北至大邊十五里，舊名甎營兒。明成化初，巡撫王鋭置。城在山原，周三里八十步，門二，爲極衝中地。本朝初設守備，乾隆四十六年裁，有經制外委分防。已上自常樂西至清平爲中路。

建安堡。在葭州北一百五十里。北至大邊五里，東至高家堡四十里，西至雙山堡五十里，地名崖寺子。明成化十年，巡撫余子俊增置。城在山畔，周二里有奇，邊垣長二十里。今有都司駐守。

高家堡。在葭州北一百六十里。北至大邊三里，東至柏林堡四十里，西至建安堡四十里，地名飛鴉川。明正統四年，巡撫陳鎰建。成化中增修。城在平川，周三里有奇，邊垣長四十二里。今有都司駐守。

柏林堡。在神木縣西南六十里。東至柏油堡二十里，西至榆林高家堡四十里，南至黄河一百二十里，北至大邊二里。明成化初，巡撫盧祥置。城在山原，周二里有奇，邊垣長四十三里。今有守備分防。

大柏油堡。在神木縣西三十里。南至黄河一百二十里，北至大邊二里。明弘治初置。城在山上，周二里有奇，邊垣長二十七里。本朝初設守備，乾隆二十九年裁，設有把總分防。

永興堡。在神木縣東北六十里。東至府谷縣鎮羌堡三十七里，南至黄河九十里，北至大邊十二里，地名黑城兒。明成化中，巡撫余子俊置。城在山上，周二里有奇，邊垣長六十二里。今有守備分防。

鎮羌堡。在府谷縣西北八十里。東至孤山堡四十里，西至永興堡四十里，南至黄河一百二十里，北至大邊十里。明初置，在東村。成化二年，巡撫盧祥改建。城在山原，周二里有奇，邊垣長四十五里。今有都司駐守。

孤山堡。在府谷縣西北四十里。西至鎮羌堡四十里，東至木瓜園四十里，南至黄河四十里，北至大邊四十里。本孤圪塔馬營，明正統中置在西山，成化初移置。城在山畔，周三里有奇，邊垣長三十七里。今有都司駐守。

木瓜園堡。在府谷縣北五十里。東至清水堡三十里，西南至孤山堡四十里，北至大邊三十里，即明初木瓜園砦。成化十六年改置堡，二十三年展築中城，弘治十四年增新城。城在山上，周三里有奇，邊垣長三十三里。今有守備分防。

清水堡。在府谷縣東北六十里。東至黄甫川十里，西至木瓜園三十里，北至大邊二十里。明成化中置。城在山坡，周三里有奇，邊垣長三十二里。今設把總分防。

東勝堡。在府谷縣東北。宋史：康定中，麟、府都鈐轄張亢，以府州東焦山有石炭穴，爲築東勝堡。下城旁有蔬畦，爲築金城堡。不踰月，又築清塞、百勝、中候、建寧、鎮川五堡，麟、府之路始通。嘉祐四年，詔廢府州諸堡砦，惟留中候、百勝、清塞三堡。九域志：縣有河濱、斥堠、靖化、西安四堡。宋史地理志有寧川堡，本府州安豐砦外第九砦，元符元年賜名。又寧疆堡，宣和元年，以獨移莊嶺建賜名，今皆廢。

邊牆。在榆林府屬北境。詳見延安府。

紅山市。在榆林縣北十里。明嘉靖中，與套部互市於花馬池。隆慶五年，吉農乞貢，復請開市，因立市於此。「吉農」舊作「吉能」，今改。

榆林驛。在榆林縣治。明天順八年置。南至歸德驛四十里，歸德驛屬綏德州管轄，後入榆林。今皆裁。

## 津梁

榆楊橋。在榆林縣城南榆溪水上。

碧潯橋。在榆林縣城西門外榆溪水上，舊曰清波。本朝康熙十年重建，改名。

響水橋。在懷遠縣東、響水堡南滉忽都河上。延綏鎮志：昔河廣半里，水從崖落。明成化中，有僧從水底鑿通三窟，河流其下，人行巖上爲石梁，是爲下響水橋。其上響水橋亦然。今旁兩窟崩，惟中一窟存，河水過而伏行。

葭蘆上橋。在葭州西三里。又葭蘆下橋，在州南五里。上橋亦曰西板橋，下瞰深溝，上眺危峯，鳥道百尺。又子川橋，在州北百二十里。三橋皆冬架夏撤。

頁沙梁。在神木縣北，永興堡西，爲邊境要衝。又堡南有走馬梁。

黄草梁。在府谷縣西北木瓜堡東南。

歡喜梁。在府谷縣北清水堡西南。又南有白馬梁。

桃花渡。在葭州東黄河上，路通山西臨縣。

浮圖峪渡。在葭州南四十里。又州南六十里有闞溝渡，八十里有荷葉坪渡，一百十里有螅蝌谷渡。

大會坪渡。在葭州北二十里。又州北四十里有官泥河溝渡，一百里有鬭魚渡。

## 隄堰

駱駝堰。在神木縣西北百里。唐張説追党項經此。

## 陵墓

### 宋

折克行墓。在府谷縣西五十里。

### 明

姜漢墓。在榆林縣南歸德堡南十里。子奭、孫應熊皆附葬。

馮禎墓。在榆林縣南三岔川北。

## 祠廟

余肅敏祠。在榆林縣城南門外，祀明延綏巡撫余子俊。

姜愍忠祠。在榆林縣城南門内，祀明寧夏總兵官姜漢。

火井祠。在神木縣西南。漢書地理志：西河郡鴻門縣有天封苑火井祠，火從地出。

## 寺觀

東泉寺。在府治東。明正統元年建。内有石泉清冽，灌溉田園。

大安寺。在榆林縣東三十里常樂堡。明弘治元年建。

盤龍寺。在懷遠縣東南九十里響水堡。明成化七年建，本朝康熙六十年修。

波羅寺。在懷遠縣東南四十里波羅堡，寺有睡佛殿。明成化十一年建，萬曆十四年修。

法雲寺。在懷遠縣東南十四里五龍山。明萬曆十九年建。

興國寺。在葭州南六十里。隋開皇中建。

金佛寺。在葭州北七十里。唐時石巖傾，内現金佛一尊，因建此寺。

龍巖寺。在葭州北九十里。金時青龍現此，又名青龍巖。

大佛寺。在神木縣東門外。

迎福寺。在府谷縣西北八十里鎮羌堡。明成化五年建。

龍泉寺。在府谷縣北八十里黄甫川城内，一在縣北四十里。

準提庵。在府谷縣東門外。康熙三年李旃建。

三清觀。在府谷縣治西隅。

## 名宦

### 南北朝　魏

源子雍。西平樂都人。孝明時遷夏州刺史。時沃野鎮人破六韓拔陵首爲亂，統萬逆徒應之，子雍嬰城自守。城中糧盡，煮馬皮食之，無有離貳。以饑饉轉切，欲自出求糧，留子延伯據守，遂率羸弱向東夏運糧，爲賊帥阿各拔所邀，力屈被執。乃密遣人齎書間行，與城中令共固守，又爲賊陳安危禍福之理，勸令降。阿各拔將從之，未果而阿各拔死，其弟桑生代總部衆，竟隨子雍降。時東夏盡叛，所在屯結，子雍轉鬭而前，九旬之中凡數十戰，仍平東夏。徵税租粟運於統萬，於是二夏漸安。

### 隋

達奚長儒。代人。高祖時，爲夏州總管，匈奴憚之，不敢窺塞。

豆盧通。昌黎徒河人。開皇中，遷夏州總管，在職以寬惠稱。

### 唐

王方翼。并州祁人。永淳初，遷夏州都督。屬牛疫，民廢田作，方翼爲耦耕法，張機鍵，力省而見功多，百姓順賴。

張仁愿。下邽人。景龍初，爲朔方軍總管。始朔方軍與突厥以河爲界，北厓有拂雲祠，突厥每犯邊，必先謁祠禱解，然後料兵度而南。時默啜悉兵西擊突騎施，仁愿請乘虚取漢南地，於河北築三受降城，絶南寇路。中宗從之。六旬而三城就，斥地三百餘里，自是突厥不敢踰山牧馬，朔方益無寇，歲損費億計，減鎮兵數萬。

顔真卿。臨沂人。開元中，以監察御史使河隴。時五原有冤獄，久不決，真卿至立辨之，天方旱，獄決乃雨，郡人呼爲御史雨。

杜希全。醴泉人。德宗時，爲朔方節度使，軍令整嚴，士畏其威。後兼夏、綏、銀節度都統，請城鹽州，詔從之，由是吐蕃不敢輕入。

李愿。臨潭人。元和初，領夏、綏、銀、宥節度使，政簡而嚴。部有失馬者，愿署牒於道，以金購之。三日所失馬並良馬一繫署下，仍置書一緘曰：「逸而至不告，罪當死，謹以良馬贖。」愿歸失馬而縱其良，境内肅然。

傅良弼。清河人。寶曆初，擢夏、綏、銀節度使。異時蕃帳亡命來者，必償馬乃與。良弼至，皆執付其部，酋種歡懷。

李福。襄邑王神符五世孫。大中時，党項羌震擾，言者以邊帥貪暴，致生怨心，議擇儒臣治邊，乃授福夏、綏、銀節度使，宣宗臨軒諭遣。福以善政聞，党項遂安。

郭鋒。貞元中，爲麟州刺史。吐蕃陷州，鋒死之。

宋

折德扆。雲中人。父從阮自五代晉、漢以來，獨據府州，控扼西北，中國賴之。周世宗建府州爲永安軍，以德扆爲節度使，率師攻下河市鎮，斬并軍五百級。宋初破沙谷砦。乾德初，敗太原軍於城下，擒其將楊璘。卒，贈侍中。子御勛、御卿，孫惟正、惟昌、惟忠，曾孫繼閔，皆相繼知府州有名。

曹光實。雅州百丈人。太平興國中，李繼捧入朝，以光實爲夏、銀、綏、麟、府、豐、宥州都巡檢使。繼捧弟繼遷逃入番落，爲邊患，光實乘間掩襲，至地斤澤，破其族帳，獲繼遷母妻及牛羊萬計。繼遷僅免，使人紿光實，期某日降於葭蘆川。光實從數百騎往，伏發，遂遇害。

尹憲。晉陽人。太平興國中獲夏州兵，破三汊、醜奴莊、岌伽羅膩葉十四族，及誘其渠帥降之。詔書褒美。雍熙初，詔就知夏州，攻破李繼遷之衆於地斤澤，繼遷遁走，俘獲四百餘帳。奏請於所部抽移諸帳，別置騎兵，號曰平砦，以備其用。詔從之。

安守忠。晉陽人。雍熙中，徙知夏州。每西戎犯邊，戰無不捷。

許均。開封人。端拱初，以指揮使從李繼隆、秦翰赴夏州，擒趙保忠，均率兵圍守。俄屯夏州，賊犯境，一日十二戰，走之。又從石普擊賊於原州牛欄砦，深入，獲牛羊、漢生口甚衆。

翟守素。任城人。開寶中，判四方館。會麟、府內屬，戎人爭地不決，因致擾亂，命守素馳往撫諭。守素辨其曲直，戎人悅服。

張詠。鄄城人。太宗時，通判麟州。

曹璨。靈壽人，樞密使彬之子。淳化中，爲麟、府等州鈐轄，遼兵入侵，屢戰有功。至道中，歷麟、府、濁輪副部署，出蕃兵邀李繼遷，俘馘甚衆。

劉文質。保塞人。太宗時，知麟州，改麟、府、濁輪砦兵馬鈐轄，擊蕃酋萬保移走之。越河破遼兵，拔黄太尉砦，殺獲萬計。

高繼勳。蒙城人。咸平中，爲麟、府鈐轄。時屯兵河外，饋運不屬，繼勳扼兔毛川，援送軍食，師乃濟。

張佶。渭南人。咸平中，爲麟府路鈐轄。夏人來侵，佶率兵與戰，親射殺酋帥，俘獲甚衆，餘黨遁去。詔書褒之。

外郎。

張旨。河南人。明道中，通判府州。州依山無外城，旨築之垂就，敵大至，乃聯巨木補其罅，守以强弩。中外不相聞者累日，人心震恐，庫有雜綵數千段，旨矯詔賜築城卒，卒皆東望呼萬歲，敵疑以救至也。州無井，民取河水以飲，敵斷其路，旨夜開門，率兵擊賊。少却，以官軍壁兩旁，使民出汲。復以渠泥覆積草，敵望見以爲水有餘。督居民乘城力戰，敵遂解去。以功遷都官員外郎。

苗繼宣。潞州人。慶曆初，知麟州事。趙元昊圍城，凡二十七日，城中無井，水竭，乃拍泥以塗槀積，備火箭所射。元昊望見塗積，解圍去。初被圍時，繼宣募得通引官王吉，求援於外，吉髠衣羽服，挾弓矢，賫糗糧，詐爲羌人，夜縋城而出，遇敵問，則以羌語答之。兩晝夜得出敵寨外，詣府州告急，州遣兵救之，吉復間道入城。逮圍解，詔除吉奉職本州指揮使。

高繼宣。繼勳弟。仁宗時，知并州，帥兵屯府谷。初元昊聲言侵麟、府，繼宣請備麟、府，未幾，羌兵果侵河外，陷豐州，俄侵麟、府。繼宣帥兵營陵井，抵天門關，及河，黑凌暴合，舟不能進。乃具牲酒爲文以禱，已而凌解，師濟，進屯府谷。間遣勇士夜亂敵營，又募軍得二千餘人，號清邊軍。軍次三松嶺，敵數萬衆圍之，清邊軍奮起，斬首千餘級，其相蹦藉死者，不可勝計。築寧遠砦，相視地脈，鑿石出泉，已而城五砦。

郭恩。開封人。仁宗時，管勾麟、府軍馬事。與夏人力戰被執，恩不肯降，乃自殺。贈同州觀察使。

張亢。臨濮人。慶曆中，管勾麟、府軍馬事。時元昊引兵屯琉璃堡，縱遊騎鈔麟、府間，二州閉壁不出，黃金一兩易水一杯。亢單騎叩城入，即縱民出採薪芻，汲澗谷，築東勝、金城、安定三堡，置兵守之。又引兵襲破夏人，棄琉璃堡去。時麟州饋路猶未通，敕亢自護賞物送麟州。賊以兵數萬趨柏子砦來邀，亢以三千人擊敗之。乃修建寧砦，夏人數出争，戰於兔毛川，賊又大潰。不踰月，築清塞、百勝、中候、建寧、鎮川五堡，麟、府之路始通。

王凱。太原人。仁宗時，爲麟州都監。夏人圍麟州，乘城拒鬬，晝夜三十一日始解去。遷麟州路緣邊都巡檢使。與巡檢張岊護糧道於青眉浪，寇猝至，分兵出其後，夾擊之。又入兔毛川，賊衆三萬，凱以兵六千陷圍，流矢中面，鬬不解，斬首百餘，賊自蹂踐死者以千數。遷管麟、府軍馬事。夏人二萬寇清塞堡，凱出鞋邪谷，轉戰四十里，至杜胋川大敗之，復得所掠馬牛以還。經略使明鎬言凱在河外九年有功，遂領資州刺史。

竇舜卿。安陽人。仁宗時，辟府州兵馬監押。夏人侵塞，舜卿欲襲擊，舉烽求援於大將王凱，凱弗應。舜卿度事急，提州兵出戰，勝之。明日經略使問狀，凱懼，要以同出爲報，舜卿驩然相許，不自以爲功。

郝質。介休人。仁宗時，爲府州駐泊都監，主管麟、府軍馬。與田朏將兵護軍需餽麟州，道遇西夏數千騎寇鈔，質先驅力戰，斬首獲馬數百。又與朏行邊至柏谷，敵塹道以阻官軍，質禦之於寒嶺下，轉鬬逐北，遂修復寧遠諸栅，以扼敵衝。

何灌。祥符人。神宗時，爲府州火山軍巡檢〔一〕。盜蘇延福狡悍，爲二邊患，灌親梟其首。賈胡疃有泉，遼人常越境而汲，灌申畫界堠遏其來，忿而舉兵入侵。灌迎高射之，發輒中，或著崖石，皆没鏃，敵驚以爲神，逡巡斂去。後三十年，遼蕭太師與灌會，道曩事，數何巡檢神射，灌曰：「即灌是也。」蕭矍然起拜。

折克行。繼閔子。初仕軍府，與夏人戰於葭蘆川，斬獲甚衆，擢知府州。秦兵討夏國，克行率部落先驅，大酋咩保吴良，以萬騎來躡，克行爲後拒，度賊半度隘，縱擊大破之，殺咩保吴良。王中正出塞，克行先拔宥州，每出必勝，夏人畏之，益左廂兵，專以當折氏。太原孫覽議城葭蘆，召克行問策，即頓兵吐渾河，約勒部伍，爲深入窮討之狀，敵疑不敢動。既訖役，又入津慶、龍横川，斬級三千。克行任邊三十年，善拊士卒，戰功最多，羌人呼爲「折家父」。

司馬朴。夏縣人。徽宗時，調晉寧軍士曹參軍。通判不法，轉運使王似諷朴伺其過，朴不可，曰：「下吏而陷長官，不惟亂常，人且不食吾餘矣。」似賢而薦之。

楊震。崞人。徽宗時，知麟州建寧砦。初，遼將小鞠⿰革彔攻麟、府諸城郭，震父宗閔領本道兵馬屢摧敗之，俘其父母妻子。

靖康元年，太原陷，鞠録驅幽薊叛卒與夏人、奚人圍建寧報之。時城中守兵不滿百，震與戰士約，斬一級賞若干，官帑竭，繼以家人服珥，吏士感激自奮。越旬矢盡力乏，城不守，與子居中、執中力戰歿。

徐徽言。西安人。知晉寧軍，兼嵐石路沿邊安撫使。金人欲拔晉寧，建炎二年，自蒲津涉河圍之，徽言出兵縱擊，斬羅索貝勒之子。時環河東皆陷，獨晉寧孤墉，横當强敵，徽言與金人大小數十戰，所俘殺過當。又廣外城，東壓河下塹，命諸將畫隅分守。金圍之益急，城無井，寄汲於河。金人載芟石湮壅支流，城中水絶，裨校李位、石斌啓外郭納金兵〔二〕。徽言與兵馬都監祁昂〔三〕，決戰門中，格殺甚衆，退守牙城。金人攻之不已，徽言置妻子室中，積薪自焚，仗劍坐堂上。金兵至，羅索貝勒就見，説之降，徽言慢駡不已，金人遂射殺之，祁昂亦不屈而死。徽言子岡，同死事焉。「羅索貝勒」舊作「婁宿孛堇」，今改。

## 金

鈕祜禄貞。本名綽哈，西南路招討司人。興定二年，權元帥左都監，守晉安。三年十一月，元兵破城，貞與同官十餘人皆死之。「鈕祜禄貞」舊作「粘割貞」，「綽哈」舊作「抄合」。今並改。

## 明

秦紘。單縣人。天順時，知葭州。紘初爲雄縣令，坐擅杖奉御杜堅從人，下詔獄。民五千詣闕訟，乃調知府谷，尋遷知州。

湯績。濠人，東甌王和之曾孫。成化初，充參將，守禦延綏孤山堡，堡無城，戍卒不習戰。三年，敵大入，績率麾下百餘人邀於境上，力戰，衆不敵，死之。

許志道。江都人。成化中，擢延綏總兵官，鎮榆林。寇至，輒擊敗之。與巡撫余子俊築邊牆，增營堡，邊境獲安。

梁震。新野人。嘉靖中，襲榆林衛指揮使，進延綏遊擊將軍。廉勇好讀兵書，善訓士卒，挽强命中，數先登。擢副總兵，與總兵官王效却敵鎮遠關。吉農犯延綏，震敗之黄甫川，尋復以十萬騎入寇，又大破之乾溝。先後被奬賚。乾溝凡三十里當敵衝，震濬使深廣，築土牆其上，寇不復犯。論功進右都督，移鎮大同。「吉農」舊作「吉囊」，今改。

周尚文。西安後衛人。嘉靖中，以總兵官鎮延綏。寇犯紅山墩，力戰敗之。

李懷信。大同人。萬曆中，遷延綏中路參將，進定邊副總兵。布色圖、和爾啓、都哩巴顔泰等無歲不擾，定邊居延綏西，被患尤棘。懷信勇敢有謀，寇入輒敗，故邊患雖劇，而士氣不衰。「布色圖」舊作「卜失兔」，「和爾啓」舊作「火落赤」，「都哩巴顔泰」舊作「鐵雷擺言太」，今並改。

麻貴。大同右衛人。萬曆中，以功擢總兵官，鎮守延綏。布色圖糾諸部深入定邊，營張春井，貴乘虚擣其帳於套中，斬首二百五十有奇，還復邀其零騎。會寇留内地久，轉掠至下馬關，寧夏總兵蕭如薫不能禦，貴赴援，連戰皆捷。明年，布色圖復大入，貴勒兵大破之。

杜桐。延安衛人。萬曆中，擢延綏總兵官。時布色圖西助和爾啓共擾河西，達爾罕子圖默與他部明安謀亂，桐率輕騎自榆林往襲，大破之，馘明安還。「達爾罕子圖默」舊作「打兒漢子土昧」，今改。

杜松。桐弟。萬曆中，遷延綏參將。麻貴大舉擣巢，松以右軍出清平塞，多所斬獲。尋擢都督僉事鎮延綏，套寇犯安邊、懷遠，松大破之。

杜文焕。桐子。萬曆中，以廕歷延綏遊擊將軍，累擢寧夏總兵官。延綏被寇，文焕赴救，大破之，遂代官秉忠鎮延綏，累敗寇於安邊、保寧、長樂。西路和爾啓、布顔大懼，相率降。沙津數盜邊，爲文焕所敗，遂納款。「布顔」舊作「卜言」，「沙津」舊作「沙計」，今改。

白爾心。吉州人。天啓初，知府谷縣。性狷介，人不敢犯，簿書悉自裁決，一時廉能吏稱最。

曹文詔。大同人。崇禎中，歷延綏東路副總兵。王嘉胤久據河曲，文詔克其城。嘉胤脱走，轉掠至陽城南山，文詔追及之，其下斬以降。以功擢臨洮總兵。

都任。祥符人。崇禎末，以右布政使飭榆林兵備。時李自成據西安，遣其將以精卒數萬來寇。總兵王定逃去，城中益空，任急集軍民，慷慨流涕，諭以大義，以廢將尤世威爲主帥，與諸廢將數十人，誓死固守。賊遣使招降，斬以徇。自十一月望被圍堅守，殺賊甚衆，至二十七日城陷，任猶巷戰，力不支被執。賊曰：「若好男子，降我，無憂富貴也。」任大罵不屈，遂見殺。

王家禄。黄岡人。崇禎末，以户部員外郎督餉榆林。闖賊來攻，與都任協守，圍急，男子皆乘城，家禄命婦人運水灌城，結爲冰，賊攻少沮。及城陷，自剄死。同時死者副將惠顯，清澗人。被執大罵，賊惜其勇，繫至神木，服毒死。參將劉廷極〔四〕，綏德人。募死士乞師套部，其衆將至，賊分兵拒却之。及被執，賊恨甚，磔之，至死罵不絶口。

## 本朝

徐之龍。江陰人。順治四年，知神木縣。王永彊之亂，嬰城固守，城陷死之。贈按察使僉事。

高光祉。寧晉人。康熙六年，擢榆林兵備副使。整飭邊疆，興屯立學，兵民安之。十四年，朱龍叛，自定邊進逼榆林，光祉率軍民乘城堅守，賊覘知有備，遂遁去。

譚吉璁。嘉興人。嘉慶九年，爲榆林同知，以清惠稱。朱龍叛，與副使高光祉、總兵許占魁協力守禦，城賴以全。榆林自明以來爲重鎮，而志乘未修，規制難考。吉璁苦心搜訪，爲延綏鎮志，考據精詳，他志罕有及之者。

楊三知。良鄉人。康熙十一年，補神木道。朱龍之亂，守將孫崇雅潛通賊，賊至，逼取敕印，三知罵賊不屈，被害。時神木知縣孫世譽，正紅旗人，亦不屈死。事聞，贈三知光禄卿，世譽布政使參議。

## 人物

韓奕。滿洲籍，鄜州人。康熙中，爲榆林同知。居官清介，政績甚著。推臨洮知府，軍民攀留者萬計。

### 隋

李和。巖緑人。少勇敢有識度，仕周，歷夏、洛二州刺史，以仁恕稱。開皇初，遷上柱國。立身剛簡，老而逾勵，諸子趨侍，若奉嚴君。

李徹。和子。性剛毅，有氣幹。累拜車騎大將軍，從周武帝破齊師，録前後功，加開府。宣帝即位，從韋孝寬略定淮南，每爲先鋒。及淮南平，即授淮州刺史，安集初附，甚得其歡心。高祖受禪，加上開府。突厥沙鉢略犯塞，徹率精騎五千，遇於白道，出其不意掩擊，大破之，沙鉢略遂請降。累封陽城郡公。

史祥。朔方人。少有文武才，高祖踐祚，拜儀同，領交州事，轉驃騎將軍。從王世積伐陳〔五〕，拔江州，加上開府。煬帝初，漢王諒作亂，遣其將綦良自釜口徇黎陽，塞白馬，余公理自太行下河内。帝以祥爲行軍總管。祥簡精鋭襲破公理，遂東趨黎陽，討綦良，大敗之。累進左光禄大夫。兄雲，官至萊州刺史。弟威，武賁郎將，有幹局。

### 唐

楊朝晟。朔方人。起行間，從李懷光討劉文喜，斬獲多，加驃騎大將軍。李納寇徐州，從唐朝臣往討，常冠軍。懷光反，朝晟父懷賓爲韓遊瓌將，斬賊黨張昕及同謀者，授御史中丞。及諸軍圍河中，懷賓戰甚力。懷光平，帝以朝晟爲遊瓌都虞候，父子皆開府賓客，軍中以爲榮。後爲邠寧節度使，請城方渠、合道、木波以遏吐蕃路，帝納其策。已城，吐蕃悉衆至，度不能争，乃引去。後復城馬嶺而歸，開地三百里。

戴休顔。夏州人。家世尚武。郭子儀爲大將，諭平党項羌，以安河曲，封咸寧郡王，兼朔方節度副使。城邠州功最，遷鹽州刺史。朱泚反，率兵三千晝夜馳奔詣行在，德宗嘉之。帝進狩梁洋，留守奉天，李懷光屯咸陽，使人誘之，休顔斬其使，勒兵自守，懷光駭，自涇陽夜走。遷檢校工部尚書、奉天行營節度使，合渾瑊兵破泚偏師，斬首三千級，追至中渭橋，京師平。又與瑊率兵趨岐陽，邀泚殘黨。拜左龍武軍統軍。弟休璿，歷開府儀同三司，封東陽郡王。休晏，歷輔國大將軍，封彭城郡公。俱以將略稱。

## 宋

楊榮。麟州人。七世同居，真宗時旌表，仍蠲其課調。

張岊。府谷人。以貲爲牙將，有膽略，善騎射。天聖中，西夏觀察使阿遇侵麟州，虜邊户，安撫使遣岊詰問。岊徑造帳中，以順逆諭之，悉歸所虜。補來遠砦主，殺西夏首領，奪其甲馬，時年十八，名動一軍。元昊侵鄜延，岊以都教練使從折繼閔破浪黄、黨兒兩族，斬其軍主敖保。時敵騎方熾，中人賜軍衣，至麟州不得前。岊馳騎往護之，遇敵接戰，流矢貫雙頰，拔矢戰愈力。敵攻府州，岊乘埤大呼搏戰，飛矢中右目，下身被三創，晝夜督守。又帥死士開關護州人汲於河。爲麟、府州道路巡檢，近郊民田，比秋成未敢獲，岊以步卒護之，大敗賊於龍門川。内侍宋永誠傳詔砦下，岊護永誠，遇敵三松嶺，矢中背，猶躍馬馳射，敵皆潰。明鎬奏爲麟州路駐泊都監，兼沿邊都巡檢使，累遷洛苑使，前後數中流矢，創發臂間卒。

楊畋。新秦人。進士及第，累遷殿中丞。討平湖南猺賊，歷吏部郎，判流内銓，改知制誥，進龍圖閣直學士，知諫院。畋出於將家，折節喜學問，爲士大夫所稱。性清介謹畏，自奉甚約，及卒，家無餘貲。

王文郁。新秦人。爲府州巡檢，韓琦薦爲麟、府駐泊都監。熙寧初，討西夏，文郁敗之吐渾河。其將香崖欲舉衆降，許之。衆忽變譟以出，文郁擊之，追奔二十里，據險大戰，矢下如雨。文郁徐引渡河，謂吏士曰：「前追强敵，後背天險，韓信驅市人且破趙，况爾曹皆百戰驍勇耶？」士感奮進擊，夏人潰，降其衆二千。神宗召問招降事，對曰：「生羌識鄉導，能撫之，乃致敵上策。」帝於是決意招納，多獲其用。詔官其二子。遷知麟州，官至冀州觀察使。

折可適。其先世爲府州刺史，因家焉。可適未冠有勇，馳射不習而能。補殿侍。羌、夏人十萬入侵，可適先得其守烽卒姓名，詐爲首領行視，呼出盡斬之。烽不傳，因卷甲疾趨，大破之於尾丁磑。回次榁陽溝，敵舉軍來，可適邀其歸路，設伏殲之。論功至皇城使。嵬名阿埋、昧勒都逋，皆夏桀黠用事者，詔可適密圖之。會二酋以畜牧爲名，會境上，可適遣兵夜往襲，並俘其族屬三千人，遂取天都山。帝爲御文德殿受賀，以其地爲西安州。後知衛州，拜淮康軍節度使，移知渭州。子彦質，紹興中簽書樞密院。

李翼。新秦人。宣和末，爲代州西路都巡檢使，屯崞縣。金兵取代，遣使招降，翼率士卒堅守。義勝軍統領崔忠，夜引金兵入城，翼挺身搏戰，達旦力不敵，被執。富尼雅罕欲臣之，不屈而死。「富尼雅罕」舊作「粘罕」，今改。

朱昭。府谷人。以效用進，宣和末，爲震武城兵馬監押，攝知城事。金兵至，夏人乘虛盡取河外諸城。震武距府州三百里，最爲孤絶，昭率老幼嬰城，募驍鋭夜縋出，薄其營，殺獲甚衆。其酋烏里格爾齊邀昭降，時諸城降者多，昭故人從旁以言誘昭，大罵引弓射之，衆走。被圍四日，不可復支，昭召諸將謂曰：「城且破，妻子不可爲敵汚。」徑領數卒，屠其家人，舁屍納井中，將士將妻孥又皆盡殺之。謂衆曰：「我與汝曹，俱無累矣。」賊登城，昭勒衆於通衢接戰，自暮達旦，屍填街不可行。昭躍馬從缺城出，馬蹶墜塹，賊欲生致之，昭瞋目仗劍，無一敢前，旋中矢而死。「烏里格爾齊」舊作「悟兒里齊」，今改。

畢浩。葭州人。以義兵屯通秦砦，遂兼知州事。恤孤賑乏，境内無驚擾，他郡民咸歸之，爲立碑烏龍鎮。

## 明

彭清。榆林衛人。初襲綏德衛指揮使，弘治中，擢副總兵守甘肅，從許進恢復哈密有功，遂代劉世安爲總兵。清御士有恩，久鎮西陲，威名甚著。性廉潔，在鎮遭母及妻妹四喪，貧不能歸葬。卒之日，將士及庶民婦豎皆流涕，遺命其子不得受賻贈，故其喪亦不能歸。帝聞之，命撫臣發帑錢資送歸里焉。

姜漢。榆林衛人。弘治中，嗣世職，爲本衛指揮使，充延綏鎮遊擊將軍。寇犯寧夏興武營，漢率所部擊敗之。又援宣大有功。正德四年，擢寧夏總兵官。甫數月而安化王寘鐇謀逆，執漢，脅令從己，漢怒駡不屈，遂遇害。賊平，詔賜祭葬，有司爲立祠，春秋祭之。嘉靖時賜額愍忠。子奭，嗣職爲都指揮僉事，歷甘肅總兵官，禦賊數有功。奭子應熊、孫顯祚、曾孫弼，相繼爲總兵官。姜氏爲大將，著邊功，凡五世。

武城。榆林衛人。正德間武舉，與千户李江管本鎮司事。嘉靖初，禦賊於紅山兒，賊兵盛，城力戰不支，遇害。

王勛。延綏人。善騎射，積功至都督僉事，鎮守延綏。弟効，嘉靖中武進士，累官都指揮僉事、延綏參將，以功累擢寧夏總兵官。吉農入犯，効以少擊衆，連戰破之。移鎮宣府，名著西陲。卒，謚武襄。

陳鳳。榆林衛人。嘉靖中，以世廕累官署都督僉事，鎮大同，坐事奪職。久之，起固原遊擊將軍，諳達、巴圖寇大同，鳳與寧夏遊擊朱玉夾擊之，遂遁去。帝大喜，擢署都督僉事，尋進延綏副總兵。三十六年，寇入常樂堡，鳳率次子守義逆擊，衆寡不敵，戰死。守義亦被創。贈鳳左都督，擢守義都指揮僉事。「諳達」舊作「俺答」，「巴圖」舊作「把都」，今改。

趙岢。榆林衛人。年十四，持刀出塞外，遇寇三人挟岢，岢奪其梃，反撲之，連斬三人首以歸，由是知名。嘉靖中，嗣指揮職，積功至延綏總兵官，移鎮大同，改宣府。岢三臨大鎮，輒督將士搗巢，多獲首功，數被賞賚。諳達既受封，朝議虞反側，岢大繕垣堡，進都督同知。

郭江。榆林衛人。歷固原總兵官。嘉靖中寇大入，戰於定邊，死之。

張臣。榆林衛人。矯捷精悍，搏戰好陷堅，由隊長立功知名，歷延綏衛遊擊將軍。隆慶初，土蠻大入畿北，遊騎至灤河，諸將莫敢戰。臣獨率所部千人馳擊，追至棒槌崖，斬獲甚衆。萬曆初，累遷寧夏總兵官。三歲，互市無敢譁。多錦青哈擾邊，移臣薊鎮，多錦青哈懼，款關稽首。進署都督同知，歷固原、甘肅。和爾啓犯洮河，布色圖助之，臣逆戰水泉三道溝，大敗之，生獲其愛女。布色圖大慟，逃匿西海，不敢歸巢。已，屬宰桑謝罪，乃還其女而使歸套。時諸部桀驁甚，經略鄭洛專主款，臣以爲不足恃，上書陳言八難五要，議與左，乞歸。臣善撫士卒，更歷四鎮，名著塞垣，爲一時良將。「多錦青哈」舊作「朵顔長昂」，「宰桑」舊作「宰僧」，今並改。

王保。榆林衛人。驍勇絶倫，萬曆中起行伍，積功爲薊鎮總兵官。多錦青哈敗盟，犯大青山，保提兵追逐，擒其心腹小郎兒以還。多錦青哈懼而謝罪，獻還被掠人畜，補貢互市如初。進署都督同知，從鎮遼東，卒。子學書，崇禎中，累遷宣府總兵官，病免歸。李自成攻榆林，與同里故帥尤世威、王世欽等協力拒守，城陷被執，不屈死。本朝乾隆四十一年，賜謚烈愍。弟學詩、學禮，並至副總兵。

張承廕。臣子。由父廕積功爲延綏副總兵。勇而有謀，尤精騎射，數鏖戰，未嘗挫衄。萬曆三十七年，代王威爲總兵官。沙津及孟克什哩數犯邊，承廕邀擊，屢敗之。積功進署都督同知，移鎮遼東，戰於撫順，死之。贈少保、左都督，立祠曰精忠。本朝乾隆四十一年，賜謚忠烈。子應昌、全昌，官皆至總兵。德昌官至副總兵。「孟克什哩」舊作「猛克什力」，今改。

尤繼先。榆林衛人。萬曆中，積功爲固原總兵官。和爾啓蠶食番族，且擾西寧，聞官軍大集，渡河北走，牧莽剌川南山。繼先奮擊，大破之，遂徙西海。録功增一秩，徙鎮遼東，改薊州，罷歸。繼先眇一目，習兵敢戰，時稱「獨目將軍」。

官秉忠。榆林衛人。萬曆中起世廕，歷官寧夏、甘肅副總兵。嘗與主將達雲大破寇於紅崖，伊騰達春屢被挫去。積功擢總兵官，鎮延綏。套寇數犯塞，秉忠隨所向，以勁騎遮擊，先後斬獲無算。吉農率諸部大舉入寇，秉忠與援兵合擊卻之。被劾去官。召令僉書前府，赴援遼東，辭疾歸。子撫民，亦爲寧夏總兵。「伊騰達春」舊作「銀定歹成」，「吉農」舊作「吉能」，今並改。

**王威**。榆林衛人。萬曆中，爲延綏參將，從總兵麻貴大征套寇，屢立戰功，累進右都督鎮大同。時順義王徹克徹哩卒，孫布色圖與他部搆釁，塞上多事。威訓兵飭防，邊埸晏然。前後爲將五十年，九佩將印，以功名終。「徹克徹哩」舊作「扯克力」，今改。

**賀世賢**。榆林衛人。萬曆中從軍，積功累擢總兵官，鎮瀋陽。時四方宿將鱗集，獨世賢有功，同列多忌之。天啓元年，大兵薄瀋陽，世賢戰，敗績，身中十四矢。降丁内應，斷城外橋，不得入。或勸走遼陽，世賢曰：「吾爲大將不能存城，何面目見袁經略？」決鬭而死。本朝乾隆四十一年，賜謚忠烈。

**尤世功**。榆林衛人。萬曆中武舉，積功至副總兵，守瀋陽，熊廷弼愛其才，倚任之。袁應泰代廷弼，薦爲總兵官，未行，會大兵下瀋，遂戰死。贈少保、左都督，建祠曰愍忠。本朝乾隆四十一年，賜謚忠剛。

**張拱微**。神木人。萬曆中，爲三屯營副將，善騎射，膂力絶人，撫士卒有恩。時邊事告急，拱微聞檄，即兼程而行，臨戰，敵爲辟易。既夕，解鞍少息，敵圍之，矢石雨下，拱微嚙臂大呼，馳馬左右突陣，殺數十人，弦絶死之。本朝乾隆四十一年，賜謚烈愍。

**李繼志**。府谷人。萬曆中舉人。爲宿遷令。歲歉，山東饑民二萬餘口入境，繼志皆賑給全活之。轉西河廳，督船歷兩淮運同，所至以廉稱。

**姚慕虞**。葭州人。性至孝，父疾，焚香泣禱，祈以身代。及殁，廬墓三年。事聞旌表。

**李卑**。榆林衛人。崇禎中，由神木千總，歷臨洮總兵，於陝西、山西屢立戰功。又援剿河南、湖廣，都御史盧象乾方倚卑辦賊，遽以疾卒。卑行兵善持紀律，所至軍民安堵。爲人有氣度，當倉卒鎮定如常。贈右都督。

猛如虎。本塞外降人，家榆林。驍果善戰，與虎大威齊名。崇禎八年，以參將剿平山西賊，巡撫吴甡薦加副總兵，擢薊鎮中協總兵官。坐事落職，督師楊嗣昌請於朝，令從入蜀，爲正總統。追賊於巴州，所將止六百餘騎，皆左良玉部兵，素傲閑不戰。張獻忠窺官軍無後繼，密抽壯騎乘之，參將劉士杰與如虎之子先捷戰死。如虎力戰決圍出，收殘卒下荆州，扼德安、黄州。會疽發背不能戰，移駐南陽。李自成來攻，如虎殺賊數千，已而城破，如虎持短刃巷戰，大呼衝擊，血盈袍袖。過唐王門，北面叩頭謝上，自稱力竭，爲賊摃死。本朝乾隆四十一年，賜謚忠烈。

虎大威。本塞外降人，居榆林。勇敢嫻將略，積功官山西參將。崇禎中，剿賊陵川、潞安、陽城、沁水，連勝之。從擊賊介休，殲其魁九條龍。移守平陽，巡撫吴甡察諸將中惟大威與猛如虎沈毅可屬兵事，委任之。高加計據岢嵐，馬上舞梃不可當，大威射殺之，餘黨悉平。進副總兵，尋擢山西總兵官。從總督盧象昇統兵入衛，轉戰至鉅鹿賈莊，被圍數匝，象昇死，大威潰圍出，坐解職，令從軍辦賊。從總督楊文岳破賊於鳴臯，於鄧州，又敗之郾城，後攻汝寧賊寨，中礮死。大威爲偏裨最有聲。及爲大帥，值賊勢益張，所將止數千人，身經數十戰，卒死王事，論者賢之。本朝乾隆四十一年，賜謚忠烈。

高從龍。榆林衛人。崇禎中，爲固原參將。調征流寇，至三水遇賊，力戰而歿。贈左都督。族子鋥爲北京神機營參將，李自成陷京師，合門自焚死。本朝乾隆四十一年，賜謚烈愍，妻子並入忠義祠。

劉光祚。榆林衛人。初爲諸生，棄去從軍，積功至保定總兵官。河南賊甚，從督師丁啓睿援剿，過南陽，唐王邀與共守，城陷死之。本朝乾隆四十一年，賜謚節愍。

尤世威。世功弟。崇禎中，歷居庸、山海總兵官，罷歸。李自成陷西安，傳檄榆林招降，總兵王定棄城走。時城中士馬單弱，人心洶洶，布政都任集諸將議城守，衆推世威爲主將，遂歃血誓師，簡卒乘，繕甲仗。守具未備，賊已抵城下，官軍力拒，殺賊無算。賊益衆，來攻七晝夜，城破，世威猶督衆巷戰，力盡被執，自成欲降之，不屈見殺。本朝乾隆四十一年，賜謚烈愍。從弟翟文爲靖邊營副將，嘗從洪承疇追闖賊於鳳翔，大敗之。至是率敢死士出南門奮擊，殺傷過當，中矢死。

王世欽。威子。早從父行間，諳兵略，以廕遷山海總兵官，在關數年有勞績。後謝歸榆林，李自成遣將來攻，世欽與從弟世國破家財佐軍，誓死守。城陷被執，至長安，自成親釋其縛，世欽大罵不屈，與世國俱死。世國，威弟保定總兵官繼子，由柳溝總兵官罷歸，甫數日，竟拒賊以死。本朝乾隆四十一年，並賜謚節愍。

尤世禄。榆林衛人。由世職累遷遼東總兵官，於諸將中稱精悍，經略熊廷弼、袁應泰皆倚任之。歷固原、山海、宣府三鎮，罷歸。李自成攻榆林，與子拱極固守新添門，城陷見執，不屈死。拱極歷官參將，嘗從父世禄破賊河曲有功，擢山海總兵。謝病歸，及城陷與父同死。本朝乾隆四十一年，賜謚烈愍。

尤岱。榆林衛人。由步卒起家，至山海鐵騎營參將，與上官忤，棄職歸。李自成攻榆林，岱守水西門，城陷自殺。本朝乾隆四十一年，賜謚烈愍。一時同死者，里居户部主事張雲鶚，不屈死。指揮崔重觀，自焚死。傅佑與妻杜氏，自縊死。鍾茂先先殺妻子，自剄死。中軍劉光祐，罵賊死。材官李耀善射矢盡，自刎死。同營李光裕趣家人死，亦自刎。張天敘焚其積貯，自縊死。指揮黄廷政，與弟千户廷用、百户廷弼，奮力殺賊，同死。千户賀世魁，偕妻柳氏自縊死。參將馬鳴節，聚妻子室中自焚。里居戰死，則山海副總兵楊明遠，定邊副總兵張發，孤山副總兵王永祚，西安參將李淮。在官死事，則遊擊傅德、潘國臣、李國奇、晏維新、陳二典，劉芳馨、文候國，中軍楊正韡、柳永年，旗鼓文經國，守備尤勉、賀大雷、楊以偉，指揮李文焜、文燦，而副將常懷、李登龍，遊擊孫貴、尤養鯤，守備白慎衡、李宗敘，亦以守鄉土遭難。諸生陳義昌、沈濬、沈演、白拱極、白含章，罵賊死。張連元、連捷、李可柱、胡一奎、李應祥，自剄死。其他婦女死義者數千人，無一降者。本朝乾隆四十一年，並入忠義祠。

郭天吉。榆林衛人。由武進士歷官至甘肅西協副將。賊攻甘涼城陷，天吉巷戰，被擒不屈，賊怒磔之。本朝乾隆四十一年，賜謚忠烈。

党威。神木人。幼負勇力，善馳射。以西安參將立功，擢副總兵。從督師汪喬年剿李自成河南。時賊衆八十萬，一日十七戰，威身被十餘創。賊益盛，喬年移駐襄城，威與曹文詔以兵萬餘衛之。賊圍急，威登城見賊大纛，即躍馬以勁騎出西門，從間道衝其營，斬左右數十人，搴其旗還。次日，又率千餘騎突出，所向披靡。會食盡，外救不至，城陷，喬年自剄。威復持短刀格戰，被數創自刎，屍不仆者移時，賊驚以爲神。本朝乾隆四十一年，賜謚忠烈。

張光斗。神木人。由貢生知南皮縣，遷河間府同知。流賊陷城，光斗罵賊而死，妻單氏亦死之。本朝乾隆四十一年，入祀忠義祠。

## 本朝

高第。榆林衛人。順治初，大兵下河南，第由西路進兵，所到風靡。尋爲河南開歸三郡總兵官，鎮襄城，招降一千五百餘寨，諸寇以次勦平。初至襄城，縣官未至，見城垣頽圮，即出貲修築。置鼓城樓，有冤抑者令擊之，輒爲申理。約束營將，雖親故不少貸。性好施與，周卹貧窮無倦色。累加少保，兼太子太保。

張天禄。榆林衛人。明末以義勇從軍，積功至池浦總兵官。豫王南下，上其籍於幕府，軍資器械山積，一無所私。以招撫江南功，遷蘇松提督。時海寇出没，天禄撫勦兼施，威惠並行，降者接踵。在官十年，累增秩，授一等男世襲。性勇敢，樂善好施，尤能禮接士人，爲時所稱。

張鵬程。榆林衛人。起行伍，從高傑於江南。豫王南略，鵬程首先歸附，授寧國副將，以招撫江南功，授二等輕車都尉世襲。順治十一年，擢偏沅總兵官。李定國犯常德，鵬程率兵夜襲其營，又設伏要擊破之。康熙初，移鎮安順，水西安坤負固，奉命與吴三桂會師進勦，以計擒其酋岔喀拉，賊大潰，水西遂平。乃改設流官，置威寧等四府。以疾乞歸。子玉麟，襲世職爲保定參將，嘗以百騎破張可大萬衆。累遷臺灣鎮總兵官，吞霄杜吐番叛，提兵擒斬渠魁，海疆以靖。

李化龍。榆林衛人。康熙初，以從征黔、蜀功，官建寧遊擊。江西賊入盤龍隘，化龍率兵追及於嚴塘，奮力擊賊，中鳥銃卒。民立祠祀之。又倪光友，定邊人，爲福建連江副將。順治九年，與海寇力戰死。周士英，榆林衛人。康熙初，由行伍授順德鎮標守備，陞遊擊總兵。劉忠叛，士英統兵至黄岡，力戰死。贈卹如例。

高如玉。葭州人。居喪盡哀，撫卹宗族。州南譚家坪地濱河，如玉鑿石引流，以資灌溉，民賴其利。同州李在淑，幼孤，事母至孝。俱雍正九年旌。

高跂畢。葭州人。幼年失恃，時深號泣。父老，艱於舉步，常背負出遊，以悦親心。父殁，即於柩前哀慟而亡。同州屈撝謙、高必榮，俱乾隆年間以孝行旌。

孫奕世。神木人。奕世生週年，父遊幕蜀中，十餘年不歸。奕世稍長，立志尋親，徒步抵蜀。父又遊黔，復步至黔尋回，旋又遊幕江左。母病，奕世奉湯藥，虔誠祈禱，願以身代。殁後廬墓三年，復徒步江左，勸父回里，勉供甘旨。乾隆十一年旌。

蘇藩。府谷人。藩九齡喪父，慟哭幾絶。及長，奉繼母郭氏以孝聞。及繼母疾，衣不解帶，藥必親嘗。殁後廬墓三年。乾隆三十一年旌。

張家珍。葭州人。嘉慶六年以孝行旌。

## 流寓

### 明

李昌齡。鎮番人。崇禎中，爲延綏總兵，數有戰功。以軍政罷，因家榆林。流寇來攻，布政都任等與各營諸將集議效死，共推昌齡宿將知兵，署領鎮事。城陷，被執至西安，大罵不屈，賊殺之。

## 列女

### 宋

賈宗望母。府谷人。宣和末，宗望爲朱昭部將，戍震威。夏人入寇，城危急，昭自屠其家。母適過前，昭起呼曰：「媪，鄰人也，吾不欲刃，請自入井。」母從之，遂覆以土。時將士母妻及女多自死，無一污賊者。

### 明

何承爵妻徐氏。榆林衛人。年二十，夫亡，育遺腹子，傭紉事親，以孝聞。同衛謝銘妻紀氏、張傑妻李氏、姬曉妻李氏、張五倫妻連氏，均夫亡苦節。又烈婦陳寬妻劉氏、張秉元妻馬氏、趙鑾妻薛氏、劉天祥妻王氏、謝朝恩妾張氏、紀儒妾王氏，均夫亡死節，先後被旌。

喬遷妻張氏。葭州人。年十八，夫亡，事孀姑盡孝，撫孤成立，萬曆中旌。同州李淮妻王氏，夫亡，同族欲奪其産，氏誓死守節，撫孤成立。又馬三樂妻牛氏，年二十，夫亡，甘貧守志。撫孤道遠，娶婦李氏，後道遠歿，李守節不移，教子維健爲諸生，尋亦卒。妻劉氏堅心苦守，撫子有成，時稱「一門三節」。

趙元妻高氏。神木人。嘉靖五年，元陣歿，高氏聞訃，即自縊以殉。詔表其門。同縣鄭紀妻白氏，夫歿無子，既殯，白氏即自縊。未絶，人救之，白氏跽泣柩前，晝夜不起，食飲不進，七日死。

崔安國妻米氏。榆林衛人。流賊陷城，氏率羣婦匿巷中。賊至，豔其色，欲犯之，大罵被殺。又王仲妻高氏，仲死，孀居十三年，親黨罕見其面，攜子婦投井死。數日賊去，出之，顔色如生，合葬夫壙，香聞數里，又楊坤妻柳氏，初聞賊警，舉家謀自全，氏獨曰：「婦道以潔身爲正，惟有死耳。」亦投井死。吴守忠妻楊氏，守忠殁，守節四十餘年。其孫一鯤泣請避賊，氏曰：「吾年八十餘，苦不得死所耳。去將焉之？」衣新衣，赴井死。王世欽妻高氏，投井死。劉永昌妻高氏，先永昌自刎死。王勤者爲本衛百户，先禦賊建安堡，見殺，妻趙氏三日不食，自縊死。

李日滋妻戴氏。府谷人。賊圍城急，氏恐城陷被辱，抱子投崖，三日死，子竟無恙。

## 本朝

任士修妻張氏。葭州人。順治六年，王永彊之變，賊兵突至，氏慮爲所污，投河死。同州劉嗣京妻李氏，亦投崖死。

張問禮妻金氏。榆林衛人。問禮爲延綏營卒，康熙七年從征殁。氏年二十一，聞訃痛絶，以翁姑年老，强起侍養。未幾翁姑俱殁，鞠遺腹子成立，備歷艱辛。同縣任則榮妻黄氏，亦早寡，矢節事翁姑，以孝聞。均雍正五年旌。

牛瑾妻屈氏。葭州人。年二十，夫亡守節。瑾弟璋妻曹氏，年十八，璋亦亡，與屈氏共矢志不二，孝事翁姑，以節終。

杜映秋妻石氏。榆林人。守節三十六年，督課三子皆成立。同縣韓國宰妻李氏，苦節四十七年，訓子樵成名。又蘇文録妻王氏、李珍妻何氏、劉全忠妻陳氏、秦傑妻劉氏、施得實妻任氏、劉昌魯妻王氏、郝起鳳妻李氏、馬中騠妻葉氏、陳運昌妻宋氏、王有才妻折氏、楊運隆妻秦氏、張昇妻馮氏、解鳴鵬妻宋氏、劉名興妻韓氏、馬捷妻崔氏、申繼延妻朱氏、栗朝棟妻傅氏、張輔韓妻白氏、張珍妻吴氏，均乾隆年間旌。

任餘榮妻白氏。懷遠人。夫亡，孝事姑嫜，撫孤成立。同縣張國威妻何氏、王玉妻曹氏、惠瓊妻李氏、邵文瑞妻郭氏，均乾隆年間旌。

高文運妻高氏。葭州人。夫亡，翁得癱疾，侍奉盡孝，撫遺孤成立。同州韓鏞妻張氏、郭毓珩妻李氏、曹居相妻馬氏、張愷之妻申氏、高天禄妻喬氏、韓銳妻高氏、張琳妻李氏、張爾誠妻曹氏、張宗和妻李氏，俱乾隆年間旌。

王進賢妻高氏。神木人。夫亡，姑老子幼，躬磨豆麵，養姑課子。同縣董正儒妻喬氏、黄元勳妻杜氏、解仲選妻孫氏、馬良驥妻王氏、康珍妻張氏、王心明妻賀氏、張雲漢妻王氏、楊棣妻張氏、王建極妻單氏、張維樞妻周氏、張星辰妻郝氏、張維妻劉氏、武城士妻郝氏、李守興妻王氏、謝宗舜妻張氏、姜文輔妻武氏、喬興盛妻盧氏、韓式琦妻張氏、王化虎妻賀氏、喬相斐妻劉氏、王烈妻趙氏、王化貴妻賀氏，均乾隆年間旌。

張繼先妻陳氏。府谷人。夫亡於外，氏親赴扶柩歸葬，孝養八旬老姑，訓幼子成立。同縣秦中賢妻李氏、蘇益之妻趙氏、王燦妻苗氏、劉永年妻韓氏，又烈婦丁某妻秦氏、高現彩妻高氏，均乾隆年間旌。

賀有柱妻莊氏。榆林人。捐軀明志，嘉慶十六年旌。

劉登科妻張氏。懷遠人。夫亡守節。與同縣李明妻陳氏，均嘉慶年間旌。

劉裕德妻韓氏。葭州人。夫亡守節，嘉慶四年旌。同州劉文幹妻曹氏、劉西月妻白氏，俱嘉慶年間旌。

白文玉妻楊氏。神木人。夫亡守節，嘉慶元年旌。同縣白進全妻宋氏、喬曰安妻高氏、張鶴齡妻曹氏、邱開詩妻劉氏、黄作鉞妻賀氏、王紹通妻汪氏、劉浩妻王氏、楊而棟妻李氏、程仕錦妻武氏，均嘉慶年間旌。

王淳世妻薛氏。府谷人。夫亡守節，嘉慶元年旌。同縣秦瑛妻蘇氏、蘇維式妻白氏、藺時相妻郭氏、白際明妻蘇氏、吴朝選妻閻氏、白琚妻楊氏、王修德妻高氏、劉大仕妻郝氏、吕溱妻王氏、吴瀾妻柴氏、王勤業妻趙氏、孫志勳妻王氏、鄭寶妻任氏、劉任道妻張氏，均嘉慶年間旌。

## 仙釋

### 明

王輔。榆林衛人。應襲千户，以讓弟經，入武當山深谷中修煉，年八十餘，步履若飛。經往迎之，歸歲餘，一日謂經曰：「我以某日還山。」至日端坐而化。

玉風真人。不知何許人。萬曆中至葭州白雲山，施藥濟人。嘗獨居一室，七日不火。歲旱禱雨輒應，詔賜藏經，號爲玉風真人。後去，莫知所之。

## 土產

麻布。元和志：夏州賦。

鹽。漢書地理志：上郡龜兹縣有鹽官。延綏志有碎金驛、馬湖峪鹽，在魚河堡，其鹽以人力煎熬而成。又大鹽池，在衛西，接寧夏界。又有長鹽池、紅鹽池、西紅鹽池、鍋底池、狗池。

角弓。元和志：夏州貢。

酥。元和志：夏州貢。

羊。寰宇記：夏州産。

馬。寰宇記：夏州、府州産。

駞。寰宇記：夏州産。

苣。　霜薺。元和志：俱夏州貢。

葱。寰宇記：夏州土産，味辛。

乞物魚。寰宇記：夏州土産。

氊。九域志：豐州貢。

黄鼠。明統志：神木縣出。

瑪瑙。元統志：府谷、神木二縣出。

藥。寰宇記：麟州藥有麻黄、升麻、當歸、菴蔄。宋史地理志：府州、豐州貢甘草。延安府志：葭州出豬苓、全蝎。

## 校勘記

〔一〕爲府州火山軍巡檢　「火」，原作「大」，乾隆志卷一八七榆林府名宦（下同卷簡稱乾隆志）同，據宋史卷三五七何灌傳改。

〔二〕裨校李位石斌啓外郭納金兵　「石斌」，乾隆志同。按，中華書局點校本宋史卷四四七徐徽言傳據建炎以來繫年要録卷一二〇、揮麈第三録卷二改作「石贇」。

〔三〕徽言與兵馬都監祁昂　「祁昂」，乾隆志同。按，建炎以來繫年要録卷二〇作「孫昂」。

〔四〕參將劉廷極　乾隆志同。小腆紀年卷一「極」作「傑」，疑是。

〔五〕從王世積代陳　「王世積」，原作「王世績」，乾隆志作「李世績」，皆誤，據隋書卷六三史祥傳改。

# 興安府圖

鎮安縣界
兩河關
麻坪河
洵水
洵陽
七里關
漢水
白河
冷水河
湖北鄖縣界
神河
金河
平利
興安府
安康
女媧山
黃洋河
界嶺河
太平河
松杉河
秋河
鎮坪巡司
化龍山
湖北竹溪縣界
四川大

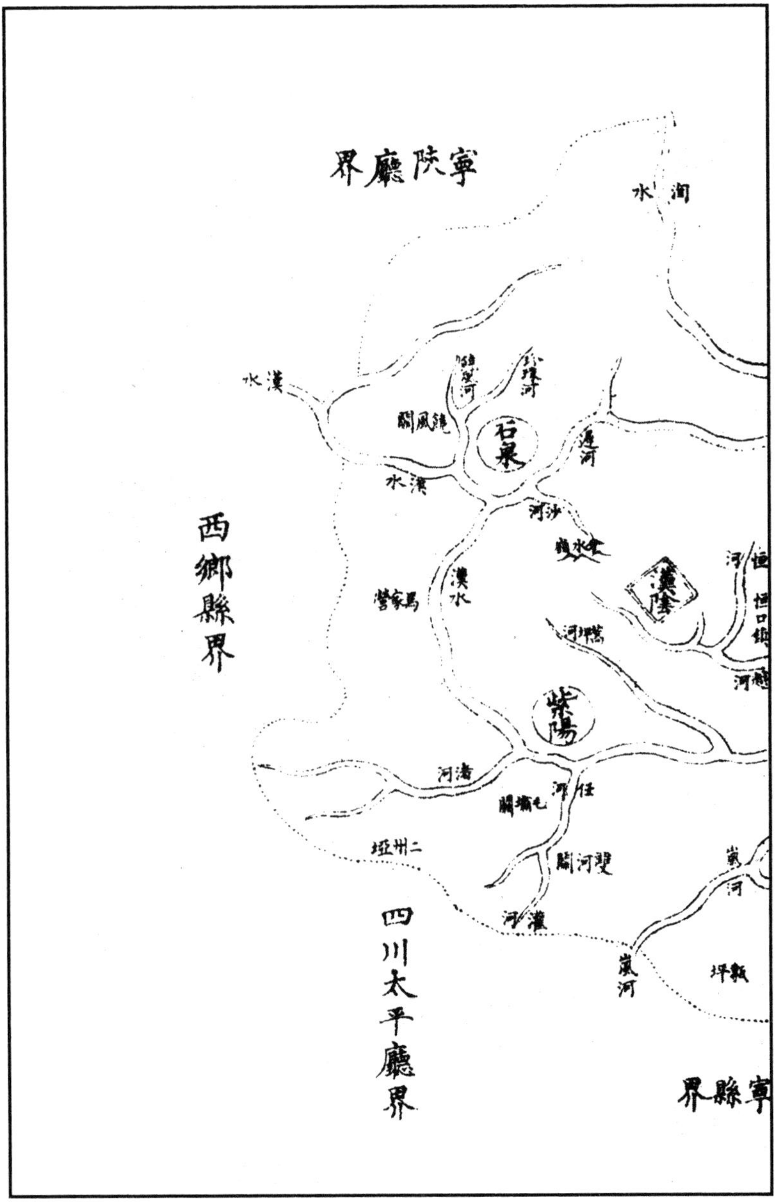
寧陝廳界
洵水
漢水
饒風關
石泉
漢水
沙河
西鄉縣界
馬家營
漢水
漢陰
紫陽
任河
四川太平廳界
寧縣界

# 興安府表

| | 興安府 | 安康縣 | 平利縣 |
|---|---|---|---|
| 秦 | 漢中郡地。 | 西城縣屬漢中郡。 | 西城縣地。 |
| 兩漢 | 西城郡後漢建安二十年分置。 | 西城縣後漢末爲西城郡治。 | |
| 三國 | 魏興郡魏改名,屬荊州。 | 西城縣初入蜀漢,後入魏,改魏興郡,屬荊州。 | |
| 晉 | 魏興郡屬梁州。東晉時爲梁州治。 | 西城縣 | 上廉縣屬上庸郡。 |
| 南北朝 | 梁州梁天監中置,亦曰北梁州,尋改南梁州。後魏復改魏興郡。西魏廢帝置東梁州,又改金州。 | 西城縣周廢,移吉安來治。 | 吉陽縣永初時改名,後省。齊、梁間復置。西魏更名吉安。 |
| 隋 | 西城郡開皇三年郡廢,大業三年州廢,改置。 | 金川縣大業初改名,爲郡治,後又改名西城。 | 金川縣地。 |
| 唐 | 金州武德元年復置州,天寶元年改安康郡,至德二載又改漢南郡,乾元元年復屬山南東道。 | 西城縣州治。 | 平利縣武德元年置,屬金州。大曆六年省入西城,長慶初復置。 |
| 五代 | 金州初屬蜀,後屬晉。 | 西城縣 | 平利縣 |
| 宋 | 金州屬京西南路,建炎四年屬利州路。 | 西城縣 | 平利縣熙寧六年省,元祐中復置。 |
| 元 | 金州屬興元路。 | 省。 | 省。 |
| 明 | 興安州初以金州屬漢中府,萬曆十一年改名,直隸陝西布政司。 | | 平利縣復置,屬興安州。 |

續表

| 洵陽縣 | 白河縣 |
| --- | --- |
| 洵陽縣 屬漢中郡。 | 漢中郡地。 |
| 旬陽縣 後漢省。 | 錫縣 屬漢中郡。 |
| | 錫縣 魏分置錫郡，尋省，屬魏興郡。 |
| 郇陽縣 太康四年復置，屬魏興郡。 | 錫縣 太康五年改舊錫縣爲鄖鄉，改長利爲錫。 |
| 旬陽縣 宋復名。西魏更名洵陽，兼置洵陽郡。<br>淯陽郡 西魏置。周改黄土郡，置縣曰長岡，後郡省，置縣曰黄土。 | |
| 洵陽縣 郡廢，屬西城郡。<br>黄土縣 屬西城郡。 | |
| 洵陽縣 武德初復置洵州，又析置洵城、閭川二縣。七年州廢。貞觀二年省閭川，八年省洵城，屬金州。<br>淯陽縣 屬金州。天寶初更名。 | |
| 洵陽縣<br>淯陽縣 | |
| 洵陽縣<br>淯陽縣 乾德四年省。 | |
| 省。 | |
| 洵陽縣 復置，屬興安州。 | 白河縣 成化中置，屬興安州。 |

| | 紫陽縣 | 石泉縣 |
|---|---|---|
| | 西城縣地。 | 漢中郡地。 |
| | | 安陽縣地。 |
| | | |
| | | 晉昌郡 永和中置。 |
| 南上洛郡 宋僑置。西魏改爲豐利郡，兼置豐利縣。周郡廢。 | 魏寧都縣地。 廣城縣 宋置，屬魏興郡。 | 晉昌郡 宋末省，齊復置。西魏更名魏昌，周廢。 |
| 豐利縣 屬西城郡。 | 安康縣地。 | |
| 豐利縣 屬均州。 | 漢陰縣地。 | |
| 豐利縣 | | |
| 乾德六年省。 | | |
| | | |
| | 紫陽縣 正德七年置，萬曆中屬興安州。 | |

續表

| | 漢陰廳 |
|---|---|
| | 漢中郡地。 |
| | 安陽縣地。 |
| | 安陽縣魏移置,屬魏興郡。 |
| 長樂縣郡治。 | 安康縣太康初更名。 |
| 長樂縣宋屬魏興郡。西魏更名永樂,尋又更名石泉。周屬金州。 | 安康郡宋置郡。魏置東梁州。西魏改直州。<br>安康縣西魏更名寧郡。 |
| 石泉縣屬西城郡。 | 開皇三年郡廢,大業三年州廢。<br>安康縣復名,屬西城郡。 |
| 石泉縣屬金州。 | 初置西安州,旋改直州。貞觀初廢。<br>漢陰縣武德初改安康爲西安州,尋復爲直州。貞觀元年復爲安康,至德二載更名。 |
| 石泉縣 | 漢陰縣 |
| 石泉縣 | 漢陰縣 |
| 省。 | 省。 |
| 石泉縣復置,屬興安州。 | 漢陰縣復置,屬興安州。 |

# 大清一統志卷二百四十一

## 興安府一

在省治南六百八十里。東西距七百六十里，南北距六百二十里。東至湖北鄖陽府鄖縣界四百十五里，西至漢中府定遠廳界三百四十五里，南至四川夔州府大寧縣界三百五十里，北至商州鎮安縣界二百七十里。東南至鄖陽府竹谿縣界五百四十里，西南至四川太平廳界四百四十里，東北至鄖陽府鄖西縣界四百二十里，西北至西安府寧陝廳界三百九十里。自府治至京師一千九百八十五里。

### 分野

天文翼、軫分野，鶉尾之次。

### 建置沿革

禹貢梁州之域。戰國屬楚。秦爲漢中郡地，漢置西城縣屬焉。後漢建安二十年，分置西城郡。三國由蜀漢入魏，改曰魏興郡，屬荊州。晉惠帝改屬梁州。寰宇記：魏時移理洵口。晉太康二年，移理錫縣，三年改理平陽。元康中，又移錫縣。永嘉後復移西城。東晉時，梁州嘗治於此。宋、齊因之。梁天監中，於郡置梁州，亦曰北梁州，尋改南梁州。西魏廢帝元年，改東梁州，三年又改金州，治吉安縣。置總管府。隋開皇三年郡廢，大業三年州廢，改置西城郡。唐武德元年，又改郡爲金州。天寶元年，改曰安康郡。至德二載，又改爲漢南郡。舊唐志、寰宇記皆作漢南，新唐志作漢陰郡。乾元元年，復曰金州，屬山南東道。舊唐志屬山南西道，新唐志屬東道。方鎮表：至德二載，山南東道節度領金州。蓋是時改屬也。又方鎮表：興元元年，置金、商二州都防禦使。光啓元年，升爲節度，是年罷節度，置昭信軍防禦使，治金州。光化元年，升爲昭信軍節度。天祐二年，賜號戎昭軍，是年更曰武定軍，徙治均州。三年廢。五代初屬蜀，後屬晉。五代史職方考：金州，唐末置戎昭軍，已而廢之，遂入於蜀。至晉高祖時，又置懷德軍，尋罷。輿地紀勝：圖經云，梁開平二年，蜀王建又置武雄軍。宋曰金州，屬京西南路。宋史地理志：金州，上，安康郡，乾德五年，改昭化軍節度。建炎四年，屬利州路。宋史地理志：金州，前宋隸京西南路，惟此一州未入於金。建炎四年，屬利州路。紹興元年，置金、均、房州鎮撫使。六年，復隸京西南路。九年，隸西川宣撫司。十年，置金房開達安撫使。十三年，隸利州路。元仍爲金州，屬興元路。明初屬漢中府。萬曆十一年，改曰興安州。二十四年，直隸陝西布政司。以平利、石泉、洵陽、紫陽、漢陰、白河六縣屬焉。本朝因之。乾隆四十七年升爲府。并設安康縣爲府治，省漢陰縣入焉。五十五年，設漢陰廳。即漢陰縣舊治。今領縣六，廳一。

安康縣。附郭。東西距一百八十里，南北距六百二十里。東至洵陽縣界七十里，西至漢陰廳界一百一十里，南至四川太平廳界四百里，北至商州鎮安縣界二百二十里。東南至平利縣界五十里，西南至紫陽縣界二百一十里，東北至洵陽縣界九十里，西北至漢陰廳界一百一十里。秦置西城縣，屬漢中郡。漢因之。後漢爲西城郡治。魏黄初二年爲魏興郡治。晉、宋、齊、梁移郡治，以縣屬焉。周改西城曰吉安，爲金州治。隋改曰金川，爲西城郡治，尋復曰西城。唐、宋因之。元省。明萬曆後爲興安州地。本朝因之。乾隆四十七年，興安州升爲府，置縣爲府治。

平利縣。在府東少南一百八十里。東西距二百里，南北距五百里。東至湖北鄖陽府竹谿縣界六十里，西至安康縣界一百四十里，南至四川夔州府大寧縣界四百七十里，北至洵陽縣界三十里。東南至竹谿縣界一百六十里，西南至四川太平廳界三百五十里，東北至洵陽縣界七十里，西北至安康縣界一百六十里。秦、漢西城縣地。晉置上廉縣，屬上庸郡。宋永初時改名，後省。齊、梁間復置。西魏改曰吉安，屬金州。周徙廢。隋爲金川縣地。唐武德元年，置平利縣，屬金州。大曆六年，省入西城，長慶初復置。宋熙寧六年，又省入西城，元祐中復置。元省。明初復置，屬漢中府。萬曆二十四年，屬興安州。本朝因之。乾隆四十七年，屬興安府。嘉慶八年，移縣治於白土關。

洵陽縣。在府東一百二十里。東西距一百八十里，南北距三百二十里。東至白河縣界一百二十里，西至安康縣界六十里，南至湖北鄖陽府竹山縣界一百五十五里，北至商州鎮安縣界一百六十五里。東南至白河縣界一百四十里，西南至平利縣界一百六十里，東北至鄖陽府鄖西縣界一百五十里，西北至鎮安縣界一百六十里。戰國楚郇陽邑。秦置洵陽縣，屬漢中郡。漢曰旬陽，後漢省。晉太康四年，復置曰郇陽，屬魏興郡。宋復曰旬陽，齊因之。西魏又曰洵陽，兼置洵陽郡。隋開皇初郡廢，屬西城郡。唐武德初，於縣置洵州，七年州廢，屬金州。宋因之。元省。明初復置，屬漢中府。萬曆二十四年，屬興安州。本朝因之。乾隆四十七年，屬興安府。

白河縣。在府東四百里。東西距一百十五里，南北距一百六十三里。東至湖北鄖陽府鄖縣界十五里，西至洵陽縣界一百里，南至鄖陽府竹山縣界一百六十里，北至鄖陽府鄖西縣界三里。東南至鄖縣界九十里，西南至竹山縣界一百六十里，東北至鄖西縣界三里，西北至鄖西縣界五十里。春秋時錫穴地。秦漢中郡地。漢置錫縣，屬漢中郡，後漢因之。三國魏太和二年，分置錫郡。景初元年郡省，以縣屬魏興郡。晉因之。宋僑置南上洛郡。西魏改爲豐利郡，兼置豐利縣。北周郡廢。隋屬西城郡。唐武德初屬上州。貞觀八年屬均州。宋乾德六年，省入鄖鄉縣。明初爲洵陽縣地，成化十二年，析置白河縣，屬湖北鄖陽府，後屬興安州。本朝因之。乾隆四十七年，屬興安府。

**紫陽縣**。在府西南二百二十里。東西距二百三十五里，南北距一百八十里。東至安康縣界四十五里，西至漢中府定遠廳界一百九十里，南至四川夔州府大寧縣界八十里，北至漢陰廳界一百里。東南至大寧縣界一百二十里，西南至大寧縣界一百六十里，東北至安康縣界七十里，西北至漢陰廳界九十里。秦、漢西城縣地。宋置廣城縣，屬魏興郡。齊因之。後魏爲寧都縣地。隋爲安康縣地。唐初復爲寧都縣地，後爲漢陰縣地。明正德八年立紫陽堡，尋升爲紫陽縣，屬漢中府。萬曆中屬興安州。本朝因之。乾隆四十七年，屬興安府。

**石泉縣**。在府西北二百七十里。東西距一百二十里，南北距二百十里。東至漢陰廳界五十里，西至漢中府洋縣界七十里，南至漢中府西鄉縣界九十里，北至西安府寧陜廳界一百二十里。東南至漢陰廳界一百三十里，西南至西鄉縣界六十里，東北至商州鎮安縣界一百二十里，西北至寧陜廳界一百二十里。秦漢中郡地。漢安陽縣地。晉永和中，置晉昌郡，兼置長樂縣爲郡治。宋末郡省，縣屬魏興郡。齊復置晉昌郡。西魏改郡曰魏昌，縣曰永樂，尋又改縣曰石泉。北周郡廢，縣屬金州。隋屬西城郡。唐聖曆元年，改曰武安，神龍初復故。大曆六年，省入漢陰縣，永貞元年復置，仍屬金州。宋因之。元省。明初復置，屬金州。嘉靖三十九年，屬漢中府，萬曆十一年，屬興安州。本朝因之。乾隆四十七年，屬興安府。

**漢陰廳**。在府西少北一百八十里。東西距一百一十里，南北距二百六十里。東至安康縣界七十里，西至石泉縣界四十里，南至紫陽縣界八十里，北至商州鎮安縣界一百八十里。東南至紫陽縣界一百二十里，西南至漢中府定遠廳界一百八十里，東北至安康縣界二百四十里，西北至寧陝廳界一百八十里。秦漢中郡地。漢安陽縣地。三國魏移置安陽縣，屬魏興郡。晉太康元年，更名安康縣。宋末置安康郡，齊因之。後魏孝昌三年，又於郡置東梁州，西魏改曰直州，尋改縣曰寧都。隋開皇初郡廢，大業初州廢，改寧都縣曰安康，屬西城郡。唐武德初於縣置西安州，二年改曰直州。貞觀元年州廢，縣屬金州。至德二載，改爲漢陰。宋因之。元省。明初復置，屬金州。嘉靖三十九年，屬漢中府。萬曆十一年，屬興安州。本朝因之。乾隆四十七年，省入安康縣。五十五年，復升爲廳，屬興安府。

## 形勢

北阻方山，南臨漢水。元和志。東接襄沔，南通巴達，西連梁洋，北控商虢。宋安康郡志。自漢中而東，則謂金多山嶺，由均房而西，則謂金多平曠。舊圖經。蜀之後門，兩河三輔之奇道。文獻通考。秦頭楚尾，一大都會。方輿勝覽。

## 風俗

獵山伐木，深有楚風。寰宇記。租賦甚微，詞訟絶少。宋陳彭年奏劄。俗重寒食，大類漢中。方輿勝覽。士崇禮義，野號質樸，然逐末者頗好靡侈。舊志。

## 城池

興安府城。舊城。周六里有奇，北臨漢江。明洪武初因金州城舊址築。萬曆十一年圮於水，十二年築新城於南原，北依趙臺山。崇禎末毀。本朝順治初移治舊城，康熙四十五年圮。四十六年，仍建新城於趙臺山下，在舊城南三里，周七百三十三丈。乾隆三十一年修，嘉慶二十一年重修。安康縣附郭。

平利縣城。舊城。周四里有奇，西南阻水，東北倚山。明隆慶初改築。本朝雍正六年，西南城圮於水，重築。嘉慶七年移治白土關，建城，周五百四十八丈有奇，門三。八年，復建套城，長一里有奇。

洵陽縣城。因山爲城。周三里有奇，門三，背環洵水，面臨漢江。

白河縣城。舊城。周三里有奇。明成化十二年築，崇禎末毀，本朝康熙二十六年改築。周半里許，高七丈餘，門三。乾隆二十三年修，嘉慶二年增築外城一千二百九十七丈。

紫陽縣城。舊城。周六百四十丈，門三。明嘉靖三十五年築，崇禎末毀。本朝順治七年，就南隅拓建，周五百十步，門三。康熙二十五年、乾隆三十六年重修。

石泉縣城。周三里，門四，池深一丈有奇。明正德四年築，本朝乾隆三十七年修。

漢陰廳城。即舊漢陰縣城。周四里，門三，池深一丈。明成化初土築，正德初甃甎，崇禎十四年增高，培築裏城。本朝康熙二十五年甃甎，乾隆三十二年修。

## 學校

興安府學。在府治南。元至元中建。明洪武五年重建。本朝順治七年，康熙十二年、二十二年修。入學額數十二名。

安康縣學。在縣治南。乾隆四十八年建。入學額數九名。

平利縣學。在縣治南門内。嘉慶八年建。入學額數七名。

洵陽縣學。在縣治右。舊在縣治西，明成化中移建今所。入學額數七名。

白河縣學。在縣治左。明成化十二年建。本朝康熙四十七年、乾隆四十五年重修。入學額數七名。

紫陽縣學。在縣治西。舊在城北，本朝順治十年建，康熙四十七年移建今所。雍正七年修。入學額數七名。

石泉縣學。在縣治東。明洪武四年建。本朝康熙十八年、乾隆四十九年重修。入學額數六名。原額七名，嘉慶十八年裁撥西安府孝義廳一名。

漢陰廳學。在廳治東。乾隆五十五年建，嘉慶初年修。入學額數七名。

關南書院。在安康縣署之西。乾隆四十七年建。原名文峯，嘉慶十二年重修，更今名。

錦屏書院。在平利縣城。

敷文書院。在洵陽縣城。乾隆十八年建。

天池書院。在白河縣城。乾隆四十九年建。

仙峯書院。在紫陽縣城。乾隆四十九年建。

育英書院。在漢陰廳城。嘉慶八年建。

## 户口

原額人丁二萬七千七百三十八，今滋生民户共男婦一百二十一萬四千二百三十九名口。

## 田賦

民地一千五百七十五頃二十三畝六分三釐，額徵地丁銀一萬五百九十一兩八錢八分八釐，糧四百九十七石九升六合三勺。屯地二百三十三頃三十四畝三分七釐，額徵地丁銀五百七十六兩一錢四分，糧五百八十石四斗一升八合。更名地一十一分，額徵地丁銀五兩三錢二分二釐。

## 山川

青碌山。在安康縣東四十五里。山有石洞十二，産青碌。今封閉。

趙臺山。在安康縣南。元和志：在金州南二里。梁時漢水泛溢，人皆走避此山上。

五峯山。在安康縣南五十里。舊州志：五峯聳秀，爲州勝景。

魏山。在安康縣西南九里。元和志：其山東、西、南三面險絶不通。

鯉魚山。在安康縣西。輿地紀勝：州城西三十里，地名秦郊，渡月河約二里，有山最高，俗呼爲鯉魚山。相傳與漢陰鳳凰山相連，遂以鳳凰爲頭，鯉魚爲尾，共一百二十里。舊州志：山在州西四十里。上有泉，相傳内有二鯉。今竭。

天柱山。在安康縣西五十里，一名砦子山，萬險壁立。下有碧瑱洞，今封閉。

鳳凰山。在安康縣西，跨石泉、紫陽、漢陰境。寰宇記：漢陰縣鳳凰山，周地圖記謂爲龍子山，疊嶂有十二層。按道書云，鳳凰山十二層，上有仙人藥園。輿地紀勝：元和志鳳凰山去漢陰縣一百五十里，懸竦萬仞。舊州志：山在州西七十里，西阻池河，北阻越河，延亘二百五十里。紫陽縣志：山在縣西北七十里。漢陰廳志：山在廳南二十五里。南枕漢江，西連石泉，東南接安康、紫陽境。

西城山。在安康縣西北五里。舊州志：古西城縣建在山下。

心山。在安康縣西北。寰宇記：洵陽有心山，漢宣時北平陽厥爲漢中守，經此山有栖遁意，遂不之郡。學道感瑞，見金羊，因易爲姓。今縣西有羊氏，即厥之族也。舊州志：山在州西北五里。

高洞山。在安康縣北三十里。山甚高險。相近有龍王山，上有龍泉，居民禱雨於此。

將軍山。在安康縣北四十里。相傳舊有將軍戰没，土人立廟祀之，故名山。山後有石洞，内藏甲冑。

牛山。在安康縣北。唐書地理志：西城縣有牛山。輿地紀勝：牛山在金州北五十里，爲州境羣山之冠。上有泉，不涸不溢，禱雨輒應。王明清揮麈録：唐中和三年，黄巢亂，有太白山人謁金州刺史崔堯封，言本州北牛山傍有黄巢谷金桶水，請掘破之，則賊當自敗。堯封遂發丁往掘之，月餘巖崩有一石桶，桶中有一黄腰獸，上有一劍，獸見劍自撲而死。其秋巢果敗。舊州志：牛頭山在州北九十里，延亘百餘里，高入雲漢。上有金牛洞，即昔人掘劍刺黄腰獸處。

白雲山。在安康縣東北五里。山下有白雲泉。

龍王山。在安康縣東北三十里。上有龍湫，大旱不涸。

秋山。在平利縣南一百三十里，通四川路。上下四十里，林木蔽日，四時凝雪不消。中有一碗泉，隨飲隨溢。

藥婦山。在平利縣西南四十里。周地圖記云，有夫婦攜子入山，其父墮崖，妻子搗藥救之，並變爲三石人。頂上藥臼尚存。

化龍山。在平利縣西南二百四十里。上有九臺十三灣，多奇禽怪獸。有苦竹，其實可充食。

花池山。在平利縣西南三百六十里。舊州志：由化龍山脊百二十里通花池山，由花池山脊百七十里通四川太平、大寧等處，叢林密箐，絶無居人。

松子山。在平利縣西三十里。山高峻，上有池名天心水。

女媧山。在平利縣西五十里。唐書地理志：平利縣有女媧山。舊州志：山在縣東三十里。岡巒起伏，蜿蜒四十餘里，灌谿源出此。晉桓温伐秦，其將司馬勳出子午道，爲苻雄所敗，退屯女媧堡，即此。

錦屏山。在平利縣西九十里。舊縣志：在縣治南半里。山對縣署，岡巒環抱，草樹週遮，春時花開，爛若錦繡。

馬鞍山。在平利縣西一百二十里。又西十里有嶓冢山。

觀山。在平利縣西九十一里。舊縣志：在縣西一里。山勢起伏，屹然中峙，爲縣治水口。上有元天觀，一名元天觀岡，故名。

高王山。在平利縣西北一百一十里，一名高望山。孤峯突聳，頂有雲必雨，人以占候。

丫角山。在平利縣北。兩峯並峙，形爲丫角。與洵陽縣接界。

靈崖山。在洵陽縣東一里。峯巒環擁，南枕漢江，北連鶻嶺。

浮雲山。在洵陽縣東，接白河縣界。極高峻，南臨漢江，北接羣山，抵商州界。

當門山。在洵陽縣東，接白河縣界。輿地紀勝：在縣東一百七十里。兩峯相對，望之如門。

紫荆山。在洵陽縣東南。輿地紀勝：在縣東南五十里。有洞深可五六里，號仙洞。山後有石池，池旁有石蓮花。

留停山。在洵陽縣南二里。寰宇記：縣有留停山，行人登之，愛其峭拔，多留停縱覽，故名。

谷山。在洵陽縣南十里。歲旱禱雨多應。

女華山。在洵陽縣南一百十五里。形勢高峻，林木蓊蔚。山腰有洞，洞中出雲必雨，居人以候陰晴。

連尖山。在洵陽縣南一百五十里。山極深僻，以三峯尖聳並峙而名。

青山。在洵陽縣西五十八里，東北枕漢江，西南接安康縣界。下有洞，產碧瑱，今封閉。

馬跡山。在洵陽縣北。水經注：旬陽縣北山有懸書崖高五十丈，刻石爲文字，今人不能上，不知所述。山下有石壇，上有馬跡五所，名曰馬跡山。

羊山。在洵陽縣北五十里，終南支阜，連絡千里，相傳爲福地修煉之所。下有谷粟、黑龍、仙花等洞，俱禱雨有應。絶頂有觀址，俗云張子房辟穀處。

龍山。在洵陽縣東北。輿地紀勝：在縣東北一百二十里。有靈泉，旱禱即應。

水銀山。在洵陽縣東北一百四十里，南臨蜀河，北連鶻嶺。有硃砂、水銀洞三處。又碧瑱山，在縣東北一百五十里，有碧瑱洞。今皆封閉。

印臺山。在白河縣南一里。峯頂方正，形如印臺。

龍岡山。在白河縣南二里。山勢起伏如龍蟠，一名伏龍山。唐書地理志：豐利縣有伏龍山。疑即此。

南竹山。在白河縣西南，與湖北鄖陽府竹山縣接界，大白石水出此。

中華山。在白河縣西七十里。上有中華池，四時不涸。

長岡山。在白河縣西九十里，亦名長岡嶺。小泠水出此。

三臺山。在白河縣東北五里，有三峯疊峙。又三臺山，在紫陽縣東三十里，雲臺三層，山腰有石洞、龍泉。

魁星山。在白河縣東北七里。七峯連亘，迤邐如北斗象。

錫義山。在白河縣東北。水經注：錫縣有錫義山，方圓一百里，形如城，四面有門。上有石壇數十丈，世傳列仙所居。山高谷深，多生薇蘅草，其草有風不偃，無風獨搖。元和志：錫義山，一名天心山，在豐利縣東北六十五里。名勝志：山在鄖縣西一百八十里。

香爐山。在紫陽縣東南十里。上有鐵爐，山頂雲起則雨。

目連山。在紫陽縣東南六十里。下有目連洞，人跡不至。

板廠山。在紫陽縣東南七十里洞河內。本朝順治六年，巨寇孫守金結砦於此。十年，勦平之。

光頭山。在紫陽縣東南一百五十里，與四川太平廳接界。山頂不生草木，故名。上有二穴極深。下有龍洞，石門三重，内有石牀。

天馬山。在紫陽縣南二里，狀如奔馬。

筆架山。在紫陽縣南三里。相近有印臺山。

甕山。在紫陽縣南，漢江南岸，其形如甕，俗謂之甕兒山。下有紫陽洞。通志：紫陽洞在縣南紫陽灘之崖，有三洞，皆深丈許，宋真人張紫陽修道於此，縣因以名。

望夫山。在紫陽縣南少西九十里任水之濱，上有望夫石。

三尖山。在紫陽縣南少西一百里，林谷叢密。明嘉靖中，巨寇李三聚黨於此。

團螺山。在紫陽縣西北六十里，層巒圍繞如螺。

風洞山。在紫陽縣北七十五里。孤峯獨聳，泉源奔瀉。

馬嶺山。在石泉縣東四十五里。延亘二十餘里，路徑崎嶇，紆迴盤繞，皆在半山，日出照耀，行人如在天際。

太伯山。在石泉縣東南三十里。上有石洞，禱雨有應。

天平山。在石泉縣東南八十里，漢江南岸。其山高峻，絶頂有坦平處，約畝許。

十八盤山。在石泉縣南五里。高出雲表，盤曲十八折，始達其頂。

銀洞山。在石泉縣南八里。山西北有仙鶴崖。

天池山。在石泉縣西四十里。自麓至頂二十里，上有池方一畝，冬夏不涸。

雲霧山。在石泉縣西北六十里。上有佛殿，佛座下有泉，雲霧四時不散。下有洞，不甚高闊，而深不可測。歲旱祈禱，投石於中，即有風從洞中出，風止即雨。

五攢山。在石泉縣北三十里。五峯相聚，亦名五攢嶺。

四方山。在石泉縣北一百里。舊爲茶販出入之所，設兵防守。

雲門山。在漢陰廳東二十里。兩峯並峙若門，東枕恒河。

雙乳山。在漢陰廳東五十里。兩峯突起，形若雙乳。

梁門山。在漢陰廳東。元和志：在縣東八十里。梁將王神念開拓州境，梁門爲之門，月川水出此。舊志：今有月嶺山，在縣東六十里，月河泉出此。疑即梁門山也。

横山。在漢陰廳西北五十里，右截羣山。

馬蝗山。在漢陰廳西北八十里，東西延亘一百里。

箭幹山。在漢陰廳北六十里，與安康縣境羣山相接，西枕清泥河。山産箭竹。

牛蹄嶺。在安康縣東南十五里，路極險峻。

燕子嶺。在安康縣西北，接商州鎮安縣界。

馬鬉嶺。在平利縣西三十里，形如馬鬉。下有羅圈洞。

狗脊嶺。在平利縣西一百三十五里，與安康縣境相接。

黄桴嶺。在洵陽縣西三里，縣之主山也。

駱駝嶺。在洵陽縣西北一百五十步，東枕縣治，西接羣山，形如駱駝項。又楊家嶺在縣西北九十里，東臨洵河，西抵安康，一名盼羊嶺。又十里有合抱嶺，山水環抱，故名。

鵲嶺。在洵陽縣東北一百五十里，接湖北鄖陽府鄖西縣界。

中公嶺。在白河縣東南一百三十里，小白石水出此。

五條嶺。在白河縣西南，接湖北鄖陽府竹山縣界，大泠水出此。

鳳嶺。在白河縣西二里。自縣西北，環繞西南，形如鳳翥。

城牆嶺。在紫陽縣西一百二十里。昔時緣山巔築牆，南北亘三十餘里，接漢中府定遠廳界。

神峯嶺。在紫陽縣北，壁立如屏風，縣治枕其麓。

堰頭嶺。在石泉縣東南五里，漢江南岸，漢江逕此，有灘曰堰灘。

饒風嶺。在石泉縣西五十里，南枕漢江，與漢中府西鄉縣接界。險峻倚天，石徑盤紆，爲秦、楚、蜀往來必由之路。下有饒風河。

磨兒嶺。在石泉縣西北九十里，甚高險，路通子午谷。

分水嶺。在漢陰廳西四十里，連鳳凰山，與石泉縣接界。

龍會嶺。在漢陰廳西北七十里，層峯茂林，與鳳凰山相埒。

文筆峯。在白河縣東南三里，孤峯如削。又有文筆峯，在紫陽縣東南八里，一峯突起，峭厲如筆。

三十六峯。在紫陽縣東三十里，羣峯羅立，爲縣境諸山之冠。

八里岡。在平利縣西三十里，岡東西凡八里，故名。亦名花栗岡。其地山環若城，水繞如帶。明嘉靖初，縣被水災，議徙城於此，以居民重遷，不果。

觀音巖。在洵陽縣東八里，面瞰漢江，石乳參差。

陳公巖。在紫陽縣西五十里漢江濱，舊名鐵牽灘。南岸石崖壁立，人不能行。昔有鐵繩懸於崖上，溯流者挽之以行，年久廢壞，舟人苦之。本朝順治十六年，漢中沔縣人陳左參安國，募工鑿石開路，故名。

穿崖。在洵陽縣東北一百五十里，高千仞。崖中一竅，南北相通，可三里許。

白崖。在白河縣西南三十里，石磴盤梯，望如積雪。

滴水崖。在紫陽縣西北十里，懸崖峭壁。上有洞，有泉下注如白練。下有太白池，深不可測。

雞鳴坡。在紫陽縣西南六十里，相傳漢高祖微行至此，聞雞鳴而止，故名。

九股坪。在平利縣南二百四十里，亦名散子坪。中有平地一區，東臨韓崖，西走四川太平廳界。

小埡子。在安康縣西一百二十里，兩山壁立，中通一路如線。

木竹埡。在紫陽縣南一百里。

土門埡。在紫陽縣西南六十五里權河内，兩崖夾峙，儼若巨闕。

二州埡。在紫陽縣西南一百六十里，接四川綏定府達縣界。縣志：爲秦之金州、蜀之達州接壤。明正德中，以二州相去遼遠，分置紫陽、太平二縣，仍於此置戍防守。斷崖絶壁，上有擂鼓石。

鏡石。在洵陽縣南五十里，一山突起，巖石如削，光耀如鏡。

香溪洞。在安康縣南二十里。下爲香溪溝，兩岸怪石奇峯，林莽茂密。輿地紀勝：平利縣北數十里有香溪、柴扉洞，即此。

龍洞。在安康縣西北，洞甚深窅。

風洞。在洵陽縣南八十里，洞中有大風極寒，人不可當。又有風洞，在平利縣西一百三十里，四時皆有風出。又石泉縣西二十里，亦有風洞，投石則風出。

銅洞。在洵陽縣南一百二十五里。舊産銅，今無。

神仙洞。在洵陽縣西南一百五十里。又有神仙洞在白河縣西九十里，内有池水甚清冽，歲旱禱雨有應。

鉛洞。在洵陽縣東北四十里。

高瑱子洞。在白河縣西六十里。舊出碧瑱子。

沖天洞。在紫陽縣東三十五里汝河對岸。懸崖中有石洞，洞前有泉，清澈可掬。又有白崖洞，在縣南三十里汝河旁。

觀音碥洞。在紫陽縣西南一百二十里任河旁，石崖高覆。有石如龍噴水，下注石穴中，不竭不溢，内有洞可容數十人。

煙波洞。在石泉縣西十里漢江濱，其深莫測，相傳積薪洞口然之，煙透天池山下小洞。

鼓圓洞。在石泉縣西十五里，亦名古源洞。平地突出大石，方圓數畝，有石澗數道，居民堰以溉田。崖鐫「古源洞口」四字。

枯柳洞。在石泉縣北五里，洞門高一丈二尺，闊一丈。洞門有石臺石爐，中有石豆籩杯斝之類，皆出天成。又有三梯深十丈，盤梯而進，旁有泉穴如椀，其深莫測，傾耳聽之，聲如雷鳴。

仙女洞。在石泉縣北七十里香爐溝崖上，一石當門，狀若龍頭。洞中有蓮花石盆，禱雨輒應。又有仙女洞在縣西百里，山林深邃，人跡罕到，中有池方畝許。

月川水。在安康縣西。源出漢陰廳西，東南流至縣境西入漢江。水經注：月谷口山有阪月川，於中黄壤沃衍，桑麻列植，佳饒水田，故孟達與諸葛亮書，善其川土沃美也。唐書地理志：漢陰西有月川水。元和志：月川水出漢陰縣東梁門山，水出麩金。通志：月河源出月嶺山。舊漢陰縣志：月河自縣西分水嶺發源，合縣西諸小水環繞縣城，形如半月，流九十里入州界。舊州志謂之越河，在州西七里，自鳳凰山東流至石泉，受遲河水，至漢陰受添河水，過越嶺關，受白魚溝水，又受恒河水。昔經牛山麓，明末南徙，又東受傅家河水，又東流數十里入漢，水口僅可容舟。

漢水。在安康縣北。自漢中府西鄉縣流入，逕石泉縣南，折而南流。逕漢陰廳北，又東南至紫陽縣南。折而東北，入縣境。又東逕洵陽縣南，又東逕白河縣北，又東入湖北鄖陽府鄖西縣界。水經注：漢水東會洋水，又東歷敖頭，又東合直水，又東逕直城南。又東逕千渡至蝦蟇嶺，歷漢陽漁口而屆於彭溪龍竈。又東逕晉昌郡之寧都縣南，又東逕魏興郡廣城縣，又東得魚脯谿谷，又東過西城縣南，又東逕鼇池、鯨灘，又東逕嵐谷北口，又東右得大勢，左對月谷口，又東逕西城縣故城南。又東爲鱣湍，洪波渀盪，湍浪雲頽，古耆舊言有鱣魚奮鰭遡流，望濤直上，至此則暴鰓失濟，故因名湍也。又東合旬水，又東逕木蘭塞南，又東左得育谿，又東注合甲水口，又東爲龍淵。又東逕魏興郡之錫縣故城北，爲白石灘。又東逕長利谷南。元和志：漢水去州城百步，水出麩金，其色稍白，不任貢獻。又漢水南去豐利縣二十里。寰宇記：漢水在石泉縣東百步，漢陰縣南二里。又漢水在廢洧陽縣城南。舊州志：漢江自西鄉縣流入石泉縣境，逕縣西四十里，爲洪石灘。灘下百餘步，有閻王坂，石崖陡峻，鑿孔爲路，舟行最險。東逕縣南五十步，又東至漢陽坪入漢陰縣境，南去縣八十里。又東南三十里，入紫陽縣界。東下爲銅鑼三灣。又東爲草圈灘，又東爲五溜子灘，又東爲龍王灘，又東爲石壁灘，又東爲鐵繂灘，又東爲宦姑三灘，又東爲怯灘。又東至縣西八里爲大力灘，左右有兩石觜，爲舟楫患。又東爲石梁灘，當任河水口。又東至縣治前爲紫陽灘。又東至縣東南一里，爲中宫灘，極高險，中流有石柱，怒濤如雷。又東至縣東四里爲長灘，近汝河，水勢稍緩。又東爲樓子灘，又東爲柘濆灘。又東爲石門灘，入州界。又東爲月池灘，又東四十里爲思灘，又東三十里爲高洋灘，又東十里爲三碓灘，又東五里爲織女灘，又東五里爲串灘，又東四十五里爲数灘，又東二十里爲月河灘，又東過州北門外，又東十里爲上下立石灘，又東三十五里爲神灘，又東五里爲二郎灘。諸灘中，串数、二郎爲險，而神灘尤甚。明成化十三年，知州鄭福燒石鑿之，以殺其勢。又東入洵陽縣界，又東六十里經縣南門外。又東三十里爲溝園沱，夏水生則舟行甚艱。又東一百五十里爲仙灘。又東三十里爲藍灘，亂石縱横，怒濤洶湧，舟行患之。又東南入白河縣界。至縣西六十里爲月兒潭。瀠洄澄澈，水影如月，因名。又東至縣北二里，又東四十里入湖北鄖陽府鄖西縣界。

洵水。在洵陽縣東。源出西安府寧陝廳北秦嶺紗羅幛，東南流逕商州鎮安縣西流入，即旬水也。漢書地理志：旬陽縣旬水南入漢。蜀志：申儀降魏，爲魏興太守，屯洵口。水經注：旬水北出旬山，東南流逕平陽戍下，與直水枝津合。又東南逕旬陽縣，與杵水合。又東南逕旬陽縣南，又東南注漢，謂之旬口。隋書地理志：洵陽縣有洵水。元和志：洵水去縣一百五十步。縣志：水在縣北半里，源出鎮安縣西北之秦嶺，流入縣境，自縣西北繞縣東南入漢。

淯水。在洵陽縣東，亦名蜀河。水經注：漢水左得育溪，與晉郇陽分界於是谷。唐六典：山南道大川有淯水。寰宇記：淯水在廢淯陽縣西一百步，自商州上津縣來，東流注於漢。九域志：洵陽縣有育水。輿地紀勝：蜀口在縣東百二十里。縣志：蜀河在縣東百四十里，源出秦嶺，南流逕閭關入漢，即古淯水也。又西岔水在縣東北二百里，源出西北山，東南流入蜀河。

澗水。在洵陽縣西。源出平利縣，北流入漢。一名閭河。寰宇記：澗水在縣西二十七里，一名閭谷水，北注於漢。舊志：閭河在洵陽縣西二十五里，源出連尖山，北流入漢。又平頂水，在縣西南二十八里，源出神仙洞，西北流入閭河。又金河在縣南七十里，神河在縣南五十里，俱流合澗水。

杵水。在洵陽縣西北一百四十里，源出商州鎮安縣東北乾祐山，南入洵水，亦名乾祐河。詳見商州。

長利水。在白河縣西北，一名仙河。寰宇記：上津縣有長利水，亦名仙水，西北自豐陽縣流入豐利縣界。漢中府志：仙河在洵陽縣東百八十八里。

直水。在石泉縣東，接漢陰廳界，一名遲河。源出西安府寧陝廳北腰竹嶺，南流廳治東，亦名長安河，西南流入縣境。水經注：直水出子午谷巖嶺下，南流支分，東注旬水。又南逕蓯閣下，又東南歷直谷，逕直城西，南流注漢。魏書地形志：安康縣有直水。寰宇記：直水源出永興軍乾祐縣弱嶺姜子關，逕漢陰縣理西，又南注於漢。九域志：漢陰縣有直水。縣志：池河在縣東五十里，源出長安縣腰竹嶺，南入漢江。世傳其水易長難退，故亦名遲河，近河地多良沃。蓋即直水，以直、遲聲相近而訛也。

黄洋河。在安康縣東，源出平利縣西南化龍山，流至縣境，東入漢。寰宇記：唐武德間，移平利縣於黄洋水之北。舊平利縣志：黄洋河在縣西五十里，源出風線口，西北流入州境。舊州志：在州東五里，源出平利縣化龍山，北流入漢。又陳家溝在縣南二里，故道由新治内，因建新城，導流東門外。夏秋水漲，則循城而北，遶而西流，與施家溝水會，經舊城西南隅，折而東出長春隄閘口，入黄洋河。

吉河。在安康縣西南。水經注：漢水右得大勢，勢阻急溪，故亦曰急勢。九域志：西城縣有吉水。舊州志：吉河亦名急河，在州西南十五里，源出平利縣界，東北流入漢。

嵐河。在安康縣西南七十里，源出四川太平廳，北流經平利縣西南界，經化龍山，又北至安康縣西入漢。以兩岸山多嵐氣，故名。水經注：漢水東逕嵐谷北口，嶂遠溪深，澗峽險邃，氣蕭蕭以瑟瑟，風颼颼而飀飀，故川谷擅其目。疑即此。又有牙河，在平利縣西南三百四十里，北流入嵐河。其地東通金毛關，南通鎮坪司，明隆慶中，嘗設巡捕主簿於此。

傅家河。在安康縣北二十五里，源出王莽山，南流入月河。

界溪河。在平利縣東南二十里，一名沖河。自湖北鄖陽府竹溪縣流入，北流至洵陽縣界入閭河。又石牛河，在縣東南四十里，亦自竹溪縣流入。太平河，亦在縣東南四十里，源出秋山。秋河，在縣東南九十里，源出四川夔州府大寧縣界。俱北流入界溪河。又連仙河，在縣東南七十里，南流入界溪河。又松杉河，在縣東南七十里，源發武陵關，流入秋河。

南江河。在平利縣南四百一十里，接四川夔州府大寧縣界。其上源曰小源溪母豬峽，東流逕湖北鄖陽府竹溪、竹山二縣界，入漢。

灌谿河。在平利縣西九十里，舊縣城南二十步。源出女媧山，西北流入黄洋河。又月谿河，在縣西北一百十里，源出高王山，南流折而西，遶舊縣城會於灌谿河。其水勢環曲如月，故名。

乾溪河。在洵陽縣北四十五里。發源縣西北境之獅子嶺，至龍潭爲麻坪河，至乾溪鋪爲乾溪河，又東南入洵水。

白石河。在白河縣西南。源出縣南一百二十里南竹山，東北流去縣一里入漢，亦名大白石水。又小白石河，在縣東南九十里，源出申公嶺，北流入白石河。又紅石河，在縣東南八十里，源出漫營嶺，西北流入白石河。又店子溝，在縣西南十五里，源出華皮砦，東入紅石河。

冷水河。在白河縣西南一百六十里。源出五條嶺，北流去縣六十里入漢，亦曰大冷水。又小冷水河，在縣西九十里，源出長岡嶺，西流入冷水河。馬莊河，在縣西一百二十里，源出洵陽縣界棕溪嶺，東流入冷水河。

汝河。在紫陽縣東南三十八里，又東南二里有洞河，俱發源縣南界嶺，北流入於漢。

任河。在紫陽縣西南一里。源出四川夔州府大寧縣，流經太平廳，又北流至縣境入漢。崖路崎嶇，通西蜀道，板木結筏，多由此出。縣志：縣西南二十五里，有之灘，任水所逕，横石參差回折，天然如之字，故名。

灌河。在紫陽縣西南六十里，亦名權水。源出縣西南金山谷，有東西兩源，俱流入任河。

棉魚河。在紫陽縣西六十里，東流入漢。相近又有五郎河，左合白楊河，右合漆園河，俱流入棉魚河。

楮河。在紫陽縣西二十五里。源出漢中府西鄉縣印臺山，東流入任河。又小石河，在縣西北二十里，南流合楮河。

松河。在紫陽縣西北五十里，南流入漢。水經注：寧都縣治松溪口，即此。又縣北六十里有林本河，八十里有鬧河，皆西流入松河。縣境諸水，惟松河、任河、灌河三水可資灌溉。

沔峪河。在紫陽縣北三十里。源出七寶山，西流入漢。

蒿坪河。在紫陽縣東北三十五里。源出鳳凰山，東流逕安康縣界入漢。

珍珠河。在石泉縣西二里。源出雲霧山東北馬蝗嶺，南流至縣西會饒風河入漢。又紅河，在縣東北二里。源出五攢嶺，兩岸多紅石，故名，亦南流入漢。

大壩河。在石泉縣西十五里。源出西安府寧陝廳秦嶺，合縣西北之龍洞溝，南流至縣西，合饒風河入漢。

饒風河。在石泉縣西五十里，一名毛家河。源出漢中府西鄉縣子午谷，分流逕土門關，東流入漢。

恒河。在漢陰廳東南，流至安康縣界，合月川水，一名衡河。輿地紀勝：金州有衡河，源出乾祐縣，流合月河入漢。雍大記：恒河在漢陰縣東二十五里，北岸有古淘金場。舊州志：衡河在州西北七十里。源出牛頭山，自漢陰界來，曲折南行三百餘里入月河。又清泥河，在漢陰廳東北三十里。源發西安府寧陝廳境，東南流入恒河。黑水河，在安康縣西北二百里，東南流入恒河。

板峪河。在漢陰廳南三里。又龍王溝，在廳東二十三里。蒲溪河，在廳東三十里。源皆出鳳凰山。觀音河，在廳西北三里，源出馬蝗山，俱北流入月河。添水河，在廳東北二十五里。雙乳河，在廳東北六十里。俱南流入月河。

沙河。在漢陰廳西北六十里。源出石谷埡，西流至石泉縣入遲河。又小漆河，在縣西北一百五十里，及月河、板峪河、龍王溝，皆可灌田。

麒麟溝。在白河縣西六十里。源出陳家山，北流入漢。

麻湖溝。在白河縣西三十里，北流入漢。

長春溝。在白河縣西北一里。源出縣南龍岡，引流入漢。兩岸花卉，四時不絕，故名長春。中有普澤泉，左右各一，居民日汲不竭。相近又有普潤泉，亦流入長春溝。

龍洞溝。在紫陽縣治南。源出筆架山，西流入漢。又紫陽溝，在縣南三里，源出文筆峯，北流入漢。

顯鐘溝。在紫陽縣西南四十五里。洪濤觸石，浪吼如雷，相傳昔時溝中洪水湧出一鐘，因名。又瓦房溝，在縣西三十里，皆流入任河。

龍潭。在平利縣西南三十里。潭闊四丈，其深莫測，爲歲旱禱雨之所。

龍湫。在石泉縣南五十里，漢水南岸。淵深莫測，旱禱立應。

天池。有二。一在平利舊縣城文廟後，其水清澈，大旱不涸。一在白河縣南龍岡山上，岡阜四起，中陷一坪，方半畝，遇雨積流成池。

蓮花池。有三。在洵陽縣東、西、北三面，去縣各五里。

金泉。在安康縣東。輿地紀勝：金泉即子城東之井，取金生水之義。舊州志：在州治東二里，其地舊有金華寺，故名。

三泉。在安康縣南五十里龍門谷中，取水禱雨多應。

小絲泉。在安康縣西八里，其派如絲，其出不竭。又黑龍泉，在縣西北八十里。

普濟泉。在白河縣東九十步，四時不涸。引流爲清風溝，入白石河。

廣濟泉。在紫陽縣西十五步。

石泉。在石泉縣南五十步，清冽不涸。寰宇記：泉在故縣北，縣以此名。井深四丈，水甚甘冽，大旱不涸。

洗心泉。在漢陰廳東。舊州志：縣東三里有池龍溝，内有長嘯崖，峭壁數十仞。明嘉靖中，有僧闢一洞，曰朝陽洞，洞東一泉，從巖穴流出，名曰洗心泉。

涼水泉。在漢陰廳東三十里，味甚清冽。

清平井。在平利縣西九十里，舊縣東百步。其水至清，民飲之不生癭瘤。

# 大清一統志卷二百四十二

## 興安府二

### 古蹟

西城故城。在安康縣西北。秦置縣，屬漢中郡。漢因之。後漢末爲西城郡治。魏志：建安二十年，分漢中之安陽西城爲西城郡。華陽國志：建安二十四年，劉先主以申儀爲西城太守，儀降魏。黄初二年，文帝轉儀爲魏興太守，蜀平，遂治西城。通鑑：晉咸康五年，庾懌爲梁州刺史鎮魏興，後以魏興險遠，徙屯半洲。建元二年，司馬勳爲梁州刺史，戍西城。太元四年，苻堅陷魏興。九年，桓沖遣郭寶伐苻堅，魏興太守褚垣降之。義興中，譙縱之亂，氐陷梁州，刺史復移魏興。寰宇記：梁於魏興郡置北梁州，尋改爲南梁州。後魏正始元年，歸魏。按梁州記，後魏合華陽、金城二郡爲忠誠郡，領亭鄉、錫城、金川三縣。即此地。西魏大統元年，梁將蘭欽東伐，魏興郡還梁。廢帝元年，達奚武吞併山南，又於魏興置東梁州。三年，因其地出金，改爲金州，仍領魏興郡。北周天和四年，省西城縣，仍移吉安縣理西城廢縣廨。隋改金川。唐復爲西城。其故城即今金州西北四里，漢江之北，西城山之東，魏興郡故城是也。當谷口路南，與州城相對，蓋後魏時移今理。舊州志：州初治漢水北，去水不過百步，後移水南。明萬曆十一年，大水城壞，移治故城之南三里許，因易州名興安。本朝順治初，因新城頹圮，復還治舊城。又有舊土城在東關，遺址尚存，即宋、元以來州城舊址。按：漢書地理志所列第一縣不皆爲郡治。漢中郡雖首列西城，而當時自治南鄭，水經注、寰宇記等書甚明。自胡三省始謂前漢郡治西城，諸志從之，其實非是。

上廉故城。在平利縣西六十里。晉書地理志：上庸郡有上廉縣。宋書州郡志：永初志有，後省。齊復置，仍屬上庸。隋書地理志：金川縣，梁初曰上廉，後曰吉陽，西魏改曰吉安。舊唐書地理志：北周於平利川置吉陽縣，隋改爲安吉，武德元年改爲平利。寰宇記：平利縣，兩漢及魏爲西城縣地。晉於今縣南平利川置上廉縣，取上廉水爲名，尋又改名爲吉陽縣。周地圖記云，上廉縣後移還上庸，於平利川置吉陽縣，後魏改爲吉安縣。北周天和四年，移吉安於今州理。唐武德元年，再於上廉城置平利縣。八年，又移於古聲口戍南聲水之東，黄洋水北。舊縣志：上廉城在縣東。

旬陽故城。在今洵陽縣北。戰國策：蘇秦説楚威王曰：「楚北有旬陽。」漢書地理志：漢中郡領旬陽縣。晉書地理志：魏興郡領洵陽縣〔一〕。宋書州郡志：旬陽縣，後漢無，晉太康四年復立。隋書地理志：西城郡洵陽縣，舊置洵陽郡，開皇初郡廢。舊唐書地理志：武德元年，割洵陽、洵城、閭川三縣置洵州〔二〕。七年州廢，以三縣屬金州。寰宇記：洵陽縣在金州東一百二十里，本漢舊縣，以在洵水之陽而名。縣志：故城在今縣治北。按：周書泉仲遵傳，蠻帥杜清和自稱巴州刺史，結安康酋帥，共舉兵圍東梁州。朝廷遣王雄討平之，改巴州爲洵州。隋志，金川縣，北周置洵州，尋廢。蓋其時郡治金川，而以洵陽屬之。

黄土故城。在洵陽縣東。隋書地理志：西城郡黄土，西魏置淯陽郡，後周改郡置縣曰長岡，後省郡入甲郡，置縣曰黄土，併赤石、甲、臨江三縣入焉。開皇初郡廢。舊唐書地理志：金州淯陽縣，後魏黄土縣，義寧二年屬上州，貞觀八年屬金州，天寶元年改爲淯陽。唐書地理志：淯陽縣，大曆六年省入洵陽，長慶初復置。寰宇記：廢淯陽縣，在洵陽縣東三十里，本漢洵陽縣地。晉於此置淯口戍。後魏大統十七年，改置淯陽郡，又於郡西三十三里置黄土縣，居漢水南黄土山之西爲名。北周保定二年，置黄土郡及長岡縣〔三〕。三年郡廢，移黄土縣於淯陽郡廨爲理。宋史地理志：乾德四年，廢淯陽入洵陽。舊州志：故城在今洵陽縣東一百二十里，即閭關司，舊堞宛然。

錫縣故城。在白河縣東，古麇國地。左傳文公十一年：楚潘崇復伐麇，至於錫穴。漢書地理志：漢中郡領錫縣。後漢書郡國志：錫縣，春秋曰錫穴。應劭曰：「錫音陽。」魏志：建安二十年，分漢中之錫郡置都尉。太和二年，分新城之錫縣爲錫郡。景初元年，省錫郡，以錫縣屬魏興郡。水經注：漢水東逕錫縣故城北。寰宇記：晉太康五年，魏興郡自洵口移理錫縣，今豐利界東魏興故城是也。

**豐利故城**。在白河縣南。宋書州郡志〔四〕：南上洛郡，僑寄魏興，領上洛、商、流民、豐陽、渠陽、義陽六縣。隋書地理志：西城郡豐利，梁置南上洛郡，西魏改郡曰豐利。北周省郡入上津郡，後又廢上津郡入甲郡。元和志：豐利縣東至均州二百四十里，漢長利縣地，理在長利川，故名。宋於此僑置南上洛郡，後魏文帝改爲豐利郡，又立豐利縣。舊唐書地理志：後魏分錫縣置豐利縣，武德初屬上州，州廢，屬均州。寰宇記：乾德六年，併豐利縣入鄖陽縣。舊平利縣志：豐利城在今縣東北一百七十里。

**石泉故城**。今石泉縣治。晉書地理志：桓溫平蜀之後，以巴漢流人立晉昌郡，領長樂等十縣。宋書州郡志：晉昌郡，晉元帝立。宋末省，以長樂屬魏興郡。通典：石泉縣，齊置晉昌郡於此。寰宇記：石泉縣在金州西北三百里，本漢西城縣地。梁武帝立晉昌郡，治王水口。夏侯道遷以梁州入魏，移晉昌郡於所領長樂縣東陽村。後值黄衆保叛，移晉昌郡於舊理，因改曰魏昌。周武成三年，郡又移理東陽川，仍併所領諸縣爲永樂一縣，理於今縣南一里，舊長樂所理處，續改名石泉，以縣北石泉爲名。保定三年，廢魏昌郡，移石泉縣理郡城，即今縣理是也。唐聖曆元年，改爲武安縣。神龍初復舊。大曆六年，以户口散落，併入漢陰縣。永貞元年，金州刺史姜公輔，奏縣地山谷重阻一千餘里，來往輸納，民不爲便，請於舊所復置。詔從之。王水口在縣西八十里。

**安康故城**。在漢陰廳西。漢置安陽縣，在今漢中府城固縣界，魏移置於此。晉改曰安康，宋又置安康郡。宋書州郡志：梁州安康郡，宋末分魏興之安康縣及晉昌之寧都縣立。安康縣，本二漢安陽縣，漢末省。魏復立，屬魏興。晉太康元年更名。水經注：漢水東歷敖頭，舊立倉儲之所，傍山通遠，水陸險湊。魏興安康縣治，有戍統領流雜。魏書淳于誕傳：孝昌三年，朝廷以梁州安康郡阻帶江山，要害之所，分置東梁州。隋書地理志：西城郡，安康舊曰寧都，齊置安康郡。後魏置東梁州，後蕭詧改直州。開皇初郡廢，大業初州廢，縣改曰安康。唐書地理志：武德元年，以安康縣置西安州，二年曰直州。貞觀元年直州廢，安康屬金州。至德二載更名漢陰。寰宇記：漢安陽故城，在漢陰縣西二十四里，即今敖口東十里，漢江之北故城是也。宇文周始從舊縣移於今所。按：漢安陽故城，據漢志、水經注，當在今城固縣，沈約志、魏收志及寰宇記皆與二書不合。辨見漢中府。

閬川舊縣。在洵陽縣西。舊唐書地理志：武德元年置洵州，又分洵陽置洵城、閬川二縣。七年廢洵州，縣屬金州。貞觀二年省閬川，八年省洵城併入洵陽。縣志：閬川縣在今縣西三十里，以閬川水爲名，即今之閬川鋪。

熊川舊縣。在白河縣東。隋書地理志：後周省熊川、陽川二縣入豐利。舊志：熊川故城在舊平利縣治東，蓋西魏時所置。

廣城舊縣。在紫陽縣南。宋書州郡志：魏興郡領廣城縣。水經注：漢水東逕廣城縣，縣治王谷。谷道南出巴獠，有鹽井，食之令人癭疾。通志：紫陽縣南六十里，有王瓜谿，或曰即王谷之訛。水源出其谷，谿因以名。

直城舊縣。在漢陰廳西，後魏置。水經注：漢水東逕直城南。魏書地形志：東梁州金城郡，領直城一縣。北史傅豎眼傳：梁北梁州長史錫休儒寇直城，豎眼遣其子敬紹擊破之。隋書地理志：金川縣舊有金城郡，開皇初廢。

漢陽舊縣。在漢陰廳東。魏書地形志：東梁州魏明郡領漢陽縣。水經注：漢水自直城南歷漢陽潕口，即此。隋志：西魏改晉昌郡曰魏昌，北周省入西城〔五〕。後魏明即魏昌也〔六〕。

吉挹城。在安康縣西南。水經注：漢水右得大勢，勢阻急谿，依山爲城，城周二里，在峻山上。晉梁州督護吉挹所治，苻堅遣韋鍾伐之，挹固守二年，不能下，無援遂陷。元和志：吉挹於急口峻山築壘固守，在西城縣西南魏山上。舊州志：吉挹城在新城西南六里。

伎陵城。在洵陽縣東，漢江南岸。其北岸爲木蘭塞。晉書宣帝紀：魏太和元年，新城太守孟達，連吳、蜀謀舉兵。帝潛軍進討，吳、蜀各遣其將向西城安橋、木蘭塞〔七〕，以救達。水經注：漢水東逕木蘭南，右岸有城名伎陵城，周圍數里。左岸壘石數十行，重疊數十里中，謂是處爲木蘭塞云。縣志：伎陵城在縣西五十里。

太子城。在洵陽縣西北一百二十里三岔關下，臨乾祐河。遺址尚存。

漢王城。在漢陰廳東三十五里。相傳漢高祖駐師於此，命軍士兜土築城。遺址尚存。

寧都城。在漢陰廳東南，晉置縣，屬晉昌郡。水經注：漢水東逕晉昌郡之寧都縣南，縣治松溪口是也。宋屬安康郡，齊及後魏因之。西魏大統十四年，改縣爲郡，以封宇文太子毓爲公。後郡縣俱廢，入安康。唐武德元年，復分安康置寧都縣，屬西安州。貞觀元年省。舊縣志：寧都城在今縣東南七十里。按：隋志安康舊曰寧都，蓋寧都省入安康之後，因改安康曰寧都，隋復曰安康也。

嬀墟。即嬀汭，亦名姚方，在安康縣西北。世本：嬀墟，在西城縣西北，舜之居。舊州志：在州北一里漢江北岸。

禹穴。在洵陽縣東一百三十里，高八尺，深九尺，旁鐫「禹穴」二字。穴右有泉，味甚清洌，世傳禹決漢水時居此。

白河堡。在白河縣西，本洵陽縣地，在萬山中。明成化八年置堡築城，以白石河爲名，十二年改置爲縣。明末城毀，本朝初徙縣治。

紫陽堡。在紫陽縣東。縣志：縣本漢陰縣東南隅，州之西南隅也。明正德六年，流賊藍廷瑞平，八年立紫陽堡，尋升爲縣。縣治初設於紫陽灘左，嘉靖三十五年遷於灘右，即今治也。

澂口鎮。今漢陰廳治。宋史地理志：漢陰縣，紹興二年遷治新店，以舊縣爲鎮。嘉定三年，升澂口鎮爲縣。

大夫營。在洵陽縣東一百五十里。明初，御史大夫鄧愈嘗屯兵於此，故名。

聖公館。在洵陽縣東。寰宇記：漢水記云，黄土縣鷄鳴山北五十里有聖公館，後漢光武起義兵屯此。

舊子午道。在漢陰廳西北。水經注：直水北出子午谷。地理通釋：安康縣有舊子午道，梁時別開乾路於黄金縣境，舊道遂廢。

忘歸亭。在安康縣南五里，宋陳師道有記。

翠光亭。在安康縣，宋建，楊徽之有詩。

綺川亭。在安康縣北牛山，春時花開，錦綺爛然，爲一方勝景。

鳳亭。在漢陰廳東十五里。見輿地紀勝。

## 關隘

東津關。在安康縣東四里漢江北岸。又西津關，在縣西四里漢江南岸。皆久廢。

鐵嶺關。在安康縣西九十里，即越嶺關。崒嵂萬山中，脊高路狹，東接荊鄖，南通蜀道，西連興漢。

白馬關。在安康縣北三十里。又爛柴關，在縣北七十里，路通洵陽鎮安。又木竹碥關，在縣北一百三十里，接商州鎮安界。俱險峻。

白土關。即今平利縣治。宋史王彦傳：建炎四年，桑仲乘勢西寇，直擣金州白土關。即此。

武陵關。在平利縣東南一百八十里。又源溪關，在縣東南四百十里，接四川夔州府大寧縣界。

文彩關。在平利縣東南三百六十里，峭壁百仞，梯徑險絕。又南五十里有小關子，地連鎮平，爲秦、楚、蜀通衢。

金毛關。在平利縣西南一百八十里。

狗脊關。在平利縣西一百三十五里狗脊嶺。
旬關。在洵陽縣南洵水上。漢書酈商傳：商别將攻旬關，西定漢中。顔師古曰：漢中旬水之上關也，今在洵陽縣。
閭關。在洵陽縣東一百四十里。明置巡司，今裁。
紅崖關。在洵陽縣南一百里。其地有街衢故跡，相傳明洪武中郭繼宗守此，以禦紅巾之亂。
七里關。在洵陽縣南一百五十里，爲楚、蜀之衝。舊置銅錢關，後以山僻難守，移建於七里溝，故名。本朝康熙元年，設守備駐此。雍正十年，改設都司。乾隆三十七年，又改設守備。嘉慶二十年，移駐縣城，設經制外委分防。
兩河關。在洵陽縣西北一百一十里，東接蜀河，西接乾祐河，北通鎮安縣。明置三岔巡司於此，今裁。
清風關。在洵陽縣北。輿地紀勝：洵陽縣有青鳳關。舊志：清風關在洵陽縣北一百五十里，接鎮安縣界。即青鳳之訛也。俗又名青銅關。又鵲嶺關，在縣東北二百五十里鵲嶺。
雙河關。在紫陽縣東南一百二十里，當汝、洞二水間，故名。
斑鳩關。在紫陽縣南一百五十里。
毛壩關。在紫陽縣西南一百二十里任河旁，與漢中府西鄉及四川太平廳接界。今設主簿駐此。州志：任河關，在州西南三百五十里。又有構坪、寺溪二關，在府西南四百里。皆在紫陽縣，與四川接界。
馬嶺關。在石泉縣東三十里，當馬嶺路，因名。有亭曰息擔。
熨斗關。在石泉縣南一百里。
饒風關。在石泉縣西六十里饒風嶺。明置巡司，今裁。宋史吴玠傳：紹興三年，金薩里罕自商於取金州，長驅趨洋、漢，興元守臣劉子羽急命田晟守饒風關，以驛書招玠入援。玠自河池日夜馳三百里，遂大戰饒風嶺，六晝夜，敵不退。會玠小校有得罪奔金者，導以祖溪關間路，出關背，乘高以瞰饒風，諸軍不支，遂潰。州志：祖溪關，在饒風關北四十里。又有土門關，在饒風嶺上十里。「薩里罕」舊作「撒離喝」，今改。

五郎關。在石泉縣北一百十里。

老君關。在漢陰廳南八十里。

方山關。在漢陰廳西三十二里。元和志：貞觀十二年置，當東西驛路。宋史：金人攻方山原，統制楊政援之，金引退。

銅錢窖關。在漢陰廳北一百五十里。又教場壩關，在廳西北二百三十里。

鎮坪營巡司。在平利縣東南三百六十里。明正德中置巡司，後裁。本朝乾隆四十七年復設。按：鎮坪營地方，與四川夔州府大寧縣接界，最爲扼要之區。嘉慶七年並設都司防守。

瓶坪營。在安康縣西南一百四十里。乾隆四十七年設縣丞駐此，嘉慶八年並設都司防守。

白土路營。在平利縣西三十里八里岡。本朝初設遊擊守備駐守。乾隆三十七年均裁，改設都司。嘉慶七年復裁，移右營遊擊駐守。

馬家營。在紫陽縣西北九十里，相傳漢高祖嘗屯兵於此。

歸安鎮。在安康縣北五里，一名香獐壩。通鑑：周顯德五年，李玉自長安襲蜀歸安鎮，蜀兵據險邀之，敗没。長安志：歸安鎮在乾祐縣南一百二十里。

秦郊鎮〔八〕。在安康縣西三十五里。

衡口鎮。在安康縣西七十里。九域志：西城縣有衡口鎮，即衡河合月河之口也。嘉慶三年築堡城，周五里有奇，建公廨倉廒，門二。

紅軍砦。在平利縣東南五百一十里。

天救砦。在平利縣南六十里，極險峻。

九龍砦。在平利縣南三百六十里，山連八里岡，俗傳爲蠻王砦。砦後三里有九龍洞，故名。

藥婦砦。在平利縣西南四十里。

香子砦。在平利縣西南一百六十里。

金雞砦。在平利縣西南一百八十里。自金毛關平地特起一山，高百丈，周環有水。明正德中，勦流寇嘗屯兵於此。

連線砦。在平利縣東北六十里。三面壁立，盤曲十五里，方至其巔。與洵陽縣分界。下有連線洞，高八尺，闊一丈。

興平砦。在洵陽縣南四十里。四面陡絶，高處極寬平，可容千人。上有水泉，舊爲土人避兵處。相近又有黑山砦。又構皮砦，在縣南一百里，山下産皁礬。

羊山砦。在洵陽縣北五十里，地險絶。又星辰砦，在縣北一百二十里，世傳張飛嘗屯兵於此。

白崖砦。在白河縣西南二十里。又影身砦，在縣西南九十里。樺皮砦，在縣西五十里。柏木砦，在縣北六十里。

七寶山砦。在紫陽縣西南六十里，七峯連起，如連環然。

十女砦。在紫陽縣西十五里，峯頂寬平，相傳昔有十女避兵於此。

三台砦。在石泉縣東一百里三台山。

蜀河堡。在洵陽縣東北四十里。即洵陽舊縣，嘉慶四年築。

陳家埡堡。在白河縣，嘉慶五年修。又有探馬溝堡、吕家溝堡、長春寺堡，並據隘設砦，共一千一百丈有奇。

澗池堡。在漢陰廳東三十里，周二里有奇，門二，嘉慶初年修。

三渡市。在安康縣北。輿地紀勝：在漢陰縣東南十五里。

## 津梁

仁壽橋。在安康縣城東門外。本朝康熙三十二年重建。又長春橋，在縣東二里長春堤上。

安康橋。在安康縣城南門外。明萬曆十一年，爲大水所壞，三十二年重建，以陳家溝、施家溝水會流於此，改名爲源橋。

康阜橋。在安康縣西門外。本朝康熙三十二年，木橋水衝，重甃甎，建石橋。是年並建虹橋於西城濠。

漢陽橋。在白河縣東二里。又迎仙橋，在縣東南二里。

通漢橋。在白河縣西五十五里。

感化橋。在白河縣北二里，跨長春溝。又臨江橋，在縣東北二里，跨長春溝尾，逼近漢江，故名。

通濟橋。在紫陽縣西南一百八十里，跨任河，路通川蜀。

遲水橋。在石泉縣東遲水上。

大壩橋。在石泉縣西十五里大壩河上。

中津渡。在安康縣城東北隅。又東津渡，在縣東六里。石梯渡，在縣東三十里。江濱石崖連亘，渡處鑿爲磴如梯，故名。

神灘渡，在縣東四十五里。西津渡，在縣西三里。流水渡，在縣西南九十里。皆漢江津濟處。又黃洋渡，在縣東三十里。衡口渡在縣西七十里。

漢江渡。有三。一在洵陽縣南一百十步，一在白河縣北二里，一在石泉縣南五十步。

白石渡。在白河縣東南二里。

大黃灘渡。在白河縣西五里。又月兒潭渡，在縣西六十里。吴家渡，在縣西九十里。皆漢水渡。

中沙渡。在紫陽縣東十五里。

西渡。在紫陽縣西南任河口，通西鄉、太平。又雙河渡，在縣西四里。松河渡，在縣西北三十里。

## 隄堰

長春隄。在安康縣東一里。縣境凡水漲時，黃洋河與漢江會合，涌溢上行，隄介黃洋、漢江二水間，甃竇爲閘，以時啓閉。明成化十五年，知興安州鄭福增築，萬曆、崇禎間復修，爲一城保障。其相連者，又有白龍隄。

黃洋堰。在安康縣東七里。引黃洋水爲渠以溉田。

磨溝堰。在安康縣西三十里月河南岸。開渠灌田五百畝。又赤谿堰，在縣西四十里，渠二道，灌田千餘畝。

千工堰。在安康縣西北七十里。引恒河開渠三道，灌田千餘畝。

大濟堰。在安康縣北二十五里。引傅家河開渠六道，灌田八千七百餘畝。亦名大積堰。

長安堰。在平利縣東二十五里。相近有石鯖、黄沙二堰，俱引界谿水。又石泉縣東五里漢江南岸，亦有長安堰，引漢水灌田。
秋河堰。在平利縣東南九十里。又縣西南九十里有線口堰。
漢壩堰。在洵陽縣南二十八里，引平頂河。又縣南五十里有神河堰，縣南七十里有金河堰，縣南一百五十里有七里關堰。
麻坪河堰。在洵陽縣北九十里。又縣北一百三十里有水田坪堰。
七里堰。在石泉縣西七里，引珍珠水。又興仁堰，在縣西十里，其相近有高田堰，俱引大壩河溉田。
鳳亭堰。在漢陰廳東三十里，引龍王溝。又池龍、盧峪、鐵溝等七堰，皆在縣東。
永興堰。在漢陰廳南五里，引坂谷河。
月河堰。在漢陰廳西門外。明成化二十一年築。又西有觀音、墩溪、仙溪、沐浴等堰。
鐘河堰。在漢陰廳北六十里。

## 陵墓

### 明

張鳳翔墓。在洵陽縣西。

屠濟墓。在安康縣東。

## 祠廟

女媧廟。在平利縣西五十里。九域志：女媧山上有女媧廟。

帝嚳廟。在洵陽縣南。

虞舜祠。在安康縣城北。帝王世紀：西城縣有虞舜祠。水經注：西城縣故城内有舜祠、漢高帝廟，置民九户，歲時奉祀焉。通志：舊廟廢，明隆慶中重建於漢江北岸里許，萬曆中復加修建，今惟存碑記。

禹廟。在洵陽縣東禹穴。

漢高祖廟。有二。一在安康縣南三里，一在洵陽縣西。寰宇記：梁州記云，洵陽縣南山下有漢高祖廟。洵陽縣志：廟在縣西二十里，其側有泉，遺址尚存。

漢昭烈廟。在漢陰廳西，元至正三年建。

鄭侯廟。在安康縣城内。前在舊城，明成化十八年移新城。

忠惠王廟。有二。一在安康縣北牛山，一在縣西二里，祀唐金州刺史崔偉。

王公祠。在安康縣城西，祀宋知代州王忠植。

郭公祠。在安康縣城西，宋淳熙初建，祀宋知金州贈少保郭浩。

原公祠。有三。一在安康縣城内，一在洵陽縣治東，一在紫陽縣治西，俱祀明鄖撫原傑。

劉公祠。在安康縣城東門外，祀明守道劉致中。

忠烈祠。在安康縣城西，祀署商洛道袁生芝、知州屈良貴、州判孫嘉任，俱本朝順治三年守城殉節者。

# 寺觀

新羅寺。在安康縣西六里，有唐懷讓禪師庵。

天聖寺。在安康縣西，西津渡之南。宋建，明洪武十七年重修。中有古柏二株，枯而復生。本朝順治十六年重建，規模壯麗。

萬春寺。在安康縣北白雲山下。初名萬頃寺，唐建，在今寺之東，後移此，更名萬春。前有萬春洞，洞内外多唐宋名人題名。本朝順治十六年重修，康熙二十三年，於洞門刊「白雲深處」四字，爲一郡名勝。

龍興寺。在漢陰廳東龍岡下。

東明庵。在紫陽縣西八十里，明成化中建。棟宇壯麗，甲於漢南。

純陽宫。在安康縣舊州城東南隅，一名柴扉道院，相傳有吕仙遺跡。

道觀。在洵陽縣西。舊有古銅鐘，隋開皇中鑄。

## 名宦

### 晉

吉挹。蓮勺人。孝武初，爲魏興太守，尋加輕騎將軍，領晉昌太守。苻堅將韋鍾攻魏興，挹遣衆拒之。鍾率衆欲趨襄陽，挹又邀擊，斬五千餘級。鍾怒，迴軍圍之，挹又屢挫其鋭。其後賊衆繼之，挹力不能抗，城陷被執，不言不食而死。追贈益州刺史。梓潼守周虓、順陽守丁穆，同時殉難。

### 南北朝　梁

裴邃。聞喜人。天監中，遷北梁、秦二州刺史，開創屯田數千頃，倉廩盈實，省息邊運。人吏獲安，相率餉絹千餘匹，邃從容曰：「汝等不應爾，吾又不可逆。」納其絹二匹而已。

### 周

楊异。華陰人。閔帝時，爲寧都令，甚有能名。

裴蕴〔九〕。聞喜人。文帝時，爲直州刺史，有能名。

## 唐

張仲方。曲江人。憲宗時，補金州刺史。宦人奪民田，仲方三疏申理，卒與民直。

崔偉。爲金州刺史。黄巢亂，偉保守封疆，掘破牛山，敗黄巢，軍民賴以安。

李康。廣明初，爲漢陰令。黄巢亂，僖宗出幸興元，道中無供頓，康以騾負糗糧數百馱獻之，從行軍士始得食。

馮行襲。均州人。唐末爲戎昭軍節度使，鎮金州。境旱有蝗，飛鳥爲食之；歲歉，田中鹵穀自生。

## 宋

魯有開。譙人。治平中，知金州。有蠱獄當死者數十人，有開曰：「欲殺人，衷謀之足矣，安得若是衆耶？」訊之則誣。天方旱，獄白乃雨。

王彦。上黨人。高宗時，爲金、均、房州安撫使，知金州。時中原盜起，加以饑饉，無所資食，惟蜀富饒，巨盜往往窺覬。賊桑仲直擣金州白土關，衆號三十萬，彦勒兵取長沙坪，阻水據山，設伏以待。賊見官軍少，蟻附搏戰，彦麾士死鬬，賊敗走，追奔至白磧，復房州。紹興元年，李忠反，攻金州諸關，彦退屯秦郊，令將士盡伏山谷間，設奇以待。賊至逆戰，大敗之，追襲至秦嶺，遂復乾祐縣。桑仲既敗，復鳩集散亡，西據均陽，分衆三道，一攻注口關〔一〇〕，一出馬郎嶺，一擣洵陽。彦遣副將焦文通禦注口，自以親兵營馬郎，相持一月，大戰六日，賊大敗，仲爲其下所殺。又有王闢、董貴、祁守中阻兵窺蜀，彦悉討平之。

郭浩。隴干人。紹興初，知金州，兼永興軍經略使。金州殘弊特甚，户口無幾，浩招集流亡，開營田，以其規制頒示諸路。他軍以匱急仰給朝廷，浩獨積贏錢十萬緡以助户部，朝廷嘉之，凡有奏請，得以直達。累遷樞密院都統制，屯金州，仍建帥府。淳熙中，賜立廟金州。

蹇彝。通泉人。端平中，通判金州。元兵攻蜀，彝堅守，戰不能敵，被擒，不屈而死。其子永叔復力戰，城破，舉家死焉。

和彥威。理宗端平三年，彥威獨守饒風關孤城，外絶救援，堅壁屹立。元兵數攻不下，引還。明年夏，從谷中奄至，金州陷，彥威死之。

## 明

鄭福。深州人。成化中，知金州。疏鑿漢江灘石，築堤以禦水患，開市通商，民生滋殖。

陰子淑。内江人。成化中，知金州。以禮義教民，風俗爲之變。

何尚德。猗氏人。嘉靖中，知金州，以廉稱。

金之純。廣濟人。崇禎中，知興安州。流賊薄城，之純率鄉兵殲其魁。歲饑多方賑恤，以勞瘁卒於官。

何宗孔。北直通州人。崇禎中，爲紫陽縣典史，流賊陷城，死之。

## 本朝

仰九明。河州人。順治中，爲紫陽路遊擊。邑多盜，九明出奇兵屢敗之，入山搗其巢，賊悉就擒。

王章。錦州人。康熙中，知興安州。甫到官，值軍興，總兵責州民輸糧牧馬，民大困，章申請上官，立禁之。州故無校士所，爲出資創建。會兵進勦茅麓山盜，芻糧器械，應機立辦。鄖撫檄州民運饟，章念民力已竭，竟不應。

張大經。山西鳳臺人。乾隆十六年一甲一名武進士，歷官至興漢鎮總兵。三十六年，赴金川軍營，進剿朗郭宗，克之。三十八年，大軍移營木果木，大經分駐簇拉角克，後遇賊於乾海子，路險不能騎，徒步力戰死。入祀昭忠祠，廕騎都尉世職。

黄衮。鎮平人。由義勇議敘，擢知白河縣。堵剿教匪，屢著勞績。嘉慶七年，禦賊於縣之泰山廟，陣亡。事聞賜卹，廕雲騎尉世職。

# 人物

## 晉

王遜。魏興人。仕郡察孝廉，累遷上洛太守。私牛馬在郡生駒犢者，秩滿，悉以付官。轉魏興太守。永嘉四年，爲寧州刺史。時吏士散没，城邑丘墟，遜披荒糾厲，收聚離散，征伐諸夷，威行寧土。遣子澄奉表勸進於元帝，累加散騎常侍、安南將軍，賜爵褒中縣公。李雄遣李驤寇寧州，遜使將軍姚崇、爨琛大破驤等。在州十四年，卒，謚曰壯。

## 周

李遷哲。安康人。世爲山南豪族。遷哲少有識度，慷慨善謀畫。父元真，仕梁爲衡州刺史，留遷哲本鄉監統部曲事，撫馭羣下，甚得其情，累遷東梁州刺史。大統十七年，周文遣達奚武、王雄等略地山南，遷哲被執，周文以其信著山南，令與賀若敦同往經略，遂平寇亂。巴濮之人，降款相繼。授侍中，除直州刺史，與田弘同討信州，留鎮白帝。明帝初，授都督信州刺史。天和三年，進位大將軍，鎮襄陽，大破陳將章昭達，進爵安康郡公。卒，謚壯武。

王傑。本名文達，直城人。從孝武西遷，周文奇其才，嘗謂諸將曰：「文達萬人敵也。」後復潼關，破沙苑，争河橋，戰芒山，皆以勇敢聞，親待日隆，於是賜姓宇文氏。恭帝元年，從于謹圍江陵，時柵内有人善用長矟，傑射之應弦而倒，遂拔之。孝閔帝踐阼，進爵張掖郡公，爲河州刺史。建德初，除涇州總管，頗爲百姓所慕。卒，追封鄂國公，謚曰威。

## 隋

何妥。西城人。少機警，有儁才。高祖受禪，除國子博士。嘗言蘇威不可信任，又上八事以諫。帝令考定鐘律，作清、平、瑟三調聲，又作八佾、鞞鐸巾拂四舞。以太常所傳宗廟雅樂深乖古意，奏請用黄鐘。復上封事，論時政損益，并指斥當時朋黨，於是蘇威、盧愷、薛道衡等皆坐得罪。尋爲國子祭酒，卒官，謚曰肅。撰周易講疏、孝經義疏、莊子義疏及封禪書、樂要、文集，並行於世。

## 唐

李襲志。安康人。仕隋，始安郡丞。大業末，盜起，襲志傾私産，募士得三千人，乘城拒盜，蕭銑、林士弘屢攻之，不下。聞煬帝喪，與士民縞素三日臨。固守凡二年，力窮援絶，爲銑所陷。武德初，高祖命其子元嗣召之，襲志約嶺南酋李光度潛圖歸國。及銑敗，嶺南六十餘州皆送款，襲志誘而致云。授桂州總管，封始安郡公。守桂二十八年，政尚清省，南荒便之。

李襲譽。襲志弟。通敏有識度。高祖定長安，召授太府少卿，詔委典運以饟東軍。累擢揚州大都督府長史、江南巡察大使，多所黜陟，召爲大府卿。爲人嚴慤，以威肅聞。居家儉，厚於宗親，禄廩隨多少散之，以餘資寫書。罷揚州，載書數車。嘗謂子孫曰：「吾性不喜財，遂至屢乏。然負京有賜田千頃，耕之可以食；河内千樹桑，事之可以衣；江都書，力讀之可以官。能勤此，無資於人矣。」

## 明

謝文。金州人。成化中進士，選庶吉士。改御史，巡閲通州竹木、居庸諸關軍耗，長蘆鹽法，漕運四川邊儲，所至剗弊糾姦，不避貴近。遷河間知府，賑饑有方，庭無留牘。終山東參政。

張鳳翔。洵陽人。生有異質，强記博覽，爲文雄傑卓犖。與李夢陽同舉於鄉，既成進士，同授户部主事。未幾卒，夢陽輯其遺文六卷，梓行之。

屠濟。金州人。嘉靖中舉於鄉，知長子縣，一介不取。沍冬著敝韡無襪，民有以屨襪進者，正色叱去。及歸里，鶉衣百結，恬如也。

侯大化。金州人。嘉靖中舉於鄉，知新津縣，恂恂不爲崖異，而自守極嚴毅，有欲干以私者，皆憚而不敢發。卒之日，無以爲斂，清操卓品，士論重之。

胡柟。洵陽人。知夏縣及保德州，均有惠政。洊升恩州兵備道，卒於官。

劉四科。紫陽人。隆慶中進士，知長治縣，擢吏部主事，歷兵部尚書兼副都御史。巡撫薊鎮，練兵恤民，多善政。卒，贈太子少保。

羅世濟。平利人。萬曆中舉於鄉，爲沔池教諭，聞李自成入關，以死自誓。既而沔池陷，世濟率家人力戰，被執不屈，死之。子得鴻，練鄉兵守平利，殺賊甚多。城破，與妻子俱死之。本朝乾隆四十一年，入祀忠義祠。

孫魯。石泉人。由歲貢官廣西知州。未幾歸，流賊攻石泉，魯倡守城議甚力。城陷，魯力戰死。

本朝

吴錦。興安州人。諸生。順治三年，流賊餘黨陷興安，錦與鄉人譚文達，並駡賊不屈死。

康紹文。興安州人。諸生。順治三年，流賊陷城，父子俱被掠，賊欲殺其父，紹文乞以身代。賊殺之，父竟免於難。

康應祥。興安州人。家貧好義，嘗路拾黄金六十兩，俟失者還之。事繼母以孝聞，流賊過其門曰：「此孝義士也。」相戒勿犯。

鍾儀傑。洵陽人。康熙中進士，知息縣，賑饑全活甚衆。行取吏部主事，歷遷郎中，出知廣州府。潔己奉職，不營貲産，以勞卒於官。

羅登科。洵陽人。力田敦睦，數世同居，百餘人合食無間言。

覃訓。紫陽人。少孤，事繼母宋甚孝，待繼母弟誨極友愛。土賊亂，訓負母逃難，誨稍緩，爲賊所獲，訓傾貲詣賊贖以歸。同縣諸生許應選，事親亦至孝，母病目失明，應選朝夕跪泣籲天，母目忽明。

楊秉恒。平利人。諸生。性至孝，色養無間。乾隆年間旌。

劉悦。平利人。以孝行著。嘉慶年間旌。同縣姜宗壽、漢陰諸生邱崧，俱嘉慶年間以孝行旌。

## 流寓

宋

呂希純。壽州人。紹聖初，父公著追貶，希純亦以屯田員外郎分司南京，居金州，杜門著書。

陳師道。彭城人。高介有節，安貧樂道。諸經皆有訓傳，尤邃於詩禮。累遷秘書正字，客居金州。

明

呂柟。高陵人。正德間翰林修撰，敦學行，有五經註疏行世。避劉瑾亂，微服寓金州之純陽宮。

## 列女

明

柏壽妻王氏。金州人。壽殁，家貧甚，有勸改適者，氏斷髮自誓。事姑以孝聞，守節六十年。疾篤不令醫診視，其守身嚴謹類此。又梁廷臣妻劉氏，廷臣歿，遺孤在襁褓，舅姑欲奪其志，即翦髮毁面，誓以死。有豪强謀聘之，氏聞執刀刺頸，流血被地，舅姑亦爲感泣。又張鳴遠妻杜氏，年十九夫亡，族豪盡奪其産，氏甘貧奉親，守節愈厲。萬曆中旌。屠瑞妻劉氏，年十九守節；唐際虞妻曹氏、馬續光妻劉氏，均撫育遺腹，苦志守節；馬兆祥妻張氏、張价妾翟氏，均夫亡殉節。

王正蒙妻蕭氏。平利人。蒙亡三日，自縊死。時嘉靖四十二年也。

余養龍妻王氏。紫陽人。夫歿，氏孝事翁姑，訓子成立，苦節四十餘年。同縣魏訪之妻侯氏，年二十夫亡，翦髮自誓，苦節撫孤。任豫之妻孫氏。均以節孝旌。

安汝翼妻王氏。石泉人。性莊嚴，不事色笑。夫歿，守節三十餘年。同縣魏人仰妻周氏，夫亡，守身課子，足不踰閾。均以節孝旌。

水中二女。興安州人。崇禎末，漢水溢，死者甚衆，有結筏自救者，鄰里多附之。忽聞波中呼救聲，漸近，見二女子附一朽木，倏沉倏浮，引筏救之，年約十六七，問其姓氏不答。二女見筏上男子有裸者，歎曰：「吾姊妹倚木不死，冀有善地可存也。今若此，何用生爲！」復攜手躍入波中死。又州人陳大策溺死，妻張氏不食七日死。

張必奇妻黄氏。漢陰人。夫歿，推散家貲，不食十二日死。萬曆間旌。同縣胡文焕妻王氏，年二十，文焕病殁，密縫身衣，縊死柩側。又任磐妻楊氏、曾武妻王氏、張世華妻陳氏、閔進孝妻王氏、藍正元妻吴氏、解鶴妻駱氏、藍敏妻陳氏、茹士珍妻尹氏、陳光耀妻蔡氏，皆夫亡守節，課子成名。

王道直妻鄭氏。漢陰人。明末城陷，恐被辱，抱女投井死。楊天培妻郭氏、經歷陳光啓妾王氏，皆自刎死。

本朝

梁信成妻喻氏。興安州人。順治三年，爲流賊所執，大罵不屈，亂刀交下，死之。同時謝賢謨母胡氏、妻劉氏，陳子堂妻席氏，王建極妻蔣氏，范文奎妻侯氏，陳五美妻劉氏，並以義不污賊，自殺。

**崔尚志妻單氏。**興安州人。康熙十四年，吴三桂亂，賊黨縱掠民間。氏知不免，以其子託鄰婦，投崖死。

**藍旐妾鄭氏。**漢陰人。旐夫婦死於賊，鄭負嫡子立避難，備嘗險阻。亂定，家業蕩然，緝麻自食，訓立至於有成。

**楊裔昌妻劉氏。**興安州人。年十六夫亡，事舅姑盡孝，鞠遺腹子成立。同州趙應泰妻王氏、賈廷弼妻馬氏、楊秉彝妻康氏、梁陳妻孫氏、馬志學妻胡氏，俱以早寡，孝事舅姑，撫孤成立。魯鏞妻馬氏，年二十二夫歿，撫遺孤宏漢誓守。及宏漢爲諸生完娶，與婦先後死，又撫孫成楷成立。均雍正年間旌。又崔榮妻劉氏、馬在良妻馮氏、馬天鳳妻常氏，均以苦節著。又烈婦陳五典妻李氏，年十七夫亡，自經以殉。

**楊啓勇妻李氏。**平利人。年二十七夫亡，事舅姑甚孝，及歿，喪葬盡禮，教二子皆成立。雍正四年旌。

**吴鳳喈妻吉氏。**洵陽人。夫亡，孝事舅姑，撫子伯禮入泮。媳華氏善承姑志，撫子淳科餼於庠。兩氏俱年二十六而寡，守節四十餘年。同縣鍾仙質妻吉氏，亦以節孝著。

**任兆麟妻王氏。**紫陽人。夫亡守節，與同縣武君化妻李氏，均雍正年間旌。

**謝得龍妻何氏。**興安州人。夫亡，苦節三十年，乾隆十三年旌。同州朱緯妻沙氏、楊正禄妻馬氏、謝德隆妻何氏、馬顯名妻馬氏、鎖賢妻黄氏、鎖偉妻馬氏、陳知新妻王氏、俞珍妻廖氏、朱光煦妻周氏、王前我妻黄氏、萬士榮妻劉氏，又烈婦段起志妻廖氏、吴忠聘妻惠氏，均乾隆年間旌。

**王作位妻黄氏。**平利人。夫亡，家貧撫孤，守節五十餘年。同縣王政從妻李氏、古會極妻王氏、王國柱妻羅氏、魏必威妻崔氏、胡世典妻王氏、符節妻陳氏、王明世妻王氏、彭永壽妻古氏、趙良臣妻王氏、鍾士彦妻梁氏，均乾隆年間旌。

**夜啓泰女。**平利人。喜讀書。許字劉遠煥，未婚。遠煥卒，女年十五，聞訃歸夫家守貞，孝事舅姑，立姪爲嗣。

李聯芳妻謝氏。洵陽人。夫亡守節，清苦自持，年七十餘卒。同縣宋英妻吉氏、王諭妻馬氏、劉裕妻張氏、鍾仙麓妻朱氏、鍾篪妻吴氏、鍾衍慶妻吴氏、宋書之妻佘氏、李本朴妻劉氏、王紹曾妻彭氏，又烈婦馮告妻羅氏、陳允彩妻范氏，俱乾隆年間旌。又劉可大妻王氏、吴義貞妻戴氏、胡天章妻李氏、劉永敬妻胡氏、來鳳子妻錢氏、王柱桂妻錢氏、劉自玉妻胡氏、晏温妻陶氏、祁文彩妻李氏、陳大祥妻王氏、吴涵之妻宋氏、李習虎妻賈氏、張士正妻陳氏、陳宏詣妻焦氏、向理之妻張氏，均以苦節著。

談世海妻柯氏。白河人。不辱强暴，投河自盡。乾隆三十九年旌。

任豫妻孫氏。紫陽人。年二十三夫亡，養姑訓子，苦節五十餘年。同縣任項之妻嚴氏、寇撫德妻魏氏、張起鳳妻蕭氏、張芝鵬妻高氏。又尚其志妻趙氏，夫被虎啐，氏奮不顧身，追虎奪回，而夫傷重，旋卒。氏甘貧守節，孝事翁姑。又烈婦康廷英妻吴氏、王惟新妻吴氏，均乾隆年間旌。

程氏女。石泉人。許字吕氏子，吕氏子有惡疾，其母欲改字蕭姓，女不從，自經死，時年十五。

夏之相妻汪氏。漢陰人。夫亡守節，上事翁姑，養生送死，克盡孝道。同縣温永馨妻趙氏、曾法乾妻李氏、郭祚遠妻温氏、曾述志妻張氏、陳國典妻胡氏、尹原亨妻劉氏，均乾隆年間旌。又常敏妻吴氏、曾愷妻鄭氏、胡鑑妻劉氏，以苦節著。

張珍女。白河人。名器姐。因革生陳茂才摳手戲之，女忿自盡。乾隆四十四年旌。

劉氏女。平利人。劉某女，以孝聞。嘉慶九年旌。

謝允恭妻丁氏。安康人。夫亡守節，與同縣楊英妻王氏，均嘉慶十五年旌。

劉名世妻王氏。平利人。夫亡守節。嘉慶六年旌。同縣柯瑞燦妻鄭氏、柯瑞熿妻鄭氏、武涇妻漆氏、武汶妻李氏、李顯哲妻方氏，均嘉慶年間旌。

張舉妻周氏。洵陽人。夫亡守節。嘉慶十一年旌。

李文英妻吕氏。白河人。夫亡守節。嘉慶十六年旌。同縣吕志强妻黄氏、黄簡璞妻陳氏、劉爾功妻陳氏，均嘉慶年間旌。

胡玢妻鄭氏。漢陰廳人。夫亡守節。嘉慶五年旌。同廳于爾琫妻吴氏、李永盛妻張氏、賈賁妻馬氏、敬鼎妻沈氏、邱文選妻韓氏、劉焯妻陳氏、黄忠相妻唐氏、楊時生妻朱氏，均嘉慶年間旌。

# 仙釋

## 宋

張用成。金州人。號紫陽。有僧能入定出神，數百里間頃刻即至，紫陽謂之曰：「禪師今能與遊乎？」僧曰：「願同往揚州觀瓊花。」乃瞑目趺坐。紫陽與僧至，各折一花。頃之覺，僧袖手皆空，紫陽乃拈花與僧把翫。治平中，訪扶風馬默於河東，以所著悟真篇授之。元豐五年夏，趺坐而化。本朝雍正十一年，加封大慈圓通禪仙紫陽真人。

## 本朝

僧寂蓮。漢陰人。居蓮花寺，寺在萬山中，人跡罕至。糧盡，嘗啖黄精以飽。性好遊，懸崖峭壁，跣足如飛，因號赤脚禪師。一日與寺僧先尅逝期，至日遂積柴端坐而化。

## 土産

紙。寰宇記：金州土産。

茶。唐書地理志：金州土貢茶芽。

椒。唐書地理志：金州土貢。

漆。唐書地理志：金州土貢乾漆實。寰宇記：金州土産漆。本草：漆生漢中山谷，金州者最善。世重金漆，即金州也。

蠟。寰宇記：金州土貢蠟。

蜜。明統志：州境出。

降香。明統志：州境出降香、乳香。

白膠香。唐書地理志：金州土貢。

麝香。唐書地理志：金州土貢。

熊膽。明統志：州境出熊膽、鹿茸。

藥。唐書地理志：金州土貢杜仲、雷丸、枳殼、枳實、黄檗。寰宇記：金州土産黄蘗、鍾乳、厚朴。九域志：金州貢黄檗、枳實、枳殼、杜仲。舊州志：州産天南星、豨薟草、茯苓、瞿麥等藥。按：唐書地理志，金州土貢麩金。又西城漢水、漢陰月川水皆有金，今並無採者。又明統志載金州出自然銅、石青、石緑、碧鈿，唐宋採取，明初封閉。謹附記。

# 校勘記

〔一〕魏興郡領洵陽縣　「洵」，原作「郇」，據乾隆志卷一八八興安府古蹟（下同卷簡稱乾隆志）及晉書卷一五地理志改。

〔二〕割洵陽洵城閭川三縣置洵州　「閭」，乾隆志及舊唐書卷三九地理志作「驢」。按，本志蓋以字不雅馴而改也。

〔三〕北周保定二年置黄土郡及長岡縣　乾隆志及太平寰宇記卷一四一山南西道金州作「北周保定二年，改淯陽郡爲長岡郡」，與此不同。考隋書卷二九地理志「黄土縣」下云：「西魏置淯陽郡。後周改郡，置縣曰長岡。」本志蓋據此而改。

〔四〕宋書州郡志　「州郡」，原作「地理」，據乾隆志改。

〔五〕北周省入西城　「西城」，乾隆志同。考隋書卷二九地理志「西城郡」下云：「後周省魏昌郡入中城郡。」然中城郡無考，姑闕疑。

〔六〕後魏明即魏昌也　乾隆志同。按，「魏」字當重，句當作「後魏魏明即魏昌也。」

〔七〕吴蜀各遣其將向西城安橋木蘭塞　「橋」，原脱，乾隆志同，據晉書卷一宣帝紀補。

〔八〕秦郊鎮　「秦」，原作「泰」，據乾隆志改。按，本志上卷山川鯉魚山下引輿地紀勝云「州西三十里，地名秦郊」，蓋其地。雍正陝西通志卷一七關梁興安州有義橋，云「在州西三十里秦郊鎮」是也。

〔九〕裴藴　按，裴藴仕陳，入隋歷洋州、直州、隸州刺史。此列裴藴於周朝，誤，蓋「裴藴」上誤脱「隋」字。乾隆志誤同。

〔一〇〕一攻注口關　乾隆志同，宋史卷三六八王彦傳「注」作「住」。

# 同州府圖

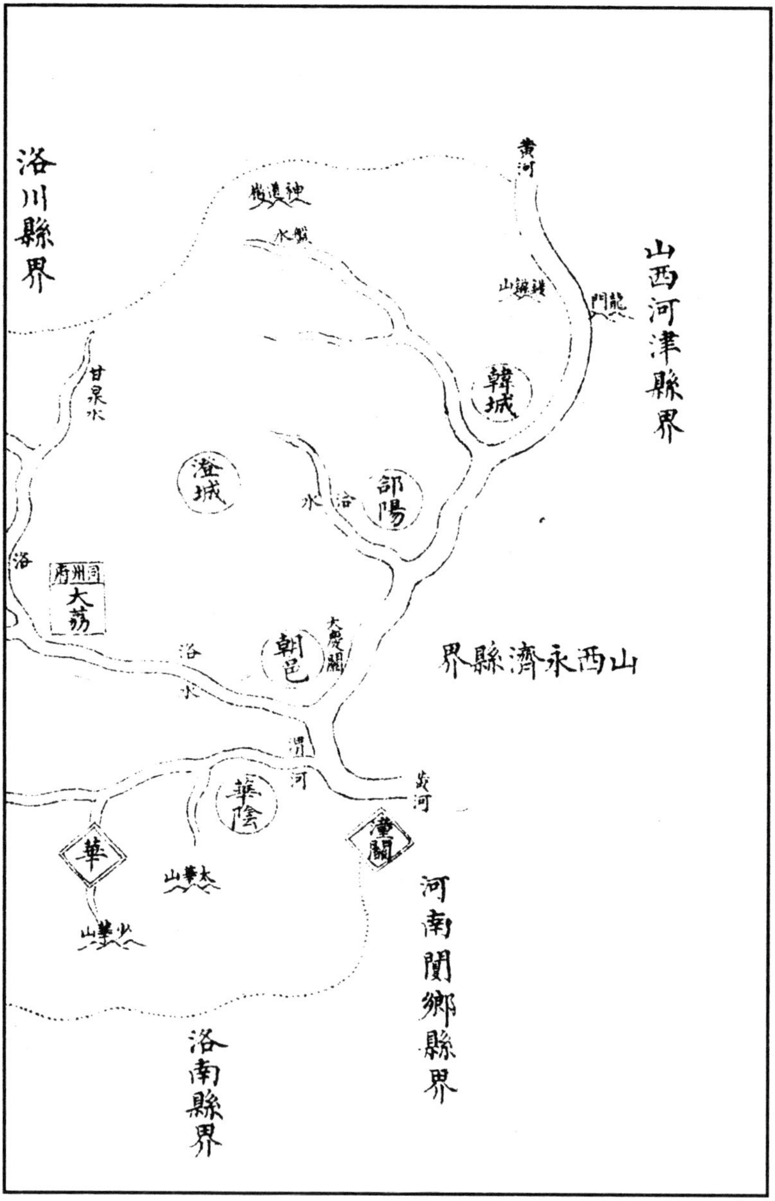
洛川縣界
黃河
神道嶺
盤水
山西河津縣界
龍門
韓城
甘泉水
澄城
洛水
郃陽
同州府
大荔
洛
洛水
朝邑
大慶關
山西永濟縣界
渭河
黃河
華陰
潼關
華
太華山
少華山
河南閿鄉縣界
洛南縣界

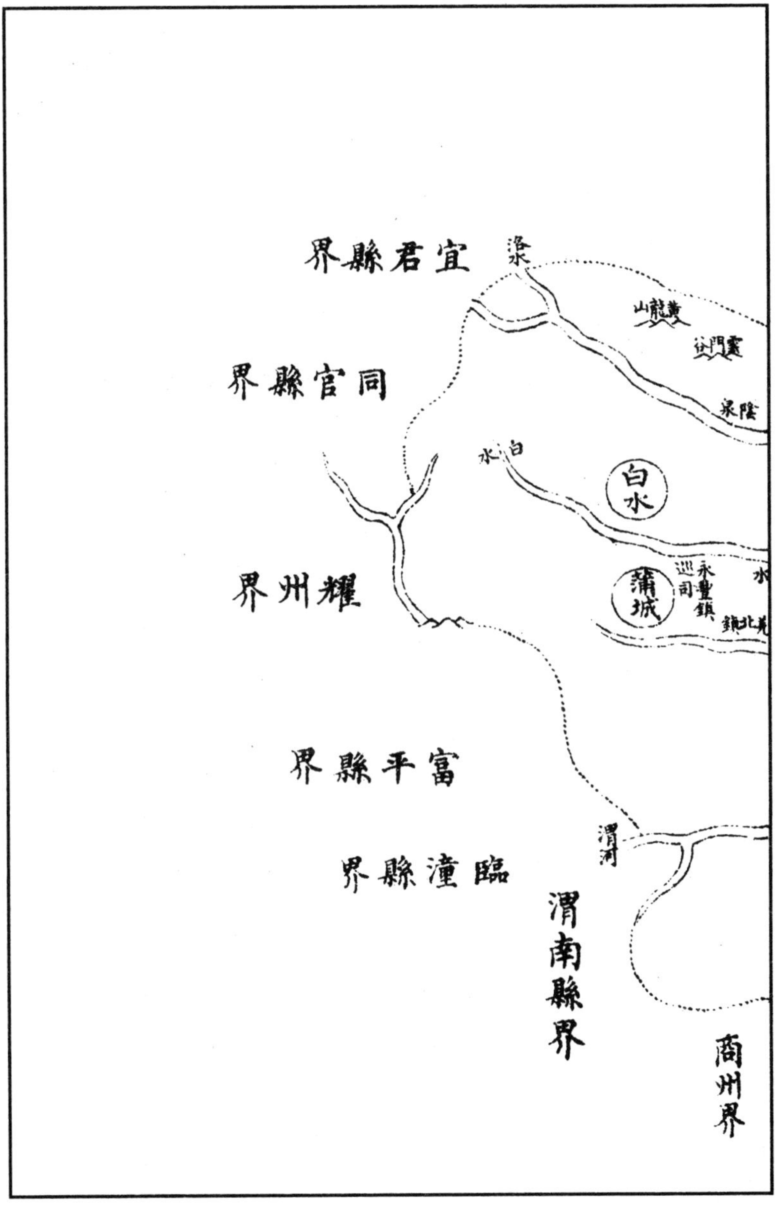
宜君縣界
洛
黃龍山
雷門谷
同官縣界
陰泉
白水
白水
耀州界
蒲城
永豐鎮巡司
水
北鎮
富平縣界
渭河
臨潼縣界
渭南縣界
商州界

# 同州府表

| | 同州府 | 大荔縣 |
|---|---|---|
| 秦 | 內史地。 | 臨晉縣 |
| 兩漢 | 後漢末移左馮翊來治。 | 臨晉縣 屬左馮翊。後漢末爲左馮翊治。 |
| 三國 | 馮翊郡 魏改郡，除「左」字。 | 臨晉縣 郡治。 |
| 晉 | 馮翊郡 屬雍州。 | 大荔縣 更名。 |
| 南北朝 | 武鄉郡 魏太和十一年置華山郡，兼置華州。孝昌二年改郡名。西魏改州曰同。 | 武鄉縣 魏太和十年更名華陰，孝昌二年又改名，州郡治。 |
| 隋 | 馮翊郡 開皇三年郡廢，大業三年州廢，改置。 | 馮翊縣 大業初更名，郡治。 |
| 唐 | 同州 武德元年復置州，天寶元年改馮翊郡，乾元元年復。屬關內道。 | 馮翊縣 州治。武德九年析置臨沮縣，貞觀初省。 |
| 五代 | 同州 | 馮翊縣 |
| 宋金附 | 同州 屬永興路。金屬京兆府路。 | 馮翊縣 |
| 元 | 同州 屬奉元路。 | 省入州。 |
| 明 | 同州 屬西安府。 | |

續表

| 朝邑縣 | 郃陽縣 |
| --- | --- |
| 臨晉縣地。 | 合陽縣 屬内史。 |
| | 郃陽縣 更名,屬左馮翊。後漢初廢,永平二年復。 |
| | 郃陽縣 |
| | 郃陽縣 屬馮翊郡,後廢。 |
| 南五泉縣 魏太和十一年置,屬澄城郡。西魏更名朝邑。 | 郃陽縣 魏太和二十年復置,屬華山郡。周屬澄城郡。<br>宮城縣 魏太平真君七年置,屬澄城郡,後廢。 |
| 朝邑縣 屬馮翊郡。 | 郃陽縣 屬馮翊郡。 |
| 朝邑縣 屬同州。武德三年析置河濱縣,貞觀初仍省入。乾元三年更名河西,屬河中府。大曆三年復名,還屬同州。 | 郃陽縣 武德三年屬西韓州,貞觀中還屬同州。<br>夏陽縣 武德三年置河西縣,兼置西韓州。八年州廢,縣屬同州。乾元三年更名。 |
| 朝邑縣 | 郃陽縣 梁屬河中府。唐復屬同州。<br>夏陽縣 |
| 朝邑縣 | 郃陽縣 金屬禎州。<br>熙寧三年省。 |
| 朝邑縣 | 郃陽縣 復屬同州。 |
| 朝邑縣 | 郃陽縣 |

| 澄城縣 | 韓城縣 |
| --- | --- |
| 北徵縣屬內史。 | 夏陽縣屬內史。 |
| 徵縣更名，屬左馮翊。後漢廢。 | 夏陽縣屬左馮翊。 |
| 郃陽縣地。 | 夏陽縣 |
| | 夏陽縣屬馮翊郡。 |
| 澄城縣魏太平真君七年置，兼置澄城郡。<br>三門縣魏太平真君七年置，屬澄城郡。周廢。<br>五泉縣魏太平真君七年置，屬澄城郡。周廢。 | 夏陽縣魏屬華山郡，後省入郃陽。 |
| 澄城縣郡廢，屬馮翊郡。 | 韓城縣開皇十八年改置，屬馮翊郡。 |
| 澄城縣屬同州。武德三年分置長寧縣，貞觀初仍省入。 | 韓城縣武德三年改屬西韓州，貞觀八年屬同州，天祐二年更名韓原。 |
| 澄城縣梁屬河中府。唐復屬同州。 | 韓城縣梁屬河中府，唐天成初復名，還屬同州。 |
| 澄城縣 | 韓城縣金貞祐三年升爲禎州。 |
| 澄城縣 | 韓城縣州廢，縣復仍屬同州。 |
| 澄城縣 | 韓城縣 |

| 華州 | | | |
|---|---|---|---|
| | 鄭縣 屬內史。 | 武城縣 | |
| | 鄭縣 屬京兆尹。 | 武城縣 屬左馮翊。後漢廢。 | 沈陽縣 漢置，後漢廢。 |
| | 鄭縣 | | |
| | 鄭縣 屬京兆郡。 | | |
| 華山郡 魏太平真君元年置，孝昌二年兼置東雍州，西魏改州曰華。 | 鄭縣 魏州郡治。 | | |
| 華山郡 開皇三年郡廢，大業三年州廢，義寧元年改置。 | 鄭縣 屬京兆郡。 | | |
| 華州 武德元年復置州，垂拱元年改太州，神龍元年復。天寶元年改華陰郡。乾元元年復屬關內道。乾寧四年升興德府，光化三年復。 | 鄭縣 州治。 | | |
| 華州 | 鄭縣 | | |
| 華州 屬永興路。金屬京兆府路。 | 鄭縣 | | |
| 華州 屬奉元路。 | 省入州。 | | |
| 華州 屬西安府。 | | | |

續表

| 華陰縣 | 蒲城縣 | 白水縣 |
| --- | --- | --- |
| 寧秦縣屬內史。 | 重泉縣屬內史。 | |
| 華陰縣高帝更名，屬京兆尹。後漢屬弘農郡。船司空漢置。後漢省。 | 重泉縣屬左馮翊。 | 粟邑縣景帝置，屬左馮翊。後漢廢，永元九年復。 |
| 華陰縣 | 重泉縣 | 粟邑縣 |
| 華陰縣 | 重泉縣屬馮翊郡，後廢。 | 粟邑縣屬馮翊郡，後廢。 |
| 華陰縣魏屬華山郡，太和十一年又析置敷西縣，尋廢。 | 南白水縣魏太和十一年析白水置，屬白水郡。西魏更名蒲城。 | 白水縣魏太和三年析澄城置，兼置白水郡。 |
| 華陰縣大業五年移治，屬京兆郡。 | 蒲城縣屬馮翊郡。 | 白水縣郡廢，屬馮翊郡。 |
| 華陰縣屬華州。垂拱初改名仙李，神龍初復。上元初又改名太陰，寶應初復。 | 奉先縣開元中更名，屬京兆府。天祐中改屬同州。 | 白水縣屬同州，後省入奉先縣。 |
| 華陰縣 | 奉先縣唐屬雍州，周屬京兆府。 | 白水縣唐復置，屬耀州。 |
| 華陰縣 | 蒲城縣建隆中屬同州，開寶四年復名蒲城，天禧四年改屬華州。 | 白水縣屬同州。金屬耀州。 |
| 華陰縣 | 蒲城縣 | 白水縣屬同州。 |
| 華陰縣 | 蒲城縣 | 白水縣洪武初徙治，仍屬同州。 |

續表

| | 潼關廳 |
|---|---|
| 衙縣 | 陽華地。 |
| 衙縣屬左馮翊。 | 塞國漢初建，後廢。後漢建安中始置潼關。 |
| 衙縣 | |
| 廢。 | |
| 姚谷縣魏太和三年置，屬白水郡，後廢。 | |
| | |
| | 潼津縣天授二年分華陰置，長安中廢。 |
| | 華州地。 |
| | |
| | |
| | 潼關衛洪武九年置。 |

# 大清一統志卷二百四十三

## 同州府一

在省治東北二百四十里。東西距一百七十八里，南北距三百三十里。東至山西蒲州府永濟縣界五十八里，西至西安府富平縣界一百二十里，南至商州洛南縣界一百五十里，北至鄜州洛川縣界一百八十里。東南至河南陝州閿鄉縣界九十五里，西南至西安府臨潼縣界一百四十里，東北至山西絳州河津縣界二百六十里，西北至鄜州宜君縣界一百九十里。自府治至京師二千一百三十里。

### 分野

天文井、鬼分野，鶉首之次。

### 建置沿革

禹貢雍州之域。戰國時魏臨晉邑。秦置臨晉縣。漢屬左馮翊，後漢末移左馮翊來治。三國魏改爲郡，除「左」字。晉因之。後魏太和十一年，置華州及華山郡。孝昌二年，改郡曰武鄉。西魏改州曰同州。元和志：禹貢云漆沮既從，灃水攸同，言二水至此同流入渭，城居其地，故曰同州。隋開皇三年郡廢，大業三年州廢，改置馮翊郡。唐武德元年，復曰同州。天寶元年曰馮翊郡，乾元元年復曰同州，隸關内道。舊唐書地理志：同州防禦長春宮使，同州刺史領之。唐書方鎮表：興元元年，以同州爲奉誠軍節度，是年罷。乾寧二年，升同州爲匡國軍節度，天祐三年罷。五代因之。寰宇記：唐匡國軍，梁改忠武軍，後唐同光初復舊。周顯德六年，降爲刺史。宋曰同州，屬永興軍路。宋史地理志：同州，望，馮翊郡，定國軍節度。金屬京兆府路。金史地理志：定國軍，後改安國軍。元初以州治馮翊縣省入，屬奉元路。明屬西安府。本朝雍正三年，直隸陝西布政司。領朝邑、郃陽、澄城、韓城四縣。十三年升爲府，並設大荔縣爲府治。降華州爲屬州，及華陰、蒲城、白水、潼關四縣來屬。乾隆十二年，升潼關縣爲廳。今領州一，縣八，廳一。

**大荔縣**。附郭。東西距四十里，南北距九十里。東至朝邑縣界十里，西至蒲城縣界三十里，南至華州界五十五里，北至澄城縣界三十五里。東南至華陰縣界五十里，西南至西安府渭南縣界五十里，東北至朝邑縣界三十里，西北至蒲城縣界三十里。秦取大荔戎，築其地曰臨晉，後置縣。漢屬左馮翊，後漢末爲左馮翊治，魏爲馮翊郡治。晉因之，武帝改名大荔。北魏改馮翊郡爲華州，更縣爲華陰。孝昌二年，改名武鄉縣，爲武鄉郡治。隋大業初更名馮翊，爲馮翊郡治。唐爲同州治。武德九年，析置臨沮縣，貞觀初省。五代、宋、金因之。元省縣入州，明因之。本朝雍正十三年，升同州爲府，置縣爲府治。

**朝邑縣**。在府東三十里。東西距四十八里，南北距九十里。東至山西蒲州府永濟縣界二十八里，西至大荔縣界二十里，南至華陰縣界四十里，北至郃陽縣界五十里。東南至華陰縣界六十里，西南至華陰縣界四十里，東北至郃陽縣界五十里，西北至澄城縣界五十里。秦、漢臨晉縣地。後魏太和十一年，置南五泉縣，屬澄城郡。西魏改曰朝邑，隋屬馮翊郡。唐初屬同州，乾元三年，割屬河中府，改名河西。大曆三年，復曰朝邑，仍屬同州。五代、宋、金因之。元、明統於西安府。本朝雍正三年屬同州，十三年屬同州府。

**郃陽縣**。在府東北一百十里。東西距六十里，南北距一百里。東至山西平陽府臨晉縣界四十里，西至澄城縣界二十里，南至朝邑縣界五十里，北至韓城縣界五十里。東南至山西蒲州府永濟縣界四十里，西南至澄城縣界四十里，東北至韓城縣界五十里，西北至澄城縣界四十里。本古有莘國。戰國魏合陽邑。秦置縣，屬內史。漢曰郃陽，屬左馮翊。後漢初廢，永平二年復置，仍屬左馮翊。晉屬馮翊郡，後廢。後魏太和二十年復置，屬華山郡。後周屬澄城郡。隋屬馮翊郡。唐武德三年，割屬西韓州。貞觀八年，還屬同州。五代梁改屬河中府，後唐天成元年復故。宋因之。金貞祐三年，改屬禎州。元初，復屬同州。明統於西安府。本朝雍正三年屬同州，十三年屬同州府。

**澄城縣**。在府北一百里。東西距六十里，南北距一百三十里。東至郃陽縣界二十里，西至白水縣界四十里，南至大荔縣界六十里，北至鄜州洛川縣界七十里。東南至朝邑縣界六十里，西南至蒲城縣界六十里，東北至韓城縣界九十里，西北至洛川縣界九十里。春秋晉徵邑。秦置北徵縣，屬內史。漢爲徵縣，屬左馮翊。後漢廢。晉爲郃陽縣地。後魏太平真君七年，置澄城縣，兼置澄城郡。隋開皇初郡廢，以縣屬馮翊郡。唐屬同州。五代梁改屬河中府。後唐同光中復故。宋、金、元因之。明統於西安府。本朝雍正三年屬同州，十三年屬同州府。

**韓城縣**。在府東北二百里。東西距一百四十里，南北距一百六十里。東至山西平陽府榮河縣界十五里〔一〕，西至鄜州洛川縣界一百二十五里，南至郃陽縣界四十里，北至延安府宜川縣界一百二十里。東南至榮河縣界二十里，西南至郃陽縣界七十里，東北至山西絳州河津縣界六十里，西北至宜川縣界一百二十里。本古梁國。戰國初，魏少梁邑。秦置夏陽縣，屬內史。漢屬左馮翊，後漢因之。晉屬馮翊郡。後魏屬華山郡，後省入郃陽。隋開皇十八年，改置韓城縣，屬馮翊郡。唐武德三年，屬西韓州，八年徙州治此。貞觀八年州廢，以縣屬同州。天祐二年，改名韓原縣。五代梁改屬河中府。後唐天成元年，復曰韓城，還屬同州。

宋因之。金貞祐三年，升爲禎州。元至元元年州廢，二年復置，六年又廢，以縣屬同州。明統於西安府。本朝雍正三年屬同州，十三年屬同州府。

華州。在府南一百八十里。東西距六十七里，南北距一百十里。東至華陰縣界四十里，西至西安府渭南縣界二十七里，南至商州洛南縣界八十里，北至渭南縣界三十里。東南至華陰縣界一百十五里，西南至渭南縣界六十里，東北至大荔縣界三十五里，西北至渭南縣界三十里。周爲鄭國。春秋屬晉。戰國爲秦、魏二國境。秦置鄭縣，屬内史。漢屬京兆尹，後漢因之。晉屬京兆郡。後魏太平真君元年，置華山郡。孝昌二年，置東雍州。西魏始改爲華州。隋開皇三年郡廢，大業二年州廢，縣屬京兆郡。義寧元年，復置華山郡。唐武德初，仍名華州，治鄭縣。垂拱元年，改曰太州，神龍元年復故。天寶元年改華陰郡，乾元元年復故。上元元年又改太州，寶應元年仍曰華州，屬關内道。乾寧四年，升州爲興德府。光化三年，復曰華州。五代因之。宋曰華州，屬永興路。金屬京兆府路。元以州治鄭縣省入，屬奉元路。明屬西安府。本朝雍正三年，直隸陝西布政司，十三年改屬同州府。

華陰縣。在府南一百六十里。東西距六十五里，南北距六十里。東至潼關廳界三十五里，西至華州界三十里，南至商州洛南縣界四十里，北至朝邑縣界二十里。東南至洛南縣界四十里，西南至洛南縣界八十里，東北至朝邑縣界三十里，西北至大荔縣界三十里。禹貢華陰地。戰國魏陰晉邑。秦惠文王六年，更名寧秦縣，屬内史。漢高帝八年，改曰華陰，屬京兆尹，爲京輔都尉治。後漢建武十五年，改屬弘農郡。魏、晉因之。後魏屬華山郡。隋屬京兆郡。唐屬華州。垂拱元年，改曰仙掌。神龍元年，復曰華陰。上元二年，改曰太陰。寶應元年，復曰華陰。五代、宋、金、元因之。明統於西安府。本朝雍正三年屬華州，十三年屬同州府。

蒲城縣。在府西八十里。東西距九十里，南北距八十里。東至大荔縣界四十里，西至西安府富平縣界五十里，南至西安府渭南縣界四十里，北至白水縣界四十里。東南至大荔縣界四十里，西南至西安府臨潼縣界七十里，東北至澄城縣界七十里，西北至西安府同官縣界九十里。春秋賈國，後屬晉。秦置重泉縣，屬内史。漢屬左馮翊，後漢因之。晉屬馮翊郡，後廢。後魏太和十一年，析白水置南白水縣，屬白水郡。西魏改縣曰蒲城。隋屬馮翊郡。唐初屬雍州。開元四年，改曰奉先，屬京兆府。天祐三年，改屬同州。後唐還屬雍州。周屬京兆府。宋建隆中屬同州。開寶四年，復曰蒲城。天禧四年，改屬華州。金、元因之。明統於西安府。本朝雍正三年屬華州，十三年屬同州府。

白水縣。在府西北一百三十里。東西距八十里，南北距七十五里。東至澄城縣界四十里，西至蒲城縣界四十里，南至蒲城縣界五里，北至鄜州洛川縣界七十里。東南至蒲城縣界三十五里，西南至蒲城縣界五里，東北至澄城縣界六十里，西北至鄜州宜君縣界七十里。漢置粟邑縣，屬左馮翊。後漢初廢，永元九年復置。晉屬馮翊郡，後廢。後魏太和二年，始置白水縣，兼置白水郡。隋郡廢，以縣屬馮翊郡。唐屬同州，後省入奉先縣。五代唐復置，屬耀州。宋屬同州。金改屬耀州。元復屬同州。明統於西安府。本朝雍正三年屬耀州，十三年屬同州府。

潼關廳。在府東少南一百九十五里。東西距十里，南北距四十一里。東至河南陝州閿鄉縣界五里，西至華陰縣界五里，南至商州洛南縣界四十里，北至山西蒲州府永濟縣界一里。東南至閿鄉縣界六十里，西南至華陰縣界二十里，東北至山西平陽府臨晉縣界二里，西北至朝邑縣界六十里。秦陽華地。漢初建塞國，後廢。後漢建安中，始置潼關。唐天授二年，置潼津縣，長安中廢。宋爲華州地。明洪武九年，置潼關衛。永樂六年，隸中軍都督府。本朝屬西安府。雍正四年，置潼關縣，屬華州。十三年屬同州府。乾隆十二年升爲廳。

## 形勢

前據華嶽，後臨涇渭，左控桃林之塞，右阻藍田之關。許洛水陸之際，形勝名都，西蕃奧府。元一統志。

## 風俗

人俗質木，性剛毅而好勝敵。《寰宇記》。士十九兼農，婦女績紝，無間四民之家。《舊志》。

## 城池

同州府城。周九里有奇，門四，池深丈餘。明嘉靖中因秦舊址建，本朝乾隆十八年修。大荔縣附郭。

朝邑縣城。周四里，門五，池深一丈。明景泰二年土築，嘉靖中拓建。本朝順治十七年、康熙六年、乾隆十七年屢修。

郃陽縣城。周八里有奇，門四，池深二丈。明正統十四年土築，隆慶二年甃甎。本朝康熙三年修，乾隆二十八年重修。

澄城縣城。周三里有奇，門四，水門一，池深一丈三尺。後魏時建，明時屢修。本朝順治五年因舊址拓建，乾隆三十一年修。

韓城縣城。周三里有奇，門四，池深二丈。金大定四年建，明時屢修。本朝雍正七年修，乾隆三十一年重修。

華州城。周七里有奇，門四，池深一丈五尺。唐永泰元年建，明萬曆五年增築。本朝乾隆九年、五十年重修。

華陰縣城。周二里有奇，門四，池深八尺。元至正十八年建，明萬曆五年拓建。本朝乾隆十二年修。

蒲城縣城。周九里，門四，池廣三丈。西魏時建，明嘉靖中修。本朝順治七年修，乾隆二十八年重修。

白水縣城。周四里，門五，池廣二丈。明洪武三年因唐舊址建，嘉靖中修。本朝順治三年、乾隆十九年、三十二年屢修。

潼關廳城。周十一里有奇，門六，北臨黄河，即唐關城舊址。宋熙寧中拓建，明時屢修。本朝康熙二十四年、乾隆八年、五十五年屢修。

## 學校

同州府學。在府治西南。宋慶曆中建，明洪武三年重建，天啓二年修。本朝乾隆二年修。入學額數二十名。

大荔縣學。附府學。入學額數二十名。原額二十二名，嘉慶十八年，裁撥西安府孝義廳一名，寧陝廳一名。

朝邑縣學。在縣治東南。明洪武三年建。本朝雍正四年修。入學額數十六名。

郃陽縣學。在縣治南。宋元祐六年建，明洪武二年重建。本朝順治六年、乾隆二年修。入學額數二十名。

澄城縣學。在縣治北，舊在縣治西郭。宋大觀中建，明萬曆十七年移建今所。本朝順治五年重建，乾隆二年修。入學額數十五名。

韓城縣學。在縣治東。明洪武四年建。本朝康熙十八年修。入學額數二十五名。原額二十名，嘉慶十九年特旨增文武學額各五名。

華州學。在州治東。元皇慶中建，明洪武三年重建。本朝乾隆二年修，四十五年重修。入學額數二十名。

華陰縣學。在縣治東。明洪武二年建。本朝康熙二十三年修，乾隆四十四年重修。入學額數十五名。

蒲城縣學。在縣治東。宋建，明洪武二年重建。本朝康熙四年、乾隆二年重修。入學額數二十名。

白水縣學。在縣治東。明洪武三年建。本朝乾隆十九年修。入學額數八名。

潼關廳學。在廳治東南。初在治東，明正統四年建，成化十一年移建今所。本朝雍正五年修。入學額數九名。

豐登書院。在大荔縣城。乾隆二十六年建。

西河書院。在朝邑縣城。雍正九年建。

華原書院。在朝邑縣治西。乾隆三十四年建。

古莘書院。在郃陽縣城。乾隆二十年建。

玉泉書院。在澄城縣治東北。乾隆四十四年建。

龍門書院。在韓城縣治東。乾隆四十四年建，嘉慶二十五年修。

蘿石書院。在韓城縣南門，附郭。乾隆二年建，五十二年修。

文星書院。在韓城縣東鄉文星塔。乾隆七年建。

華山書院。在華州學北。明嘉靖末建。

秀峯書院。在華州治北。乾隆元年建。

太華書院。在華陰縣治東。康熙五十七年建。

雲臺書院。在華陰縣城南華山下。乾隆三十年建。

堯山書院。在蒲城縣城。乾隆十四年建。

明德書院。在白水縣治西。

明新書院。在潼關廳治東。明萬曆中建。

關西書院。在廳治西。雍正七年建。

鳳山書院。在潼關廳。乾隆十九年建。

潼川書院。在潼關廳。按：舊志載華嶽書院，在華陰縣東關，明建。四知書院，在華陰縣東，明萬曆中建。崇禮書院，在蒲城縣治東南，明正德五年建。今並廢。謹附記。

## 户口

原額人丁五十一萬九千五百四十六，今滋生民户男婦共一百八十萬五千二百十九名口。

## 田賦

民地六萬九千七百九十一頃九十八畝五分八釐，額徵地丁銀四十二萬四百三十三兩二錢四分八釐。屯地四千三百二十九頃九十畝二分二釐，額徵地丁銀一萬一千八百六十兩二錢三分六釐，糧一萬三百一十七石八斗七升七合六勺。更名地一十三頃六十四畝七分一釐，額徵地丁銀二十九兩七錢五分八釐，糧六十九石九斗七升五合四勺。

## 山川

黄堆山。在大荔縣西。舊志：唐廣德元年，党項羌寇同州，郭子儀敗之於黄堆山，即此。

紫陽山。在朝邑縣西南三里，即華原之傑出者。

飛浮山。在郃陽縣東南四十里黄河中。舊志：俗傳與河水爲升降，故名。上有子夏石室。金史地理志：郃陽縣有非山。即此。

乳羅山。在郃陽縣南三十里。俗訛爲苧蘿山，有洞亦訛爲西施洞。

方山。在郃陽縣北四十里，與韓城縣接界，形如覆斗。

壺梯山。在澄城縣西北五十里。

石門山。在澄城縣西北七十里。山麓有風洞，一名風谷，天將風，洞中先有聲，響振巖谷，風欲息，則其響如初。相近又有麻林陂山。

將軍山。在澄城縣北六十里。上有白起廟，山南有村曰社田，相傳起食邑於此。

社公山。在澄城縣北五十里。上有社公、社母廟。

石樓山。在澄城縣北七十里。相近有界頭山，接洛川界。

武帝山。在澄城縣東北七十里，有漢武帝廟。

馬頭山。在韓城縣南五十里。縣志：山形如馬，故名。

巍山。在韓城縣西南四十里，孤峯獨聳，最高險。

大象山。在韓城縣西北二里，龍門山延亘而南，與之相接。其南又有獅山。

蘇山。在韓城縣西北五里，有漢蘇武墓，故名。上有老柏三百餘株，皆南向。

橫山。在韓城縣西北二十里。

三累山。在韓城縣西北。水經注：橫溪水出三累山，其山層密三成，故名。山下水際有二石室。通志：今有三峽山，在韓城縣西北四十里，疑即三累山也。

五池山。在韓城縣西北。山凡五，曰北池、西池、南池、東池、中池，皆有泉。或訛爲五峙。又牡丹山，在縣西北六十里。

梁山。在韓城縣西北九十里。書禹貢：治梁及岐。詩大雅：奕奕梁山，維禹甸之。春秋成公五年：梁山崩。公羊傳：梁山者何？河上之山也。穀梁傳：壅遏河三日不流。爾雅：梁山，晉望也。漢書地理志：夏陽縣，禹貢梁山在西北。水經注：河水南逕梁山原東，山在馮翊夏陽縣之西，臨於河上。括地志：山在韓城縣東南十九里。寰宇記：梁山有大梁、小梁之號，大梁山在韓城縣西五里。禹貢錐指：梁山在韓城縣西北九十里。郃陽縣志：山在縣西北四十里，東西橫亘，逶迤最遠，穹窿之形如屋梁焉。上有石室，有羅漢洞，有泉曰天井，曰龍泉，又有東、西峪，洽河、橋頭河二水出焉。按：諸志言梁山所在，其説皆不同，蓋是山延亘最遠。今自郃陽西北迤北抵韓城縣西北之麻線嶺，皆梁山也。

龍門山。在韓城縣東北，黄河西岸，跨山西絳州河津縣界。書禹貢：導河積石，至於龍門。史記太史公自序：遷生龍門。漢書地理志：夏陽縣，禹貢龍門山在北。水經注：河水又南出龍門口，昔者大禹導河積石，疏決梁山，謂斯處也。魏土地記曰，梁山北有龍門山，大禹所鑿通孟津，河口廣八十步，巖際鐫跡，遺功尚存。顔師古漢書注：龍門山，其東在今蒲州龍門縣北，其西則在今同州韓城縣北，而河從其中下流。括地志：山在韓城縣北五十里。蔡沈書傳：李復云，韓城縣北有安國鎮嶺〔二〕，東西四十餘里，東臨大河。瀕河有禹廟，在山斷河出處。禹鑿龍門，起於唐東受降城之東，自北而南，至此山盡，兩岸石壁峭立。大河盤束於山峽間千數百里，至此山開岸闊，豁然奔放，怒氣噴風，聲如萬雷。縣志：龍門山在縣東北六十里。又安國嶺在縣北七十里，一名鏵鐖山，即龍門西山。

少華山。在華州東南。山海經：大華山西八十里，曰小華山。水經注：華山西南有少華山。元和志：少華山在鄭縣東南十里。宋史：熙寧五年，少華山崩。雍大記：山在華州南十四里，與太華峯勢相連，而山峯稍低，故曰少華。州志：山在州東南十里，其中峯即少華峯。東爲獨秀峯，一名玉女峯。又東爲小敷峪，宋元祐間小敷峪崩，即此。入峪二三十里，玉女廟東有金壺峽。又十里曰蒼坪，其迤北近敷峪口之峯曰阜頭峯，即宋時崩處。有石子坡，今名石灘。其崩山遺址，名半截山，亦名復成山。又東爲構峪，自峪南四十里至構嶺，又三十里即秦嶺也。自構峪口又東爲鳳峪山，接秦嶺南來之脈，突立一峯，左右兩山，如舒翼然。又東爲三甲山。又東爲方山，接華陰境。少華峯之西爲白石峪，又西爲潭峪，又西爲水峪，又西爲鄭南峯，又西爲太平峪，又西爲飛來峯，又西爲小山。又西爲石隄峪，在州西南十二里。唐乾寧四年，昭宗幸華州，韓建擅殺諸王於此。其峪甚遠，南入峪四十三里而至秦嶺，度嶺以南二十里，即青岡坪也。自石隄峪之西爲栲栳山，又西爲赤隄峪，南入二十五里即秦嶺。嶺南曰桃坪，接洛南界。自赤隄峪之西南爲小柿原，又南爲短嶺，小柿原迤西曰柳村原，其西北曰瓜坡，古瓜田也。自瓜坡而西南曰平原，又南曰金堆谷，可達秦嶺南之金堆城。自瓜坡而西北，有原曰龍王嘴，其西南有高堂嶺，嶺以南有李峪，峪之西曰澗谷，澗谷之北爲江村原，西曰牛耳峪，又西即龍耳山。

臨山。在華州東南二十里，小敷峪之東。其東有獨虎峪。

蟠龍山。在華州東南四十里，一名潛龍山，兩峯環列，甲於諸山。明知州桑溥、甘爲霖遊咏處。今其後山曰甘公山，右一峯曰桑公臺。

五龍山。在華州南十里，少華迤西支山也。五峯蜿蜒。山巖有風穴，風出傷稼，土人祀之。又五龍山在白水南四十里，接蒲城縣界。

馬嶺山。在華州南。水經注：西石橋水南出馬嶺山，積石據其東，麗山距其西，源泉上通，懸流數十丈，與華嶽同體。州志：在州南二十里。

聖山。在華州西南。唐書五行志：永昌中，赤水南岸大山移東數百步，擁赤水壓張村民三十餘家。寰宇記：山在鄭縣西南，去州二十五里。舊圖經云，垂拱四年，飛土掩谷爲山，忽踊四峯，高二百餘丈，東西五里，南北七里。後立聖山廟於其上。州志：在州西南三十里。

符禺山。在華州西南。山海經：小華山西八十里，曰符禺之山。其陽多銅，其陰多鐵，符禺之水出焉。寰宇記：符禺山，在鄭縣西南一百里，高一百丈。州志：符禺山，即今之澗谷，在州西南四十里。其南爲龍耳山，在牛耳峪西。

石脆山。在華州西南。山海經：符禺山西六十里曰石脆之山。水經注：小赤水源出石脆山。

英山。在華州西南。山海經：石脆山西七十里曰英山。水經注：禺水出英山。寰宇記：在鄭縣西南一百三十里。又王喬峪，俗謂之太公谷，即王喬隱處。州志：喬峪在州西南三十里瓜坡西，即古之英山。山有招谷，訛招爲「喬」也。

竹山。在華州西南。山海經：英山西五十二里曰竹山。水經注：竹水南出竹山。寰宇記：山在鄭縣西南一百四十里，高一千二百六十丈。州志：龍耳山西曰箭峪，在州西南五十里，爲竹木繁植之區。峪下爲華州原峪，西爲渭南縣界，即古竹山。

松果山。在華陰縣東南。山海經：華山之首曰錢來之山，西四十五里曰松果之山，濩水出焉。又西六十里曰太華山。寰宇記：松果山在縣東南二十七里。縣志：山通襄、鄧之間，道上有佛頭崖，雲覆其頂輒雨。

留翎山。在華陰縣東南三十里，一名朝陽山，亦曰留翎礸。縣志：世傳楊伯起葬時，大鳥落毛於此。上有二泉，禱雨輒應。

太華山。在華陰縣南，即西嶽也。尚書舜典：八月西巡狩，至於西嶽。禹貢：西傾、朱圉、鳥鼠，至於太華。周禮職方氏：豫州，其山鎮曰華山。山海經：太華之山，削成而四方，其高五千仞，其廣十里。漢書地理志：華陰縣太華山在南，豫州山。山海經注：華陰山上有明星玉女持玉漿，得上服之即成仙，道險僻不通。詩含神霧云，郭緣生述征記，華山從麓至頂，升降紆迴，凡三十三里。水經注：華山遠而望之若華狀。又云華嶽，本一山當河，河水過而曲行，河神巨靈開而爲兩，今掌足之跡仍存。自下廟至列柏，南行十一里，東迴三里至中祠。又西南出五里至南祠。從此南入谷七里，又屆一祠。又南出一里至天井，井裁容人，穴空紆迴，傾曲而上，可高六丈餘，山上又有微涓細水，流入井中。出井東南行二里，峻阪斗上斗下。降此阪二里許，又復東上百丈崖，升降皆須扳繩挽葛而行。南上四里，路到石壁，緣旁稍進，逕一百餘步。自此西南出六里，南歷夾嶺，廣裁三尺餘，兩箱崖數萬仞，窺不見底，世謂斯嶺爲搦嶺。度此二里，復屆山頂，上方七里，靈泉二所。一名蒲池，西流注於澗；一名太上泉，東注澗下。上宮神廟近東北隅，自上宮東北，出四百五十步，有屈嶺，東南望巨靈手跡，惟見洪崖赤壁而已。括地志：華山在華陰縣南八里，古文以爲惇物。唐書地理志：上元二年，改華山曰太山，寶應元年復故名。寰宇記：按名山記云，華嶽有三峯，基廣而峯峻，疊秀迄於嶺表，今博山香鑪形實象之。白虎通云，西方華山，少陰用事，萬物生華〔三〕，故曰華山，以西有少華，故曰太華。九域志：華山四州之際，東北冀，東南豫，西南梁，西北雍，十字分之，四隅爲四州。方輿勝覽：華嶽三峯，芙蓉、明星、玉女也。華嶽志：嶽頂中峯曰蓮華峯，有上宮，宮前有池爲玉井，生千葉白蓮華，服之令人羽化。亦謂之玉女洗頭盆，唐杜甫詩：「安得仙人九節杖，拄到玉女洗頭盆。」蓋峯之最高處也。自上宮東南上三里，得明星玉女祠，在大石上。又有仰天池、八卦池、太乙池、二十八宿池，皆在玉井之旁。嶽頂東峯曰仙人掌。峯側石上有痕，自下望之，宛然一掌，五指俱備。張衡西京賦：「高掌遠蹠，以流河曲。」曹植述征賦：「表神掌於仙谷。」薛綜曰：「華嶽與首陽本一山，當河，河水過而曲行，河神巨靈手盪腳開而爲兩。」今手掌在華山，人呼爲仙掌，腳跡在東首陽下。又有石月在仙掌上，日昃時望之儼如半輪月。嶽頂西峯曰巨靈足，石有形如足。魏收志華陰有巨靈，原指此。嶽頂南峯曰落雁峯，以在嶽之中，亦曰中峯。唐李白登落雁峯曰：「此峯最高，呼吸之氣，想通帝座。」峯頂有黑龍潭、仰天池，歲旱祈禱多應。自頂折旋而下，有自然一峽，側身而入，中有巖，名全真巖。嶽頂西北曰毛女峯，以秦始皇宫人隱此而名也。嶽頂東北曰雲臺峯，兩峯並峙，四面陡絶，嶷然獨秀，狀若雲臺。北周武帝時，有道士焦道廣居此。峯上有試鑿穴，深不可測。旁有一石如鑿，相傳爲陳希夷先生仙蜕之所。峯側有長春石室，唐貞觀中有道士杜懷謙居此，自號長春先生。嶽頂北有公主峯，與雲臺相近，相傳漢南陽公主避王莽亂入山得仙處。又有白雲峯，唐金仙公主修道處。又有甕肚峯，形如半甕。皆在嶽之北面。其餘又有虎頭、灝天、仰天、朝天、三盤、松檜、朝來、玉柱、玉秀、白石諸峯，皆環拱嶽之左右，杜甫詩所云「諸峯羅列似兒孫」也。又山有四洞：東曰昭陽，西曰西元，南曰正陽，北曰水簾。今洞之最著者曰石仙人洞，又名水簾洞，在北面山腰。洞口丹青，儼肖人形，上有瀑布泉，飛流直下。曰老君洞，在嶽頂東南，相傳老君隱華山居此。次北有太上泉，泉旁爲老君菖蒲池，池中產菖蒲九節。又東北峯上有丹鑪，俗傳老君鍊丹處。又有細辛坪，地多細辛，因名。又有白鹿龕，在升嶽路之右。又有三公石室，在嶽之東南，有三峯嶷然森秀。又有碁石，在嶽頂東南別一孤峯上，遥望之有石如碁局，俗以爲即仙人衛叔卿博臺。又西南上三里許，得一箭如栝爲天門，即杜詩所云「箭栝通天有一門」也。曰太極總仙洞，道書以爲第四洞，名總仙之天，在毛女峯之西壁中，其下即仙谷也。又有壺公石室，在嶽西北孤峯上。相近又有洞元石室，四圍懸絶。又蜸𧔥穴，在嶽北峯下。山海經，華山有蚍，謂之蜸𧔥，六足四翼，見則天下大旱。曰西元洞，嶽西面之洞也，道書爲第四洞三元極真之天。曰王刁三洞，在嶽之東，隱者王遥刁自然居此得仙。其上洞，人不能到，中洞有石遮洞門，下洞則避跡者可居。曰碧雲洞，與王刁洞相近。下爲碧雲溪，晉有丁少微、鄭雲叟、羅隱之、翟表正、鄭明處居此，時稱五高士居。曰朝元洞，在落雁峯上。曰焦真人洞，在白雲峯旁。谷之最著者，曰牛心谷，在嶽東。其谷北接華山，南通商洛，漢楊震居此講授。曰黄神谷，在碧雲洞旁，真人黄蘆子隱居處。谷口有黄龍潭，旱則禱焉。曰藏馬谷，與黄神谷相近，舊傳漢武獲馬走藏於此。曰文仙谷，在雲臺觀稍東，宋吕真君隱居之所。曰霧谷，在毛女峯東北，後漢張楷居此。楷字公超，亦名張超谷。又名霧市谷，以公超能爲五里霧也。宋陳摶命弟子於張超谷鑿石室，即此。谷中有算場、蘆花池。述異記，後魏道士寇謙之洞曉渾天儀，定天元五紀，棄其餘算，化爲莨，故名。曰仙谷，在霧谷西。一名石羊城，俗以爲黄初平叱石成羊處。入谷十里有車箱，杜甫詩：「車箱入谷無多路。」曰桃谷，曰甕谷，俱在縣西南二十里。曰竹谷，曰大敷谷，俱在縣西南三十里。舊志：登嶽之路，自雲臺觀經玉泉院、希夷峽、卧仙坪、洞天坪、十八盤、元天宫、青柯坪，自此引索而升，經回心石、千人幢、百尺峽、胡孫愁、閻王碥、老君犂溝、日月崖，至蒼龍嶺，即古搦嶺也，又過鷂子翻身、仙掌石月，則至頂矣。

良餘山。在華陰縣西南。水經注：良餘水出良餘山。寰宇記作餘糧山，在縣西南三十里。

升山。在華陰縣西南五十餘里，黄酸水出此。

豐山。在蒲城縣西北三十里。元和志：奉先縣西北三十里有豐山。長安志：豐山一名蘇愚山。

金幟山。在蒲城縣西北三十里豐山之西。

銅斗山。在蒲城縣西北。長安志：在縣西北四十里。又馬冢山，在縣西北五十里。縣志：銅斗山在馬冢山南，西連西安府富平縣萬斛山，山勢盤旋如斗。

堯山。在蒲城縣北三十里。唐書地理志：在奉先縣北十五里。長安志：堯山一名浮山，在蒲城縣北二十里。舊圖經曰，昔堯時洪水爲災，諸山盡没，惟此山若浮，因名。又有重山，在堯山前，以其與堯山有重疊之象，故號重山。縣志：重山在堯山南里許。山東有紅土坡，下爲谿頭，谿東有山秀麗，俗謂之嶧山。

金粟山。在蒲城縣東北二十五里。雍勝略：山有碎石若金粟，故名。

白堂山。在蒲城縣東北三十五里。舊圖經曰，山之前，秦白起立寨之所，因以爲名。又有良將谷，在縣東北三十里，亦以起名也。

不羣山。在蒲城縣東北白堂山南。舊圖經曰，諸山纍纍，峯巒相接，惟此山孤迥，因名。俗亦謂之孤山。

大神山。在白水縣西。西安府志：在縣西七十里。

馬蘭山。在白水縣西北六十里。通志：晉元康六年馬蘭羌、盧水胡反，攻殺北池太守張損，郡尉張光，以百餘人戍馬蘭山，力戰得免。即此。隋書地理志：白水縣有馬蘭山。舊志：秦山在縣西北五十里，其麓曰馬蓮灘，蓋即馬蘭聲近而訛也。

黄龍山。在白水縣東北六十里。盤衍如龍，土皆黄色，故名。魏書地形志姚谷縣有黄崖山，即此。

陽武山。在白水縣東北七十里，有蒼聖廟。通志：相傳爲蒼聖發靈之地。

麒麟山。在潼關廳治東南。舊衛志：上有古寨，旁有田千餘畝，謂之上寨。相近又有筆架、印臺山。

象山。在潼關廳治西南。舊衛志：俗名蝎子山，上有田曰黎家坪。又鳳凰山，在城内西南隅，山勢聳峙，城垣因之。

朱砂嶺。在韓城縣西北一百十里，盤水所出。

麻線嶺。在韓城縣西北一百二十里。縣志：與洛川縣分界。明成化八年，參議嚴憲鑿山開道，以通饋餉。

神道嶺。在韓城縣西北一百二十里，又名柳溝，與延安府宜川縣接界。

秦嶺。在華州南十里。東接華陰縣，與商州洛南縣分界。又東接潼關廳界。懸崖疊嶂，徑多紆曲。

金沙谷。在澄城縣西三里。澗南百餘步，有洗腸泉，一名金谿，相傳晉永嘉中佛圖澄游息於此。

雲門谷。在澄城縣西北五十里，谷口似門，水氣如雲，故名。

紅羅谷。在澄城縣西北七十里，土赤色，故名。又縣北七十里有柏谷，舊多柏。

鬼谷。在韓城縣境。史記甘茂傳：蘇代説秦王曰：「茂居秦累世，自殽塞至鬼谷，其地形險易，皆明知之。」隋書地理志：韓城縣有鬼谷，今不知所在。又見西安府三原縣。

靈谷。在華陰縣東南。水經注：泥泉水所出。其相近有水谷。

車箱谷。在華陰縣西南。寰宇記：在縣西南二十五里，一名車水渦。寰宇記：去敷水谷七里，深不可測。祈雨者以石投之，其中有一鳥飛出，應時即雨。

佛空谷。在蒲城縣西北。長安志：在縣西北三十五里。谷内有佛空院，唐會昌五年置。又白馬谷，在縣西北四十五里。炭谷，在縣西北二十里。

潼谷。在潼關廳南三十里，一名通谷，潼水出此。谷口有洞曰老君洞。

禁谷。在潼關廳南，一名禁坑，亦名禁溝。通鑑：唐廣明元年，黄巢兵抵潼關，齊克讓走入關。關左有谷，平日禁人往來，以榷征税，謂之禁坑。舊志：在城南三十里。

商原。在大荔縣北，接朝邑縣界，即古商顔也。史記河渠書：穿渠自徵引洛水至商顔下。集解：服虔曰，顔音崖。或曰商顔，山名。通典：馮翊有商原，所謂商顔。寰宇記：商原在州北三十五里。水經注云，洛水南逕商原西，俗謂許原也。舊州志：原在州北二十五里，俗名鐵鎌山，又名長虹嶺。西盡州境，絶於洛，東經朝邑，絶於河，延袤八十餘里。

臨高原。在澄城縣南五十里。宋名臣言行録：李顯忠初仕金，知同州，密圖南歸，由漢村徑臨高原奔夏。即此。舊志：原有龍泉，味甘如醴。

韓原。在韓城縣西南。左傳僖公十五年：秦晉戰於韓原。括地志：在縣西南八里。

高門原。在韓城縣西南。史記太史公自序：司馬靳葬華池，孫昌葬高門。水經注：陶渠水南逕高門南。又東南逕華池南，池方三百六十步，在夏陽城西北四里許。故司馬遷碑文云，高門、華池，在茲夏陽城西北〔四〕。今高門東去華池三里。括地志：華池在縣西南十七里。高門原，俗名馬門原，在縣西南十八里。縣志：高門原在縣西南二十里，今以名里，而華池無考。

孤相原。在華州西南。水經注：小赤水流於孤相原西。寰宇記作孤柏原。州志：孤相原在江村原北，突起隆阜，俗名蔚家原。又寰宇記有細腰原，在鄭縣西南十六里，原中狹，因名。又州志有豐原，在州西南二十里。

蟠龍原。在蒲城縣西。長安志：在縣西三十里。舊圖經曰，唐明皇遊幸，見原上雲霧中有黃龍之狀，於下得石，狀似蟠龍，因以其地爲龍樂鄉，今其石尚存。縣志：其石在今鄉西四十五里蚪落原〔五〕。

董社原。在潼關廳東南。舊志：隋大業九年，楊玄感自皇天原敗走董社原，即此。

朝坂。在朝邑縣南。隋書地理志：朝邑縣有朝坂。元和志：朝邑縣以北據朝坂爲名。寰宇記：水經注云，洛水東南歷强梁原，俗謂之朝坂。舊州志：華原在朝邑縣西，繞縣西而北而東以絶於河，古河堧也，一名朝坂，亦謂之華原山。

黃巷坂。在潼關廳東北黃河南岸，其坂隆起，下望關城。亦謂之黃卷亭，一作黃巷。漢獻帝春秋：興平二年車駕東行，到黃巷亭。晉潘岳西征賦：遡黃巷以濟潼。水經注：河水自潼關東北流，水側有長坂，謂之黃巷坂。旁絶澗，涉此坂以升潼關。

梁田坡。在華州西三十里。通鑑：唐中和三年，李克用進軍乾坑，尚讓等屯於梁田坡。即此。胡三省注：舊書作良天坡，在成店西三十里。

木屐堆。在蒲城縣東南。長安志：堆有四，在縣東偏南五十里沮水之岸。舊説夏禹治水至此，屐下棄泥，積之成堆，各周二里，崇一百丈。

丹陽洞。在郃陽縣西二里。或謂之老君洞，洞口多款冬花，俗傳神仙所種。

觀音洞。在蒲城縣東南四十里。舊有大谷，明萬曆中崖崩，見一洞貯石觀音二尊，又有石獅、石象諸儀物，因名。

渭水。在大荔縣南，自西安府渭南縣流入，與華州分界。又東逕華陰縣北入河。水經注：渭水又自白渠石東逕鑾都城北，灌水注之。又東西石橋水北流注之，又東逕鄭縣故城北，又東與石橋水會，又東敷水注之，又東良餘水注之，又東合黃酸之水，又東逕平舒城北。又東逕長城北，長澗水注之。又東洛水入焉，逕華陰縣故城北。又東沙渠水注之，又東逕定城北，又東泥泉水注之，又東合沙溝水，又東入於河。其入河處，謂之渭汭。書禹貢：至於龍門西河，會於渭汭。杜預左傳注：渭水東入河，水之隈曲曰汭。舊州志：渭水在州南三十五里。華州志：渭水在州北十二里。華陰縣志：渭水在縣北十五里。縣東北有葫蘆灘，即舊洛水入渭處。

刳首水。在郃陽縣東南，一名洿谷水。左傳文公七年：晉敗秦師於令狐，至於刳首。通典：郃陽縣有刳首水。唐書地理志：郃陽縣有陽班湫，貞元四年，堰洿谷水成。寰宇記：瀵水與刳首水相近。按：朝邑志，縣東北有刳谷鎮，以近刳谷口而名，則刳首水又與朝邑縣接界。

洽水。在郃陽縣南，一名瀵水。詩大雅：「在洽之陽。」水經注：郃陽城北有北瀵水，南去二水各數里。其水東逕其城內，東入於河。又城南側中有瀵水，東南出城注於河。城南又有瀵水，東流注於河，即郃水也，縣取名焉。元和志：按中瀵水、蒲地瀵水與南瀵水並在舊河西縣南五里，今郃陽界內。寰宇記：瀵水總發源黄河西岸平地。縣志：洽河在今縣西北三十里，源出梁山西峪，東南流逕縣南，注於黄河。漢永平間流絶，其絶處有乾河村。其後復流，土人重之，呼爲金水。又有王村瀵、鯉瀵、東鯉瀵、渤池瀵、夏陽瀵，共五水，皆在縣東南四十里，去河僅數武。濆湧而出，高於平地尺許，民資以灌溉。又見山西臨晉縣。

徐水。在郃陽縣北。水經注：徐水出西北梁山，東南流逕漢武帝登仙宫東，東南流絶彊梁石，逕劉仲城北。又東南逕子夏陵北，東入河。縣志：今有橋頭河，在縣北十五里。發源梁山東峪，東南流逕城東北入河，即徐水也。本朝順治中，引水西流，環城而東，形如圍帶，亦名腰帶水。

澄泉水。在澄城縣西三里，俗名官泉水，源潔而清，釀酒香美。下流入甘泉水，亦名三里澗，以去縣三里也。

甘泉水。在澄城縣西。寰宇記：水經注云，甘泉水出匱谷中，其水尤美。縣志：甘泉水在縣西北四十里，俗名縣西河，會縣西諸泉入於洛。又隋公泉，在縣西北三里，其水清澈可愛，東南流入甘泉水。又挪槍泉，在縣南三里，平地湧出，西流入甘泉水。

芝水。在韓城縣南，亦名芝川河，即古陶渠水也。水經注：陶渠水出西北梁山，東南流逕漢陽太守殷濟精廬南，又南逕高門南，又東南逕華池南，又東南逕夏陽縣故城南，又歷高陽宮北，又東南逕司馬子長墓北，又東南流入河。縣志：芝川河在縣南二十里。源出方山，東南流，諸山水自西南來會。踰高家坡，滍水自北來入焉。又東澻水自西南來入焉。又東過呂莊，沇水自西北來入焉。又東過芝川鎮南司馬嶺北，合澽水入於河。

澽水。在韓城縣西南，即古崌谷水也。水經注：崌谷水出夏陽縣西北梁山，東南流，横谿注之。又東南逕夏陽縣故城北，又東南流注於河。寰宇記：水在縣南一里。縣志：澽水在縣西一里。源出麻線嶺，經縣西七十里，亦名白馬潭，東流過石門，離水自南入焉。又東過景村，峪水自北入焉。又東北過土嶺，洫水自西北入焉。又東出土門，過縣城西轉而南，澗水自西入焉。又南過陳村，漱水自西入焉。又南過馬頭山，潦水自西入焉。又南過少梁，澮水自西入焉。又東南合芝水入於河。舊志：澽水流經土門口，在縣西五里，邑人以次隄爲五堰，後又廣爲九堰，引水溉田百餘頃。

盤水。在韓城縣北，即古暢谷水。水經注：暢谷水自谿東南流，逕夏陽縣西北，東南注於河。縣志：盤水在縣西北一百十里。源自朱砂嶺，歷縣北相公殿，出馮峯口，東過薛曲里，煖水自西南來入焉。又南過帶村，東入於河。又文水在縣北二十里盤水南。有二渠，一名汀水，一名萬泉，東流至吴村合煖水，入盤水。

羅紋橋水。在華州東。唐書地理志：鄭縣東南十五里有羅紋渠，引小敷谷水，支分溉田。開元四年，詔陝州刺史姜師度疏故渠，又立隄以捍水害。州志：羅紋橋水源出白石谷，蓋即小敷谷也。又有小石橋水，在州西關外。太平渠橋水，在州東關外，繞城而北，合流達羅紋水。舊志：太平渠橋水，經州城北故興德宫之南，亦謂之泥河，又謂之北溪水。

東石橋水。在華州東。水經注：石橋水，故沈水也。水南出馬嶺山，北流經武平城東，又逕鄭城東，又北逕沈城北入渭。州志：東石橋水源出構峪，俗名構峪水，北流經石橋入渭。

西石橋水。在華州西。水經注：西石橋水，南出馬嶺山，源泉上通，懸流數十丈。其水北逕鄭城西，而北流注於渭，闞駰謂之新鄭水。州志：今州西十里有石隄谷水，源出石隄谷。北流至良侯村之北，名五港河，合赤隄谷水入沙澗。經石橋鋪，名石橋鋪河，達於渭，蓋即西石橋水矣。

**小赤水**。在華州西。水經注：小赤水即山海經之灌水也。水出石脆之山，北逕蕭加谷，於孤柏原西，東北流與愚水合，又北注於渭。寰宇記：灌水，一名小赤水，今名高谷水。州志：赤水在州西三十里，源出箭谷山，俗名爲箭谷水。北流經聖山，亦謂聖山川。又北經州西入渭。按：箭谷水乃大赤水，非小赤水也。辨見西安府「赤水」下。

**愚水**。在華州西。山海經：英山禺水出焉，北流注於招水。水經注：愚水出英山，北流與招水相得，水亂流西北注於灌。唐書地理志：鄭縣西南二十三里，有利俗渠，引喬谷水與羅紋渠，皆開元四年姜師度疏故渠。寰宇記：愚水出孤柏原。州志：愚水亦名喬谷水，先時西自龍灣北經聖山村入灌水，明永樂中水暴漲，始東折自漁村而下，又北經遇仙橋，又北入渭，因名遇仙橋河。又有漁村川水，舊自州西南金堆谷西北流入橋谷水，後亦因水漲，遂東折北流入遇仙橋河，疑即古之招水也。又有短嶺水，源出短嶺，亦流入遇仙橋河。

**沙渠水**。在華陰縣東。水經注：沙渠水出南山北流，西北入長安城，又北注渭。縣志：在縣東十五里，亦曰蒲澗水。其水北流，稍西北轉，曰沙渠水，北入清河，達於渭。按：今水道徑入渭，不合清河。

**泥泉水**。在華陰縣東。水經注：泥泉水，出南山靈谷，北流注於渭。寰宇記：泥泉水出定城下。縣志：今靈谷、水谷之間，有泉濁而赤，由小月溝、金盆寨過弔橋，西北注渭，或以爲即泥泉水也。

**葱谷水**。在華陰縣西三十五里。源出葱谷，東北流入渭。又有方山谷水，在縣西，水不常有，潦則直北兼受華州諸水，浸淫而東，合於葱谷水。明正德七年，知華州桑溥導之，北流入渭。

**敷水**。在華陰縣西。水經注：敷水南出石山之敷谷〔六〕，北逕告平城東，又北逕集靈宮西，而北流注於渭。唐書地理志：

華陰西二十四里，有敷水渠。開元二年，姜師度鑿以洩水害，五年，刺史樊忱復鑿之，使通渭漕。縣志：敷水在縣西二十五里，源出大敷谷，即羅敷谷，以別於小敷谷也。入谷三里有百索潭，又南有擿鼓潭，皆敷水之源也。其谷受秦嶺以北東西諸水，故其流最大，經敷鎮東北逶迤入渭。

良餘水。在華陰縣西，下流入渭。水經注：良餘水南出良餘山之陰，北流入渭，俗謂之宣水。舊志：在縣西二十里。

黃酸水。在華陰縣西。水經注：黃酸水，世名之爲干渠水，水南出升山，北流注於渭。縣志：縣西南五十餘里，有升山，黃酸水出焉。北流至干渠頭，東流過頁橋合仙谷水。仙谷水出谷中之車箱潭，亦謂之車箱水，其水出谷西，北流合黃酸水。

長澗水。在華陰縣西。水經注：長澗水南出太華山側長城東，北流注於渭。縣志：源出太華山之瀑布泉，謂之長澗河。西北流過朝元洞，循古長城北注爲王家河。過縣西門外爲西河。又西轉北，折而東爲清河。又東流三十里入渭。又有大澗，源出黃神谷；小澗，源出王刁巖：皆西北流經城南，入長澗河。

南河水。在蒲城縣北，亦謂之白水。魏書地形志：南白水縣有白水。縣志：南河即西安府同官之烏泥川，與白水縣接界。或名丁家河，或名高家河，皆以傍水居民爲名。東流納白石水、龍門溝、虎頭溝諸水，經五龍山陰入洛。

洛水。在白水縣東。自鄜州宜君縣流入，東南逕澄城縣西，蒲城縣東，又南至大荔縣西，折而東逕縣南，又東逕朝邑縣南，入於河。寰宇記：馮翊縣洛水，自西北澄城縣界流入。又注水經云，洛水南逕商原西，又東逕沙阜北。雍録：洛在漆沮之東，至白水縣，與漆沮合而南流以入於渭。禹貢錐指：洛水南逕宜君縣東，又東南逕白水縣東，沮水舊循鄭渠東至此入洛。朝邑縣志：洛水舊流，自縣南趙渡鎮，經華陰縣西北葫蘆灘入渭。明成化中改流，東過趙渡鎮，徑趨於河，不復入渭。按：周禮雍州浸曰渭洛。史記魏築長城，自鄭濱洛以北，至上郡。漢志，洛水出北地歸德縣北蠻夷中入河，韋昭以爲三川之一，其源流綿遠，與涇渭等。水經注失去洛水篇，惟沮水、渭水注中各一見，餘雖散見他書，源流不能明晰。孔安國書傳謂漆、沮水亦曰洛水，出馮翊北，蓋洛水舊與漆、沮合，故水可通名也。漢志褱德縣下又云，洛水東南入渭。今富平縣界有褱德城，諸家因此遂以富平之石川河當之。石川源流不遠，既不得爲雍州之浸。水經注此水雖有漆、沮之目，並無洛水之名。即漢襃德縣，亦在沙苑之北，不屬富平。或者必欲求合其説，以爲洛水有二，一爲歸德之洛水入河，一爲襃德之洛水，即漆、沮入渭。亦非也。蓋漢時沮水，由鄭渠東至於洛，故洛水下流亦蒙漆、沮之名。自鄭渠廢而漆、沮與洛不相入矣。從來罕能知此。今以現在地界水道考之，洛水上源，出今榆林府靖邊縣之南，甘肅慶陽府北界，東南流經延安府，迤邐至府境入河，與史記自鄭濱洛以北至上郡，及漢志出歸德縣北之文皆合。惟漢志襃德縣下又言入渭，與水經注同，而與所云入河不合，蓋雜採古記，故多不同，非有二水。且渭洛入河之處，相去不遠，水流遷徙，勢所常有，近志謂明成化中改流入河，即此可見漢志入河入渭之不必過泥矣。

柳谷水。在白水縣東北。寰宇記：郡國縣道記云，衙城側有柳谷水，即彭衙水，南流至縣理東北入洛水。通志：今有孔走河，在泉東北，自澄城界南流入洛，即柳谷水是也。

白水。在白水縣西，本古沮水。水經注：沮水自頻陽又東逕蓮勺縣故城北，又東逕漢光武故城北，又東逕粟邑縣故城北，又東北流注於洛水。元和志：白水縣，南臨白水。寰宇記：按注水經云，洛水東南，沮水入焉，故洛水亦名漆沮水。其境東南谷多白土，因曰白水。禹貢錐指：白水即沮水，今鄭渠堙廢，沮水不復東入洛。白水縣南之水，乃烏泥川之下流耳。縣志：白水即漆水，在縣西三里，水白如雪，故名。又有虎頭溝，在縣西二里。龍門溝，在縣西一里。鳳凰溝，在縣東二里。皆流入白水。

潼水。在潼關廳西。潘岳西征賦：「溯黄巷以濟潼。」水經注：灌水出松果之上，北流逕通谷，世亦謂之通谷水，東北注於河，述征記所謂潼谷水者也。元和志：潼關西一里有潼水，因以名關。寰宇記：潼谷水在華陰縣東四十里。華陰志：水北流經蝎子山入黄河，古稱潼亭、潼津皆以此。舊志：水出潼谷，流貫城中，北入黄河。又有楊家河，在城西門外，北流入黄河。明嘉靖中，巡道周相從南水關引潼河爲渠，沿象山西北達泮池。又出城入河，任民汲取，民利之，謂之周公渠。本朝康熙十九年，潼水漲溢，陵城而入。已而水縮河裂，岸東徙，故道竟成平陸。

大峪河。在郃陽縣西二十里。自縣西北望鄉崖下，西南流逕澄城縣南，又西南入洛水。其流甚清，一名撲地河，俗傳爲薄底河，又謂之李家河。郃陽、澄城二縣，以河分界。

百良河。在郃陽縣東北三十里。源出梁山東谷，東南流五十里入黃河。

長臨河。在澄城縣西北。寰宇記：注水經云，雲門谷水源出澄城縣界。縣志：長臨河在縣西北四十里，即雲門、紅蘿二谷水所會，以流逕長臨城，故名。西南流，會縣西北三娘子川，及陰泉入於洛水。又隋志五泉縣有濕水、五泉水，今無考。

黃河。在韓城縣東十五里。自延安府宜川縣流入，逕縣東，與山西絳州河津、蒲州府滎河二縣分界〔七〕。又南逕郃陽縣東四十里，與山西蒲州府臨晉縣分界。又南逕朝邑縣東七里，與山西蒲州府永濟縣分界。又南合洛水，逕華陰縣東，北合渭水。又逕潼關廳北，折而東，入河南陝州閿縣界。水經注：河水南出龍門口，汾水從東來注之。又南右合暢谷水，又南逕梁山原東。又南崌谷水注之，昔韓信之襲魏王豹也，以木罌自此渡。又南右合陶渠水，昔魏文侯與吳起浮河而下，美河山之固，即於此也。又南徐水注之，又南逕子夏石室，又南過汾陰縣西，又逕郃陽城東，又南瀵水入焉，又南逕陶城西，又南過蒲阪縣西。又南至華陰潼關，渭水從西來注之。河水歷船司空與渭水會，河在關內南流，潼激關山，因謂之潼關。自關東北流，水側有黃巷坂，又歷北出東崤，即函谷關也。韓城縣志：龍門山北有河口，略似龍門而不能通，相傳鯀治水時所鑿，今名錯開河。華陰縣志：河逕縣東北葫蘆灘寺南，至潼關，折而東注。寺南，即渭亂河處。舊州志：黃河舊自郃陽入朝邑東境，南至大慶關，東濱蒲州城，故曰蒲津，禹貢所謂西河也。南至金龍渡，爲河與洛、渭交匯之處，世稱三河口，去朝邑縣東南三十里。自明成化中洛水入河，河之害十倍於前。隆慶三年浸縣東門，萬曆七年越大慶關，浸淫四出。至十二年，三河口亦在洪流中矣。

鐵牛河。在白水縣北三十里。河中有鐵牛鎮水，故名。東入洛水。

冶户川。在韓城縣北八十里。川口産鐵，舊置冶户，故名。宋包拯有請罷同州韓城冶户疏。

南溪。在華州南。源出太平峪五眼泉，引流入城。

西溪。在華州西南。舊唐書昭宗紀：光化元年，車駕在華州，幸西溪觀競渡。州志：水源出州南山澗，經故縣沙澗諸村，北入渭。

陽華藪。在華陰縣東南。呂氏春秋：九藪，有秦之陽華。高誘曰：在華陽西，又曰：桃林西長城是也。晉地道記：陽華即潼關。縣志：縣西南之甕谷，爲商洛徑道，甚險惡，明知縣王時雍修治之。入谷五十里，甕嶺東轉爲華陽川，即古陽華之藪也。

赤岸澤。在大荔縣西南。周書宣帝紀：大象二年，行幸同州，自應門至於赤岸澤。唐書兵志：唐初得隋馬三千於赤岸澤，徙之隴右。舊州志：澤在長安東北、馮翊西南，道里適中之地。今堙。

通靈陂。在朝邑縣北。唐書地理志：朝邑縣北四里有通靈陂。開元七年，刺史姜師度引洛堰河，以溉田百餘頃。縣志：廢通靈陂在縣北十里。

移山潭。在華州東南阜頭峯下，亦謂之白崖湖，白崖諸谷水注此。其潭水又匯爲數區，今名蓮花池。

麻子池。在大荔縣東南二十里，接朝邑縣界。又白馬池，在縣西南三十里。蓮花池，在縣西南四十五里。

太白池。在朝邑縣西南四十里。周十里許，洞然深黑，常有雲氣。

小鹽池。在朝邑縣西北。唐書地理志：朝邑小池有鹽。縣志：小鹽池在苦泉南二十里。鍾水一區，旱時可煮水成鹽，今不能恒有。

官池。在郃陽縣治南，近城。

仰天池。在華州東龍耳山西。嶺有二池，碧水停瀠，深不可測。又一在太平峪。

天鵞池。在華州東北十里，東西亘三十里。舊時引流入羅紋水，後羅紋橋下淤積，居民別濬一渠以入渭。

**東鹵池**。在蒲城縣西。漢書宣帝紀：嘗困於蓮勺鹵中。如淳曰：蓮勺縣有鹽池，縱廣十餘里，其鄉人名爲鹵中。孟康曰：在蓮勺縣西北。長安志：東鹵池在縣南二十里，即漢宣困處。唐大曆十二年，東池生瑞鹽，後敕禁斷，鹽不復生。又有西鹵池在縣西四十里。縣志：東鹽池即安豐灘，近仍出鹻。迤東爲陳莊灘，産硝，土人以利薄不爲。其西鹵池在縣西南四十里，即今高春渚池，遇旱不涸。鄉人取水熬鹽，供一方用，近漸廢。又縣東南洛北崖附近地，謂之晉王灘，以在晉王鎮也，出鹻，較諸灘味厚而饒。貧家采熬之，注水結塊，名曰鹻墮，涇原諸邑多用之，遇澇則減。

**漫浴池**。在蒲城縣西十五里漫原村。長安志：其水微小，惟居民灌溉蔬圃。縣志：今呼漫泉河。

**蓮子池**。在蒲城縣西北三十里。長安志：舊有蓮藕之利，今堙。

**永益池**。在白水縣城西，即蓮池。宋甯参築隄注水以便民汲引，廢址尚存。

**白蓮池**。在潼關廳城中麒麟山。引城南萬岔谷之水，從上南門入注池水。

**九龍泉**。在大荔縣東南。寰宇記：在馮翊縣東南八里。有九穴同一注，因名九龍，今謂之鵞鴨池。舊州志：泉在州南八里。九泉同流，鍾而爲池，廣袤五頃，今漸堙廢。又州西南四十里有紅善泉，西南五十里有蘇村泉，又稍西有北莊泉，惟北莊泉差大宜稻。又有西渠、坡底、漢村、義井、新莊、馮村、平王寨等七泉，俱在鐮山之麓，亦資灌溉。

**苦泉**。在朝邑縣西。元和志：在縣西北三十里許原下，其水鹹苦，羊飲之而肥美。今於泉側置羊牧，故俗諺云：「苦泉羊，洛水漿。」唐書高宗紀：永徽二年，以同州苦泉牧地賜貧民。縣志：其東又有蔡莊泉、象底泉、大奇泉，皆出鐮山之麓，可資灌溉。

**聖水泉**。在郃陽縣西北粱山深處，禱雨有應，故名。又縣東南四十里，舊有白泉、温泉、灰泉，皆没於河。

**陰泉**。在澄城縣西北三十里。泉自崖陰出，味極甘冽。

**玉泉**。在澄城縣西北五十里。其水自崖而下，瑩潔如玉。

温泉。在澄城縣東北。寰宇記：注水經云，泉有三源，奇川瀉注，西注於洛。亦曰帝嚳温泉。縣志：今有三泉，在縣東北。三源並出將軍山麓，合爲一流，中隔土嶺一里，鑿引達縣，可以利民。或疑即古之温泉，然非入洛之水也。

北泉。在韓城縣芝川鎮西。又河瀆泉，在縣東五里。龍泉，在縣南三里。馬杓泉，在縣西十二里。天成泉，在縣西四十里。獨泉，在縣北一百二十里。

甘泉。在華州學右。深四五尺，甘冽異常，水旱無盈縮。其東西百步内掘之皆泉。

白龍泉。在華州西南喬谷山麓。相近又有黑龍泉，又有白泉，在龍王嘴之龍王廟中，澄清見底，噴玉濺珠，勢若龍湧。

鎬泉。在華陰縣東。寰宇記：在縣東十九里。其水或湧或止，深不可測。括地圖云，是河眼。亦謂之鎬池。又有好女泉，在永豐原下。

温湯泉。在蒲城縣東六十里。長安志：源出沮水之岸，西流二里入沮水。縣志：在縣東五十里，出落崖石眼中，水温可浴，亦名温塘。旁有太湖山，平地突起，周五六里，高十餘仞，左右危石流泉，爲邑名勝。

福泉。在潼關廳城中西北隅，天將雨則溢。又有四眼泉，亦在城中，水清甘，民資汲飲。又酒泉，在縣西門外，釀酒香冽，故名。

野狐泉。在潼關廳西道旁坡下。南部新書：舊傳云，野狐掊而泉湧〔八〕。通鑑：唐廣明元年，黄巢攻潼關，張承範率衆脱走，至野狐泉。

蟹眼泉。在潼關廳東北。河將漲，則泉充溢。

溢井。在郃陽縣西南二十里井溢砦。縣志：砦有眢井，明嘉靖二十年，忽溢出平地，自下而上，蓋瀵水之旁出者。

龍泉井。在華州東南蟠龍南嶺之東。深二尺許，極旱不涸。

## 校勘記

〔一〕東至山西平陽府滎河縣界十五里　「滎」，原作「滎」，據乾隆志卷一八九同州府建置沿革（下同卷簡稱乾隆志）及本志山西蒲州府建置沿革改。下文同改。

〔二〕韓城縣北有安國鎮嶺　「安國鎮嶺」，乾隆志同，蔡沈書集傳卷二夏書引李復言，無「鎮」字。

〔三〕萬物生華　「萬」，原作「華」，據乾隆志及太平寰宇記卷二九關西道華州改。

〔四〕在茲夏陽城西北　乾隆志同。按，水經注卷四河水作「在茲夏陽西城北」，戴震校以爲「西城北」三字係上文衍復在此。

〔五〕其石在今鄉西四十五里虯落原　「虯」，原作「蚪」，乾隆志同，據雍正陝西通志卷一三山川改。

〔六〕敷水南出石山之敷谷　「山」，原作「上」，乾隆志同，據水經注卷一九渭水改。

〔七〕與山西絳州河津蒲州府滎河二縣分界　「滎」，原作「滎」，據本志山西蒲州府改。參本卷校勘記〔一〕。乾隆志「滎河」誤作「滎陽」。

〔八〕野狐掊而泉湧　「掊」，原作「培」，據乾隆志及南部新書卷五改。

# 大清一統志卷二百四十四

## 同州府二

### 古蹟

馮翊故城。今府治，本古臨晉也。史記魏世家：文侯十六年伐秦，築臨晉。又秦本紀：惠王後十二年，與梁王會臨晉。漢書地理志：左馮翊臨晉縣，故大荔，秦獲之更名。臣瓚曰：「舊説，秦築高壘，以臨晉國，故曰臨晉。」魏略：建安初，詔分馮翊以東數縣爲馮翊郡，治臨晉。魏書地形志：華州，太和十一年，分秦州之華山、澄城、白水置，領華山郡，治華陰縣。又安定王燮傳：世宗初除華州刺史，表曰，州治李潤堡，居岡飲潤，井谷穢雜，未若馮翊面華、渭，包原隰，井淺池平，樵牧饒廣。遂詔聽移。周書：魏廢帝三年，改華州爲同州。隋書地理志：馮翊縣，後魏曰華陰，西魏改武鄉，置武鄉郡。開皇初郡廢。大業初，改名馮翊，置馮翊郡。括地志：馮翊縣，漢臨晉縣地，故城在縣西南二里。元和志：同州東至蒲津關六十里，南至華州八十里。寰宇記：同州所理城，即後魏永平三年刺史安定王燮所築。其東城，正光五年刺史穆弼築，西與大城通。其外城，大統元年刺史王羆築。自今奉先縣東北五十里李潤鎮，分秦州置華州理於此。其城自後魏以後修築，非漢之臨晉縣也，蓋後漢於此置臨晉縣，取今朝邑界故臨晉城爲名。晉武帝改爲大荔，後魏初復名臨晉。太和十一年，改爲華陰。孝昌二年，以名重又改武鄉，屬武鄉郡也。

褱德故城。在朝邑縣西南。水經注：渭水東逕平舒城北，水之陽，即褱德縣界也。城在渭水之北，沙苑之南，即褱德縣故城也，世謂之高陽城，非矣。括地志：褒德故城，在朝邑縣西南四十三里。寰宇記：在縣西南三十二里。縣志：今爲高城鎮，在縣西二十里。按：今西安府富平縣亦有褒德城。漢志「禹貢荆山在褒德南」，今富平縣有荆山，據水經注、括地志諸書，及漢志「洛東南入渭」之文，又當在朝邑。禹貢錐指亦主朝邑。今以去漢已遠，古蹟難尋，姑兩存之以備考。

南五泉故城。今朝邑縣治。魏書地形志：澄城郡領南五泉縣，太和十一年置。元和志：朝邑縣西至同州三十五里，本漢臨晉縣地。後魏置南五泉縣。西魏改朝邑，以北據朝坂爲名。舊唐書地理志：乾元五年，割朝邑縣入河中府，改爲河西縣，以鹽坊爲理所。唐書地理志：大曆五年，復曰朝邑，還隸同州。

郃陽故城。在今郃陽縣東南。史記魏世家：文侯十七年，西攻秦，至鄭還，築雒陰、合陽。漢書王子侯表：合陽侯喜，高帝兄，八年封。地理志：左馮翊領郃陽縣。應劭曰：「在郃水之陽也。」魏書地形志：郃陽縣，晉後罷，太和二十年復。水經注：河水逕郃陽城東。魏文侯伐秦，還築合陽，即此城也。古有莘邑，爲太姒之國。括地志：郃陽故城，在同州河西縣南三里。元和志：郃陽縣西南至同州一百二十里，本漢舊縣。寰宇記：郃陽縣，隋開皇十六年，自古城移於今理。舊州志：郃陽故城在今縣東四十里。縣志：今縣東南西河鄉有洽陽里。

徵縣故城。在澄城縣西南。左傳文公十年：秦伯伐晉，取北徵。國語：楚范無宇曰「秦有徵衙」。漢書地理志：左馮翊徵縣。顔師古曰：「即今之澄城縣也。左傳所云秦取北徵，謂此地耳。」元和志：澄城縣南至同州一百里，漢徵縣也。韋昭曰，徵音懲。懲、澄同聲，後人誤爲「澄」。後魏太武七年，分郃陽縣置，又於今縣理置澄城郡。開皇三年罷郡，以縣屬同州。寰宇記：澄城縣，唐長慶四年割隸奉先縣，以奉先陵。梁割屬河中府。後唐同光初復舊。徵城在今縣西南二十二里，即漢縣，今俗名避難堡。縣志：故城在縣西南二十五里，接蒲城縣界。

夏陽故城。在韓城縣南，古梁國也。左傳桓公九年：虢仲、芮伯、梁伯、荀侯、賈伯伐曲沃。僖公十九年：梁伯好土功，亟城而弗處，民罷而弗堪，秦遂取梁。文公十年：晉人伐秦，取少梁。史記：魏文侯六年，城少梁。秦惠文王八年，魏納河西地。

十一年，更名少梁曰夏陽。漢書地理志：夏陽縣，故少梁。後漢書鄧禹傳：建武元年，禹定河東，遂度汾陰河，入夏陽。杜預左傳注：梁國在夏陽縣。括地志：夏陽故城，在縣南二十里。少梁故城，在縣南二十三里。縣志：夏陽故城，在縣南二十里芝川鎮北，基址猶存。其地曰西少梁里。又東少梁里，在縣東南濾水東，即故少梁城也。

**韓城故城**。即今韓城縣治。元和志：縣西南至同州二百里。古韓國及梁國。漢爲夏陽縣地。隋文帝分郃陽於此置韓城縣。縣志：舊韓城在今縣西北四十里，薛峯嶺東麓。元至元二年，嘗徙縣治於此，復還今治。

**鄭縣故城**。在華州北。詩譜：初宣王封母弟友於宗周畿內咸林之地，是爲鄭桓公。系本曰：桓公居棫林，徙十邑。宋忠曰：皆舊地名。自封桓公乃名爲鄭。史記：秦武公十一年，初縣杜、鄭。漢書地理志：京兆尹鄭縣，周宣王母弟鄭桓公邑。後漢書：更始三年，赤眉樊崇等進至華陰，前及鄭，求劉氏，得城陽景王後盆子，遂於鄭北設壇場，立爲帝。魏書地形志：鄭縣有鄭城。括地志：鄭縣故城在今縣北二里。元和志：華州東至潼關一百二十里，東北至同州八十里。治鄭縣，本秦舊縣。漢屬京兆。後魏置東雍州，其縣移在州西七里。大業二年州廢，移入州城，屬雍州。至三年以州城屋宇壯麗，置太華宫，縣即權移城東。四年宫廢，又移入城。古鄭縣，在縣理西北三里。興元元年，新築羅城，及古鄭城並在羅城之内。寰宇記：鄭縣，鄭桓公封邑，今郡北故縣城是。按郡國縣道記云，古城連接今州城，齊天保中，官路經其中，東西相連有三小城。至宇文周，縣移於西南九里。隋開皇三年，又移理於州北故鄭城，四年又移於廢華州城。唐武德四年，又自州城移於州東一里。興元元年築羅城，仍移縣於州西三里官路南，即今縣治也。舊州志：北周所移廢縣，在州西南，今其地名故縣里。

**武城故城**。在華州東北。左傳文公八年：秦伐晉取武城，以報令狐之役。史記：秦厲公二十一年，晉取武城。漢書地理志：左馮翊領武城縣。水經注：沈水逕武平城東，漢之武城縣也。魏書地形志：敷西縣有武平城。括地志：故武城一名武平城，在鄭縣東北十三里。舊州志：武平故城在州東十七里，逶迤邱阜，俗訛爲五女冢。

**沈陽故城**，在華州東北。漢書地理志：左馮翊領沈陽縣。水經注：沈水北經沈城，此故沈陽縣也，蓋藉水以取稱矣。寰宇記：沈陽故城，在州東北十五里驛路南石橋東，此城與故武城並後漢省。按：漢京兆尹渭南郡所管諸縣多在渭水南。此二縣並是馮翊屬縣，據三輔地界言之，皆合在渭水北，當在大荔及高陵、涇陽之北界。蓋因後漢安順間，西羌擾亂關中，縣人移於渭水南鄭縣界，權修壁壘以居，年代綿遠，因而稱爲漢縣。

**陰晉故城。**在華陰縣東南。史記魏世家：文侯三十六年，秦侵我陰晉。秦本紀：惠文君六年，魏納陰晉，陰晉更名寧秦。曹參世家：從定三秦，破章平，賜食邑於寧秦。漢書地理志：華陰縣，故陰晉，高帝八年更名華陰。三輔黄圖：漢初京輔都尉治華陰。元和志：縣西至華州六十五里，隋大業五年移於今理。寰宇記：縣東南五里有古城，即六國時陰晉。

**船司空故城。**在華陰縣東北。漢書地理志：京兆尹領船司空。後漢省。水經注：渭水東入於河，水會即船司空所在。三輔黄圖有船庫官，後改爲縣。顔師古曰：本主船之官，遂以爲縣。通典：漢船司空故城，在今縣理東北五十里是。

**重泉故城。**在蒲城縣東南。史記：秦簡公六年，塹洛城重泉。漢書地理志：左馮翊領重泉縣。魏書地形志：華陰縣有重泉城。括地志：重泉故城，在縣東南四十五里。元和志：秦重泉縣，後魏省。寰宇記：今縣南五十里有重泉故城。縣志：今曰重泉里。

**南白水故城。**即今蒲城縣治。後魏置縣。魏書地形志：白水郡南白水，太和十一年置。元和志：奉先縣西南至京兆府二百四十里，本秦重泉縣，後魏省。孝文分白水縣置南白水縣。西魏改蒲城。開元四年，以縣置橋陵，改爲奉先縣。寰宇記：縣東南至同州九十里。後魏置南白水縣，以在白水之南爲名。西魏廢帝三年，改蒲城，以縣東故蒲城爲稱。唐改奉先。宋開寶四年，復曰蒲城，屬同州。長安志：天禧四年，改屬華州，南至州一百四十里。

**粟邑故城。**在白水縣西北。漢置縣。漢書薛宣傳：粟邑縣小，僻在山中，民謹樸易治。後漢書耿夔傳：永元三年，封粟邑侯。魏書地形志：白水縣有粟邑城。元和志：粟邑故城，在縣西北二十八里。縣志：粟邑廢縣，在今縣西北八十里。

**衙縣故城。**在白水縣東北。春秋時秦彭衙邑。左傳文公二年：晉侯及秦師戰於彭衙。史記：秦武公元年，伐彭戲氏。

漢書地理志：左馮翊領衙縣。皆即彭衙也。晉時縣廢。杜預左傳注：郃陽縣西北有彭衙城。魏書地形志：澄城郡三門縣有衙城。括地志：故衙城在縣東北六十里。

白水故城。在今白水縣南。魏書地形志：白水郡治白水縣，皆太和二年分澄城置。元和志：縣東南至同州一百二十里，本漢粟邑及衙縣地。後魏文成帝於此置白水縣、白水郡，南臨白水，因以爲名。寰宇記：後魏永平三年，移郡於今縣西南三十五里奉先縣界。隋開皇三年罷郡，以縣屬同州。邑有會賓鄉，唐長慶四年，割屬奉先縣。州志：元末寄治縣南五里，明洪武初還今治。

潼關故城。在潼關廳東南，古桃林也。左傳：晉使詹嘉處瑕，以守桃林之塞。史記「塞侯直不疑」，索隱：「塞，國名，今桃林塞。」後漢書楊震傳：順帝初葬華陰潼亭。魏志：建安十六年，關中諸將馬超、韓遂部衆屯潼關。杜預左傳注：桃林在華陰縣東，即潼關。通典：潼關本名衝關，河自龍門南流衝激華山，故以爲名。按：秦函谷關，在漢弘農郡弘農縣，即今陝州靈寶縣界。武帝元鼎三年，徙於新安縣界。至後漢獻帝初平二年，帝西幸出函谷關。自此以前，其關並在新安縣。建安十六年，曹操破馬超於潼關，中間徙於今所。其曰潼谷關者，因水立稱。隋大業七年，移於南北鎮城間坑獸檻谷置，去舊關四里餘。至唐天授二年，移向北，近河爲路。開元十三年，於華嶽祠南通衢立碑，是新關南路也。自後牧是州者，多帶防禦潼關軍使。元和志，潼關在華陰縣東北二十九里，古桃林塞。上躋高隅，俯視洪流，盤紆峻極，實爲天險。河之北岸，則風陵津，北至蒲關六十餘里，河山之險，迤邐相接。寰宇記，自函谷至於潼關，高出雲表，幽谷祕邃，深林茂木，白日成昏。又按：今潼關即隋大業七年所移。衛志：入關中有三道。潼，入關之正道也。商之武關，入關之孔道也。昔漢祖破秦，由此入咸陽。及後往來關中，常由臨晉，乃今之朝邑，又入關之隙道也。今有古城關，在城東南四里。

白水舊郡。在蒲城縣西北。魏書地形志：白水郡，太和三年分澄城置。領縣三，姚谷、白水、南白水。隋書地理志：蒲城，魏置白水郡，開皇初郡廢。寰宇記：後魏永平三年，自白水縣移白水郡於今白水縣西南三十五里奉先縣界，隋開皇三年罷。

臨沮舊縣。在大荔縣西南。舊唐書地理志：武德九年，分馮翊置臨沮縣，貞觀元年省。

河濱舊縣。在朝邑縣東。唐武德三年，分朝邑置，屬同州。貞觀元年省。舊志：蓋在大河之濱。

唐夏陽舊縣。在郃陽縣東。本郃陽縣地，唐時析置。元和志：夏陽縣西南至同州一百三十里。武德三年，分郃陽於此置河西縣，在河之西，因以爲名。又割同州之郃陽、韓城二縣，於今縣理置西韓州，取古韓國爲名。以河東有韓州，故此加「西」。貞觀八年，廢西韓州，以縣屬同州。乾元三年，改爲夏陽縣。唐書地理志：同州夏陽縣，乾元三年隸河中，後復來屬。九域志：熙寧三年，省夏陽縣爲鎮，入郃陽縣。金史地理志：郃陽縣有夏陽鎮。縣志：唐夏陽故縣在縣東南四十里，又名河西城。

三門舊縣。在澄城縣西北。後魏太平真君七年置，屬澄城郡，魏、周間廢。縣志：今有三門村，在縣西北三十里。又後魏澄城郡，所領有宮城、五泉二縣，皆太平真君七年置。或謂今郃陽縣東三十里有宮城村，即故宮城縣。五泉，北周併入澄城，今無考。

長寧舊縣。在澄城縣西北。舊唐書地理志：武德三年，分澄城置長寧縣，貞觀八年省。縣志：長寧城在縣西北四十里長寧河南，今遺址猶存。

敷西舊縣。在華陰縣西南。魏書地形志：華山郡領敷西縣，太和十一年，分夏陽置。寰宇記：述征記云，苻堅、姚萇時有敷西縣，尋省。在華陰縣西南。縣志：敷西城在縣西三十里，即唐之敷水驛。

姚谷舊縣。在白水縣東北。魏書地形志：白水郡領姚谷縣，太和三年置，後廢。舊志：在縣東北，近黃龍江。

潼津舊縣。在潼關廳西，唐置。舊唐書地理志：天授二年，析華陰置潼津縣於關口，長安中廢。寰宇記：廢潼津縣，唐則天割仙掌縣置，屬虢州，蓋因潼川爲名。聖曆二年，割虢州潼津縣入太州，神龍三年廢。衛志：潼關城內有潼津橋，蓋以故縣而名。後廢爲關西驛。哥舒翰自首陽山渡河入關，至關西驛，揭榜收散卒，即此地也。

雒陰城。在大荔縣西。史記：魏文侯十七年，西攻秦，築雒陰。括地志：雒陰在同州西。

長城。在大荔縣西。史記：秦孝公元年，魏築長城，自鄭濱洛以北。元和志：長城在華州東七十二里。或説秦晉分境祠華嶽，故築此城。又云長城在華陰縣西。寰宇記：在華陰縣西二里。舊志：長城在沙苑以北至澄城、白水間，往往有故址。澄城縣志：長城在縣南三里。韓城縣志：長城在縣南三十里，即秦晉分界處，俗謂之界城。華州志：州東南小張村西北有古城迹，逶迤東繞，或斷或連。華陰縣志：魏長城東臨長澗河，至今城基猶存。又有長城在縣東。水經注：沙渠水西北入長城，城自華山北逕於河。華嶽銘曰「秦晉争其利，立城逮其左」者也。又蒲城東亦有長城，寰宇記云秦孝公九年築。三秦記云，在蒲城東九十里。

芮城。在朝邑縣南。詩大雅：虞芮質厥成。左傳桓公三年：芮伯出居魏。史記：秦穆公二十年滅梁芮。漢書地理志：臨晉有芮鄉，故芮國。括地志：芮鄉在朝邑縣南三十里。又有北芮城。縣志：古芮國，在雷首山正西，今洪河西岸是，半入於河。

王城。在朝邑縣東。左傳僖公十五年：晉陰飴甥，會秦伯盟於王城。史記：秦厲共公十六年，伐大荔，取其王城。杜預左傳注：臨晉縣東有王城，今名武鄉。元和志：大荔國，今朝邑縣東三十步故王城是也。寰宇記：朝邑縣東一里有王城，蓋大荔戎王之國。

輔氏城。在朝邑縣西北。左傳宣公十五年：秦桓公伐晉，次於輔氏。晉魏顆敗秦師於輔氏，獲杜回。襄公十一年：秦伐晉，濟自輔氏，戰於櫟。縣志：輔氏城，在縣西北十三里。

香城。在朝邑縣東。通鑑：晉義熙十三年，劉裕伐秦，王鎮惡帥水軍自河入渭，趨長安。秦將姚難自香城引兵而西。胡三省注：香城在渭水之北，蒲津之口。

莘國城。在郃陽縣東南。詩大雅：纘女維莘。括地志：古莘國城，在河西縣南二十里。寰宇記：世本及詩，莘國姒姓，夏禹之後。武王母太姒，即此國之女。縣志：縣東南有有莘里，即古莘國。按：孟子「伊尹耕於有莘之野」，趙岐注不詳所在。

史記正義引括地志云在汴州陳留縣東五里。今縣志近夏陽村有伊尹耕處，縣境又有伊尹廟，恐屬附會。又左傳僖公二十八年，晉楚戰於城濮，晉侯登有莘之墟以觀師。皆別爲一莘，非洽陽渭涘之莘也。

羈馬城。在郃陽縣東。左傳文公十二年：秦伯伐晉取羈馬。元和志：羈馬故城，在縣東北二十六里。

劉仲城。在郃陽縣西。水經注：徐水逕劉仲城北，是漢高祖兄劉仲之封邑也。通典：河西縣有劉仲城。縣志：劉仲城在縣西二里，與水經注不合。

石谷城。在郃陽縣南。魏書地形志：五泉縣有石谷城。縣志：今有石崇城，亦名赤城，在縣南二十里良石村，或以爲即石谷之訛也。

新城。在澄城縣東北。左傳僖公十八年：梁伯益其國而不能實也，命曰新里。秦取之，十九年遂城而居之。又文公四年：晉侯伐秦，圍邧、新城。春秋地名考略：新城即梁國之地，秦取之。戰國時爲秦公子封邑。縣志：新城在縣東北二十里。

王官城。在澄城縣西北。左傳文公三年：秦伯伐晉，濟河焚舟，取王官及郊。括地志：王官城在澄城縣西北六十里。又南郊城，在縣北十七里。又有北郊、西郊城，皆即孟明伐晉所取。縣志：在縣西北四十里，故址尚存。按：此城又見山西臨晉縣。傳云濟河焚舟，則二城當在河東爲是。

元里城。在澄城縣南。史記：魏文侯十六年築元里。惠王十七年與秦戰元里。正義：元里故城在澄城縣界。縣志：在縣南十五里。

韓國城。在韓城縣南。左傳：富辰曰：「邘、晉、應、韓，武之穆也。」國語：「史伯曰：應、韓不在。」韋昭曰：「宣王時命韓侯爲侯伯，其後晉滅以爲邑，以賜桓叔之子萬，是爲韓萬。」竹書紀年：平王十四年，晉文侯滅韓。博物記：夏陽有韓原，韓武子采邑。括地志：韓國故城，在今縣南十八里。

繁龐城。在韓城縣東南。史記：魏文侯十三年，使子擊圍繁龐，出其民。縣志：繁龐城在縣東南。

籍姑城。在韓城縣北。史記：秦靈公十三年城籍姑。括地志：籍姑故城，在韓城縣北。縣志：在縣北三十五里。

巒城。在華州西北，亦曰赤城。魏書地形志：鄭縣有赤城。水經注：渭水東逕巒都城北，故蕃邑，殷契之所居。世本曰：契居蕃。闞駰曰：蕃在鄭西。然則今巒城是矣，俗名之曰赤城。苻堅入秦，據此城以抗杜洪。

彤城。在華州境。尚書顧命：乃同召彤伯。史記魏世家：惠王二十一年，與秦會彤。通鑑注：彤，即彤伯之國，當在鄭縣界。舊志：州西南有故彤城。

告平城。在華陰縣西，一曰高平城。晉書劉沈傳：河間王顒頓於鄭縣之高平亭。魏書地形志：敷西縣有高平城。水經注：敷水北逕高平城東，相傳武王伐紂告太平於此，故城得厥名。華州志：告平城，在州東二十五里，今柳子鎮東。縣志有故城，在縣西三十餘里敷水之西〔一〕，即古告平城也，俗訛爲竇建德城。

平舒城。在華陰縣西北。史記：秦始皇三十六年，使者從關東夜過華陰平舒道，有人持璧遮使者曰：「爲吾遺滈池君。」水經注：渭水逕平舒城北，城側枕渭濱，半破淪水。南面通衢，即江神返璧處也。括地志：平舒城在縣西北六里。

定城。在華陰縣東。晉義熙十三年，劉裕伐秦，檀道濟等攻潼關，秦將姚紹出戰而敗，退屯定城。水經注：渭水東逕定城北。西征記曰，城因原土。述征記曰，定城去潼關三十里，夾道各一城。隋書：開皇八年伐陳，車駕餞師，行幸定城，陳師誓衆。寰宇記：定城，或云漢末鎮遠將軍段煨所造。後魏孝武永熙三年，於城中置定遠驛。縣志：定城在縣東十里。新志：今沙渠水之東官道南有廢址，俗譌爲康王城。

古蒲城。在蒲城縣東，即寰宇記所稱縣東故蒲城也。長安志：蒲城在縣東三十里。

賈城。在蒲城縣西南。左傳桓公九年：賈伯伐曲沃。寰宇記：蒲城縣有賈城，古之賈國。長安志：賈城在縣西南十八里，有賈大夫冢。縣志：在縣西南十五里，今名賈曲，當漫源渠曲處，故名。

晉城。在蒲城縣東南五十里。縣志：舊傳晉公子重耳所築。或云晉敗孟明，建城於此以拒秦。

魯王宫城。在蒲城縣西南四十里。大統記曰，即魯哀王城也。縣志：魯王宫，或謂之鹵王宫。

雙古城。在潼關廳南三十里，舊傳元將李思齊守此。相近又有泗洲城，因泗洲軍守此，故名。

十二連城。在潼關廳南禁溝西。舊時每三里設一城，凡設十二城，以防禦禁溝之潛越，謂之十二連城。後廢。

同州宫。在大荔縣城内。舊志：西魏太師宇文泰故居。泰以同州扼關河之險，既專政，猶恒居此。閔帝受魏禪，謂之同州宫。明帝有幸同州故宫詩。大象二年，改爲天成宫。又北史後魏大統八年，起萬壽殿於沙苑北。今無考。

興德宫。在大荔縣南。元和志：在馮翊縣南三十二里。義旗將趨京師，軍次於忠武園，因置亭子，名興德宫，屬家令寺。

長春宫。在朝邑縣西北。隋書地理志：朝邑有長春宫。元和志：長春宫，北周武帝置。大業十三年，高祖起義兵，自太原舍於此宫，休甲養士而定京邑。武德二年，於此置陝東大行臺，太宗居藩作鎮。四年，山東平，乃移行臺於洛州。寰宇記：長春宫在强梁原上。周武帝保定五年，宇文護所築。初名晉城，建德二年置長春宫，隋開皇十二年增構殿宇。唐時牧此州，多帶長春宫使。舊志：宫在縣城西北隅，五代初廢。又有望仙觀，在縣東南渭水濱，與華陰縣接界。

登仙宫。在郃陽縣西北。水經注：徐水逕漢武帝登仙宫東。縣志：今有宫城村，在縣東北三十里。又有仙宫鄉、仙宫里，在縣北，皆以故宫名也。

避暑宫。在澄城縣東北五十里，相傳隋文帝避暑處。後改爲治平寺。

祇宫。在華州。州志：穆天子傳云，吉日丁酉，天子入於南鄭。郭璞注云：「今京兆鄭縣也。」紀年：穆王元年，築祇宫於南鄭。傳所謂王以是獲殁於祇宫者。

神臺宮。在華州。唐書地理志：鄭縣東北三里有神臺宮，本隋普德宮，咸亨二年更名。

集靈宮。在華陰縣西北。漢書地理志：華陰有集靈宮，武帝起。水經注：敷水北徑集靈宮西，張昶華嶽碑稱漢武慕其靈，築宮在其後。寰宇記：集靈宮、存神殿、存仙殿、望仙臺、集仙宮、望仙觀，皆漢宮觀名也。

金城宮。在華陰縣。唐書地理志：華陰縣東十三里有隋金城宮。武德三年廢，顯慶三年復置。

瓊岳宮。在華陰縣。唐書地理志：華陰縣西十八里有瓊岳宮，故隋華陰宮。寰宇記：隋大業四年置。本名敷水宮，五年改爲華陰宮。義寧二年，移宮置長監。貞觀六年，改爲華陰宮。顯慶三年，爲瓊岳宮。今廢。

看花臺。在大荔縣城南。舊志：傳隋築之雒岸者。下有蓮池，上有馳道，今其址猶存。

鳳凰臺。在郃陽縣東南三十里。

沙苑。在大荔縣南，接朝邑縣界。元和志：沙苑，一名沙阜，在馮翊縣南十二里，東西八十里，南北三十里。後魏大統三年，周太祖與高歡戰於沙苑，大破之。其時太祖兵少，隱伏於沙草之中，以奇勝之。後於兵立之處，人栽一樹以表其功。今樹猶存。仍於戰處立忠武寺。今以其處宜六畜，置沙苑監。唐六典：沙苑監，掌牧養隴右諸牧牛羊。寰宇記：沙苑監在同州馮翊、朝邑兩縣界。唐末廢。周顯德三年，於苑内牧馬。在州南十五里。又沙苑古城，在朝邑縣南十七里，從馮翊縣東界，沿洛水南岸，入朝邑縣界。又南至渭水。其城廣四十八里。宋史兵志：沙苑占田九千餘頃，歲費緡錢四十餘萬，牧馬六千。凡諸監興罷不一，而沙苑監獨不廢。舊州志：沙苑在州南洛、渭之間，亦名沙海，亦名沙溪，其中坌起者曰沙阜。東跨朝邑，西至渭南，南連華州，其沙隨風流徙，不可耕植。唐置沙苑監，宋初置牧龍坊，尋復改沙苑監。明初爲郭駙馬草地。今爲馬坊里，居民芟牧其中，多樹果蓏，佳於他産。

白樓。在大荔縣。集古録：同州有白樓，唐賢眺咏之所，令狐楚作賦刻其上。元稹寄白居易詩云：「烟入白樓沙苑暮。」

謂此。

齊雲樓。在華州城内。舊唐書昭宗紀：乾寧四年，帝與學士、親王登齊雲樓，西望長安，令樂工唱御製菩薩蠻詞。舊州志：城中有隆阜，相傳此地爲齊雲樓故址，今州治建焉，左右臺址尚存。或云古昭慶院有齊雲樓，是時假之爲駐蹕地，後建州治於此。

山河一覽樓。在潼關廳東南麒麟山上，明兵備道張維新建。

應亭。在大荔縣。史記：秦昭襄王五年，魏王來朝應亭。集解：徐廣曰，魏世家云會臨晉。

南谿池亭。在大荔縣東南十五里。唐刺史王龜建，御史中丞蔡曙作記。

遊春亭。在華州西南五里西谿上，一名西谿亭。唐杜甫詩：「鄭縣亭子澗之濱。」即此。

利陽亭。在白水縣東北。後漢書郡國志：衙縣有利陽亭。劉昭注：皇覽云，倉頡冢在利陽亭南。縣志有陽武村，在縣東北八十里。村西三里有利鄉，今爲史官村，有倉頡墓。倉頡生陽武而葬利鄉，即此二地也。

吏隱亭。在白水縣城西，唐令白行簡建。杜甫詩有「吏隱道性情，兹焉其窟宅」，即此。

子夏石室。在韓城縣西南。禮記：子夏退而老於西河之上。水經注：横溪水注于崌峪側溪。山南有石室，西面有兩石室，北面有二石室，皆因阿結牖，連扃接闥，所謂石室相距也。東廂石上猶傳杵臼之迹，庭中亦有舊宇處，尚髣髴前基。北坎室上有微涓石溜，豐周瓢飲，似是棲遊隱學之所。昔子夏設教西河，疑即此也。寰宇記：韓城縣有子夏石室。又水經注：河水又南逕子夏石室東。南北有二石室，臨側河崖，即子夏廟室也。郃陽縣志有子夏洞，在縣東南飛浮山，相傳子夏讀書處。

殷濟精廬。在韓城縣西。水經注：陶渠水東南流逕漢陽太守殷濟精廬南，俗謂之子夏廟。

張超廬。在華陰縣霧谷後。賈志：後漢張楷結廬此地，學者如市。

萬年鄉。在蒲城縣西。寰宇記：櫟陽縣有萬年鄉。元和元年，敕割屬奉先以奉景陵。

廣通倉。在華州東。隋書食貨志：開皇三年，詔西至蒲陝，東至衛汴，水次十三州，募丁運米於華州，置廣通倉。

京師倉。在華陰縣東。漢書：王莽地皇四年，郭欽陳翬成，重收散卒，保京師倉。顏師古注：「倉在華陰灌北渭口。」

永豐倉。在華陰縣東北。隋大業九年，楊玄感圍東都，其黨李子雄勸玄感直入關中，開永豐倉以賑貧乏。十三年，唐公起義師引軍而西，華陰令李孝常以永豐倉降。唐至德中，郭子儀討安慶緒，據永豐，關陝始通。元和志：永豐倉在縣東北三十五里渭河口，隋置。義寧元年，因倉置監。唐書地理志：華陰縣又有臨渭倉。舊志：隋開皇三年置廣通倉，大業初改曰永豐倉。

錢監。在華州。九域志：有錢監二，皆在州南一里。一熙寧四年置，鑄銅錢。一八年置，鑄鐵錢。後廢。

伏龍府。在澄城縣南五十里。唐置折衝府，肅宗時，太原王榮爲伏龍府折衝是也。今其地名伏龍里。

相原府。在蒲城縣。長安志：蒲城縣有唐折衝府五，曰相原、孝德、温湯、宣化、懷仁。縣志：相原府在縣東二里。孝德等府，亦皆在縣境，蓋唐所建以衛五陵者。

郭子儀故宅。在華州東。其鄉曰將相鄉，里曰將相里，有井曰汾陽王井。

王宿莊。在華州。舊志：宜氏族譜云，宜氏世居華城東北二十里，地曰王宿莊。古傳周太子宜臼出奔，曾宿渭陽之濱，即此。暨踐阼後以封庶子，賜姓宜氏。

姚武壁。在郃陽縣西北。通典：河西縣有姚武壁、伏陸壁，皆險固。寰宇記：夏陽縣有姚武壁。苻堅二十一年，姚萇奔渭北，西州豪族推爲盟主，僭號於此，以武功立，因名。縣志：姚武壁、伏陸壁，並在縣西北。

曹公壘。在潼關廳西北。述征記：漢末之亂，魏武征韓遂、馬超，連兵此地。今際河之西有曹公壘，道東原上，云李典營。義熙十三年，王師曾據此壘。水經注：宋武入長安，檀道濟、王鎮惡，或據山爲營，或平地結壘，爲大小七營，濱帶河險。今皆無考。

姚鸞屯。在潼關廳南十五里。晉義熙十三年，宋武伐秦，秦將姚紹守潼關，使姚鸞屯大路，以絶晉糧道，即此。又有姚氏屯在城東。晉書：紹遣姚讚屯河上，以絶水道。西征記：沿途逶迤入函道六里，有舊城周百餘步，北臨大河，南對高山，姚氏置關以守峽。舊衛志：城東門外有金陡城，或以爲即姚讚河上之屯也。

乾坑。在大荔縣西四十里，接蒲城縣界。唐李元諒敗李懷光於乾坑，即此。今名界溝。

桃林野。在潼關廳。雍録：春秋時，晉侯使詹嘉守桃林之塞。杜預曰：桃林，潼關是也。書：歸馬於華山之陽，放牛於桃林之野。孔穎達引杜預語，亦以桃林塞爲潼關。

石闕。在華陰縣南華山。漢永和中弘農太守常山張勳，於西嶽作石闕一。今廢。

漢碑。郃陽令曹全碑，八分書，中平二年立。今在郃陽縣。

唐碑。金石文字記：褚遂良書聖教序，顔真卿奉使蔡州帖及騎都尉李文墓誌銘，今俱在大荔縣。

倉頡冢碑。在白水縣黄龍山下倉頡冢前。下方上鋭，面通一孔，高四尺七寸，闊二尺四寸。文計二十四行，凡九百一十餘字，字皆磨滅不可讀，亦無譔書人姓名。止「倉頡四目靈光」、「爲左史」及「熹平年」十餘字可見。府志載聞人牟準衛覬碑云：倉頡冢碑，覬大篆書，在左馮翊利陽道旁。丹鉛總録亦云覬金針八分書也。覬，漢靈帝熹平、光和時人，碑文中有熹平年號，則此碑爲漢時所立無疑，其爲覬書亦足信。俗謂蔡中郎書者，謂其字體是八分，故誤傳也。而碑首又鐫「嘉祐庚子五月倉聖祠下」十字，考嘉祐乃宋仁宗年號，蓋此碑初立於漢，在墳道旁，至宋仁宗時乃移於廟檐下耳。

## 關隘

**大慶關**。在朝邑縣東，即古蒲津關。史記：曹參以中尉從漢王出臨晉關。正義：即蒲津關也，在臨晉縣，故言臨晉關。隋書地理志：朝邑縣有關官。元和志：朝邑縣東南有蒲津關。續通典：蒲津關，戰國時魏所置。自河東而言，亦曰蒲坂津；自關中而言，亦曰夏陽津。寰宇記：蒲津關因在蒲坂，又以河津之湊爲名。舊志：宋大中祥符四年，改蒲津關爲大慶關，在縣東三十里黄河西岸。明置巡司及税課局，今裁。舊有蒲津城，久圮。明嘉靖二十年復築。萬曆後河決城毁，故關反在東岸，今河西亦稱新大慶關，在縣東七里。本朝乾隆三十八年，設主簿駐此。

**龍門關**。在韓城縣東北。隋書地理志：韓城有關官。元和志：龍門戍在縣東北，極險峻。北周於此置龍門關，今廢。寰宇記：龍門關，西魏大統元年置，在龍門山下。關口有龍門城，即戍所也。

**周關**。在華州境聖山南秦家莊。杜實材記關爲周處所建。

**渭津關**。在華陰縣東。唐書地理志：華陰縣有渭津關。

**潼關**。即今潼關廳治。東薄山東，南接河南閿鄉，北渡河接山西蒲州府，歷代皆爲要地。今設副將、都司駐守。餘詳見前建置及古蹟。

**石門關**。在潼關廳南二里。又巡底關，在廳南十里。相近有楊家灣關。

**禁峪關**。在潼關廳南十里，即禁峪口也，舊亦謂之小關。西魏大統三年，高歡軍蒲坂，遣其將竇泰趨潼關。宇文泰潛軍出小關，盡俘其衆，至馬牧澤擊泰殺之。通鑑注：小關在潼關左，唐時謂之禁峪。又溝西關，在廳南十五里，以在禁溝西而名。又瀵津關，在廳南二十里。五莊關，在廳南二十五里。

潼峪關。在潼關廳南三十里。相近有麻峪關、上關。

角營關。在潼關廳東南十五里。又東峪關，在廳東南三十里。西峪關，在廳東南四十里。俱有烽堠。

暗門隘。在潼關廳東五里，路通河南閿鄉，山徑險狹，蔽虧天日，因名。

永豐鎮巡司。在蒲城縣東北五十里永豐里洛水岸，路通澄城。本朝乾隆四年設。

沙苑鎮。在大荔縣南十二里。賈志：即唐沙苑監地。宋置鎮，金因之，後廢。

羌白鎮。在大荔縣西二十里。本朝乾隆四年設縣丞駐此。

潘驛鎮。在大荔鎮西三十里。

新莊鎮。在大荔縣西北二十里。

李潤鎮。在大荔縣西北，亦曰李潤堡。姚秦時爲鎮戍，後魏太和十一年置華山郡於此，世宗時移治馮翊古城。寰宇記：李潤鎮在奉先縣東北五十里。

坊頭鎮。在大荔縣西北三十里，一名坊舍鎮，舊有城堡。

趙渡鎮。在朝邑縣南十五里，濱渭河，爲商賈輳集之處。又有伯士、安仁、雙泉三鎮，皆在縣西。

新市鎮。在朝邑縣南。九域志：朝邑縣有新市、延祥二鎮。金史地理志：朝邑鎮四，朝邑、新市、延祥、洿谷。縣志：新市鎮在縣南十里。延祥鎮在縣西南，今名倉頭村。洿谷鎮在縣東北六十里，亦曰洿谷堡，三面陡絶，其險足恃。

白家鎮。在朝邑縣西北二十里。有堡城，明嘉靖二十六年築。又西北有苦泉鎮。又兩女鎮，在縣東北四十里。

夏陽鎮。在郃陽縣東南四十里，即唐夏陽縣也。

寺頭鎮。在澄城縣東南。九域志：澄城縣有寺前、良輔二鎮。縣志：寺頭鎮在縣東南四十里，即寺前鎮。明嘉靖二十五年築城，名曰遵義堡。又堖頭鎮，在縣西二十里，名曰長潤堡。王莊鎮，在縣西北三十里，名曰太平堡。皆明嘉靖二十五年築。又馮原鎮，在縣西北五十里。

良輔鎮。在澄城縣北五十里。舊有唐魏鄭公莊，故名。

芝川鎮。在韓城縣南二十里。有城，明嘉靖二十二年築。

柳子鎮。在華州東二十里。又臺頭鎮，在華州東三十里，與華陰縣接界。

赤水鎮。在華州西。九域志：鄭縣有赤水東鎮。華州志：在州西三十里赤水旁。又少華鎮，在州南少華峯下，爲入關之道。

華岳鎮。在華陰縣東三里。又泉店鎮，在縣東二十里。

關西鎮。在華陰縣東，以在潼關之西，故名。唐天寶末，哥舒翰敗於靈寶，至關西驛揭榜收散卒，欲復守潼關。九域志：華陰有關西鎮。今廢。

敷水鎮。在華陰縣西，即唐敷水驛。唐元和中，元微之自河南還京，次敷水驛，與中官劉士元争廳，至以箠傷其面。九域志：華陰縣有敷水鎮。縣志：鎮在縣西三十里敷水西。又落村鎮，在縣西北四十里。縣境四鎮，皆有集，敷水、華岳最大。

漢帝鎮。在蒲城縣東南十八里。又長樂鎮，在縣東南四十里。

車度鎮。在蒲城縣東南。五代梁乾化初，李茂貞遣温韜攻長安，梁兵擊韜於車度走之。長安志：車度鎮在縣東南五十里。縣志又有晉城鎮，在縣東南五十里，即故晉城也。又孝同鎮，在縣南四十里。

荆桃鎮。在蒲城縣西南三十里。縣志又有興市鎮，在縣西二十里。高陽鎮，在縣西北四十里。

馮雷鎮。在白水縣東十里。又西北鎮，在縣東二十里。雷村鎮，在縣東南三十里。

新村鎮。在白水縣東南五十里，舊名新民堡。

新窑鎮。在白水縣西北三十里。鐵牛鎮，在白水縣西北四十里。

馬蓮鎮。在白水縣西北五十里秦山堡。有城，北出鄜延必由之路，甚險窄。明嘉靖間設巡司，今裁。

雷衙鎮。在白水縣東北二十里。又武莊鎮，在縣東北六十里。

永樂鎮。在潼關廳北四十里。本朝初設巡司，乾隆十二年裁〔二〕。

青岡坪。在華州西南七十五里秦嶺之南。坪之東南十五里抵金堆城，即雒南縣界。州志：青岡坪，括地千畝，爲州之要隘。其西南百里可達磽關，東南可通武關。本朝順治十二年築城，有把總分防。

戈社砦。在朝邑縣北四十里。元戈平章所築。

東蒙砦。在郃陽縣東三十里。又虎山砦、甘峪砦，俱在縣西南五十里。護難砦，在縣西北二十里。青雲砦，在縣東北三十里。皆昔人避兵之所。

親隣砦。在郃陽縣北二十里。元末李思齊築。

胡家砦。在韓城縣東北十三里，一名周原堡。三面陡絶，有洞通黄河，元末嘗屯兵於此。

羅紋砦。在華州城東羅紋渠上。五代梁貞明六年，同州降於晉，梁遣劉鄩圍之。晉兵馳救，鄩敗，退保羅紋砦。即此。州志有羅紋橋遞運所，在州東十里，明置，今廢。

晉穆公呰。在蒲城縣東。長安志：在沮水東岸，相去五里。又有晉公子虛糧呰，在縣東北六十五里沮水西岸。

白起呰。在蒲城縣。長安志：在縣東北三十里。

金龍堡。在朝邑縣西門外金龍寺下。又縣西有泰安堡。又縣西北一里有東長春堡、西長春堡。縣志：爲隋長春宮故址。

焦籬堡。在郃陽縣東二十五里。唐書：貞元初，馬燧討李懷光，入長春宮，進營焦籬堡。即此。

春城堡。在韓城縣西七十里。又天成堡，在縣西南四十里。

避難堡。在蒲城縣。長安志：在縣東北八十里。縣志：其地去今縣六十里，去故重泉八十里。

彭衙堡。在白水縣東北四十里。杜詩：「夜深彭衙道，月照白水山。」即此。縣志：明正德七年，洛川妖賊邵進禄等由黄龍山進據白水彭衙堡，兵備張綸討走之。

華山驛。在華州北。東至華陰縣七十里，西至渭南縣五十里。明置。

潼津驛。在華陰縣治東南，東至潼關縣四十里。明置。又太華驛，在縣南太華山麓。宋置。長安驛，在縣西十二里。久廢。

潼關驛。在潼關廳治西南。東至黄河，接山西界。明置。本朝初設驛丞，乾隆四年裁。

## 津梁

洛水橋。在大荔縣城西南。

河橋。在朝邑縣東舊大慶關前。左傳昭公元年：秦伯之弟鍼出奔晉，造舟於河。史記：秦昭襄王五十年，初作河橋。正義：此橋在臨晉縣東，渡河至蒲州，今蒲津橋也。元和志：朝邑縣有河橋，通秦、晉之道，今屬河西縣。縣志：唐開元中作蒲津橋，施鐵牛兩岸各四，以維浮梁。自宋以來，皆經修治，明萬曆中河徙，橋遂不復。今以舟楫濟，名鐵牛渡。

撫濟橋。在郃陽縣東南二十五里，跨洽水。明萬曆中建。

崆峒橋。在澄城縣西十里。又天險橋，在縣西北十八里。

澽水橋。在韓城縣南一里。又縣南十里有陳村橋，俱跨澽水上。

芝陽橋。在韓城縣南芝川鎮，跨芝水上。

龍門橋。在韓城縣東北六十里渚北村西。

羅紋橋。在華州東十里，跨羅紋渠上。

東石橋。在華州東二十里，跨構谷水上。水經注：沈水徑鄭城東，水有故石梁，述征記鄭城東西十里各有石梁者也。

小石橋。在華州西門外，跨西谿。

西石橋。在華州西十里，跨石橋河。晉義熙中，劉裕伐秦，秦將姚難自香城引兵而西，秦主泓自霸上還屯石橋，以爲之援。水經注：西石橋，東去鄭城十里。唐中和初，昭義帥高潯合河中兵討黄巢，收華州，尋敗於石橋。皆此西石橋也。

遇仙橋。在華州西二十里，跨喬谷水。又赤水橋，在州西三十里赤水上，接西安府渭南縣界。

萊公橋。在華州北王立渡南，舊跨渭水。宋寇準葺之，因名。後渭水北流，橋爲水所湮。

東平橋。在華陰縣東門外。又縣東十五里有沙渠橋，跨沙渠水。

駐馬橋。在華陰縣西門外。明統志：過者多於此駐望華山，故名。

平正橋。在白水縣東三里，跨白水。

聖女橋。在白水縣東南三十里。縣志：相傳有三女，一夕成此橋，今有廟存。

漆水橋。在白水縣南五里，近浮山麓，跨白水。俗訛白水爲漆水，故名。

潼津橋。在潼關廳治西，跨潼河，分潼關、閿鄉兩縣境。橋以西屬華陰，橋以東屬閿鄉。

城南渡。在大荔縣西南五里洛河濱，南通華陰。又下廟渡，在縣西五里，西通涇陽、渭南。船舍渡，在縣西北三里，西北通蒲城。皆洛河渡也。

渭河渡。在朝邑縣南三十里。又有洛河渡，在縣東南趙渡鎮。皆南通華陰。

茶峪渡。在郃陽縣東四十里黄河上，通山西蒲州府榮河縣。又夏陽渡，在縣東南四十里，通蒲州府臨晉縣。廉莊渡，在縣東南五十里。皆黄河要津。

洛河渡。在澄城縣西二十里，通蒲城縣。

少梁渡。在韓城縣東南二十里，亦謂之罌浮渡，即漢韓信渡兵處也。又有謝村渡，去縣二十里。漁村渡，去縣十里。皆黄河津濟處。

禹門渡。在韓城縣東北六十里。詳見山西河津縣。

王立渡。在華州北十五里渭水渡處。

望仙渡。在華陰縣東北三十里。又寺南渡，在縣東二十五里。落村渡，在縣西北三十里。上村渡、東栅渡，皆在縣北二十里。皆渭水渡處。

晉城渡。在蒲城縣東南晉城鎮，道出大荔。又有蔡鄧渡，在縣東北，道出澄城。皆洛水渡處。

風陵渡。在潼關廳東門外。元和志：潼關北岸則風陵津，北至蒲關六十餘里。又見山西蒲州府。

張家船。在白水縣東北三十里，相近爲麻地灣渡馬家船。又東北五里有齊家筏。皆洛水津濟處，以船筏爲渡，故名。

## 隄堰

陶渠村堰。在韓城縣西南陶渠村。通志：地本瘠，明中丞濾濱張公，鑿石引渠以溉之，遂與上地等。又東爲西趙莊堰、東趙莊堰、郭家莊堰、柏香村堰、高門村堰，又東爲呂莊堰，皆由陶渠村而衍之，溉田甚富。

土門堰。在韓城縣西五里，爲土門口。水源出麻線嶺，迢遞而下，一百二十餘里，名爲濾水。其堰有第一至第九之名，利用甚饒，居民賴之。

山陽堰。在蒲城縣北十里。長安志：舊圖經曰，唐因置陵寢，修此堰。今廢。

張公堰。在潼關廳城內。明萬曆中大理卿張惟任建，以障潼河。

龍首渠。在大荔縣西。漢書溝洫志：孝武時，嚴熊言臨晉民願穿洛以溉重泉以東故惡地，誠得水可令畝十石。於是發卒穿渠，自徵引洛水至商顔下，得龍骨，號曰龍首渠。周書武帝紀：保定二年，初於同州開龍首渠，以廣溉灌。元和志：州西三十里有乾坑，即龍首之尾也。

漕渠。在華州北。隋書食貨志：開皇三年，命宇文愷鑿渠引渭水，自大興城東至潼關三百里，名廣通渠。元和志：天寶三載，左常侍兼陝州刺史韋堅開漕河，自苑西引渭水，因古渠至華陰入渭，漕永豐及三門倉米以給京師。每夏大雨輒漲，大曆後漸不通舟。詳見西安府。

靈應泉渠。在華陰縣東二十里。引泉水溉田，分三十六渠，凡三十六日一周。又磨渠，在縣東二十五里。自潼關南之磨谷，引流分四十一渠，凡四十一日而周，潦則歸於清河。又段明渠，亦在縣東。引潼谷上流之水，循山麓而西，北分爲二渠。今廢。

醴泉渠。在華陰縣東南。其水清甘，經華嶽觀，瀦嶽廟魚池，與小澗之水俱灌民田。

窰村渠。在華陰縣南。長澗河之水經縣南窰村，有渠以洩水害。

白鹵泄渠。在蒲城縣南。長安志：在縣南四十里，與白鹵鹽池連，東入沮水，闊五十尺，深二丈。蓋鹵水泛漲流注，故曰鹵渠。縣志：渠與甘池八公灘通，西連高春渚，産硝。東南數里爲洛北、洛南二鎮，有溝澗，兩岸土可煎鹽。

## 陵墓

風陵。在潼關廳東北三里黄河中。九域志：女媧墓，在今潼關口，屹然介河，有木數株，雖暴漲不漂泊。今俗名爲風陵堆。詳見山西蒲州府。

### 周

太姒陵。在郃陽縣東南四十里夏陽鎮。

唐

睿宗橋陵。在蒲城縣。元和志：在奉先縣西北三十里豐山。又惠莊太子陵，在橋陵東南三里。惠宣太子陵，在橋陵東六里。惠文太子陵，在橋陵東三里。並在柏城内。

明皇泰陵。在蒲城縣。唐書地理志：在奉先縣東北二十里金粟山。長安志：在縣東北三十里。下宫去陵五里。陪葬一：高力士。

讓皇惠陵。在蒲城縣西北。唐書三宗諸子傳：睿宗將建東宫，憲嫡長，固讓。明皇時薨，追謚讓皇帝，號其墓曰惠陵。地理志：陵在奉先縣西北十五里。長安志：陪葬諸王三：鄭王筠、凝王琳、安王珣。

憲宗景陵。在蒲城縣。唐書地理志：在奉先縣西北二十里金幟山。長安志：在縣東北十三里，陪葬后妃三。

穆宗光陵。在蒲城縣。唐書地理志：在奉先縣北十五里堯山。長安志：在縣北二十里堯山西案嶺。下宫去嶺五里，陪葬后妃二。寰宇記又有僖宗靖陵，在縣界，去長安一百五十里。

古

倉頡墓。在白水縣東北黄龍山下，有祠。

夏

伯成子高墓。在澄城縣東十里西下村。縣志：墓上古柏森然，生棘無曲刺。墓前有廟，碑碣無存。

## 商

伊尹墓。在郃陽縣。舊志稱縣南二十里爲莘國，尹所耕處。

## 周

公孫杵臼墓。程嬰墓。俱在韓城縣西南。縣志：韓城西南保安村麓有巨冢三，相傳爲公孫杵臼、程嬰、趙武墓。雍大記：以國君鼻祖，必不從嬰、杵而定。不載趙武，不爲俗惑也。

鄭桓公墓。在華州西三里西宫路南。

## 戰國

荆軻墓。在郃陽縣東北三十里，墓東有廟。

## 漢

蘇武墓。在韓城縣西北五里。縣志：在蘇山，有石碣一，題爲漢蘇子卿墓。

劉仲墓。在郃陽縣西二里。

司馬遷墓。在韓城縣南。水經注：陶渠水東南逕司馬子長墓北。括地志：司馬遷墓，在縣南二十二里故夏陽城東南。

縣志：在縣南芝川鎮東南司馬嶺，嶺以墓名。

東方朔墓。明統志：在華州西南二十五里。

班超墓。在華陰縣西二十五里。

杜康墓。在白水縣西十五里。

楊震墓。在潼關廳西。後漢書：順帝即位，詔改葬震於華陰潼亭。先葬十餘日，有大鳥高丈餘，集震喪前，俯仰悲鳴，淚下沾地，葬畢，乃飛去。郡以狀上，帝感震之枉，使太守、丞以中牢具祠，於是時人立石鳥象於其墓側。寰宇記：墓在今潼關西道北。唐貞觀十一年，幸墓所，親爲文以祭之。華陰縣志：墓在今縣東三十里，潼關西七里。

孔僖墓。在朝邑縣東北洿谷鎮。

任季兒墓。在郃陽縣東南四十里華里村。縣志：季兒，任延壽妻。

## 晉

苻秦王猛墓。在華陰縣東。寰宇記：猛墓與楊太尉墓相近，唐貞觀十一年致祭，禁樵牧。明統志：在縣西三十里。

## 唐

李思訓墓。在蒲城縣西二十五里。唐雲麾將軍祔葬橋陵，有碑，李邕撰并書。

烏承玼墓。在華陰縣西告平里，韓愈有碑。

魏謩墓。在蒲城縣南十五里。

員半千墓。在白水縣。唐書本傳：半千，濟州全節人。睿宗初表丐骸骨，有詔聽朝朔望。開元九年，遊堯山沮水間，愛其地，遂定居。卒年九十四，即葬焉，吏民哭野中。

嚴善思墓。在朝邑縣西北一里長春宫南。

王仁皎墓。在大荔縣西二十里羌白鎮西。唐書本傳：仁皎，玄宗后父，封祁國公，卒贈太尉、益州大都督，謚昭宣。張説文其碑，帝爲題石。

## 宋

竇貞固墓。在蒲城縣北十里。宋史本傳：開寶二年病困，自爲墓志。

雷德驤墓。在郃陽縣北三十里。子有鄰、有終祔葬。

陳摶墓。在華陰縣南華山下。

侯可墓。在華陰縣西二里。

鄭驤墓。在府城内金塔寺左。

## 金

張建墓。在蒲城縣西三里，有碑剥落。

師節婦墓。在澄城縣南雷莊村，有金明昌三年碑。

## 元

王理墓。在蒲城縣東北三十里韋村。縣志：以七世同居，敕旌先塋二頃。有歐陽玄碑，危素書。

蒙天祐墓。在大荔縣義井村西北。舊州志：學士蕭𣂏撰碑並書。

趙良墓。在朝邑縣。人物志：弘治中，沮水嚙趙氏之墓，墓崩，有石曰：皇慶二年旌表孝子趙良。

岳崧墓。在郃陽縣東北十五里。縣志：隆慶六年四月二十一日，夜夢有神告華雲子曰，岳先生香火事。次日有吏執掘岳墓者，按之。

## 明

潘友直墓。在澄城縣北遮路村東。縣志：立廟同州，額曰愍節。

蔚能墓。在朝邑縣華原西。

韓邦奇墓。在朝邑縣西華原南。

韓邦靖墓。在朝邑縣洛水南南陽洪。

馬自强墓。在華州北二十里鐮山麓。

衛景瑗墓。在韓城縣渚北村西南。

姬文廕墓。在華州西。

侯洵墓。在白水縣北。子僉事自明祔。

王樸墓。在大荔縣北。

張潛。闞鍵墓。俱在潼關廳東十里。正德中陣亡。

本朝

張大有墓。在郃陽縣張家墩，賜祭葬。

王杰墓。在韓城縣盤固砦北，嘉慶十年賜祭葬。

强克捷墓。在韓城縣龍顧村，嘉慶十八年賜祭葬。

## 祠廟

河水祠。有二。一在朝邑縣南，漢建。一在韓城縣東，宋建。漢書地理志：臨晉有河水祠。括地志：在朝邑縣南三十里。唐書地理志：朝邑縣有河瀆祠、西海祠。韓城縣志：河瀆廟在縣東五里漁村，宋大觀中，以河清敕建。

西嶽廟。在華陰縣東五里。漢書地理志：太華山有祠。縣志：嶽廟舊在黃神谷口，後移於此。本朝載之祀典，屢遣官致祭，康熙四十二年，特發帑金重修，御製碑文立石。乾隆四十二年重修，四十四年御書「金祇載福」四字扁。金石文字有宇文周嶽廟頌，唐嶽廟精享昭應之碑，其頌碑並存廟中。有漢延禧碑，在廟東亭。

少華山神廟。在華州東關。

南、北二廟。在華陰縣南華山下。水經注：華山有漢、魏文帝二廟，廟有石闕數碑。一碑是建安中立，漢鎮遠將軍段煨更修祠堂，碑文漢給事黄門侍郎張昶造，昶自書之，魏文帝又刊其二十餘字。二書有重名於海内。又刊侍中司隸校尉鍾繇、弘農太守毌丘儉姓名，廣六行。晉太康八年，弘農太守河東衛叔始爲華陰令，河東裴仲恂役其逸力，修立壇廟，夾道樹柏，迄於山陰。事見永興元年華百石所造碑。寰宇記：華山有南北二廟，北廟有古碑九所，其一即段煨更修之碑。南廟是華北君祠，今有北君靈臺，上仙、下仙、四神童院〔三〕。其廟外有柏樹二千餘株，北周文帝所植。縣志：今皆廢。其地尚有古柏根。

商山神廟。在澄城縣北三十里，邑人許英有記。

法王廟。在韓城縣北三十里西莊。縣志：神房姓寅名，以宋真宗夢中治疽顯，敕封五嶽法王。

神禹廟。在韓城縣東北六十里禹門。元至元元年，因舊地重建。又有廟在郃陽縣西南三十里乳羅山之右。又潼關廳東門外黄河南岸有禹王廟。

伊尹祠。在郃陽縣南四十里。

太任祠。太姒祠。俱在郃陽縣東南。水經注：瀵水南有文母廟，廟前有碑，去城十五里。通志：太任、太姒二聖母祠，在縣東南四十里夏陽鎮。

九龍廟。在大荔縣治東南十餘里九龍泉。縣志：唐乾寧中連帥李公塘建，有碑記。本朝嘉慶十七年，因禱雨靈應，詔封爲昭靈普潤龍王之神，列入祀典。

三仁君祠。在郃陽縣城北街。縣志：祀范志懋、李國政、秦境三人〔四〕，皆保全郃民者。

晉文公廟。在郃陽縣南三里。

趙文子廟。在大荔縣黃家莊。

鄭桓公祠。在華州西關。

韓侯廟。在韓城縣西北一里，祀春秋韓萬。又有奕應侯廟，在縣西南二十里保安村，祀春秋趙武。

子夏廟。在韓城縣西南二十里西河村，明崇禎初知縣左懋第重修。又有廟在縣東五里，本朝康熙三十七年建。

漢高帝廟。在朝邑縣東南五里柳村。

漢武帝廟。在郃陽縣西北梁山之右。

紀信祠。在華州東二十里柳子鋪，祀漢紀信。

司馬遷廟。在韓城縣南墓前。水經注：子長墓前有廟，廟前有碑。永嘉四年，漢陽太守殷濟建石室，立碑樹柏。縣志：今廟旁尚有古柏，盤結懸崖，風雨不能摧折。

蘇武廟。在韓城縣西北五里。又有墓在縣西五里，蓋因廟以傳疑。今別見興平縣。

伏龍祠。在大荔縣西北。括地志：伏龍祠在馮翊縣西北四十里。漢時穿渠得龍骨，其後立祠，因以伏龍爲名。府志又有廟在澄城縣東南五十里，北周保定四年建，宋皇祐四年重修。

魏鄭公祠。在澄城縣南門外，祀唐魏徵。

郭汾陽廟。在韓城縣北十七里。又汾陽王祠，在華州西關。

裴晉公祠。在華州西周泥村，祀唐裴度。

顔魯公祠。在府治内，祀唐顔真卿。

寇萊公祠。在華州西關外，祀宋寇準。

張横渠祠。在蒲城縣治西，祀宋張子載。明萬曆中重建。

愍節廟。在府治内，祀宋知州鄭驤，朱子撰廟碑。今廢。

王御史祠。在府學東，祀明王樸。

雙忠祠。在朝邑縣治東。初名表忠，明嘉靖中建，祀御史高翔。萬曆中以程濟並祀，易今名。

馬文莊祠。在大荔縣治西巷，祀明馬自强，祠即馬氏家廟。先是，有司圖立祠，以歲絀不果，暫有事於家廟，至今因之。

三烈祠。在朝邑縣城西北隅，祀明劉、李、張三烈女。

## 寺觀

興國寺。在府治東。隋文帝故宅，後爲寺，唐改名隆興。

金塔寺。在府治東。隋建。唐褚遂良書聖教序碑在寺内。

龍光寺。在大荔縣西北四十里賈家莊。宋文帝元嘉五年建。

龍興寺。一在大荔縣西北，一在縣正西。宋有重修龍興寺塔碑。

渭源寺。在大荔縣西南五十里。唐開元年建。

安靖寺。在朝邑縣三十里王林村。縣志：故址没於渭水，明正德間改建。殿前懸宋慶元時鐘，乃自渭水浮來者，時將有變，叩之輒不鳴。

饒益寺。在朝邑縣南十里新市鎮。創自梁天監，唐貞觀二年，起十三層浮圖。

金龍寺。在朝邑縣西一里。唐貞觀初建。

竹林寺。在朝邑縣柳枝村。

光國寺。在郃陽縣治西。唐貞觀中建。

精進寺。在澄城縣東門外。唐肅宗時建，有浮圖九級。

普濟寺。在澄城縣西北金沙谷。晉時佛圖澄自西域來棲息於此。初爲靈泉寺，宋大觀中賜今名。

治平寺。在澄城縣東北四十里。即隋時避暑宫。

迴鑾寺。在澄城縣南四十里。隋文帝避暑駐蹕於此，故名。

至德寺。在澄城縣南四十五里南伏龍村。宋大觀間賜額。

圓覺寺。在韓城縣北門外。唐建。高爽宏麗，爲一邑勝概。本朝順治中重修。

慶善寺。在韓城縣治東南。唐貞觀二年建，宋仁宗時賜額。

開化寺。在韓城縣城東二十里昝村。唐敕建，賜名彌勒下生寺，宋太平興國九年敕改今名。

觀音寺。在華州西南二十里。州志：藏經二十四匭。

甘露寺。在華州東南八里少華峯西。唐張喬、鄭谷並有遊少華山甘露寺詩。

昭光寺。在華陰縣東南。本武帝拜祀之所名拜嶽壇故址，唐爲鎮嶽靈仙寺，一名勝會院。今爲昭光寺。

慧徹寺。在蒲城縣治西南。縣志：唐貞觀元年建，寺東有塔。

海源寺。在蒲城縣東南五十里。縣志：唐貞觀二年建，有塔。

雷牙寺。在白水縣東北十五里雷牙鎮。有金時賜額。金大定八年重修，有記。

白牙寺。在白水縣北六十里。梁開平年建。

元通寺。在潼關廳治西南。

清和觀。在大荔縣城内。宋建。

紫微觀。在大荔縣西南三十里。又縣西二十里有棲霞觀。

靈應觀。在朝邑縣西南三里。宋祥符中建。縣志：在紫陽山，亦名紫陽觀，張三丰有詩題壁。

太清觀。在郃陽縣治東。金建。

崇壽觀。在澄城縣北門外。唐建。

修真觀。在澄城縣東南二十里。府志：漢武帝求仙東遊梁山，棲息於此，故名。

玉虚觀。在韓城縣西關。金承安三年賜名。本朝康熙二十年重修。

華嶽觀。在華陰縣東南八里。有石勒元世祖賜號敕書。

承天觀。在華陰縣西三十里敷水鎮。縣志：創自唐貞觀時，相傳羅敷真人蜕化於此。

報恩觀。在華陰縣東二十里泉店鋪。舊名太虚庵，明慈聖太后賜道經，改今名。

雲臺觀。在華陰縣南八里。寰宇記：在華陰縣南山下六里。圖經云，爲險峻難登，先置下方於山下。天寶元年，敕於熊牢嶺置中方，號曰太清宫。朱子年譜：淳熙十二年主管華山雲臺觀，號雲臺真逸，易學啓蒙及孝經刊誤成。縣志：雲臺觀以雲臺峯名，有二，其一北周爲道士焦道廣建，其一宋建隆二年爲陳摶建。其相近有玉泉院，宋皇祐三年陳摶建。旁有山蓀亭、無夏樹、睡庵石，皆以摶名。熊牢嶺，即今蒼龍嶺。

仙臺觀。在蒲城縣西二十里橋嶺南。長安志：唐金仙、玉真二公主入道，置此觀。

三清觀。在白水縣南五里南河鎮。又名玉清觀。

玉皇觀。在潼關廳治東。宋時建。

朝華宫。在大荔縣西北二十里。唐太和初建。

太微宫。在韓城縣治東北。元至元二年建。

金天宫。在華陰縣華山南峯。聖祖仁皇帝御題「瑞凝仙掌」扁額。

抱真洞。在華陰縣治。縣志：聖祖仁皇帝西巡，道出華陰，御題「陰符寶字逾三百，道德靈文只五千。今古上仙無限數，盡於此處達真詮」，又賜額曰抱真。

# 名宦

## 漢

馮野王。杜陵人。宣帝時徙夏陽令。

孔僖。魯人。肅宗時拜臨晉令，崔駰筮之，不吉，止僖曰：「盍辭乎？」僖曰：「學不爲人，仕不擇官。吉凶由己，而由卜乎？」在縣三年，卒於官。

華陰守丞嘉。元帝時上封事，言：「治道在于得賢，御史之官，宰相之副，九卿之右，不可不選。平陵朱雲，兼資文武，忠正有志略，可試守御史大夫，以盡其能。」

龔勝。楚人。爲重泉令，病去官。何武、閻崇薦勝，哀帝自爲定陶王已聞其名，徵爲諫大夫。

王阜。爲重泉令。時大旱，收奪强吏，按察豪猾，由是天降霖雨。有鸞集縣屋，阜爲雅樂，應聲而舞，旬日而去。

蓋延。漁陽人。建武十一年，拜左馮翊，視事四年，人服其威信。

延篤。犨人。舉孝廉，遷左馮翊。其政用寬仁，憂恤黎民，擢用長者與參政事，郡民歡愛。

## 三國　魏

杜畿。杜陵人。爲郡功曹，守鄭縣令。縣繫囚數百人，畿親臨獄，裁其輕重，盡決遣之。

邢顒。河間人。太祖時爲行唐令，勸民農桑，風化大行。遷左馮翊，時人稱曰：「德行堂堂邢子昂。」

## 晉

范晷。順陽人。爲司徒左長史，轉馮翊太守，甚有政能，善於撫綏，百姓悅之。

索綝。敦煌人。爲馮翊太守，有威恩，華夷嚮服，賊不敢犯。

悅之。

歐陽建。世爲冀方右族。爲朝邑尹，爲政剛果，時人爲之語曰：「渤海赫赫，歐陽堅石。」歷馮翊太守，善於撫綏，百姓悅之。

## 南北朝　魏

薛辯。汾陰人。位平西將軍、東雍州刺史。明元深加器重，曰：「朕委卿西藩，志在關右，卿宜克終良算，與朕爲長安主人。」辯務農教戰，恒以數千之衆，摧抗赫連氏，帝甚褒奬之。

郭琰。京兆人。孝武時，除洛州刺史。孝武西入，授行臺尚書、潼關大都督。齊神武遣竇泰襲弘農，時炎衆少，戰敗，奔洛州，力窮爲東魏將高敖曹所執，謂敖曹曰：「天子之臣，乃爲賊所執。」敖曹送并州，見神武，言色不屈，見害。

宇文深。陽夏人。性鯁正。大統中，歷東雍州别駕，使持節大都督東雍州刺史。爲政嚴明，示民以信，抑挫豪右，吏民懷之。

王彦。河津人，通之曾祖也。爲同州刺史，著政小論八篇，言王霸之業，通稱内難而能正其志云。

裴宣明。聞喜人。太和中，爲華州刺史，有惠政。

元夔。安定王休子。世宗初，除華州刺史，時州治李潤堡，夔以其地非宜，表還馮翊，詔從之。

李叔虎。蓚人。世宗時，除假節行華州事，爲吏民所稱。

楊津。華陰人。延昌末，爲華州刺史。先是，受調絹疋度尺特長，在事因緣，共相進退，百姓苦之，津乃令依公尺度。其輸物尤好者，賜以杯酒而出，其所輸少劣者，亦爲受之，但無酒以示其恥，於是人競相勸，官調更勝舊日。

王羆。霸城人。孝武西遷，除華州刺史。嘗修城未畢，梯在外，齊神武遣韓軌、司馬子如從河東宵濟，乘梯入城。羆尚卧未起，聞閤外洶洶有聲，便徒跣持白梃大呼而出，敵見驚退，逐至東門，軌遂遁走。時關中大饑，徵税民間穀食以供軍費，或隱匿者，令遞相告，以是人有逃散。惟羆信著于人，莫有隱者，得粟不少諸州，而無怨讟。沙苑之役，神武士馬甚盛，至城下謂羆曰：「何不早降！」羆大呼曰：「此城是王羆冢，死生在此，欲死者來。」神武不敢攻。

高幹。蓨人。歷白水太守，以廉平著稱。

宋稚。敦煌人。景明中，拜白水令，在縣十一年，頗得人和。

泉企。豐陽人。永安中，除東雍州刺史，豪右無敢犯者。性清約，纖毫不擾於人，在州五年，每于鄉里運米自給。後復爲刺史，蜀人張國儁聚黨剽劫，州郡不能制，企悉捕戮之，闔境清肅。

## 周

薛善。汾陰人。文帝欲廣置屯田以供軍費，除善司農少卿，領同州夏陽二十屯監。又于夏陽諸山置鐵冶，復令善爲監。每月役八千人，營造軍器，善親自督課，兼加慰撫，甲兵精利，而皆忘其勞苦焉。

達奚武。代人。保定中，以太保出爲同州刺史。歲旱，武帝敕武祀華岳。岳廟舊在山下，常所祈禱，武謂僚屬曰：「吾備位三公，不能燮理陰陽，不可同於衆人在常祀之所，必須登峯展誠。」于是攀藤而上，稽首祈請，晚不得還，藉草而宿，夢一白衣人執手慰勞。至旦，雲霧四起，俄而澍雨，遠近霑洽，武帝璽書嘉之。

達奚震。代人。武平初，除華州刺史，導民訓俗，頗有治方。

楊纂。廣寧人。天和中，爲華州刺史。性質樸，莅職但推誠信，吏以其忠恕，頗懷之。

鄭偉。開封人。天和中，爲華州刺史。以威猛爲治，吏民莫敢犯禁，盜賊休止。

## 隋

楊智積。華陰人，高祖弟整之子。封蔡王，爲同州刺史。在州未嘗嬉戲遊獵，聽政之暇，端坐讀書，門無私謁。侍讀公孫尚義，府佐楊君英、蕭德言，並有文學，時延於坐，所設惟餅果，酒纔三酌。家有女伎，惟年節嘉慶，奏於太妃前，其簡静如此。

崔弘度。安平人。開皇初，拜華州刺史。御下嚴急，吏人讋氣，所至之處，令行禁止，盜賊屏跡。

柳機。解人。周宣帝時，拜華州刺史。高祖踐阼，徵爲納言，復出爲華州刺史。前後作牧，俱稱寬惠。

榮毗。無終人。開皇中，楊素薦爲華州長史。素田宅多在華陰，左右放縱，毗以法繩之，無所寬貸。晉王在揚州，令人密覘京師消息，於路次置馬坊，以畜牧爲辭。毗遏絶其事，上聞而嘉之。

## 唐

雲得臣。武德時，爲西韓州治中。自龍門引河溉田六千餘頃，民便利之。

趙慈景。隴西人。帝美其姿，故妻之。帝起兵，或勸亡去，對曰：「母以我爲念，且安往？」吏捕繫獄。帝平京師，爲華州刺史。討堯君素，戰死，謚曰忠。

王珪。郿人。貞觀中，爲同州刺史。

褚遂良。錢唐人。高宗初，出爲同州刺史。

裴琰之。聞喜人。永徽初，爲同州司户參軍，年甚少，不主曹務，刺史李崇義内輕之。吏白積案數百，崇義讓使趣斷，琰之曰：「何至逼人！」乃命吏連紙進筆爲省決，一日畢，既予奪當理，而筆詞勁妙。崇義驚曰：「子何自晦，成吾過耶？」由是名動一州，號霹靂手。

蘇瓌。武功人。武后時，爲同州刺史。歲旱，兵當番上者不能赴，瓌奏宿衛不可闕，宜月賜增半糧，俾相給足，則不闕番。又宜却進獻，罷營造不急者，不見省。時十道使括天下亡户，初不立籍，人畏搜括，即流入比縣旁州，更相庾蔽。瓌請罷十道使，專責州縣，豫立簿注，天下同日閲正，盡一月止，使柅奸匿，歲一括實，檢制租調，以免勞弊。后善其言。

李懷遠。柏人人。徙同州刺史。治尚清簡，累遷鸞臺侍郎。

姚崇。硤石人。爲同州刺史。先天二年，明皇講武新豐。故事，牧守在三百里者，得詣行在。時帝亦密召崇，崇至，咨天下事，遂大用。

成大琬。爲同州刺史。先天二年，太上皇命有司頒賞諸州朝集使有善政者，遂以大琬爲陝州刺史，賜物一百段。

李朝隱。三原人。開元中，爲同州刺史。帝東幸，召見慰勞，賜以衣帛。

姜師度。魏人。開元中，爲同州刺史。派洛灌朝邑、河西二縣，闕河以灌通靈陂，收棄地二千頃爲上田，置十餘屯。帝嘉其功，下詔褒美。

崔隱甫。武城人。開元九年，自華州刺史遷太原尹。所至潔介自守，明吏治，在職以彊正稱。

崔希高。仁友孝悌。遷馮翊令，貧乏荷其矜恤。時有雲氣如蓋，當其廳事，須臾五色錯雜，偏於州郭。狀聞，敕編入史。

蔣欽緒。膠水人。爲華州長史。蕭至忠至晉州被召過之，欽緒本姻家，戒曰：「以君才，不患不見用，患非分而求耳。」至忠竟及禍。

杜暹。濮陽人。爲鄭縣尉，以清節顯。華州司馬楊孚每重暹，會孚遷大理正，暹適以累當坐，孚曰：「使若人得罪，衆安勸乎？」以狀言執政，由是擢大理評事。

張敦。江浦人。爲重泉令，民悦其化。

韋濟。陽武人。天寶中，爲馮翊太守，有治稱。

蕭賁。爲馮翊太守。至德二載，安慶緒陷馮翊，賁死之。

顔真卿。臨沂人。至德中，出爲馮翊太守。

敬括。河東人。大曆初，周智光伏誅，以才選爲同州刺史。

蕭復。蘭陵人。大曆中，爲同州刺史。歲歉，州有京畿觀察使儲粟，復輒發以貸人。有司劾治，詔削階，停刺史。或弔之，復曰：「苟利於人，胡責之辭？」

裴向。聞喜人。建中初，署同州判官。李懷光叛河中，使其將趙貴先築壘於同州，刺史李紓奔奉天。向領州務。貴先脅吏督役，不及期，將斬以徇，民皆駭散。向獨詣貴先壘開諭之，貴先乃降。同州不陷，向力也。

崔琮。博陵人。德宗時，自長安令擢同州刺史。歲歉，設里倉三百所賑救。俗葬尚奢，致久暴骸骨，琮戒論懇至，俗爲頓易。凡豪强不法者，盡置以法。修築城隍，民情大悦。

袁滋。朗山人。德宗時，爲華州刺史。政清簡，流民至者，給地居之，名其里曰義合。專以慈惠爲本，未嘗設條教，民愛向之。召爲左金吾衛大將軍，以楊於陵代之。滋行，耆老遮道不得去，於陵使諭曰：「吾不敢易袁公政。」人皆羅拜，乃得去。

李夷簡。唐宗室。補鄭縣丞。德宗幸奉天，朱泚外示迎天子，遣使東出關至華，候吏李翼不敢問。夷簡謂曰：「發幽隴兵五千救襄城，乃賊舊部，是將追還耳。上越在外，召天下兵未至，若凶狡還西助泚，危禍也。請驗之。」翼馳及潼關，果得召符，白於闕大將駱元光，乃斬賊使，收僞符獻行在。

鄭珣瑜。滎澤人。貞元初，詔擇十省郎治畿赤。珣瑜以檢校吏部員外郎兼奉先令。

高郢。衞州人。順宗時，爲華州刺史，政尚仁静。初駱元光自華引軍戍良原，元光卒，軍入神策，而州仍歲餉其糧。民困輸入累，刺史憚不敢白，郢奏罷之。

李絳。贊皇人。元和中，爲華州刺史。吐突承璀田多在部中，主奴擾民，絳捕繫之。會遣五坊使，帝戒曰：「至華宜自戢。絳大臣，有奏即行法矣。」州有捕鷂户，歲責貢限，絳以爲言，並勸止畋獵，有詔澤、潞、太原、天威府並罷之。

孔戣。孔子後。憲宗時，爲華州刺史。明州歲貢淡菜蚶蛤，戣奏罷之。後擇嶺南節度，帝問裴度嘗論罷蚶菜者，度以戣對，即拜之。

崔戎。博陵人。憲宗時，爲華州刺史。民有兄弟訟産者，戎垂涕自責，民感化，不復析居。吏以故事置錢萬緡爲刺史私用，戎不取，及去，召吏籍所置錢享軍。民擁留於道，不得行，夜單騎亡去，民追不及止。

李景温。文水人。元和中，爲華州刺史，以美政聞。

王龜。揚州人。咸通中，爲同州刺史。牙將白約素暴横，嘗譁言月廩薄，以動士心爲亂。龜捕殺之，人皆震慄。

郭璋。光啓初，爲同州刺史。王重榮及李克用寇同州，璋死之。

## 五代　晉

段思恭。晉城人。開運中，劉繼勳節制同州，辟爲掌書記。繼勳入朝，會契丹入汴，軍士請立思恭爲州帥，思恭諭以禍福，拒而不從。

## 漢

扈彦珂。雁門人。授鎮國軍節度，華、商等州觀察使。乾祐初，李守貞、趙思綰、王景崇並叛〔五〕。周祖爲樞密使，總兵征之，從彦珂計，遂平河中。

## 宋

張美。清河人。太祖時，拜定國軍節度。縣官市木關中，同州歲出緡錢數十萬假民，長吏十取其一，歲至數百萬，美獨不取。

高保寅。荆南人。太祖時，知同州。錢若水爲從事，保寅許以遠大，議者多其知人。

陳文顥。仙遊人。端拱初，知同州。錢若水爲從事，文顥深禮之，委以郡政。

錢若水。新安人。雍熙中，爲同州觀察推官，聽決明允。

張暉。大城人。宋初爲華州團練使。時太原未下，詔入覲問計，暉對澤潞瘡痍未復，不若戢兵育民，俟富庶而後爲謀。賜襲衣、金帶、鞍馬令還州。

盧斌。開封人。端拱中，爲華州巡檢。賊劫興平、櫟陽，斌率兵掩襲，擒斬並盡。以勞詔還。

李繹。萬年人。知華州。蒲城民李藴訴人盜其從子亡去，繹因密刺藴，藴有陰罪，姪覺之，懼事暴，殺之以滅口。遂收藴致法。

寇準。下邽人。咸平初，知同州。

韓晉卿。安丘人。神宗時，知同州，奏課第一。

明鎬。安丘人。知同州。嘗閲廂軍材武者，得三百餘人，教以强弩，奏爲清邊軍，號最驍悍。鎬所至安静有體，爲世所推。

司馬池。夏縣人。仁宗時，知同州，以清勤仁厚聞。

梁彦通。須城人。知華州事。時鄜延修城，調七州保甲，華在調中，衆聳懼。彦通版示衆曰：「浹旬之役，近在邊隅，不與頃歲入界同也。」衆乃趨命。屬歲不登，彦通括廪得數十萬斛。平價踰半，躬視糶，老幼癃寡皆得食，所活以萬計，民頌其惠。

趙瞻。盩厔人。熙寧三年，知同州。七年，朝廷患錢重，議以交子權之，命瞻制置。瞻曰：「有本緡足恃，法乃可行。如多出空券，是罔民也。」議不合，移知陝州。

王睦。汴人。華陰尉。爲官廉潔清慎，不忍鞭撲，而心性明敏。

張甫。爲華州推官。日用倉粟惡，吏當追賠錢數百萬，轉運使李紘以吏屬甫。甫乃令斗米舂之，可棄者十纔二三〔六〕，又試之亦然，吏遂得弛繫，所賠錢纔數十萬而已。紘因薦甫遷職。

司馬旦。夏縣人。爲鄭縣主簿。鄭有婦藺訟奪人田者，十年不決。旦取案一閲，情僞立見，黜吏十數輩，冤者以直。吏捕蝗，因緣騷民，旦言蝗民之讐，宜聽自捕，後著爲令。

呂大防。藍田人。熙寧中，知華州。華嶽摧，自山屬渭河，被害者衆。大防奏疏，援經質史以驗時事。

張戩。鄜人。嘗攝蒲城令。邑民悍，不畏法令，寇盗倍他邑，異時令長以峻法治，奸愈不戢。戩悉寬條禁，有訟至庭，必以理敦諭，間召父老，使之教督子弟，服學省過。作記善簿，民有小善，悉以籍之。月吉以俸錢爲酒，召邑之高年聚于縣廳以勞之，使其子弟侍側，勸以孝弟之道。不數月，邑人化之，訟獄爲衰。

吴時。邛州人。徽宗時，知鄭縣。轉運使檄州運米五萬輸長安，鄭獨當三萬。時貽書使者曰：「會三萬斛之費，以車則千五百乘，以卒則五萬夫，縣民可役者，纔二百五十八户耳。古者用師則贏糧以養兵，無事則移兵以就食。誠能移兵于華，則前費可免。華雍相去百六十里，一旦欲用，朝發而夕至矣。」使者從其言。

張汝明。廬陵人。爲華陰主簿。縣修嶽廟，費鉅財窘，令以屬汝明。汝明嚴與爲期，民德其不擾，相與出力佐役，如期而成。他廟非典祀，妖巫憑以惑衆者，毁而懲其人。

范祥。三水人。自乾州推官，歷知華州，提舉陝西銀銅坑冶鑄錢。祥曉達財利，建議變鹽法。後人不敢易，稍加損益，人輒不便。

唐重。彭山人。徽宗末，知同州。金人已陷晉絳，將及同，重度不能守，乃開門縱州人使出，自以殘兵數百守城，以示必死。金人疑有備，不復渡河而返。在州時凡三上疏，乞早臨關中以符衆望，降詔獎諭。

吴元亨。歷馮翊令。馮翊、華陰以漆、沮爲境，中間洲上有美田，民相與争之，五十餘年，吏不能決。元亨檄華陰令會境上，盡按兩鄉之籍，徧履其田，執度以度之，皆得其實。自是民不敢復争。

鄭驤。玉山人。高宗初，知同州。金將羅索攻同州，及韓城，驤遣兵拒險擊之。師失利，金人乘勝，徑至城下，通判以下皆遁去。驤曰：「所謂太守者，守死而已。」翼日城陷，驤赴井死。贈樞密直學士，謚威愍。「羅索」舊作「婁宿」，今改。

## 金

喬君章。平陽人。正隆中任蒲城縣丞，有異政碑。

李完。馬邑人。大定中，調澄城主簿，有遺愛，民爲立祠。

李革。河津人。大定末，遷韓城令。同知州事納富商賂，以歲課軍須配屬縣，革獨不聽。

趙規。中都安次人。大定間，尉澄城。勸課農桑，安集疲民，察奸慝，杜請托。邑人立祠祀之。

張可用。湓陽人。大定末，爲定國軍節度副使、兼同州觀察副使，提舉河防。廉静明決，政尚威嚴，境内民安盜息。

張鉉。河東人。明昌三年，爲定國軍節度副使、兼同州觀察副使，提舉河防。政平訟理，士民悦服。

張轂。臨潁人。章宗時，爲同州觀察判官。時出兵備邊，州徵箭十萬，限以雕雁羽爲之，其價翔躍不可得。轂曰：「矢去物也，何羽不可？」節度使曰：「當須省報。」轂曰：「州距京師二千里，如民急何！萬一有責，下官身任其咎。」一日之間，價減數倍，尚書省竟如所請。

李復亨。河津人。宣宗時，爲安國軍節度使。元光元年，城破自殺。

鄭建充。爲同州節度使。性明果，勇于任事，在州多所興除。時河衛蒲坂，民不任修護，歲役馮翊兵數千人，建充條罷其役。關輔飢人鬻于軍者，等驅虜，詔許放良，多務掩匿，建充閲遣數百人。又以帑緡葺廟學，士民愛戴，有像祀泮宫。

完顔額珂。爲同州節度使。興定中，元兵取同州，額珂死之。「完顔額珂」舊作「完顔訛可」，今改。

艾元老。大興人。任澄城知縣。寬嚴並濟，百事具舉。前主簿馬炳亨物故，遺六女一孫甫幼，咸擇婚而配之。秩滿，民爲立祠。

鈕祜禄温綽。仕至楨州刺史。被行省牒，徙州人於金勝堡。已而元兵至，温綽拒戰，中流矢病創卧。花帽軍張提控言兵勢不可當，宜速降，温綽曰：「吾曹坐食官禄，但當力戰死耳。」至夜，張提控持兵仗入脅温綽，温綽曰：「聽汝所爲，吾終不屈也。」遂殺之，執其妻子出降。初，楨州人遷金勝堡，多不能至，軍事判官王謹收遺散，别屯周安堡。兵至，謹拒戰十餘日，内潰被執，亦不屈死之。「鈕祜禄温綽」舊作「女奚烈斡出」，今改。

烏色。宗室瑪奇子。從攻陝西有功，師還正授謀克，遷華州防禦使。屬關中歲饑，盜賊充斥，烏色募兵討平之，部以無事。郡人列狀丐留。「烏色」舊作「沃側」，「瑪奇」舊作「麻吉」，今並改。

## 元

完顔遜卓。從太宗攻下鳳翔、同州有功，賜號巴圖爾，佩銀符，爲同州管民達魯噶齊。「完顔遜卓」舊作「完顔石住」，「巴圖爾」舊作「八都兒」，「達魯噶齊」舊作「達魯花赤」，今並改。

雅格。爲同州達魯噶齊。值久旱禱雨，祝神曰：「得雨蘇民，願以己女給侍左右。」雨果隨注霑足，稍霽，報女暴死。州民感其德，願以遺貌肖像於後殿，每歲本州享祭，必有雨應。「雅格」舊作「亞哥」，今改。

珠爾噶岱。至正中，爲澄城縣達魯噶齊。大旱，徧禱羣神，獲甘霔。縣南飛蝗害稼，奉幣告奠，蝗入他境，不爲災。「珠爾噶岱」舊作「赤只兒瓦歹」，今改。

薛文曜。丹陽人。至元中，知澄城縣。剛方清慎，著有勞績，嘗捐俸金修廟學。

呂彧。河内人。至元中，爲華州知州。勸農興學，具有成效。及代，民争留之。

郝思仁。平陽人。元貞元年，知澄城縣事。嗜經史，重儒術，臨事有決，甚有能聲。

竇本。奉先人。至正中，爲澄城尹。潔己奉公，以政績著。

吴惟敬。長安人。任澄城主簿。持己清正，處事公平。

董摶霄。磁州人。順帝初，爲陝西行臺掾。從侍御史郭貞讞獄華陰，時天大旱，有李謀兒累殺商賈於道，爲賊十五年，至百餘事。事覺，獄已具，賄賂有司，五年不決。搏霄言於貞，即尸諸市，天乃大雨。

張玉。固始人。至正中，任蒲城尹。有幹略，不事表暴。明兵西掠至華州，旁邑多蹂躪，玉修保伍，嚴警備，民賴以安。

## 明

胡惟俊。洪武初，知華州。時關西初定，生理未復，惟俊招流亡，給耕具，營廨舍，公私充實。

孫浩。永樂中，知郃陽縣，廉公有爲。

范斌。榆次人。永樂中，知華州。謹條教，躬爲勸諭，有犯法者不少貸，奸豪屏息，鞭扑不施。

姚厚。興化人。永樂中，調掌潼關衛事。秦王入朝，夜至關，呼門甚急，厚曰：「深夜不得啓也。」王訴於上，上微哂。未浹旬，適厚至，上顧左右曰：「姚指揮，鎖鑰臣也。」奸細撒伏臘假僧過關，厚斬之，言官交論，不當先誅。上曰：「誅之則軍威大振，指揮是也。」

伍箕。安福人。弘治中，知華州。以本州地當衝要，請自潼津沿河以上盡免雜徭，俾得力田供役。教民種桑棗，勸耕織，設條告，令里民書於牌，月朔儆戒之，且令書其勤惰善惡以聞，俗爲之變。

張綸。黄縣人。正德間，知郃陽縣，剛正有爲。會流賊陷洛州，警報甚急，鄰邑皆爲避兵計，獨綸矢死守備，邑賴安堵。

桑溥。濮州人。正德中，知華州。城北積水萬頃，溥相視開惠民渠，州及華陰俱賴其利。

何祥。内江人。嘉靖中，知華陰縣。時華山諸峪水暴溢，祥疏渠築堰，踰年工竣，引水溉田，遂成沃壤。

沈瑋。大興人。嘉靖間，爲韓城主簿，奮身殺賊而死。贈韓城知縣，廕一子。

鄭壁。内江人。萬曆間，以僉都御史左遷知同州。下車盡罷一切私徵，搜剔奸蠹，歲省數千金。時議行條鞭，壁奏記極言不便，而尤不便於同，遂不果行。民感服，以察廉内遷。

王喬棟。雄縣人。天啓時，知朝邑縣。縣人王之寀，爲魏忠賢黨所惡，坐以贓賄，下喬棟嚴追，喬棟不忍，封印於庫而去。巡撫怒，將劾之，士民擁署呼號，乃止。

張論。平谷人。任潼關兵備道。時值李午之亂，論斬擒甚衆。建東西重門。關設兵道，自論始。

張問行。内黄人。兵備潼關，時南山礦寇大發，問行勦滅之。建察院道治，并潼河石橋。

何鼇。紹興人。兵備潼關，建南北水關，潼人賴之。

周相。寧波人。兵備潼關，引水入城，修渠便人，至今稱周公渠。

聶豹。永豐人。兵備潼關，有直節。時閹官在關榷税，豹揭參被逮。是日玉山觀風穴白晝飛沙障天，人驚異之。

邊詢。任丘人。兵備潼關，法紀嚴明，揭參暴弁七十人。時羅侍郎清丈屯田擾民，詢力抗之。又濬河夫役以闕京半俸餘糧給之，民戴其德。

范懋和。富順人。兵備潼關，嚴除蠹役，出贖金建城鋪五十一所。時韓邑山寇、蒲渭桀盜、華洛礦徒，悉就蕩平。

黄和。兖州人。兵備潼關，清直剛毅，甄别衛弁賢否。歲饑，請減屯糧三分之一。嚴禁礦徒，山盜平息。

胡其俊。孝感人。兵備潼關，常按部車騎出署，人莫知所之。歲饑，屯糧請折每石六錢。韓城撫賊賞給千緡，與其俊嫌者誣以得賊賂，故重酬賊，逮鞫錦衣衛。關人泣送之，並合資送家眷歸，事竟得雪。

張維世。太康人。兵備潼關，風采嚴肅。時閹官巡視茶馬，大吏皆折節事之，維世不爲禮。

喬遷高。定襄人。由知府署潼關道事，監孫傳庭軍。孫於河南失利，退守潼關，遷高分捍南城。城陷，挺身巷戰，殺數賊而死。子諸生象觀同妻史氏俱自縊。

陳仲秩。巴縣人。知華州。莅政精明，專以德治，杖人只示辱而已。母有賢德，每臨政，輒聽於屏後，決事失平，即擊屏以警之，故尤多仁恕云。

謝如尚。萊陽人。知朝邑縣。時督織宦者檄絲商，邑故少，貿於南，破家者多。如尚抗不應。又上官屬如尚，欲陷故保定通判，如尚曰：「殺人媚人，某不爲。」竟忤上官去。

左懋第。萊陽人。崇禎中，知韓城縣，有異政。

許嗣復。北直隸人。崇禎末，爲潼關衛學教授。闖賊入關，嗣復分守上南門，城陷衆潰，持梃擊賊而死，妻女皆自殺。

王無逸。寧陵人。崇禎間，知白水縣。明斷不撓，大修城陴。後寇陷城，無逸着公服罵賊死。

范志懋。虞城人。知郃陽縣。性剛毅，尚名節。甫至郃，流寇攻城，十七日不下。先是，邑城設有韓郃營，費民萬三千餘金，志懋力請撤去之。

朱一統。平定人。崇禎末，知蒲城縣。闖賊陷西安，屬邑望風降，一統獨謀拒守。會偪兵叛，奪印趨降，叱曰：「吾一日未死，印不可得也！」日暮左右盡散，知事不可爲，乃赴井死。縣丞姚啓崇，沁源人，亦同死節。

朱迥滮。宗室。知白水縣。習法律，吏不敢欺。賊陷城，猶手弓射賊，與學官魏箴、典史劉進並被難。

本朝

湯斌。睢州人。精研理學，博通經濟。任潼關兵備道，時經兵燹，斌振興學校，撫馭兵民，弊革利興，豪猾斂跡。

金培生。漢軍正白旗人。任潼關道，築城浚隍，興教化，勵風俗，著有治績。

馬呈祥。奉天人。順治初，知同州，有强幹才。時兵燹後，百務未舉，呈祥招集流亡，修城堡，清糧地，勸耕織，民以復業。北山餘寇未息，兼行撫勦，州屬獲安。

俞卿雲。陸涼人。以能薦知同州。清嚴自礪，興利剔奸，民立碑頌其事。

趙瀚。榆社人。順治初，以同州州同攝白水縣事。賊至，被執不屈，死之。

王廷用。奉天人。順治初，知華州。時寇亂甫定，征役尚煩，廷用申請臺司，計合州糧石，每里十甲均輸，差糧不擾。

靳榜。祁州人。順治初，知澄城縣。敷政寬平，與民休息。會部陽魏天命倡亂，澄城被寇，死之。

索應運。德州人。順治初，爲白水縣典史，循聲大著。流寇陷城，不屈，自縊死。

王用傑。陽城人。順治初，知澄城縣。時澄方被寇，用傑請兵親勦，執賊魁康姬衛戮之，餘皆就撫，四境帖然。

姚欽明。江寧人。順治中，知澄城縣。勦平餘賊，招集流亡。舊有荒糧爲民累，欽明條列諸弊，申請再三，卒得免。

翟世琪。益都人。順治中，知韓城縣。性嚴決，有政聲。會王輔臣叛，柳溝營遊擊李師膺以裁餉鼓譟，撫慰不從，世琪及二子皆遇害。

秦宗堯。奉天人。順治中，知華州。山右姜瓌之變，華當孔道，宗堯悉力轉輸。山寇盤踞石脆，率民兵搗其巢殲之。

張舜舉。綿竹人。順治中，知蒲城縣。邑先爲王永彊竊據，舜舉招集流亡，撫恤備至，率兵討山寇平之，餘黨解散。

胡有德。奉天鐵嶺人。順治中，知華州，慈惠明決。大旱，具文城隍，深自刻責，須臾風雨驟至，秋禾有成。嘗憫所屬寒士，歲給穀至數百石，人咸戴之。

羅人琮。湖南桃源人。康熙初，知朝邑縣。縣田圮於河者千餘頃，人琮勘實，申請減賦三千七百餘兩。驛馬舊令里民牧養，潼關衛弓兵廩食私取之朝邑，至是皆申革之。以廉幹擢御史。

趙煥之。懷寧人。康熙初，任白水縣典史。大將軍圖海下平涼，給劄令招撫遠近，至棧口遇賊，不屈死之。

鈕琇。吴江人。康熙中，以白水縣攝蒲城篆。時奸民以歲祲劫掠，琇擒亂首沉諸河，復置蠹吏二人於法，民遂安輯。

沈華。吴縣人。雍正中，知蒲城縣。邑有報墾地十四頃，沙積叢雜，久不成熟，華履勘得實，力請豁除。捐修文廟，備祭器，于各鄉建義塾。邑舊有弔忠泉，爲前明邑令朱一統盡節之所，華新其亭以表之。立法嚴明，催科不擾，民咸德之。

李長青。黄岡人。乾隆中，知同州府。綏靖地方，撫卹災黎，摘伏懲奸，民不忍欺。

王希伊。寶應人。乾隆中，知白水縣。在任六年，裁陋規，均里甲，息訟化頑，愛民教士。創建彭衙書堂，倡爲同善會，以濟窮困，民思其德，久而不忘。

## 校勘記

〔一〕在縣西三十餘里敷水之西　「縣西」，原脱「西」字，乾隆志同。按，本志上卷山川敷水下引縣志云：「敷水在縣西二十五里。」則敷水在華陰縣西，因補「西」字。

〔二〕乾隆十二年裁　「裁」，原作「栽」，顯係誤刻，今改。

〔三〕上仙下仙四神童院　「上」，原作「止」，據乾隆志及太平寰宇記卷二九關西道華州改。

〔四〕祀范志懋李國政秦境三人　「境」，乾隆志作「鏡」。

〔五〕李守貞趙思綰王景崇並叛　「崇」，原作「從」，據乾隆志及宋史卷二五四扈彦珂傳改。

〔六〕可棄者十纔二三　「十」，原作「日」，據乾隆志及乾隆雍正通志卷五四名宦改。

# 大清一統志卷二百四十五

## 同州府三

### 人物

#### 漢

李必。駱甲。俱重泉人。漢王西收軍於滎陽，楚騎來衆，乃擇軍中可爲騎將者，皆推故秦騎士李必、駱甲習騎兵。乃拜灌嬰爲中大夫，令必、甲爲左右校尉，將郎中騎兵，擊楚騎於滎陽東，大破之。

司馬談。夏陽人，秦蜀守司馬錯八世孫。學天官於唐都，受易於楊何，習道論於黄子。建元、元封之間，爲太史令，愍學者不達其意而師誖，乃論陰陽、儒、墨、名、法、道德六家之要指。

司馬遷。談子。生龍門，耕牧河山之陽。年十歲，誦古文。二十而南遊江淮，上會稽，探禹穴，窺九疑，浮沅湘，北涉汶泗，講業齊魯之邦，過梁楚以歸。仕爲郎中，奉使巴蜀，還爲太史令。遭李陵之禍，被腐刑。爲中書令，作史記，始自黄帝，迄於漢太初，凡百三十篇。

楊敞。華陰人。給事霍光幕府爲軍司馬，光愛厚之。後遷御史大夫，拜丞相，封安平侯，與光共立宣帝。薨，謚敬侯。子忠嗣。

田惲。兄威都，左馮翊人。俱純懿，惲最知名。郡嘗欲察授之，惲恥越兄賢，遂托病瘖。積四歲，威都果舉，遷安定長史，惲始語。司隸太尉、大將軍同時並辟爲侍御史。舉茂才，早殞。威都官至武郡太守、太尉掾。

楊惲。敞次子。始讀外祖太史公記，頗爲春秋，以材能稱。好交英俊諸儒，名顯朝廷，擢爲左曹。以與誅霍氏功，封平通侯，遷中郎將。郎謁者有罪過，輒奏免，薦舉其高第有行能者，絶請謁貨賂之端，令行禁止。擢光禄勳，居殿中，廉潔無私，郎官稱公平。

楊寶。敞曾孫。習歐陽尚書。哀、平之世，隱居教授。王莽居攝二年，與兩龔、蔣詡俱徵，遂遁逃不知所處。光武高其節，建武中，公車特徵，老病不到，卒於家。

楊震。寶子。少好學，明經博覽，諸儒謂之「關西孔子」。年五十，始仕州郡，四遷荆州刺史、東萊太守。當之郡，道經昌邑，故所舉荆州茂才王密爲令謁見，至夜懷金十斤以遺震。震不受，密曰：「暮夜無知者。」震曰：「天知神知，我知子知，何謂無知？」密愧而出。後轉涿郡太守，故舊或欲令爲開産業，震曰：「使後世稱清白吏子孫，以此遺之，不亦厚乎。」永寧初，爲司徒。延光二年，爲太尉。時乳母王聖及中常侍樊豐等更相扇動，震屢上疏切諫，豐等譖之，詔遣歸本郡。行至城西夕陽亭，飲酖卒。順帝即位，詔令改葬，有大鳥集喪前，悲鳴淚下，葬畢飛去。時人立石鳥像於墓所。

劉寬。華陰人。父崎，順帝時爲司徒。寬嘗行，有人失牛者，就寬車中認之，寬無所言，下車步歸，州里服其不校。延熹八年，徵拜尚書令，典歷三郡，温仁多恕，雖在倉卒，未嘗疾言遽色。吏人有過，但用蒲鞭罰之，示辱而已。嘉平五年爲太尉，夫人欲試寬令恚，伺當朝會，使侍婢奉肉羹飜污朝衣。寬神色不異，乃徐言曰：「羹爛汝手否？」其性度如此，海内稱爲長者。後封逯鄉侯。

楊秉。震中子。少傳父業，兼明京氏易，博通書傳。年四十餘，應司空辟，拜侍御史。頻出爲豫、荆、徐、兗四州刺史，遷任城相，皆計日受俸，餘禄不入私門。故吏賫錢百萬遺之，閉門不受。桓帝即位，以明尚書徵入勸講，遷侍中尚書。帝微行，私過幸梁冀子舍，秉上疏諫。冀用權，秉稱病。冀誅後，徵拜太尉。時宦官方熾，任人及子弟爲官，競爲貪淫。秉奏免牧守以下五十餘人，天下肅然。每遇朝廷得失，輒盡忠規諫，多見納用。卒，賜塋陪陵。

楊賜。秉子。篤志博聞，不答州郡禮命。後以司空高第，遷侍中、越騎校尉。建寧初，靈帝當受學，三公舉賜，侍講於華光殿中。歷拜司徒。帝好微行，遊幸外苑，賜上疏諫。光和元年，行辟雍禮，引賜爲三老。五年，拜太尉。黄巾賊起，賜被召會議，詣省閣切諫，免歸。後帝感悟，詔封臨晉侯。卒，謚文烈。

楊彪。賜子。以博習舊聞，公車徵拜議郎。中平中，歷拜司徒。董卓欲遷都，彪堅争不止。興平初，爲太尉，録事尚書，及李傕、郭汜之亂，彪盡節衛主，崎嶇危難之間，幾不免害。及曹操秉政，彪見漢祚將終，稱疾不出，卒於家。子修，好學有俊才。爲操主簿，操忌之，見殺。自震至彪四世太尉，德業相承，爲東京名族。

張芝。父奂，自酒泉徙屬華陰，始爲華陰人。芝少持高操，以名臣子勤學，太尉辟，公車有道徵，皆不至。尤好草書，爲世所寶，韋仲將謂之草聖。弟昶，亦善草書。

楊奇。震曾孫。靈帝時爲侍中，帝嘗問：「朕何如桓帝？」對曰：「亦猶虞舜比德唐堯。」帝曰：「卿强項，真楊震子孫，死後必復致大鳥矣。」後爲侍中衛尉，從獻帝西遷有功勤。及李傕脅帝歸其營，奇誘傕部曲將令反傕，傕由此孤弱，帝乃得東。後從都許，追奇功，封子亮爲陽城亭侯。

楊衆。父敷，震之孫，能世其家。衆亦傳先業，以謁者僕射從獻帝入關，累遷御史中丞。及帝東還，衆率諸官屬步從至太陽，拜侍中，後封蓩亭侯。

## 三國　魏

嚴幹。李義。皆馮翊東縣人。二人器性皆重厚。義仕魏，爲執金吾衛尉。幹以功封武陽侯，明帝時，遷永安太僕。始義以直道推誠於人，故於時陳羣等與之齊好。幹後更折節學問，善春秋公羊。鍾繇不好公羊而好左氏，數與幹辨析長短。

## 晉

董景道。弘農人。少好學，明春秋三傳、京氏易、馬氏尚書、韓詩。三禮專遵鄭氏，著禮通論。永平中隱商洛山，屢徵不起，以壽終。

## 南北朝　魏

楊播。華陰人。父懿，爲選部給事中，有公平譽。播少修飭，累遷衛尉少卿。出漠北擊蠕蠕，大致克獲。從南攻，至鍾離，師迴，詔播爲圓陣禦之。相拒再宿，播領精騎三百歷其船，大呼曰：「我今欲渡，能戰者出。」遂擁而濟，敵莫敢動。後從破崔慧景於鄧城，賜爵華陰伯。卒，謚曰壯。播家世純厚，並敦義讓。昆季相事，有如父子，旦則聚於廳堂，終日相對，未嘗入內。有一美味，不集不食。廳堂間往往幃幔隔障，爲寢息之所。一家之內，男女百口，緦服同爨，庭無間言。

楊椿。播弟。性寬謹。爲內給事，與兄播並侍禁幃。後爲中部法曹，折訟公正，孝文嘉之。累遷梁州刺史。永安初，位太保，莊帝時請老。誡子孫曰：「吾兄弟三人並居內職，十餘年中未嘗言一人罪過。汝等脱若蒙明主知遇，宜深慎言語，不可輕論人惡也。」

楊津。椿弟。少端謹，以器度見稱。遷符璽郎中，津以身在禁密，不外交遊，至宗族姻表，罕相參候。後遷長水校尉，仍直閤。咸陽王禧謀反，直閤半爲逆黨，津不預，因遷驍騎將軍。孝昌中，除定州刺史。元顥内逼，莊帝以津爲中軍大都督。顥敗，津封閉府庫，迎帝於北芒，帝深嘉慰之。尋爲司空，卒，謚孝穆。長子遁，性静退，仕至尚書左丞。次子逸，有當世才，爲光州刺史，政績尤美。

楊侃。播子。好計畫，襲父爵。蕭寶夤反雍州，長孫承業討之，除侃爲行臺左丞。次弘農，白承業曰：「須北取蒲坂，飛棹西岸，諸處既平，長安自克。」承業從之，長安平，侃頗有力。元顥内逼，詔行北中郎將。孝莊徙河北，執侃手曰：「卿尊卑百口，若隨朕行，所累甚大，盍還洛圖之？」侃曰：「豈可以臣微族，頓廢君臣之義？」固求陪從。及車駕南還，以功進爵濟北郡公。

徐遵明。華陰人。幼孤好學，與平原田猛略，就范陽孫買德受業，指其心謂猛略曰：「吾今知真師所在。」不出門院，凡經六年，因手撰春秋義章。教授門徒，每臨講坐，持經執疏，然後敷講。遵明講學於外二十餘年，海内莫不宗仰。

北齊

楊愔。津少子。孝莊末，潛竄累載，屬齊神武至信都，引見，言辭哀壯，神武爲之改容，即署行臺郎中。轉右丞，文檄教令，皆自愔出。遭罹家難，常以喪禮自居，所食惟鹽米而已。及韓陵之戰，愔每陣先登。頃之，表請解職還葬，風雪嚴厚，愔跣步號哭，見者無不哀之。後封開封王。愔早著聲譽，風標鑒裁，爲朝野所稱。典選二十餘年，獎擢人倫，以爲己任。

周

薛端。魏雍州刺史汾陰侯辨六世孫。祖麟駒，徙居馮翊之夏陽。端有志操，居父喪合禮。年十七，司空高乾邕辟爲參軍，以世亂居鄉里。魏孝武西遷，東魏遣將守楊氏壁，端招喻村人，多設奇兵以臨之，東魏將東遁，端收其器械，復還楊氏壁。文帝徵爲丞相府户曹參軍，從擒竇泰，復弘農，戰沙苑，並有功。累遷吏部郎中。性强直，不避權貴，貴遊子弟才劣行薄者，未嘗升擢之。進吏部尚書。端久處選曹，雅有人倫之鑒，其所擢用，咸得其才。孝閔時，出爲蔡、基二州刺史，有吏政。卒，進封文城郡公，謚曰賢。

## 隋

薛胄。端子。少聰明，每覽異書，便曉其義。周明時襲爵文城郡公。高祖受禪爲兖州刺史，發奸擿伏，人稱神明。堰沂、泗二水，決令西注，陂澤盡爲良田，又通轉運，百姓賴之。徵拜大理卿，持法寬平。遷刑部尚書，以雪明高熲獄，忤旨，被繫。後檢校相州，卒。

薛濬。胄從祖弟。少孤，養母以孝聞。開皇中，歷尚書虞部考功侍郎。丁母憂，歸葬夏陽。時隆冬極寒，濬衰絰徒跣五百餘里，足凍墮指，創血流離，哀動朝野。尋起令視事，帝見其毁瘠過甚，顧羣臣曰：「吾見薛濬，不覺悲感傷懷。」尋病卒。濬性清儉，死之日家無遺財。

郭均。馮翊人。爲兵部尚書，明悟有幹略。

楊伯醜。武鄉人。好讀書〔一〕，隱於華山。開皇初，徵入朝，高祖與語，不答，賜之衣服，捨之而去，被髮佯狂，遊行市里。有張永樂者，賣卜京師，有不能決者，伯醜輒爲分析爻象，尋幽入微，永樂鑒服。伯醜亦開肆賣卜，多奇驗。國子祭酒何妥嘗詣之論易，所説辭義，思理玄妙，論者以爲天然獨得，非常人所及。以壽終。

楊智積。華陰人。高祖弟整之子。整從周武平齊，力戰死，高祖時追封蔡王。以智積襲，授同州刺史，門無私謁。或勸爲產業，智積曰：「昔平原露朽財帛，苦其多也。吾幸無可露，何更營乎？」有五男，止教讀論語、孝經，亦不令交通賓客，意恐其有才能以致禍也。大業中拜宗正卿。

楊尚希。隋宗室。少孤，入太學，專精不倦，同輩皆推服。周太祖嘗親臨釋奠，尚希時年十八，令講孝經，詞旨可觀，擢爲國子博士。歷東京司憲中大夫，撫慰山東、河北。文帝受禪，拜度支尚書。尚希見天下州郡過多，請存要去閑，併小爲大，國家則不虧粟帛，選用則易得賢才。帝嘉之，遂罷天下諸郡。歷兵、禮二部尚書。卒，謚曰平。

楊异。華陰人。九歲丁父憂，哀毁過禮。免喪後，閉户讀書，數年博涉書記。周閔帝時，以軍功封昌樂侯。文帝踐祚，拜宗正少卿。蜀王秀之鎮益州也，朝廷盛選綱紀，以异方直，拜益州總管長史。歷宗正卿、刑部尚書。

楊武通。華陰人。性果烈，善馳射，數以行軍總管討西南夷，以功拜左武衛將軍。党項羌屢爲邊患，朝廷以其有威名，使鎮邊，歷岷、蘭二州總管。

楊善會。華陰人。大業中爲鄃令，以清正聞。俄山東饑，盜起，善會討之，往皆克捷。後賊帥張金稱破黎陽而還，善會邀破之。前後抗賊七百餘陣，未嘗負敗。拜清河通守。後爲竇建德所陷，建德釋而禮之，善會肆駡。臨之以兵，辭氣不撓，乃害之。

王辯。蒲城人。少習兵法，善騎射。從討漢王諒，遷武賁郎將。山東盜起，辯發步騎三千擊敗之，復擊高士達、郝孝德等，所向皆捷。後擊李密，涉水至中流，墜馬溺死。

## 唐

徐齊聃。長城人，世客馮翊。八歲能文，太宗召試，賜以佩金削刀。高祖時，立崇文館學士。齊聃姑爲帝婕妤，嫌以恩進，求出爲桃林令。累進西臺舍人。長孫無忌死，家廟毁頓，齊聃言於帝曰：「齊獻公，陛下外祖，雖後嗣有罪，不宜毁及先廟。今周忠孝公廟反崇飾踰制，恐非所以示海內。」帝悟，復獻公官，以無忌孫延主其祀。齊聃善文誥，帝愛之，令侍太子。坐事流欽州，卒。

喬知之。馮翊人。有俊才，所爲詩，人多傳誦。武后時，累除右補闕，遷左司郎中，爲武承嗣所害。

嚴善思。名譔，朝邑人，以字行。父延，通儒術，該曉圖讖。善思傳延業，褚遂良、上官儀等奇其能。高祖時，調襄陽尉，居親喪廬墓，因隱居十年。武后時，擢監察御史，數言天下事。方酷吏搆大獄，以善思爲詳審使，平活八百餘人，原十餘姓。長壽中，按囚司刑寺，罷疑不實者百人。來俊臣等疾之，誣以罪，謫交阯。後以著作佐郎兼太史令。睿宗立，拜右散騎常侍。

徐堅。齊聃子。舉秀才及第。聖曆中，東都留守楊再思、王方慶共引爲判官，屬文典厚，再思每目爲「鳳閣舍人樣」。與徐彥伯等修三教珠英。睿宗時，進東海郡公，遷黄門侍郎。初，太平公主用事，武攸暨屢邀請堅，堅不許。又以妻岑羲女弟，因辭機密。羲敗，不染於惡。明皇時，歷集賢院學士，副張説知院事。堅於典故多所諳識，凡七當撰次高選。齊聃姑爲太宗充容，仲爲高宗婕妤，皆明圖史。議者以堅父子如漢班氏。

楊弘禮。華陰人。太宗征遼東，拜兵部侍郎，領步騎二十四軍，跳出賊背，所向摧靡。帝自山下望其衆，袍甲精整，人人盡力，壯之。還，遷司農卿。弟弘武，仕終同東西臺三品。謹慎自守，居職以清簡稱。

楊炯。華陰人。舉神童，授校書郎。永隆二年，充崇文館學士。薛元超薦之，遷詹事司直，歷盈川令。炯與王勃、盧照鄰、駱賓王以文章齊名，稱爲「四傑」。

嚴挺之。名浚，以字行，華陰人。少好學，舉進士，并擢制科。姚崇執政，引爲右拾遺。先天二年正月，然燈賜酺，閱月未止。挺之疏諫，帝納焉。開元中累進給事中，典貢舉，時號平允。歷濮、汴二州刺史，召爲刑部侍郎。宰相張九齡雅知之，用爲尚書左丞，知吏部選。李林甫恨之，下除洺州刺史。天寶初，終員外詹事。子武，肅宗時，官劍南節度使，封鄭國公。

王忠嗣。鄭人。父海賓，討吐蕃爲先鋒，戰死。忠嗣時年九歲，始名訓，入見帝，伏地號泣。帝撫之曰：「此去病孤也。」賜名養禁中。及長，雄毅寡言，有武略。蕭嵩出河西，引爲麾下。嘗以精鋭數百襲虜，斬數千人，獲羊馬萬計。累遷朔方節度使，突厥不敢盜塞。忠嗣本負勇敢，能持重安邊不生事，嘗曰：「平世爲將，撫衆而已，吾不欲竭中國力以幸功名。」訓練士馬，時出奇兵，所向無不克。俄爲河西、隴右節度使，權朔方、河東節度，佩四將印。李林甫忌其功，誣以罪，貶漢陽太守。寶應初，追贈兵部尚書。

楊瑒。華陰人。爲麟遊令，名顯當世。累擢侍御史，謀劾京兆尹崔日知貪沓不法，反爲日知先搆。瑒廷奏曰：「肅繩之司，一爲恐脅所屈，開奸人謀，則御史府可廢。」明皇直之，逐日知。瑒進歷户部侍郎。宇文融建檢脱户餘口，時融方貴，公卿喑默，獨瑒抗言不便。出爲華州刺史。入爲國子祭酒，表大儒王迥質、尹子路、白履忠等教授。又奏今習春秋三家、儀禮者纔十二，恐遂廢，請能通者稍加優宦，獎孤學。詔以三家傳、儀禮出身，不任散官，遂著令。改左散騎常侍。卒，謚曰貞。瑒常歎士大夫不能用古禮，因其家冠婚喪祭，據舊典爲之節文，揖讓威儀，哭踊衰殺，無有違者。

吴筠。華陰人。美文詞。性高鯁，不耐沉浮於時，頗究老子術。明皇召見，敕待詔翰林。嘗問神仙治鍊法，對曰：「此非人主宜留意。」筠每開陳，皆名教世務。高力士短之，懇求還嵩山。所善孔巢父、李白，歌詩略相甲乙。

郭子儀。鄭人。以武舉異等，累遷振遠軍使。安禄山反，充朔方節度使。率本軍東討，收雲中、馬邑，下井陘，與李光弼合軍，數破賊。方北圖范陽，會肅宗即位靈武，詔班師，同中書門下平章事，仍總節度。平河曲，攻潼關、蒲津，收永豐倉，於是關陝始通。進司空，充關内河東副元帥。從廣平王克復長安，大破安慶緒，遂收東都，河東、河西、河南州縣悉平。以功加司徒，入朝，帝迎勞曰：「國家再造，卿力也。」經略北討，破賊河上，執安守忠，進中書令。魚朝恩譖之，遂解兵。尋復爲朔方等處節度行營，兼副元帥，封汾陽王，屯絳州。代宗立，程元振搆之，罷副元帥。僕固懷恩引吐蕃入寇，遽拜子儀爲關内副元帥。時虜已並南山而東，帝幸陜，子儀收兵屯商州，威鎮關中，吐蕃遂潰。帝以子儀爲京城留守。乘輿還，賜鐵券，圖形淩煙閣。永泰初，懷恩説吐蕃、回紇等三十萬分道入，子儀馳數十騎，至回紇軍，結歡誓好，遂合軍破吐蕃十萬於靈臺。德宗嗣位，詔攝冢宰，賜號「尚父」，進太尉中書令。卒，謚忠武，配享代宗廟廷。子儀事上誠，接下恕，賞罰必信，以身爲天下安危者二十年。子八人，四以才顯。曜，樸簡自處，居喪以禮，歷官太子太保。晞，從征伐有功，復兩京戰甚力，累官御史中丞。領朔方軍援邠州，擊破吐蕃、回紇。朱泚亂，南走山谷，賊舁致之，欲污以官，佯瘖不答，露兵脅之不動，數以賊中事，貽書李晟。至奉天，改太子賓客。曖，尚昇平公主。朱泚逼署官，辭以居喪被疾。既而與公主奔奉天，德宗嘉之。官至太常卿。曙，爲司農卿。德宗幸奉天，曙領家兵扈乘輿。帝還，擢金吾大將軍。曖子釗，太和中爲西川節度使。釗弟鏦，尚漢陽公主，歷官太子詹事。

**楊燕奇**。華陰人。父文誨，爲平盧衙前兵馬使，世掌諸蕃互市，恩信著明。禄山之亂，燕奇率諸將校子弟勤王，拜左金吾大將軍。累遷御史大夫，爵清邊郡王。結髮從軍四十餘年，從討平劉展、李希烈，敵攻無堅，城守必完，臨危蹈險，欷歔感發，乘機應令，捷出神怪。其事君無疑行，其事上無間言。

**楊綰**。華陰人。少孤家貧，事母謹甚。舉詞藻宏麗科，擢右拾遺。肅宗即位，累遷中書舍人。故事，舍人年久者爲閣老，其公廳雜料獨取五之四，至綰悉均給。歷禮部侍郎，建復古孝廉、力田等科。遷吏部，品裁清允，人服其公。元載忌之，改國子祭酒。載得罪，拜中書侍郎、同中書門下平章事，制下，士相賀於朝。時諸州悉帶團練使，綰奏罷之。又減諸道觀察判官員之半，高選州上佐，定上、中、下州，差置兵員，詔郎官、御史分道巡覆。又定府州官月廩，復承平時舊制。未幾卒，謚文簡。綰儉約，始輔政，御史中丞崔寬毀城南别墅，京兆尹黎幹減從騶，郭子儀在邠州，方大會，除書至，音樂散五之四。

**李抱玉**。朝邑人，本安興貴孫。爲人沈毅有謀，尤忠謹。安史之亂，屢立戰功。至德二載，上言恥與賊臣同姓，詔賜姓李。位至鳳翔、隴右節度使。卒，謚昭武。其從父弟抱真，沈慮而斷，亦以勇略著聞。

**嚴郢**。華陰人。大曆末年官拜京兆尹，嚴明持法，盜賊一衰。減隸官工匠數百人，號稱職。宰相楊炎請屯田豐州，發關輔民鑿陵陽渠。郢奏浚渠營田，擾而無利，炎惡之，諷御史劾郢，繫金吾。長安中日數千人遮建福門訟冤，帝出爲費州刺史。

**楊於陵**。漢太尉震之裔。擢進士。德宗時，拜中書舍人。京兆李實恃恩横暴，於陵不附，爲所譖短，徙秘書少監。元和中，歷遷吏部侍郎，請修甲曆，南曹置別簿相檢實，吏不能爲奸。居四年，凡調三千員，時謂爲適。穆宗立，遷户部尚書，以尚書左僕射致仕。於陵器量方峻，進止有度，節操堅明，始終不失其正。卒，謚貞孝。子嗣復，八歲知屬文，後擢進士、博學宏辭，尤善禮家學。開成中，同中書門下平章事。

嚴綬。挺之從孫。擢進士第，以侍御史副劉贊爲宣歙團練使，擢河東節度使。憲宗立，楊惠琳反夏州，劉闢反蜀，綬建言始即位不可失威，請必誅。選鋭兵，遣李光顔助討賊。二賊平，進司空。後節度荆南，封鄭國公。

殷堯藩。同州人。有才名，工詩。元和九年登第，是年韋貫之掌文衡，堯藩被黜，尚書楊漢公盛言其屈，貫之重收焉。初爲李翱長沙幕，後爲永樂令，治績風采甚著。有詩集傳世。

郭承嘏。晞孫。幼秀異，通五經。元和中及進士第。居母喪，以孝聞。太和六年爲諫議大夫，文宗以鄭注爲太僕卿，承嘏極論其非。進給事中，俄出爲華州刺史。盧載言承嘏數封駁稱職，宜在禁闥，乃復留，遷刑部侍郎。帝常稱其儒素，無貴驕氣，每進對，恩接稱厚。

楊收。馮翊人。七歲而孤，處喪若成人。母長孫親授經，十三通大義，善屬文，號神童。及壯，博學强記，他藝無不通解。擢進士。懿宗時爲中書舍人，翰林學士，以中書侍郎同中書門下平章事，進尚書右僕射。兄發，累官左司郎中。宣宗追加順、憲二宗尊號，有司議改造廟主，發以爲求古無文，執不可。累官兵部侍郎。從子涉，哀帝時進同中書門下平章事。爲人端重有禮法，遭唐之亂，以謙靖免於禍〔二〕。涉子凝式，有文詞，善筆札，官至太子太保。

楊𡡡。於陵曾孫。累擢左拾遺。昭宗初立，數遊宴，上疏極諫。歷户部員外郎。朱全忠入京師，𡡡挈族客湖南。終諫議大夫。

## 五代　梁

敬翔。馮翊人。少好學，工書檄。從梁太祖爲館驛巡官，謀畫多中。帝即位，以爲崇政院使，遷兵部尚書、金鑾殿大學士。翔深沈有大略，從帝用兵三十餘年，細大之務，必關之，盡心勤勞，晝夜不寐。末帝即位，趙巖等用事，翔遂不用。唐莊宗入汴，自經而死。

## 宋

雷德驤。郃陽人。周廣順中舉進士。爲三司判官，受詔均、定、隨州諸縣田屋税，稱爲平允。宋初判大理寺。會宰相趙普擅增刑名，因求見太祖以白其事，未引對，直詣講武殿奏，辭氣俱厲。太祖怒，黜爲商州司户參軍，尋削籍，徙靈武。數年，召爲秘書丞。端拱初，累遷户部侍郎。

楊克讓。馮翊人。晉末舉進士不第。宋初爲西川轉運副使，蜀民懷其善政。後爲兩浙西南路轉運使，討平泉州盜，徙知廣州，卒。克讓少好學，手寫經籍。歷官廉謹，所至有聲，每視事，斷決如流。子希閔，生而失明，令諸弟讀經史，一歷耳輒不忘，屬文善緘尺。趙普守西洛，牋疏皆希閔所爲。有集二十卷。自教三子，曰華、曰嚴、曰休，皆登進士。

邊玥。鄭人。晉天福中，解褐祕書省。宋初爲倉部郎中。太平興國中，拜右諫議大夫，領吏部選事，移知開封府。玥精力有吏材，帝方欲倚用，及卒，歎惜數四。

雷有終。德驤次子。初署萊蕪尉，發知監、左拾遺劉祺奸贓，代知監事。太宗聞其名，召爲大理寺丞。淳化中，歷度支鹽鐵副使，江南、嶺外茶鹽制置使。李順之亂，命爲峽路隨軍轉運使，規畫戎事，皆有節制。真宗初，王均據蜀爲亂，以有終知益州，率衆討平之。景德初，徙并、代副都部署。契丹入寇，帝幸澶淵，有終赴援，威聲甚振。召拜宣徽北院使、檢校太保。卒，贈侍中。有終沈敏善斷，輕財好施，歷典藩閫，能撫士卒，家無餘財，奉身甚薄。兄子孝先，累官領軍衛大將軍，分司西京。孝先子簡夫，隱居不仕，京兆府薦治三白渠，歷知雅州，終職方員外郎。

韓丕。鄭人。幼孤貧，有志操，通周易、禮記。太平興國三年，舉進士，擢著作佐郎，直史館。端拱初，拜右諫議大夫，歷知河陽、濠州。丕起寒素，以沖淡自處，不奔競於名宦。太宗甚嘉重之，召入爲翰林學士，官至工部侍郎。

安儼。郃陽人。負奇節，善屬文。舉進士，授大理評事，多所平反。歷秘書省著作郎，帝謂曰：「卿文章純粹，爲時名器，宜懋乃德，啓沃朕心。」加右司諫，出知鄜州、蘇州，皆多美績。

李行簡。馮翊人。家貧，刻志於學，讀六經，每至夜分，寒暑不易。又聚木葉學書，筆法遒勁。舉進士，爲侍御史。陝西旱蝗，命往安撫，發倉粟，救乏絶，又蠲耀州積年逋租。還，擢龍圖閣待制。歷尚書刑部郎中。帝數幸龍圖閣，命講周易，間訪大臣能否，行簡無怨昵，各道其所長，人以爲長者。乾興初，改給事中，歷知虢州，卒。

趙湘。華州人。進士甲科，歷遷太常博士，上補政忠言十篇。召判宗正寺，真宗親製五箴以自警，湘因言宗室風化所本，宜有以訓厲。帝爲製宗室座右銘，賜寧王元偓以下，并及湘，且諭之曰：「卿宗姓也，故賜卿。」後爲集賢院學士。

張昇。韓城人。舉進士，王曾稱其有公輔器。歷知雜御史。張堯佐緣恩驟用，內侍楊懷敏夜直禁中，而衛士爲變，皆極論之。拜御史中丞，指切時事無所避。嘉祐中，歷參知政事、樞密使。昇愛惜官資，凡内降所與，多持不下。屢進言建儲事，卒與韓琦同決策。英宗立，請老，帝曰：「太尉勤勞王家，詎可遽去？」命五日一至院。後以太子太師致仕。卒，贈司徒兼侍中，謚康節。

王吉甫。同州人。神宗時，累遷刑部員外郎，持論寬平，遇事不可，必力争之。歷知齊、梓、同、邢、漢等州，以中大夫卒。吉甫老於爲吏，廉介不回，爲時所稱。

李廌。華州人。其先自鄆徙華，六歲而孤，能自奮立，以學問稱鄉里。謁蘇軾於華州，軾拊其背曰：「子之才，萬人敵也。」軾典貢舉遺之，賦詩自責，與范祖禹謀，將同薦諸朝。未幾，相繼去國。軾亡，廌哭之慟，走許、汝間，相地卜兆，作文祭之。元祐求言，上忠諫書、忠厚論，并獻兵鑒二萬言論西事，當時韙其言。

李周。馮翊人。登進士第，調長安尉，歷知雲安縣，通判施州，皆有政績。司馬光將薦爲御史，欲使來見，周曰：「聞薦而往，所爲呈身御史也。」卒不往。哲宗立，召爲職方郎中。朝廷議和西夏，欲棄蘭州，周以爲非秦蜀利，遂不果棄。官至集賢殿修撰。周自爲小官，沈晦自匿，未嘗私謁執政，以是不偶於世。

侯可。華陰人。少以氣節自許。既壯，篤志爲學。孫沔征儂猺，請參軍事，奏功得官，調華原主簿。韓琦鎮長安，薦知涇陽縣，歷官至殿中丞。可與田顏爲友，顏無子，不克葬，可鬻衣相役，卒葬之。天寒單衣以居，有饋白金者，顧顏之妹未嫁，舉以佐之。一日自遠歸，適友人郭行叩門曰：「父病，醫邀錢百千，賣吾廬而不售。」可惻然，計橐中裝，悉與之。

蔣偕。鄭人。父病，曾刲股以療。舉進士，歷大理寺評斷官。陝西用兵，數上書論邊事，用龐籍、范仲淹薦，爲環慶路兵馬都監。儂智高反，爲廣南東、西路鈐轄。

吴革。華陰人。從涇原軍，以義秉郎幹辦經略司公事。金兵南攻，帥兵解遼州之圍。車駕幸金營，革與孫傅募士民萬計，將攻金營。既而有立張邦昌之議，革先謀誅范瓊，瓊黨紿革入帳，執之，脅以從逆。革罵之極口，引頸受刃，顏色不變。其麾下百人皆死。

侯仲良。可孫。學於程頤，未悟，訪周敦頤，留對榻夜談，越三日乃還。頤驚異之，曰：「非從周茂叔來耶？」客荆，胡安國留與爲鄰，稱其羈苦守節，朱子亦稱其清白勁直。所著有論語說、侯子雅言。

## 金

楊邦基。華陰人。天眷二年登進士第，遷交城令。太原尹圖克坦恭託名鑄金佛，屬縣輸金，邦基獨不與。圖克坦恭召至府，將以鐵柱杖撞其面，不爲動。以廉爲河東第一。遷秘書監，兼左諫議大夫，出爲永定軍節度使。致仕，卒。邦基能屬文，尤以善畫名當世。「圖克坦恭」舊作「徒單恭」，今改。

党懷英。馮翊人。大定進士，能屬文，工篆籀，當時稱第一。累除翰林待詔，充遼史刊修官。章宗即位，求文學之士以備侍從，謂宰臣曰：「近日制詔，惟党懷英最善。」永安中，歷翰林學士承旨。卒，謚文獻。

張建。蒲城人。有詩名。明昌時，授絳州教官，召爲官教應奉翰林文字。以老請致仕，章宗愛其純素，不欲令去，授同知華州防禦使，仍賜詩以寵之。自號蘭泉，有集行於世。

## 元

郭寶玉。鄭人，郭子儀之裔。通天文、兵法，善騎射，金末封汾陽郡公。穆呼哩引見太祖，言建國之初，宜頒新令，於是頒條畫五章。從帝伐西蕃，討遼遺族，收遼、渤海等諸國，皆立有戰功，累遷斷事官。「穆呼哩」舊作「木華黎」，今改。

郭德海。寶玉子。姿貌奇偉，亦通天文、兵法。從先鋒哲伯西征，攻破鐵山，踰雪嶺西北萬里，進軍次達哩國，悉平之。從庫庫楚入關中，破南山八十三寨，陝西平。提孤軍轉戰，連破金軍，以功遷右監軍。子侃，弱冠爲百户，鷙勇有謀略，屢破金軍。從宗王錫里庫西征，破降諸部。世祖即位，侃上疏陳建國號、築都城、立省臺，興學校等二十五事及平宋之策。後皆如其言。累擢萬户，知寧海州。「哲伯」舊作「拓伯」，「達哩」舊作「荅里」，「庫庫楚」舊作「闊闊」，「錫里庫」舊作「旭烈兀」，今並改。

王由義。朝邑人。爲御史，累有獻替。從幸上京，抗章論衛士縱牧踐民田，行營肅然。至大元年，除彰德路總管，多善政。徵兵部侍郎。

郭均。朝邑人。至正時尹鄜，課農興學，有蠹民者，悉伏法。又引斜谷水溉田，建常平倉積粟，民甚戴之。

張思孝。華州人。母喪以孝聞。父疾，調護甚至，不愈，以父涕洟半器，垂泣盡飲之，復潔齋致禱，乞以身代，未幾遂痊。至順中表其門。

吴好直。蒲城人。父殁，事繼母孝。兄弟嘗求分財，好直勸諭不能止，即以己所當得悉推與之。出從師學，淡泊三十年，無少悔。

## 明

王朴。初名權，同州人。洪武中進士，授吏科給事中，以直諫忤旨罷。旋起爲御史，陳時事千餘言，性鯁直，數與帝辨是非，不肯屈。一日遇事争之彊，帝怒，命戮之，至市，復召還曰：「汝改乎？」朴對曰：「陛下不以臣爲不肖，擢官御史。使臣無罪，安得戮之？有罪，又安用生之？臣今日願速死耳。」帝大怒，竟戮死。

周彧。朝邑人。洪武時，以人材徵爲給事中，舉劾無所避。遷通政使，有譖其貪者，帝怒，下獄死。籍其家，惟米數斛及布衣而已。召訊其妻，曰：「夫常恐溺職，不敢受俸，今皆寄司庫。」頃之，所司以彧俸進，帝始知枉，立誅譖者，以俸金給其家，命有司致祭。

高翔。朝邑人。洪武中，以明經爲監察御史。建文時，僇力兵事。成祖聞其名，召翔，欲用之。翔喪服入，大哭，語不遜，遂族誅。福王時，贈太僕卿，謚忠愍。

程濟。朝邑人。有道術。洪武末，爲岳池教諭。建文初，上書言北方兵將起，逮至京，將殺之。濟入見，大呼曰：「陛下幸囚臣，臣言不驗，死未晚。」乃下之獄。已而燕兵起，帝釋濟以爲翰林院編修，參北征軍。淮上敗，召還，後莫知所終。

蔚能。朝邑人。初爲吏，以能授光禄典簿，累進本寺卿。天順初，拜禮部右侍郎，仍掌寺事。能居光禄逾三十年，清慎守法，未嘗私取一臠，先後官光禄者皆不及。

侯智。同州人。天順間，以孝行旌。又同州人張鼎，成化間以孝行旌。

李茂。澄城人。爲諸生，母患惡瘡，茂日吮之，夜則叩天祈代。及卒，結廬墓傍，朝夕悲泣。天大雨，懼衝其墓，伏墓哭，雨即止。父卒，廬墓如之。成化二年旌。二子表、森，森爲國子生，茂卒，兄弟同廬於墓，弘治五年旌。表子俊，亦國子生，表卒，俊方弱冠，廬墓終喪。母卒亦如之。正德四年旌。

侯自明。白水人。弘治中進士，學問博洽，尤飭名節，與康海、吕柟遊。官户部主事，忤劉瑾，謫判安慶。官至川南兵備。

王緒。華陰人。弘治中舉於鄉，正德中知諸城縣。時遭齊彦名之亂，青州屬邑皆陷。賊攻諸城，緒率兵民逆戰，斬賊首，一境獲全，邑人祠之。

韓邦奇。朝邑人。正德中進士，歷吏部員外郎。上疏極諫時政闕失，忤旨謫平陽判官，遷浙江僉事。中官王堂等在浙，爪牙四出，民不聊生，邦奇數裁抑之。堂奏邦奇沮格上供，斥爲民。嘉靖初，歷副都御史，巡撫宣府，調遼東，又調山西，皆著威望。進南京兵部尚書，致仕歸，地震殞焉。贈太子少保，謚恭簡。邦奇性嗜學，自諸經子史及天文、地理、樂律、術數、兵法之書，無不通究，著述爲世所稱。

韓邦靖。邦奇弟。與邦奇同登進士，授工部主事。榷木浙江，輒輕其課。進員外郎，上疏言時政，奪職。世宗即位，起山西參議，分守大同。歲饑，請發帑，不許，復抗疏千餘言，不報，遂告歸，尋卒。邦靖兄弟孝友，邦奇嘗廬居得疾，邦靖藥必分嘗，食飲皆手進。後邦靖病急，邦奇日夜持弟泣，衣不解帶。及殁，衰絰蔬食，終喪勿懈。鄉人爲立孝弟碑。

馬自强。同州人。嘉靖中進士，改庶吉士，授檢討。隆慶中，歷國子祭酒，振飭學政，請寄不行。神宗時，累擢禮部尚書。禮官所掌宗藩事最多，先後條例自相牴牾，黠吏得恣爲奸利，自强擇其當者，俾僚吏遵守。每藩府疏至，榜之部門，明示行止，吏無所牟利。諳達通貢市，賞有定額，邊臣徇其求，額漸溢，自强請申故約，歲省費不貲〔三〕。進太子太保、文淵閣大學士，參機務。卒，贈少保，謚文莊。「諳達」舊作「俺荅」，今改。

王維楨。華州人。嘉靖中進士，選庶吉士，歷官南京國子祭酒。讀書好經世學，備知關塞要害及守禦方略。所著有槐野存笥稿。

張達。白水人。由指揮歷建邊功。性慷慨負奇節，膂力絶人，遇敵好離營陷陣，所向有功。嘉靖中，諳達大舉入犯，達力戰死之。「諳達」譯見前。

盛訥。潼關衛人。父德，世職指揮，討洛南盜，戰死。訥年十七，號泣請於當事，勺水不入口者數日，爲發兵討斬之。隆慶中舉進士，由庶吉士歷官吏部侍郎，與尚書陳有年共釐銓政。母憂歸，以篤孝聞。卒，謚文定。子以弘，萬曆中進士，歷官禮部尚書。

李朴。朝邑人。萬曆中進士，歷户部主事。朴以朝多朋黨，清流廢錮，疏請破奸黨，録遺賢，因爲顧憲成、于玉立、李三才、孫丕揚辯謗，而薦吕坤、姜士昌、鄒元標、趙南星，帝不能用，遷郎中。時齊、楚、浙三黨勢盛，稍持議論者，羣譟逐之〔四〕。朴性戇，積忿不平，上疏極論，帝爲下詔，切責言官。黨人益怒，排擊無虚日，遂落職。天啓初，起用，歷官參議。卒，贈太僕少卿。

張春。同州人。萬曆中舉於鄉。天啓初，擢永平兵備僉事。崇禎四年，以監軍救大淩河新城，被執不屈。妻翟氏聞之，六日不食，自縊死。

王之寀。朝邑人。萬曆中進士。爲刑部主事，首發張差梃擊事。天啓初，上復讐疏，言方從哲、崔文昇等誤用藥之罪。累遷刑部侍郎。魏忠賢竊柄，首翻梃擊案，逮下詔獄死。

楊呈秀。華陰人。萬曆中進士。歷官順慶知府，罷歸。流寇侵掠郡縣，呈秀結鄉勇迎戰，力竭被執，爲賊所害，贈光禄少卿。弟呈芳，見兄被執，單騎入賊營，身被重創而死。勅並旌表。

楊愈懋。潼關衛人。萬曆末，僉書中軍都督府。天啓四年，蜀寇亂，命總兵征之，五戰皆捷，遂帥師深入。至江門，賊圍之數重，愈懋督軍築塹以守，援兵不至，乃遣人間道齎勅印至成都，力戰死之。贈太子太保，賜祭葬。妾王氏聞訃，亦絶粒死。

姬文廕。華州人。萬曆中舉於鄉。天啓二年，知滕縣。視事甫三日，白蓮賊徐鴻儒薄城，文廕緋衣坐堂皇，嚙齒罵賊，遂自經。贈太僕少卿，謚忠烈。

王之良。華陰人。天啓中進士。以御史巡按畿南及鹽務，俱有政績。洊升太僕寺卿，以僉都御史巡撫南贛。時猺人與土寇相結，廣東東昌盜亦起，之良遣兵往擊諸寇，悉降其衆。復以兵扼猺出入，斷其魚鹽，猺患遂平。在虔倉儲有穀三十餘萬石〔五〕，人稱建虔鎮百餘年，得兩王公，前有文成，後有之良云。尋擢南京兵部右侍郎。卒，贈都察院右都御史。子宏學，好學篤行。流賊陷長安，遂隱居不出。著有石渠閣文集。

盛以恒。潼關衛人。萬曆中舉於鄉。崇禎時知商城縣，視事月餘，流賊至，卻之。張獻忠陷襄樊，以恒遷開封同知，尚未去，遂留禦賊。身被數矢，裹創力戰，城陷，被執不屈，賊支解之。贈河南按察司副使。本朝乾隆四十一年，賜謚節愍。

衛景瑗。韓城人。天啓中進士。崇禎中擢御史，劾首輔周延儒、吏部侍郎曾楚卿，又言楊嗣昌建議加賦之非。給事中傅朝祐、李汝璨〔六〕，以論温體仁下吏，景瑗力爲申救，左遷行人司正。後以僉都御史巡撫大同，聲績甚著。李自成陷山西，大同總兵姜瓖開門迎賊〔七〕，景瑗被執不屈，自縊於僧寺。福王時，贈兵部尚書，謚忠毅。本朝乾隆四十一年，賜謚烈愍。

劉孔暉。郃陽人。天啓初舉於鄉，知新鄭縣。李自成兵至，固守不能支，遂死之，士民祀之子産祠。本朝乾隆四十一年，予入忠義祠。

王道純。蒲城人。天啓中進士。崇禎初擢御史，疏言銓除舉劾考選，甲乙科太低昂，宜變通。帝命所司即行。流賊躪關中，道純請急賑飢民，勿使從賊。報可。巡按山東，以萊州事忤周延儒，謫爲民。蒲城陷，道純抗節死。本朝乾隆四十一年，賜謚忠節。

王勵精。蒲城人。崇禎中選貢，授廣西府通判。仁恕，善折獄。遷知崇慶州〔八〕，張獻忠陷成都，勵精自焚死。本朝乾隆四十一年，予入忠義祠。

張爾猷。潼關衛人。崇禎末，爲本衛指揮使，善騎射。李自成攻潼關急，爾猷守南城，矢石俱盡。城陷，策馬衝突，殺數十賊，復張弓矢入重圍，身被數十創死。同時指揮盛袛之，亦衛人，爲賊所執，不屈，縊殺之。本朝乾隆四十一年，並賜謚節愍。

李穆。郃陽人。諸生。操持嚴正，工古文，著有率意稿文集。

## 本朝

李楷。朝邑人。少聰明，博涉羣書，兼工書畫。知寶應縣，罷歸。所著有河濱集一百卷。

賈宏祚。韓城人。順治初進士。歷知章邱、尉氏、元氏三縣，皆有惠政。擢御史，出視長蘆鹺政，商人餽金，悉屏弗納。期滿告歸，性孝友，自以禄養未遂，終身不衣裘帛，不置酒張樂。

衛引嘉。韓城人。弱冠值流賊，父之瑄、叔之琚、從兄引文俱被執，引嘉挺身赴賊，願以身代，備罹楚毒，卒不屈。順治中成進士，知石首縣，勦平山寇，民德之。引文子鴻，亦以孝友著。

程毓槐。韓城人。少喪父，哀毁幾絶。母歿未葬，值流賊至，鄉人皆走匿，毓槐與弟毓櫝守柩不去，賊以刃脅之，兄弟争就死，賊義而釋之。

衛執蒲。韓城人。順治中進士。知新樂縣，有惠政。遷户部主事，擢御史，疏請裁所歸驛，並復設延安巡撫，皆關大計。時西南方用兵，秦民困於輸輓，執蒲請改水運，自湖廣直達漢中，公私交便，先後疏凡數十上。官至左副都御史。

党湛。同州人。性至孝。父病狂，家人莫敢近，湛獨晨夜侍側。父歿，廬墓三年。家貧不營生産，屏居古窑中，讀書談道終身。又同里歲貢生李士璸、進士張珥，並里居不仕，潛心理學。士璸著有玉山集、大學正譜等書。

董元俊。華陰人。順治中進士。知黄岡縣，繼知句容，除積弊二十事，興利七事。邑有虎患，元俊禱於城隍神，患遂息。

許占魁。蒲城人。順治初爲陽平關參將，摧破張獻忠餘黨。擢山西平陽副將，擒巨寇張武等有功。康熙中陞延綏總兵。朱龍叛，進逼榆林，遣逆黨投以僞劄，占魁立集文武僚屬發其事。晉都督同知。時緣邊城堡多陷，占魁誓衆固守。會援兵四集，朱龍伏誅，東路神木未下，占魁督兵圍之，遂乞降。論功給世職騎都尉，襲二次。卒，贈太子少保，謚恪敏。

王凝祚。蒲城人。父汝璜，明末任河南息縣丞，卒於官，以寇阻未歸櫬。順治初，凝祚徒步求之，至潼關，足繭不能前，卧旅舍，夜夢神爲摩足。次日大愈，星馳至息，負骸歸葬。

王又旦。郃陽人。順治中進士。康熙初，知潛江縣。邑當漢沖，又旦親視隄埝，先事豫防，水不爲患。邑賦役多奸弊，又旦爲區畫疆理，以鄉規田，以田均畝，以畝定賦，逃亡咸復其居。擢給事中，疏陳湖廣濱漢諸隄，請各治所轄，以專責成。廣東花縣，請置縣設官，以除盜藪。皆如所請。性純孝友愛，博學能文，尤工于詩，著有黄湄集十卷。

楊仕顯。蒲城人。順治中進士。性恭謹，雖盛暑必衣冠，終身無戲容媟語。湯斌爲潼商道，慕之，數至蒲相訪談道。選知雩都縣，以母老歸養終。

楊端本。潼關衛人。順治中進士，知臨淄縣。興學校，開水利，履畝行勾股法，阡陌較若畫一，宿賦累民者悉除之。邑有温泉久涸，端本至，泉忽涌出，父老言有賢宰則然，且兆歲豐，是年果大熟，因名瑞泉。端本罷後，泉復涸。臨淄人思之不置，刻石泉側，曰楊公泉。修潼關衛志，王士禛稱其簡覈有體，兵志一篇，尤可備史家掌故〔九〕。

王弘撰。華陰人。康熙初，舉博學宏詞。晚年潛心著述，有周易圖説述、周易筮述、正學隅見。嘗主講關中書院，弟子著録者幾三百人。兄弘嘉，工書，行草楷法直入晉人之室。著有信古齋詩文集、大華存草。

王斗機。華陰人。康熙中進士。知滕縣，敦本尚實，勸課農桑，捐修文廟。未幾以憂歸，服闋後，絶意仕進，修白雲祠爲遊息之地。性好山水文章，構朱文公祠於山麓，與同人講學，士論以爲「晴雲秋月，纖塵不染」。

康乃心。郃陽人。康熙舉人。聖祖仁皇帝西巡駐潼關，問關中經明行修者，韓城劉蔭樞以乃心對，自是文章之名大著。著有毛詩箋、莘野集、太乙子、韓城、平遥志。

陳九疇。華州人。性孝友，事繼母屈氏，承歡四十年，屈忘其非己出也。與異母弟九錫相友愛，盡以美田宅讓之。湯斌分守潼商，高其行誼，爲銘其墓。

孫蒼。華州人。康熙初，年十七，隨父樵西石門，虎突至，攫其父，蒼奮呼而前，揮手中斧，裂虎項，虎逸，父得脱。同里劉誥，亦以孝謹聞。親卒，負土成墳，廬墓三年。

雷鐃。蒲城人。副貢。性篤孝友，親喪，哀毁骨立，所遺産悉讓兩弟，僦居數椽。季弟客死山左，鐃往求遺櫬，爲人傭書，得金，始扶歸櫬。

宋希寅。蒲城人。性篤孝。父母相繼逝，既葬，廬於墓所，穿土穴以居。有兩狼蹲伏其傍，馴擾不去。又烏啄隣田瓜，希寅所種瓜，烏不食。皆以爲孝感。

楊長。華陰人。歲荒，嘗負粟隣境，忍飢奉親。家貧，卧無衾裯，嘗身先温席，抱父足竟夕。父病，爲嘗糞，祈以身代。父卒，廬墓傍不去。康熙二十年旌。

張大有。郃陽人。康熙中進士。由翰林院編修，歷官至漕運總督。雍正初，疏陳漕政八條。又奏山東閘河疏洩事宜及稽查糧艘夾帶私鹽之弊，均議行。尋遷工部尚書。卒，謚文敬。

蘇億。華陰人。七歲喪母，哭泣至慟，水漿不入口者數日。後父疾，嘗抱坐懷中，七晝夜無轉側，隨父寢處，三十餘年。父殁，負土成墳，廬墓三年。雍正五年旌。

王夢祖。蒲城人。由恩貢舉孝廉方正。七歲母殁，寢食俱廢，見者異之。父殁於蘭山，夢祖奔喪至山左，徒步扶櫬歸。事伯叔一如事父，遇兄弟子姪之無服者如同胞，曰：「此皆吾祖宗之血脉也。」學以程朱爲宗，嘗言學人之業惟「居敬存誠」四字。服膺張横渠，學舍亦左書「砭愚」，右書「訂頑」。邑舊有横渠祠，率衆鼎新之，顔曰「關西大儒」。乾隆十三年歲饑，鄰里欲他徙，夢祖邀止之，曰：「吾有積粟數十石，願與共之。」不足則鬻産繼之，由是家中落。其示子孫曰：「儉可養廉，恕可成德。」卒年七十五。

崔文傑。華州人。以四川阜和營把總，隨征金川，積功洊陞遊擊。乾隆四十年，進勦當噶殁于陣。事聞，賜卹。

王士棻。華州人。乾隆十九年進士，改庶吉士，散館授主事，洊升刑部郎中。計資當外轉，特加四品卿銜，旋授刑部右侍郎。以事謫新疆。上以士棻刑名熟習，釋令回京，授刑部員外郎。由郎中授江蘇按察使，以失於糾參落職，擬謫軍台。尋授刑部員外郎，卒。士棻居刑曹垂四十年，多所平反，屢奉命讞獄外省。官按察使時，凡鳴冤者必親訊，以免屬吏迴護。案有疑竇者，亦必親訊，以免駮審往還。虚公周密，爲世所稱。

王杰。韓城人。乾隆二十六年進士，授修撰。官至東閣大學士，歷典湖南、江西、浙江鄉試，視學福建、浙江，歷充會試正副總裁、經筵講官、尚書房總師傅、入直南書房、軍機大臣，平定臺灣、廓爾喀，俱賜圖像紫光閣，御製贊各一首。嘉慶五年，因病乞休，得旨慰留。七年，復以病請，章再上，始允其請，加太子太傅銜致仕。陛辭，賜以高宗御前陳設玉鳩杖及内府人葠，併賦詩二章，御書聯語，以寵其行。九年十月，杰夫婦年皆八十，御書「福綏燕喜」並壽佛如意諸珍物，命陝西巡撫於其生日賚至其家賜之，併賜詩一章。是年冬，杰抵京陳謝，諭令乘輿至隆宗門外，扶杖進内。召見後，屢有賞賚，並疊前韻賜詩一章。十年正月，卒於邸舍。上以杰先朝耆舊，久直内廷，宣力有年，忠清直勁，老成端謹，特贈太子太師，入祀賢良祠，賜謚文端。

原遜志。蒲城人。乾隆中進士。知臨邑縣，擢知德州，善聽斷。性極嚴正，至臨民則心平氣和，常舉黄叔度爲政先平其心之言以自勵。廉訪命鞫積年疑獄，平理四十餘案，釋無辜百餘人。尤力捕蝗。春初以錢三百易蝻子一升，偶有萌動，剖渠掘坎，悉力焚瘞。初至臨邑，值歲旱，遜志擘畫調劑，以工代賑，修城垣，測日景，計土方，設飯廠，存活甚衆。建育嬰、廣濟二堂。因病去官。既殁，祀名宦。遜志幼嗜學，家有隙地，比木爲廬，置筆硯肄業其中。夜深書聲徹閭閈，鄰嫗夜績者，皆憐其瘁。一日其父五更起，聞苦吟聲，愴然下淚。遜志自是讀書，默識之不敢出聲。

王樾。郃陽人。事母至孝，母殁廬墓。乾隆三十九年旌。同縣楊繼宗、屈建楚、雷湛，韓城張士洪、申厥抱、薛之棟、劉大本，白水高天爵，俱乾隆年間以孝行旌。

李朝恩。大荔人。七世同居。乾隆五十年旌。又朝邑薛務本，八世同居，亦乾隆年間旌。

强克捷。韓城人。嘉慶十三年進士。知滑縣。十八年九月，近畿逆匪林清滋事，與滑縣李文成相結約。先期文成潛糾逆黨，克捷廉得其情，獲文成及其黨二十餘人，嚴訊之。餘黨知謀已洩，夜糾衆劫獄，克捷率役毛天榮、家丁祁陞等，手格數人。賊來益衆，轉戰至儀門，天漸曙，丁役無存者。克捷身被數十創，猶厲聲奮矛殺賊，以力屈死。闔署三十餘人皆遇害。二子逢泰、望泰，以回籍得免。長媳徐氏，罵賊不屈，死尤慘。官軍將集，賊衆潛擁文成出城，因重傷不能遠遁，戮於輝縣之司寨。逆首林清旋就獲，上以克捷首獲逆黨，俾失約敗謀，先後授首，厥功甚大。且以身殉難，闔署慘遭荼毒，尤堪矜憫。照知府例賜恤，入祀京師昭忠祠，謚忠烈，給騎都尉，世襲罔替。韓城、滑縣，俱爲克捷建祠，春秋致祭，以與難諸人從祀。又以韓城登仕籍者，有克捷之忠良，前大學士王杰，正色立朝，亦籍隸其地，士風醇茂，增文武學額各五名。長子逢泰，襲世職。後請改文職，命以六部主事用，在軍機章京上行走，現升工部郎中。次子望泰，賞給舉人。二十二年，命同新貢士一體殿試，改庶吉士，散館，復奉恩旨，授内閣中書。

趙塄。朝邑人。諸生。事親以孝聞。嘉慶十九年旌。又澄城姚長發、雷天保、姚受禄，蒲城孫忠愉，潼關廳劉進純、畢天機，俱嘉慶年間以孝行旌。

## 流寓

### 漢

高恢。京兆人。隱於華陰山中，與梁鴻爲友。鴻東遊，思恢作詩。

孔長彦。魯人。父僖，爲臨晉令，卒于官，遺令即葬。長彦及弟季彦，並十餘歲，蒲坂令許居然勸令反魯，對曰：「今載柩而歸，則違父令；舍墓而去，心所不忍。」遂留華陰。

張楷。成都人。順帝時隱居弘農山，學者隨之，所居成市。

張奂。酒泉人。永康初，願徙屬弘農華陰。舊制，邊人不得内移，惟奂因功特聽。陷黨罪禁錮，歸田里，閉門不出，養徒千人，著尚書記難三十餘萬言。董卓慕之，使其兄遺縑百匹，奂深惡卓之爲人，乃絶而不受。

# 列女

## 漢

楊敞妻司馬氏。華陰人。霍光謀廢立，議既定，使田延年報敞，敞驚懼，不知所言。延年起至更衣。敞夫人，龍門司馬遷女也，遽從東廂謂敞曰：「此國大事，猶豫無決，先事誅矣。」延年從更衣還，敞夫人與延年參語許諾，請奉大將軍教令。

## 晉

呂纂妻楊氏。弘農人。有義烈。纂爲呂超所殺，楊氏殯於城西，超將妻之，楊氏乃自殺。時呂紹妻張氏，亦有操行。年十四，紹死，便請爲尼。呂隆見而悦之，欲穢其行，張氏曰：「欽樂志道，誓不受辱。」遂升樓自投於地，二脛俱折，口誦佛經，俄然而死。

## 唐

楊紹宗妻王氏。華陰人。在褓而母亡，繼母鞠愛。父征遼歿，繼母又卒，王氏年十五，乃舉二母柩，而立父像招魂以葬，廬墓左。永徽中，詔賜物緞并粟，表其門。

## 金

許古妻劉氏。定海節度仲洙女。貞祐初，古挈家僑居蒲城，仕於朝。元兵圍蒲，劉氏謂二女曰：「汝父在朝，而兵勢如此，事不可保。若城破被驅爲所污，不若俱死以自全。」已而攻城甚急，劉氏與二女相繼自盡。事聞，謚劉氏曰貞潔，長女謚定姜，次女肅姜。

李文妻史氏。白水人。夫亡服闋，誓死弗嫁。父强取之歸，許邑人姚乙爲妻，史氏不聽。姚訴之官，被逮，遂自縊死。詔有司致祭其墓。

## 元

雷沂妻蒙氏。同州人。沂歿於軍，氏孀居三十年，以節孝著聞。至元中詔旌其門。

馬宅妻王氏。朝邑人。宅卒，氏年十九，守節不渝。延祐元年旌。又党通妻張氏、任輝妻井氏，皆蒲城人，守節孝親，撫孤成立。并延祐五年旌。

孫謙妻陳氏。韓城人。生子景仁，甫一歲而謙卒，氏方十九，守節不渝。至元十六年旌。

## 明

趙守曾妻惠氏。同州人。守曾死，親老絶嗣，叔翁促之嫁，氏泣曰：「叔翁利吾田耳。願田歸叔翁，吾甘以手力養翁姑也。」後翁姑死，氏葬以禮，守節終身。又董芳繼妻潘氏，適芳時芳已病篤，潘年十五，撫芳前妻子如己出。有謀奪節者，即引刀自裁。又馬芳繼妻張氏，夫亡苦節，撫遺腹子成立。張汝愚妻胡氏，以苦節著。

任世威妻閻氏。朝邑人。世威死，舅姑利富人資，以計强載其家，氏不勝憤，以衾蒙面，自刎死。又王思謙妻楊氏，孀居，亦以舅姑逼嫁自縊。又諸生何大慶者，病革，妻翟氏年十八，先自經死。

李昆妻賀氏。郃陽人。夫亡，誓不欲生，翁姑以年老無依慰留，氏袖刀至靈前，割左耳以殉。乃守志事親，終身完節。同縣甯洵妻范氏，適甯未及成禮而甯卒，亦剪髮明信，姑婦相依，苦節終身。又党相妻李氏，年十四守節，壽至八十。

石愷妻蔡氏。澄城人。夫亡，年十九，生子甫六月。事祖父母及孀姑李氏，克盡孝養，守節五十餘年。成化時旌。同縣梁孝恭妻王氏、鄭伯玉妻王氏、鄭炳妻孫氏、關冕妻路氏、馬鶚妻路氏，均以苦節著。又白麟繼妻張氏、李朱蓋妻呼氏，皆夫亡殉節。

李子健妻東氏。華州人。歸健方九月而健卒，遺腹生子，守節撫孤。又劉朝妻王氏、李道妾陳氏、王夢熊妻東氏、郭承實妻杜氏，均以苦節著。又宋堯妻高氏、適逵妻嚴氏、東羣芳妻郭氏、妾王氏，曹士魁妻王氏，郭宏祖妻東氏，李鉉妾孫氏、王氏，均夫亡殉節。

王德懋妻李氏。華陰人。年十八夫亡，斷髮自誓。元季兵亂，攜嗣子入華山張超谷以避難，事定乃歸。人欽其節。

姜溢妻趙氏。蒲城人。溢爲山陽掾。正德中，賊陷山陽，擊傷溢，將掠趙去。趙抱溢痛哭，罵不絶口，遂遇害。

許昌言妻楊氏。白水人。夫亡年二十一，仲兄利其産，氏坐卧佩刀，以死自誓。後撫孤成立，年八十卒。又奚洪斗妻李氏，夫亡殉節。

郭恒妻楊氏。潼關衛人。萬曆初，恒客遊湖南久，父議納他聘，女不可，斷髮自守。家有巖壁，穴牆居之，垂槖以通飲食。歷二十六年，恒歸乃成禮。

王璋女。同州人。名巧兒，許字張氏子。張死，女父母往弔歸，女已自經於室。訃於張，遂合葬焉。嘉靖中旌。

潘思忠妻王氏。同州人。甘貧守節，歲大饑，閉户餓死。同時有王遷者，以傭自給，亦餓死。其妻吴氏晝夜哭，殉之。又張思静妾田氏，亦夫亡殉節。

劉氏女。朝邑人。許字楊氏子。楊死，女哭欲往，父母不許，遂投繯死。同縣李德澄女，父死，母不安其室，女覺之，大哭三日，仰藥死，時年十四。又萬曆初，有張世强女，許字魏珠。珠死，女年十六，誓以身殉。家人防之，乃佯飲食，乘間自經。邑令部相建三烈祠並祀之。

韓繼宗妻雷氏。朝邑人。繼宗死，繼姑暴虐，以簪刺其股血淋漓，又遭叔淩害。晝夜痛哭，終不易節。同縣張三妻師氏、韓邦仁妻許氏、李芳春妻馬氏、嗣子文郁妻馬氏、韓日孜妻閻氏、申養情妻楊氏、党元第母張氏、樊成芳妻趙氏、李尚平妻張氏，皆以苦節著。又石捷妻張氏，夫亡殉節。

羅詢妻党氏。朝邑人。嘉靖中大饑，有盜劉曹邦等掠詢及富民數人於河濱殺之，還刦詢室，子亦遇害。氏匿積草中得免，出訴當道，不爲理。因以豕穢污口，肩夫脛骨，號冤道旁，官乃爲捕盜數十人，盡置之法。又楊專妻張氏，歲大祲，專與一子先斃。氏走赴水，見者止之，氏曰：「我義不爲乞，故就溺耳。」從容結衣履而死。

曹氏女。郃陽人，名粉容。未歸而壻死，父母勸其改字，遂投繯死。

王氏女。郃陽人，名田阿。未婚而婿死，斷髮毀容，守貞不渝，終其身。又有王氏女，字比村趙氏子臣兒。臣兒死，女請臨喪，括髮枕股而哭。及笄而歸趙氏，爲臣兒立後，養舅姑終身。

安尚起妻李氏。郃陽人。尚起商於河南，病亡。氏聞訃，盡變産完夫所貸，且置榜以待夫櫬歸。跪告族黨曰：「煩舉二棺入地。」閉户將自縊，鄰婦欲生之，排闥曰：「爾尚有所逋，何遽死？」氏啓户應曰：「然吾資已盡，奈何？請復待一日。」乃紉履一雙往畀之，曰：「得此足償矣。」歸家自縊死。同縣李光被妻秦氏、趙大彦妻魏氏、李白妻張氏、魏屏翰妻王氏、雷一滋妻嚴氏、雷起蛟妻趙氏、田光謙妻秦氏、侯三仕妻趙氏，均夫亡殉節。又吴文英妻孟氏，以苦節餓死。

金養全妻楊氏。郃陽人。養全貧，以補箕爲業，偶出外未歸，氏三日不舉火，子啼號。有無賴子假以麥三升，而夜款其門，楊不應，旋以紡織資償之。越數日，無賴子持梃入，楊不辱，爲所害。養全鳴於官，置無賴子於法。

劉氏女。韓城人，名小桂。劉氏，伶籍也，誓願從良。每伶氏問聘，輒涕泣不食。既而父母竟納伶氏聘，小桂大哭服毒死。

賈梧妻李氏。韓城人。年十七夫亡，三日不食，翁以姪孫繼之，事翁姑以孝聞。同縣趙楊芳妻薛氏、高文運妻薛氏、張惟偉妻同氏、薛自强妻李氏、衛景輶妻解氏、趙堦妻薛氏、强不息妻薛氏、史節妻王氏、吉自松妻張氏、楊廷元妻解氏，均以苦節著。又李焕妻薛氏、王三聘妻薛氏、薛維緒妻解氏、孫一龍妻劉氏、顔問仁妻王氏、張文軌妻師氏、楊先樓妻陳氏，均夫亡殉節。

王承勛女。華州人。許字黄宗憲。憲爲寇掠去，數載不歸，父母欲改聘，女絶食求死。家人慰之，女曰：「必欲活我，須歸黄門。」父母從之。事翁姑以孝聞。

王氏女。華陰人，字良姐。其父業屠。合巹後，夫家以腹大出之，母家訟之官。良姐曰：「妾屠家女，穀食少而肉食多，是以腹大。」官方躊躇間，良姐忿然曰：「此易明耳。」遂引刀剖腹，肝腸墮地，猶對衆自明，言畢而死。

陳大宗妻徐氏。華陰人。年十九守節，至八十七卒。同縣柴良妻張氏、楊自卑妻李氏、楊訓妻張氏、王之祚妻張氏，以節孝著。又郭允休妻陳氏，夫亡殉節。

馬氏女。蒲城人，名蘭香，許字李春煒。春煒罹官刑，女聞之，悲咽沐浴，整鬟著新衣，用白練自縊。時餘溽未除，停屍三日，蠅不侵肌，異香滿室。又樊東謨女，字李耀如，未歸而壻死，欲往弔以殉，母不可，朝夕哽咽。有委禽者，恚恨而卒，時年十四。

又張尚紀女，名雲蟬，許字李俞檜〔一〇〕。俞檜被誣繫獄，女聞可賄脱，謀諸母，母不可，女恚，即自縊死。

鄭傑妻党氏。蒲城人。年二十夫卒，翦髮自誓，以織紡養親，撫遺腹子成立。同縣賀應科妻張氏、葛寬妻郝氏、馬廷襄妻鄭氏、郭國瑾妻王氏、王馨徵妻張氏、王光毓妻楊氏，均以苦節著。又王建績妻單氏、趙念劬妻王氏，均夫亡殉節。

楊愈懋妻王氏。潼關衛人。愈懋爲四川總兵，殉難，氏聞之，絶粒死。又孫必顯妾郭氏、李可棟妻孟氏、陳宸畫妻劉氏，皆夫亡殉節。

張春妻翟氏。同州人。崇禎間，春陷於陣，氏自縊死。又諸生劉長庚自縊死，妾雷氏及女，先長庚自刎死。王秉鈞妻車氏與弟景熙妻孫氏，同日罵賊死。秉鈞女棠姐，年十五，自縊死。

吴氏女。朝邑人。崇禎七年，爲流寇所掠，女堅不從，臨以刃，女大罵不絶口，遂遇害。

雷運泰妻党氏。郃陽人。流賊破砦，自縊死。同時有侯在庠妻雷氏、吴文學妻楊氏、雷梗妻侯氏、梗女彩英，皆投井死。

杜一崖妻楊氏。澄城人。崇禎八年城陷，與同縣路從度妻黨氏，俱罵賊死。邑令范志懋爲立節烈祠並祀之。又有楊丕仲妻袁氏，不屈遇害。

王慎妻高氏。韓城人。崇禎二年，賊犯高砦，慎以捍賊中流矢死。高氏與女小桂，俱投崖死。又吉氏，與其孫女王黑女，亦投崖死。又王欽妻薛氏，子真心、端心，俱死之。縣令左懋第祭之以文，所謂「一門男女，節見者九」是也。又解居乾妻師氏，八年流寇至，環刃相向，氏知不免，不爲動。賊逼之，遂大罵，賊刃之，隨刃隨罵，聲與氣絶而死。

劉應柏女。華州人。年十四，賊至，匿屋壁間。賊劫之，不從，賊怒曰：「欲速死耶！」女延頸受刃而死。

張昌祚女。華陰人。賊入關劫女，挾之馬上，躍下者數四，賊怒磔殺之。

單惟欽妻張氏。蒲城人。崇禎末，夫婦避亂，欽墜崖死，氏葬之，遂自縊。又王自懷妻薛氏，遇賊不辱死。

孔傑儒妻蔣氏。潼關衛人。崇禎末，賊破潼關，劫之去，大罵被殺。又徐學禮妻張氏，赴火死。盛光之妻闞氏，投峪死。周鼎蔭妻張氏，投河死。尹君極妻任氏、袁茂官妻周氏、楊以貴妻楊氏，自縊死。千總田勇妻党氏，勇陣亡，氏著孝服自經死。鄧重光妻范氏，罵賊，賊支解之。宋果妻王氏、歐蘇妻李氏、張文運孫女，俱以不受辱被殺。

## 本朝

王氏女。郃陽人，名玉，王又旦之妹。字韓城張氏子，未婚。順治五年爲盜所掠，乘間投道旁井中死。

閻邦計妻薛氏。韓城人。夫死，撫前妻子長，既娶，子婦俱殁，復撫孫成立。順治七年，寇至被掠，罵不絶口死。同縣薛自通妻晉氏，年二十守節，撫子成立。寇至，懼爲所辱，投崖死。

周文興妻武氏。蒲城人。順治初，氏與文興妹東妹爲賊所執，俱不從被害。同縣米貞頤妻常氏，貞頤爲賊所殺，氏自縊以殉。

楊中涵妻馬氏。華陰人。與中涵弟中渼妻雷氏，亦少寡無子，事姑守節。值闖寇，奉姑避山中，孝養備至。姑殁，皆力庀喪營葬，雷更事馬如姑。均康熙年間旌。

孫述妻郭氏。蒲城人。歲大饑，述謂妻曰：「吾義不鬻汝，可改適以圖活。」未幾述死，郭自縊。同時戴茂宇妻楊氏，夫欲鬻之，氏投井死。

劉士瑜妻曹氏。蒲城人。年二十一，夫殁，事姑以孝聞。姑病十餘年，氏侍湯藥無稍懈。以姪彤爲嗣，苦節三十四年。與同縣王凝圖妻郭氏、許允藩妻劉氏，均康熙中旌。

郭干城妻楊氏。潼關衛人。氏翁繼室生二子，遂逐氏夫婦。干城殁，翁姑欲其改節，二叔毆逼之。氏以翦自戳，又服毒，竟不得死。二叔貧窘流落，氏事翁姑，不辭勞瘁，勤紡績以育諸子，歷苦節三十三年。又畢懋篤妻周氏，苦節撫孤，均康熙年間旌。

李與堦妻張氏。同州人。夫亡家貧，事翁姑甚謹。歲大饑，朝夕不給，鬻次子及女以養翁姑，撫長子成立。又南永福妻姚氏，歲饑挈家就食河南，中途夫病死。抵鄧州，翁又歿。氏日夜織紝，以撫遺孤。比歲豐，率子扶兩櫬歸葬。又强有禮妻杜氏，亦以歲饑，全家走襄陽，翁夫俱客死。氏紡績養姑及子女，後歸葬，拮据累年，遣子附估客扶兩櫬歸葬。又李昌世妻單氏、陳汝格妻王氏、郝造賢妻王氏、王奪標妻李氏、王玉秀妻楊氏，均雍正年間旌。

王正國妻汪氏。同州人。夫亡，遺腹一子，母憐其少，諷使改適，氏斷指以示。姑兩目失明，汪出入扶持不少懈。守節五十餘年。雍正年間旌。

李子燽妻孫氏。同州人。夫亡事姑盡孝，撫前妻二子埈、圻如己出。埈甚孝，爲諸生，早卒。婦張氏，守節撫子芇成立。爲娶婦王氏，生二子，芇又亡，王亦矢節不移。又王助芳妻張氏，生子甫三月，夫亡，未幾翁又歿，氏甘貧撫孤。姑患瘡十餘年不愈，氏吮之以出其毒，見者皆感動。守節六十餘年。均雍正年間旌。

張端妻胡氏。同州人。端家貧而貌寢，又病癱，無舅姑伯叔，氏織紡爲日用計。端念己久病累氏，求自盡，氏救歸，由是坐卧不稍離，憂苦萬狀，不萌怨心。端每以父母未及合葬爲言，氏誌之。及端卒，衆勸氏改適，氏紿曰：「勢固應爾，但夫囑葬親事未了耳。」衆爲營葬畢，遂自經死，年二十二。

楊奉魁妻雷氏。同州人。生一子一女。奉魁遠出，鄰人李延梅入其室，欲逼之，氏厲駡不從。延梅害之，并殺其子女。事聞被旌。

張璠妻樊氏。朝邑人。年十七，夫亡，父母欲嫁之，氏痛哭嘔血死。同邑孫崇樸妻薛氏，夫死，其家利富人貲，强嫁之。

飲藥死。又王文祥妻張氏，里中强暴乘夫出，潛入室欲污之。氏忿罵，脅以刃，罵不已，斷臂而死。

王慎獵妻雷氏。朝邑人。年二十二，夫亡無子。夫弟慎餘，甫八歲，雷善視之，以妹妻慎餘，生子門臻。慎餘死，妹年二十八，同撫一孤。娶婦郭氏，門臻又死，郭年二十四，依二姑爲生，節孝並著。雍正年間旌。又韓快妻李氏、吴興讓妻田氏，年十九守節，歷四十餘年。

党克儉妻秦氏。郃陽人。年十七，夫亡，子未周晬，甘貧守節，孝事翁姑，撫孤成立。雍正六年旌。同縣李覺世妻王氏，夫亡殉節。

解廉禎女。韓城人。許字同里閻衍緒，未嫁而衍緒卒，女聞之不食死。同里陳氏女，許字孫紹曾，未嫁紹曾殁，聞議婚者至，自經死。

陳其誠妻薛氏。韓城人。年二十八，夫亡，姑病疫幾危。薛晝夜扶持，目盡腫流血，姑見之大驚，一汗而愈。家貧，日事縫紉以資供養。守節四十餘年。又劉翕順妻范氏，均雍正年間旌。又衛士望妻王氏、張雲樞妻吴氏、王國彦妻史氏，均夫亡殉節。

王楠齡妻李氏。蒲城人。夫亡無子，終身不事膏沐，足不踰閾，事翁姑以孝聞。雍正四年旌。同縣劉漢興妻米氏、權丕昌妻梁氏、原湆長妻雷氏、屈宁妻張氏、王來賓妻張氏、原于素妻常氏、劉克忠妻徐氏、陳采妻吴氏、車國祥妻趙氏、王秉乾妻劉氏、楊圻妻張氏、張所懷妻劉氏，均雍正年間旌。

張順妻劉氏。白水人。與兩小姑春兒、八兒刈豆田間，爲惡少高所逼，以刃脅之，氏不從被害。兩小姑亦遇害。事聞，旌其門曰「一貞二烈」。

張氏女。潼關人。許字馬臨，未嫁聞夫訃，欲往弔，父母許之。撫柩慟絶，遂留侍舅姑，曲盡孝道三十餘年。嗣子雙印。雍正年間旌。

郭宗儒繼妻劉氏。潼關人。夫亡，撫前室子，鞠育備至。當歲歉，以餅餌飼子，而已及所生二女啖糠秕，曰：「此郭氏宗祧所繫，脱不虞，無以見吾夫地下。」雍正年間旌。

李聰妻馬氏。大荔人。夫婦避荒河南，聰死。越二年，氏負骸，攜二齡幼子歸，無可存活，寄食母家，守節四十餘年。同縣劉有守妻馬氏，趙文通妻王氏，雷發鳳妻李氏〔一一〕，李魁枝妻梁氏，劉仕仁妻石氏，許長豫妻畦氏，許長謙妻曹氏，辛化成妻王氏，吳若瑗妻王氏，董芝妻單氏，王美聰妻雷氏，王爾靈妻張氏，雷雨田妻王氏，陳于陛妻李氏，張淑士妻路氏，李黨妻劉氏，石之起妻高氏，王鳳正妻党氏，張治邦妻王氏，李天祐妻喬氏，麻從訒妻李氏，麻士敏妻董氏，温良妻紀氏，董再昌妻温氏，李蘊秀妻任氏，李延枝妻梁氏，孫行彰妻李氏，媳柏氏，段義安妻李氏，又烈婦樊應召妻李氏，均乾隆年間旌。

何之英妻張氏。朝邑人。年二十七，夫死，截髮納棺，矢志撫孤。寇至，掣其耳取環去，氏即截耳以示不污。子亡，又撫孫成立。年七十七卒。同縣王報春繼妻侯氏、馬毓宗妻闞氏、張頌音妻蘇氏、郭藩母張氏、王琛母張氏、李含萌妻張氏、楊魟妻上官氏、趙攀詔妻上官氏、樊玉湖妻上官氏、雷福有妻朱氏、孫維乾妻黄氏、周士熊妻謝氏、賀昌祚妻雷氏、張辰斗妻侶氏、李應春妻趙氏、樊玉佐妻馬氏、張經濟妻徐氏、王所進妻于氏、樊中鵬妻劉氏、仇允忠妻都氏、張羅俊妻王氏、樊良弼妻王氏、黄三省妻王氏、嚴呈瑞妻王氏、安濟繼妻員氏、楊東昱妻任氏、楊三尚妻謝氏、王大猷妻田氏、麻士羣妻王氏、麻直妻王氏、韓可願妻井氏、韓知來妻李氏、孫曰知妻閻氏、薛景安妻武氏、陳王道妻張氏、張翙如妻祁氏、張翮如妻朱氏、張琬妻秦氏，又烈婦楊小子妻井氏，均乾隆年間旌。

趙鳳苞妻張氏。郃陽人。鳳苞歿於外，氏年少無子。鳳苞弟亦歿，其婦他適，氏留其四歲兒，撫之如己出，日夜績麻以奉舅姑。時值軍擾，氏負姑匿林叡間，奉以裹糧，以槐葉榆皮自食，得免。卒年六十二。同縣李草桃妻盧氏、王元珍妻馬氏、康朗詣妻范氏、康紫宸妻路氏、秦楨妻行氏、雷秉陽妻宋氏、雷爾預妻党氏、雷延壽妻張氏、雷曉妻甯氏、王斯詵妻康氏、雷畏天妻李氏、媳雷紱妻吕氏、王自井妻雷氏、李之行妻王氏、甯棟妻范氏、高宏奎妻党氏、李佩玉妻雷氏、雷炘妻趙氏、雷太康妻楊氏、王家樓妻雷氏、康懋績妻張氏，又烈婦康德業妻張氏，均乾隆年間旌。

楊太清妻王氏。澄城人。夫歿，母若姑以年少，欲令更適，氏斷髮守志，四十餘年。同縣張夢説妻鄭氏、魚天沖妻王氏，又烈女李春兒，烈婦張居安妻韋氏、金體胖妻李氏，均乾隆年間旌。

吳之音妾張氏。韓城人。年十九，之音夫婦俱亡，撫嫡子及孫，劬勞三世，卒年八十。同縣王秉乾妻薛氏、劉廷仕妻解氏、劉學龍妻姚氏、陳振興妻祁氏、薛隆世妻張氏、陳朝英妻楊氏、師正學妻孫氏、解登位妻雷氏、劉述古妻薛氏、李夢春妻趙氏、秦文煒妻吳氏、衛士竑繼妻薛氏、張文輐妻强氏、張文輨妻薛氏、薛丕基妻孫氏、吳無隱妻劉氏、程謙光妻梁氏、衛廣生妻史氏、史序官繼妻丁氏、史可誌妻賈氏、薛印淑妻解氏、衛執瑞妻郭氏、衛執珪妻李氏、解自性妻高氏、晉星妻程氏、劉昌引妻孫氏、薛生德妻衛氏、程殷輅妻薛氏、楊之鴻妻薛氏、文宗輿妻屈氏、王成基妻張氏、陳忠印妻閻氏、陳瑢妻程氏、馮翀南妻薛氏，均乾隆年間旌。

郭志祥繼妻李氏。華州人。夫歿家貧，氏年二十。孝事舅姑，喪葬如禮。撫前妻子數十年如一日，以己遺腹子嗣夫兄後，苦節四十七年。乾隆四年旌。同州姬錞妻曹氏、黄元禎妻顔氏、黄應元妻王氏，均乾隆年間旌。

楊宏泰妻崔氏。華陰人。夫亡守節。同縣張必仲妻史氏、袁瑛妻張氏、章際慶妻張氏、陳國起妻曹氏、陳宏祚繼妻姚氏；孝子趙振棣、振翼母晁氏；又烈女陳氏，字焕霖，杜氏女；均乾隆年間旌。

杜昌榮妻李氏。蒲城人。夫亡守節。同縣王恪妻高氏、屈自端妻原氏、張希戴妻董氏、楊景瑞妻李氏、李馥蓊妻王氏、梁雲庭妻党氏、王經邦妻原氏、王復創妻張氏、張樞越妻羅氏、楊燦輝妻王氏、原濃長妻郭氏、王翀妻李氏、王賜誥妻張氏、屈瑶妻曹氏、屈宏妻竇氏、梁正妻甯氏、原永命妻郭氏、屈天寵妻徐氏、王垂祥妻劉氏、郭聲浩妻魏氏、雷贊珅妻趙氏、梁義妻王氏、張宗韋妻李氏、李合璧妻王氏、王志妻屈氏、曹大謨妻楊氏、王師旦妻雷氏、王民寶妻翟氏、田瑞隆妻李氏、屈基妻劉氏、劉宏量妻郭氏，又烈婦李三貴妻申氏，均乾隆年間旌。

雷鎮妻李氏。白水人。鎮歿，氏矢志存孤。先事姑死，夫弟鈺，甫八閲月，氏撫之，鈺後事李如其母。繼姑武氏病癱瘓，氏朝夕侍奉，不辭勞瘁。守節三十年。同縣楊鳳儀妻种氏，問偉妻郭氏、李班妻党氏、奚浩妻張氏、李潤妻侯氏、董秀妻王氏、呂貢妻惠氏、呂月韻妻邱氏、侯憲祥妻張氏，均乾隆年間旌。

陶緒五妻徐氏。潼關廳人。夫亡守節。同廳吴克振妻陳氏、徐洵妻姚氏、王邦直妻吴氏、丁執鋭妻賁氏、盛昇之妻孫氏、盛表妻趙氏、梁建中妻朱氏、梁建儒妻單氏、楊自茂妻劉氏、陳黎隱妻楊氏、林樹槐妻孫氏、楊輝祚妻余氏、劉彦妻王氏、蕭讓妻李氏、周銘妻王氏、李克印妻党氏、王國臣妻司氏，均乾隆年間旌。

張濮妻楊氏。大荔人。夫亡守節。嘉慶二年旌。同縣馬元昌妻王氏、吴電妻楊氏、王繼謨妻張氏、李文炳妻張氏、劉廷祥妻康氏、馬進潔妻康氏、高首妻李氏、王玉麒妻閻氏、朱崇景妻潘氏、吴可欽妻路氏、王起鎬妻張氏、趙臨妻馬氏、劉曰法妻眭氏、李澤淚妻杜氏、樊伯旺妻馬氏、張漢維妻王氏、梁篤宗妻劉氏、敬維暢妻王氏、趙萬春妻周氏、張繼學妻魚氏、趙名宣妻嚴氏、周文漢妻董氏、孫維妻殷氏、王端妻張氏、李振妻楊氏、李鎮乾妻孫氏、趙學文妻李氏、胡承業妻石氏、藺維安妻李氏、楊永年妻路氏、路倉妻魏氏、屈發科妻馬氏、關義學妻呂氏、張璣琨妻章氏、李芳春妻雷氏、房德安妻孫氏、牛增輝妻劉氏、敬維起妻李氏、朱大蔚妻潘氏、張耀文妻路氏、趙世禄妻孫氏、趙希登妻王氏、胡宓妻楊氏、張正誼妻李氏、張五紀妻孫氏、李湜妻梁氏、眭鎧妻趙氏、李來祥妻王氏、梁國禎妻李氏、孫維墉妻呂氏、劉學瑞妻郭氏、朱才妻呂氏、田雲妻吴氏、羅世瑞妻李氏、張君瑜妻屈氏、馬萬程妻張氏、張略妻王氏、馬澤妻劉氏、李智來妻徐氏、劉寄世妻曹氏、謝有慶妻王氏、包學成妻秦氏、田宗轍妻張氏，又烈婦王良棟妻張氏、陶舍糧聘妻劉氏、張代宗妻朱氏、楊之顯妻王氏、高某妻張氏、曹又印妻雷氏、孫克蛟妻王氏，均嘉慶年間旌。

趙世懷妻雷氏。朝邑人。夫亡守節。嘉慶元年旌。同縣楊起林妻秦氏，武振起妻王氏，馬汝肅妻張氏，雷宗迪妻衛氏，高正身妻雷氏，何曰友妻石氏，韓恒德妻趙氏，孫財順妻王氏，張廉越妻李氏，孟大振妻閻氏，李端人妻王氏，白豫妻李氏，李君儒妻劉氏，閻連璧妻董氏，趙方城妻高氏，劉躋堂妻張氏，雷鳳集聘妻成氏，王佩妻同氏，王學仁妻李氏，李克允妻王氏，李中選妻張氏，仇士杰妻李氏，曹邦傑妻馬氏、妾常氏，翟成儒妻甯氏，又烈婦張輝妻楊氏，均嘉慶年間旌。

康三多妻徐氏。郃陽人。夫亡守節。嘉慶三年旌。同縣雷二酉妻王氏、麻夢周妻楊氏、高如吏妻習氏、雷茂松妻高氏、喬秉智妻張氏、李泳常妻賀氏、金質愚妻姚氏、賀大斗妻楊氏、車嘉言妻雷氏、馬廷楷妻吕氏、范若思妻車氏、李九陽妻宋氏、黄有略妻喬氏、宋珍士妻曹氏、宋文申妻党氏、王玉文妻韓氏、雷曰妥妻孫氏、侯懷義妻李氏，又烈婦苗某妻孫氏、馬興貴妻屈氏，均嘉慶年間旌。

韋章妻馬氏。澄城人。夫亡守節。嘉慶二年旌。同縣白元先妻雷氏、姚肇淳妻王氏、姬明愨妻侯氏、楊茂榮妻趙氏、田興序妻樊氏、權鳳偉妻馬氏、姬明厦妻蒙氏、王伯過妻彌氏、石璧妻蒙氏、王利涉妻李氏、袁從宰妻王氏、王成肅妻張氏、朱雲天妻田氏、張伯龍妻習氏、曹瑶莊妻郭氏、李積善妻王氏、姚惟妻彭氏、杜建妻張氏、趙文秀妻劉氏、賀周亮妻党氏、王君錫妻蒙氏、王君寶妻楊氏、王利仁妻李氏、張士謙妻雷氏，又烈婦楊之成妻樊氏，均嘉慶年間旌。

薛换女。韓城人。年未及笄，一聞穢言，即抱忿捐軀。嘉慶五年旌。

楊智才妻冀氏。韓城人。夫亡守節。嘉慶元年旌。同縣樊景煒妻高氏、樊景焕妻吴氏、師元商妻孫氏、孫建邦妻解氏、楊廷義妻劉氏、衛炳若妻王氏、師則妻晉氏、王允純繼妻薛氏、孫希禮妻樊氏、陳西極妻李氏、王典妻陳氏、胡大勛妻許氏、王善述妻劉氏、吉明妻陳氏、郭光禮妻孫氏、師元依妻董氏、柳光璧妻張氏、薛君道妻韋氏、衛盛基妻解氏、李嘉穀妻晉氏、孫文喜妻薛氏、程環妻趙氏、衛嘉謨妻薛氏、張乃積妻李氏、雷大傑妻劉氏、王大信妻吴氏、孫正勵妻張氏、陳增妻柴氏、王成槐妻薛氏、張煜妻許氏、竇平淵妻雷氏、吕誠音妻薛氏、劉本榮妻張氏、張玿妻段氏、孫彩妻李氏、程行遠妻衛氏、吉天祐妻李氏、强克寬妻柴氏、劉認妻薛氏、王大經妻申氏、劉可敬妻耿氏、薛輔績妻張氏、師峻極妻徐氏、王思信妻薛氏、高繼新妻王氏、蘇緒軾妻劉氏、蘇允誠妻劉氏、吴易若妻屈氏、薛履真妻張氏，又烈婦孫某妻陳氏，均嘉慶年間旌。

强逢泰妻徐氏。韓城人。逢泰父克捷，任滑縣知縣。嘉慶十八年，賊匪李文成等潛搆逆謀，克捷偵獲之，嚴刑究訊。其黨馮克善等於九月初七日夜，入城刧獄，克捷被害，執氏欲污之，氏奮駡不絶。賊倒釘署廳柱上，臠割死，時年十九。事聞，謚節烈，贈恭人，建坊旌表，並命於克捷祠後層設節烈恭人位，以四時致祭。

王汝鐸妻楊氏。華州人。夫亡守節。嘉慶三年旌。同縣孫永壽妻康氏、魏中琳妻闕氏、馬明登妻范氏、胡自振妻李氏、同聲妻史氏、王景運妻石氏、王進妻吴氏、張智妻王氏、王友生妻杜氏、潘道濟妻李氏、王有訓妻董氏、井成璣妻武氏、井成樸妻張氏、張世炳妻武氏、吕厚德妻王氏、王天成妻魏氏、李勔儒妻惠氏，均嘉慶年間旌。

張懷仁妻陳氏。華陰人。夫亡守節。嘉慶元年旌。同縣任廷楨妻辛氏、耿丕承妻郭氏、陳西極妻李氏、郭宇美妻趙氏、石鎮邦妻李氏、仇大用妻郭氏、郝宗曾妻李氏、張茂才妻郭氏、辛學有妻曹氏、李崇瑋妻馬氏、党文玉妻楊氏、楊景雲妻王氏、劉文英妻楊氏、張世法妻王氏、嚴培升妻李氏、劉鋭妻郭氏、李文彰妻史氏、楊際辰妻張氏、張自起妻章氏、郗際隆妻張氏、郗時隆妻雷氏、郗鼇妻劉氏、王向時妻汪氏、任澤海妻梁氏，又烈婦郝智文妻董氏，均嘉慶年間旌。

段雲錦妻王氏。蒲城人。夫亡守節。嘉慶二年旌。同縣米世英聘妻蔡氏、郭正章妻劉氏、萬物交妻王氏、徐星斗妻張氏、張蒲妻劉氏、王錫妻張氏、李環妻樊氏、任憲虞妻党氏、李永振妻雷氏、楊名竹妻王氏、李永峻妻王氏、王學欽妻趙氏、趙思義妻同氏、薛克慎妻常氏、王迺宣妻李氏、楊思哲妻雷氏、權公義妻曹氏、雷崇新妻楊氏、楊紹林妻唐氏、蘇明綱妻張氏、蘇承祖妻廉氏、劉正良妻馬氏、雷天魁妻李氏、雷天惠妻王氏、任天猷妻屈氏、原東璧妻井氏、劉士純妻王氏、任希舜妻胡氏、張永恭妻王氏、吴國良妻楊氏、原起浚妻趙氏、梁世重妻楊氏、楊福興妻惠氏、段玉玠妻樊氏、王位達妻惠氏、王簫妻李氏、楊棲鸞妻原氏、任成美妻惠氏、王校妻秦氏，又烈婦李某妻鄧氏，均嘉慶年間旌。

冀繼昌妻張氏。白水人。夫亡守節。嘉慶五年旌。同縣吴漢儒妻陳氏、劉興年妻吴氏、吴臨妻劉氏、賀學淵妻卜氏、權汝庭妻劉氏、權利用妻武氏、梁學山妻潘氏、梁廷周妻吴氏、孫璜妻張氏、劉鴻德妻秦氏、魏學寵妻李氏、白玉梅妻侯氏、侯彤妻郭氏、賀星漢妻問氏、侯泮妻李氏、吕魁英妻馬氏、朱廷貴妻魏氏、李永秀妻王氏、張大儒妻郭氏、董繼成妻張氏、奚顯爵妻李氏、王正海妻潘氏，均嘉慶年間旌。

劉敷業妻王氏。潼關廳人。夫亡守節。嘉慶二年旌。同廳劉丕猷妻扈氏、茹光才妻宋氏、彭義妻左氏、姚雲衢妻李氏、易文正妻張氏、王丙南妻戴氏、李岳秀妻楊氏、熊景行妻李氏、劉大魴妻安氏、畢爾耆妻胡氏、畢爾熾妻陳氏、王堃妻李氏、薛永清妻李氏、徐天錫妻趙氏、盛獻忠妻楊氏、鄭國楫妻楊氏、劉廷妻張氏、劉景錫妻周氏、雒錫焜妻張氏、雒錫瑀妻李氏、閻永昇妻張氏、王家棟妻張氏、周隆選妻李氏、張登甲妻劉氏、張效巡妻郭氏、孫大鼇妻李氏、郭文理妻孫氏、田立本妻張氏、王右臣妻賁氏、王大賓妻王氏、張絪妻王氏、馬千里妻張氏、蘇自敏妻王氏、李芳鼇妻别氏、郭翰妻孔氏、雷天章妻周氏、聶天才妻楊氏、閻珪璋妻秦氏、張大智妻張氏、劉文元妻姚氏，又烈婦王某妻高氏，均嘉慶年間旌。

# 仙釋

## 秦

茅濛。始皇時於華山中乘雲駕龍，白日升天。

毛女。字玉姜。在華陰山中，形體生毛。自言始皇宫人，秦亡入山食松葉，遂不飢寒，身輕如飛。又有古丈夫，秦時驪山役夫，入華山食木實，日久能凌虚而翔。

## 漢

衛叔卿。中山人。常乘雲車，駕白鹿。見武帝，將臣之，叔卿不言而去。武帝悔，求得其子度世，令追其父。度世登華，見父與數人博於石上，敕度世令還。

### 晉

佛圖澄。西域人。誦經至數百萬言。晉永嘉間入中國，息於澄城。其左乳旁有一孔，通徹腹内，常塞以絮。至夜欲誦經，則拔絮，一室洞明。或至水邊引腸洗之，還復納入。今縣有洗腸泉。

### 南北朝　魏

成公興。不知何許人。世祖時至寇謙之家傭賃，謙之算七曜，有所不了，興俄然便決，謙之歎服。請師事之，興固辭，乃共入華山，令謙之居一石室，自出採藥與食，不復飢。

修羊公。在華陰山石室中，有懸石榻，卧其上，石盡穿陷，略不動。後以道干景帝，語未訖，化爲白石羊，其背有字云「修羊公，謝天子」。後置石羊於通靈臺上，羊復去，不知所在。

### 宋

陳摶。真源人。服氣辟穀，居華山雲臺觀。太平興國中，賜號希夷先生。後化形於蓮花峯下張超谷。

丁少微。真源人。隱華山潼谷，與陳摶齊名。志尚清潔，善服氣。太平興國中召赴闕，留數月，遣還山。

## 元

吉志通。郃陽人。幼穎悟，師喬潛道及潘清客，博學洽聞。後居武當山，十年不火食，但餌黄精蒼朮，精神清澈，行步如飛。一日召弟子戒以珍重修道，言訖，曲肱而逝，時元中統甲子歲也。

## 本朝

韓可精。朝邑人。明末避亂，去鄉里。晚歸，動止有異，棲息沙中。後居安昌村，村水苦不可飲，爲指地鑿井，獲甘泉。天旱禱雨立應。有司禮請，謝不往。士大夫與談文史，欣然辨析，叩以道術，即不語。年八十餘，一日衆見一僧曳杖至，可精麾之曰：「爾去，余即來。」遂入室，端坐而逝。

# 土産

絹布。元和志：同州，開元賦絹布。

皮革。元和志：同州，開元貢皺文吉莫皮二十張，元和貢皺文靴。唐書地理志：同州土貢韡、鞹二物。

蟗耳羊。明統志：同州沙苑出。其羊耳小，味甚美。

麝香。唐書地理志：同州土貢麝。

凝水石。唐書地理志：同州土貢凝水石。元和志：同州貢寒水石。

礬紅。通志：出澄城縣西長閏里。

紫草。明通志：郃陽縣出。

龍莎。唐書地理志：同州土貢龍莎。

綿絹。寰宇記：華州土産。

漆。出華州南山。

五粒松。寰宇記：華州唐時貢五粒松，一名乳毛松，十二月採，出蒲谷。

朱柹。寰宇志：朱柹子出華州豐原鄉董侯里。

藥。元和志：同州，元和貢地黄、麻黄、蒺藜子。宋史地理志：同州貢白蒺藜，華州貢茯苓、茯神。本草：沙苑蒺藜，出同州沙苑牧馬草地。本草别録：細辛，生華山谷中。又黄精，一名鹿竹，華山爲多。

## 校勘記

〔一〕好讀書　「書」，乾隆志卷一九一同州府名宦（下同卷簡稱乾隆志）及北史卷八九楊伯醜傳作「易」。按，據所述事蹟，作「易」爲確。

〔二〕以謙靖免於禍　「靖」，原作「進」，乾隆志作「請」，據新唐書卷一八四楊涉傳改。

〔三〕歲省費不貲　「省」，原作「貢」，據乾隆志及明史卷二一九馬自强傳改。

〔四〕羣譟逐之　「譟」，原作「操」，據乾隆志及明史卷二三六李朴傳改。

〔五〕在庾倉儲有穀三十餘萬石　「十」，原作「千」，理有未妥，考雍正陝西通志卷五九人物有王之良傳，謂積穀至三十四萬石有奇，此「千」蓋「十」字形訛，因據改。

〔六〕李汝璨　「璨」，原作「燦」，據乾隆志及明史卷二六三衛景瑗傳改。按，李汝璨字用章，南昌人，明史卷二五八亦有傳。

〔七〕大同總兵姜瓖開門迎賊　「瓖」，原作「瓌」，乾隆志作「壤」，皆誤，據明史卷二六三衛景瑗傳改。

〔八〕遷知崇慶州　「崇」，原作「重」，據乾隆志及雍正陝西通志卷六一人物改。

〔九〕尤可備史家掌故　「家掌」二字原倒，據文意乙。

〔一〇〕許字李俞檜　「字」，原作「氏」，據文意改。

〔一一〕雷發鳳妻李氏　「妻」，原脱，據文意補。

# 商州直隸州圖

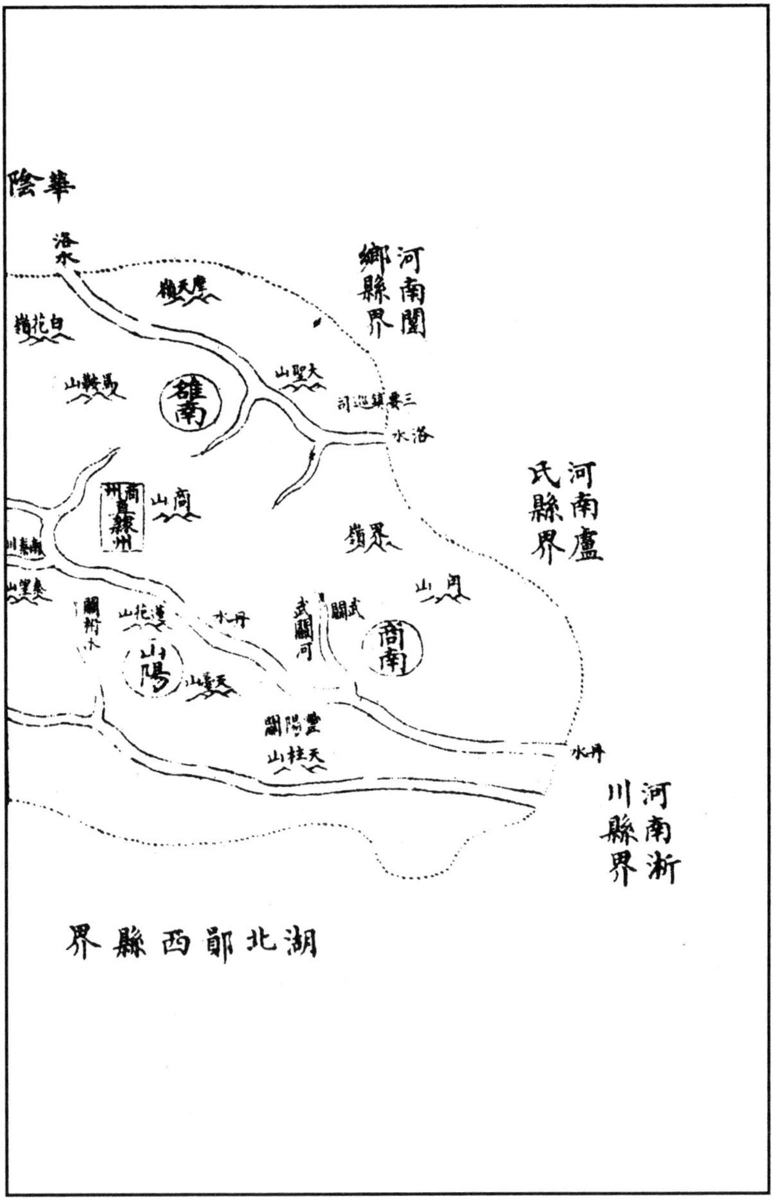
華陰
洛水
河南閿鄉縣界
摩天嶺
白花嶺
馬鞍山
雒南
大聖山
三要鎮巡司
洛水
商山
商州直隸州
河南盧氏縣界
界嶺
武關
武關河
丹水
商南
山陽
天臺山
豐陽關
天柱山
丹水
河南淅川縣界
湖北鄖西縣界

渭南縣界
藍田縣界
孝義廳界
寧陝廳界
石泉縣界
漢陰廳界
洵陽縣界
洵水
鎮安
洵水

# 商州直隸州表

| | 商州直隸州 | | |
|---|---|---|---|
| 秦 | 內史地。 | | 商縣 |
| 兩漢 | | 上洛縣 屬弘農郡。後漢建國，屬京兆尹。 | 商縣 屬弘農郡。後漢屬京兆尹。 |
| 三國 | 屬魏。 | 上洛縣 | 商縣 |
| 晉 | 上洛郡 泰始二年置。 | 上洛縣 郡治。 | 商縣 屬上洛郡。 |
| 南北朝 | 上洛郡 魏太延五年置，兼置荆州。太和十一年改荆曰洛。周改洛曰商。 | 上洛縣 魏州郡治。 | 商縣 魏屬上庸郡。 |
| 隋 | 上洛郡 開皇三年郡廢，大業三年州廢，改置。 | 上洛縣 | 商洛縣 更名，屬上洛郡。 |
| 唐 | 商州 武德九年復置州，天寶元年改上洛郡，乾元元年復屬山南西道，後屬京畿。 | 上洛縣 | 商洛縣 屬商州。 |
| 五代 | 商州 | 上洛縣 | 商洛縣 |
| 宋金附 | 商州 屬永興路。金初屬京兆府路，貞祐四年改屬陝州，元光二年屬河南路。 | 上洛縣 | 省。 |
| 元 | 商州 屬奉元路。 | 省入州。 | |
| 明 | 商州 洪武七年降縣，屬華州。成化十三年復爲州，屬西安府。 | | |

續表

| 鎮安縣 | 雒南縣 |
| --- | --- |
| 洵陽縣地。 | 內史地。 |
| 旬陽縣地。 | 上洛縣地。 |
| | |
| 豐陽縣地。 | 分置拒陽縣，尋廢。 |
| | 拒陽縣 魏復置，屬上洛郡。周兼置拒陽郡。 |
| | 洛南縣 開皇初郡廢，改縣名，屬上洛郡。 |
| 乾元縣 萬歲通天初置安樂縣，屬雍州，尋屬商州。乾元初更名，屬京兆府，尋還屬商州。 | 洛南縣 屬商州。顯慶二年移治。 |
| 乾祐縣 漢更名，屬京兆府。 | 洛南縣 初改屬華州，周還屬商州。 |
| 乾祐縣 金省入咸寧縣。 | 洛南縣 |
| 至元二十九年復置乾祐縣，三十一年廢。 | 洛南縣 |
| 鎮安縣 景泰三年置，屬西安府。成化中改屬商州。 | 雒南縣 洪武七年改屬華州，後仍屬商州。天啓中改「洛」爲「雒」。 |

| 山陽縣 | 商南縣 |
| --- | --- |
| 商縣地。 | 商縣地。 |
| | |
| | |
| 豐陽縣 泰始三年置，苻秦置荆州，尋改洛州，後州縣俱廢。 | |
| 上庸郡 魏皇興四年置東上洛郡，永平四年更名，尋廢。<br>豐陽縣 魏太安二年復置，尋爲郡治。西魏廢，周復。<br>陽亭縣 魏太和五年置，兼置魏興郡，尋俱廢。 | 南商縣 魏景明元年置，兼置萇和郡，尋廢。 |
| 豐陽縣 屬上洛郡。 | 商洛縣地。 |
| 豐陽縣 屬商州。 | |
| 豐陽縣 | |
| 豐陽縣 屬金州。金省入上洛縣。 | |
| | 商州地。 |
| 山陽縣 成化十二年改置，屬商州。 | 商南縣 成化十二年析置，屬商州。 |

# 大清一統志卷二百四十六

## 商州直隸州

在省治東南三百里。東西距四百六十里，南北距四百三十里。東至河南陝州盧氏縣界三百三十里，西至西安府藍田縣界一百三十里，南至湖北鄖陽府鄖西縣界二百四十里，北至同州府華陰縣界一百九十里。東南至河南南陽府淅川縣界三百二十里，西南至興安府漢陰廳界四百三十里，東北至河南陝州閿鄉縣界二百三十里，西北至西安府渭南縣界二百里。本州境東西距三百二十里，南北距一百六十里。東至商南縣界一百九十里，西至西安府藍田縣界一百三十里，南至山陽縣界九十里，北至雒南縣界七十里。東南至山陽縣界一百二十里，西南至山陽縣界一百十里，東北至雒南縣界一百九十里，西北至藍田縣界一百四十里。自州治至京師二千八百里。

### 分野

天文柳、星、張分野，鶉火之次。唐書天文志：鶉火分野，自河華之交。北負河。南及漢，柳在輿鬼東，又接漢源，當商、洛之陽，接南河上流。地理志：關内道，商爲鶉火分。

### 建置沿革

禹貢梁州之域。春秋晉上洛邑。秦爲内史南境。漢置上洛縣，屬弘農郡。後漢爲上雒侯國，改屬京兆尹。三國屬魏。晉泰始二年，置上洛郡。後魏太延五年，兼置荆州。太和十一年，改曰洛州。後周改曰商州。隋開皇三年郡廢，大業三年廢州，改置上洛郡。唐武德元年，復曰商州。天寶元年曰上洛郡。乾元元年，復爲商州，屬山南西道，後隸京畿。唐書方鎮表：至德元載，置興平節度使，治上洛郡。上元二年廢。按舊唐志屬山南西道，新唐志屬京畿，蓋後改屬也。五代因之。宋曰商州，屬永興軍路。宋史地理志：商州，望，上洛郡，軍事。文獻通考：紹興十二年，金割商州之半，存上津、豐陽。金初屬京兆府路。貞祐四年，改隸陝州。興定二年復故。元光二年改屬河南路。元省上洛縣入州，屬奉元路。明洪武七年，降州爲商縣，屬華州。成化十三年，復升爲州，屬西安府。本朝雍正三年，直隸陝西布政司。

領縣四。

鎮安縣。在州西南三百四十里。東西距四百八十里，南北距二百十里。東至山陽縣界一百三十里，西至西安府寧陝廳界三百五十里，南至興安府洵陽縣界一百二十里，北至西安府孝義廳界九十里。東南至湖北鄖陽府鄖西縣界一百三十里，西南至興安府漢陰廳界三百里，東北至本州界二百五十里，西北至孝義廳界九十里。秦洵陽縣、漢旬陽縣地。晉以後爲豐陽縣地。唐萬歲通天元年，析置安業縣，屬商州。景龍三年，屬雍州。景雲元年，仍屬商州。乾元元年，改爲乾元縣，屬京兆府，尋還屬商州。五代漢乾祐二年，改曰乾祐縣，屬京兆府。宋因之。金省入咸寧縣。元至元二十九年，復置乾祐縣，三十一年廢。明景泰三年，始置鎮安縣，屬西安府。成化十三年，改屬商州，仍統於西安府。本朝雍正三年，屬商州。

雒南縣。在州北少東九十里。東西距一百五十里，南北距一百三十里。東至河南陝州盧氏縣界一百二十里，西至本州界三十里，南至本州界三十里，北至同州府華陰縣界一百里。東南至商南縣界二百一十里，西南至本州界二十里，東北至河南陝州閿鄉縣界一百二十里，西北至西安府渭南縣界一百一十里。秦内史地。漢上洛縣地。晉太和三年置拒陽縣，屬上洛郡，尋廢。

後魏復置，仍屬上洛郡。後周置拒陽郡。隋開皇初郡廢，改縣曰洛南，屬商州。大業初屬上洛郡。唐屬商州。五代初改屬華州。周還屬商州。宋、金、元因之。明洪武七年，改屬華州。成化十三年，復屬商州，仍統於西安府。天啓初改「洛」爲「雒」。本朝雍正三年，屬商州。

山陽縣。在州南少東一百二十里。東西距二百二十里，南北距一百五十里。東至商南縣界一百二十里，西至鎮安縣界一百里，南至湖北鄖陽府鄖西縣界一百二十里，北至本州界三十里。東南至鄖西縣界一百三十里，西南至鄖西縣界一百五十里，東北至本州界七十里，西北至本州界七十里。秦、漢商縣地。晉泰始初，析置豐陽縣，屬上洛郡，後廢。後魏太安二年復置。皇興四年，置東上洛郡。永平四年，改郡曰上庸，尋廢。後周復置豐陽縣。隋屬上洛郡。唐屬商州。宋紹興十三年，改屬金州。金貞元二年，省入上洛縣。明成化十三年，始置山陽縣，屬商州，仍統於西安府。本朝雍正三年，屬商州。

商南縣。在州東少南二百五十里。東西距九十里，南北距三百五十里。東至河南南陽府淅川縣界四十里，西至本州界五十里，南至湖北鄖陽府鄖西縣界二百七十里，北至河南陝州盧氏縣界八十里。東南至淅川縣界九十五里，西南至鄖陽府鄖縣界二百五十里，東北至盧氏縣界六十里，西北至雒南縣界四十三里。秦、漢商縣地。隋以後爲商洛縣地。元爲商州地。明初爲商縣地，成化十三年，析置商南縣，屬商州，仍統於西安府。本朝雍正三年，屬商州。

## 形勢

北接熊華，南臨漢江，東據武關，西連秦嶺，屏倚金鳳，襟帶丹流。州志。

## 風俗

習尚清高，有四皓之遺風。方輿勝覽。其民甘辛苦，安儉素，而不厭簡略。元郭松年文廟碑。人性質實，士風簡樸，男務耕獵，女事蠶桑。州志。

## 城池

商州城。周五里有奇，門四，南近丹江，東、西、北三面有池，深二丈。元至元中因舊址築，明成化、嘉靖間甃甎。本朝順治二年修，乾隆三十一年重修。

鎮安縣城。周四里有奇，門三，北倚山，池深八丈。明景泰三年土築，正德四年甃甎。本朝乾隆十七年、三十一年、嘉慶二十一年屢修。

雒南縣城。周三里有奇，門三，北近山，南臨水，池深一丈。金興定二年土築，明嘉靖十三年甃甎。本朝康熙元年、五十三年修，乾隆三十二年重修。

山陽縣城。周二里有奇，門三，池廣一丈。明成化十二年築，正德中甃甎。本朝雍正六年修，乾隆三十一年重修。

商南縣城。周三里，門四，池廣一丈。明成化十三年築，萬曆七年甃甎。本朝康熙三十四年、乾隆十三年屢修。

## 學校

商州學。在州治西。金承安三年建，明洪武十四年修。本朝順治十五年修。入學額數十五名。

鎮安縣學。在縣治西。明洪武三年建。本朝康熙八年、乾隆二年修，四十一年重修。入學額數七名。原額八名，嘉慶十八年裁撥西安府孝義廳一名。

雒南縣學。在縣治西。明洪武三年建。本朝順治十八年重建，乾隆六年修，四十三年重修。入學額數八名。

山陽縣學。在縣治西。明成化十三年建。本朝康熙二十四年重建，雍正八年修，乾隆三十八年重修。入學額數八名。

商南縣學。在縣治西北。舊在縣治南，明成化十三年建。本朝康熙五十一年移建今所，乾隆三年修。入學額數八名。

商山書院。在州城北。明嘉靖中建。本朝康熙二十四年增建，雍正八年、乾隆二十年重修。

啓秀書院。在鎮安縣東關外。乾隆十九年建。

豐陽書院。在山陽縣城。乾隆四十九年建。

青山書院。在商南縣城。乾隆十一年建。

雒南學舍。在雒南縣治東。乾隆五年建。

## 户口

原額人丁一萬五千一百四十七，今滋生民户共男婦七十五萬二千四百八十三名口。

## 田賦

民地二千七百二十二頃一十五畝九分七釐，額徵地丁銀一萬六千三百六十四兩二錢，糧五斗一升五合八勺。更名地五頃八十畝九分八釐，額徵地丁銀一十二兩九錢九分三釐。

## 山川

商山。在州東。史記：蘇秦説韓宣惠王曰：「西有商阪之塞。」帝王世紀：南山曰商山，又名地肺山，亦名楚山。高士傳：秦始皇時，四皓共避世於商山。盛弘之荆州記：上洛縣有商山，其地險阻，林壑深邃，四皓隱焉。史記正義：商阪即商山，在商洛縣南一里。王維詩：「商山包楚鄧。」舊志：山在州東八十里丹水之南，形如「商」字，路通武關。俗以四皓隱此，有避世之智，亦名爲智亭。又漢書：王莽始建國初，命前軍王級曰：「繞霤之固，南當荆楚。」顔師古注：「言四面阸塞，其道屈曲，谿谷水回繞而霤，即今商州界七盤十二綷是也。」地理通釋：七盤十二綷，即商山嶺也。

爬樓山。在州東二十里，爲州東鎮水口所出，旁有蓮花池、筆峪。

燕子山。在州東五十里，兩山相合，俗謂之燕子龕，秋燕多蟄於此。迤南百餘步爲鶻崖山。又燕子山，在雒南縣城北，山勢壁立，環繞而西與梁原山相接。

棣花山。在州東七十里。以山多棣花得名。相近有羅漢山、老君峪。又州東七十五里有朝陽山。

雞冠山。在州東九十里。一起一伏形如雞冠，峯巒攢簇，多巖洞之勝。相近有白鴉谷，又名伯牙山。

菟和山。在州東。左傳哀公四年：「楚人臨上洛，左師軍於菟和。」杜預注：「菟和山，在上洛縣東。」水經注：丹水自蒼野又東歷菟和山。州志：菟和山在州東一百十里，亦名資峪嶺，或曰資峪，菟和之南嶺也。

武關山。在州東一百八十里，接商南縣界。山道險阨，爲自楚入秦要隘。詳見關隘。

雞籠山。在州東南三里。舊築砦於此。

白陽山。在州東南二百九十里。山之南爲石巖砦，與商南接界。

文筆山。在州南二里。山對學宫，舊名文屏山。迤東有三台山。又州南一里有峩眉山，又南有丹崖山。

樓山。在州南七十里。其北有劉嶺，亦名流嶺，嶺西南有桐谷、寫川。

高碥山。在州南八十里，與山陽縣接界。巨石壁立如門，中通行路，崖高數十仞，行者如躡半空，號曰「鬼門」。

高車山。在州西南。水經注：楚水東逕高車嶺南。寰宇記：高士傳云，高車山上有四皓碑及祠，皆漢惠帝所立也。高后使張良詣南山迎四皓之處，因名高車山。王禹偁集：高車嶺，一名膏車嶺。州志：在州西南五里乳水北岸。兩峯如駝，亦名駝峯。

安武山。在州西南五十里，鬬柎水所出。水經注：鬬柎水出上洛陽亭縣北青泥西山。蓋即此山。

黑山。在州西南六十里。其石色如墨。

楚山。在州西南。水經注：楚水出上洛縣西南楚山。舊志有秦望山，在州西南七十里，乳水所出，即楚山也。按：水經注謂此山即四皓所隱，州志又謂即良餘山，皆非。

西巖山。在州西十里。山麓有西巖洞，甚深邃。其對峙者曰吸秀山，一名仙娥峯，亂山中特起一峯，縱横百丈。下臨大江，謂之仙娥谿。

熊耳山。在州西。隋書地理志：上洛縣有熊耳山。括地志：山在上洛縣西四十里。州志：兩峯插漢，以形似名。丹江經此，謂之麻澗，山水環抱，厥地宜麻，故名。按：禹貢導洛自熊耳，在今河南盧氏縣，與雒南縣接界。漢志上洛縣有熊耳山，是也。此別是一山，或謂即禹貢之熊耳，非是。

白石山。在州西六十里。山産苦竹，居民器用資之。相近有雞頭山，與熊耳相對。

大雲山。在州西北五里，一名戴雲峯，以其山欲雨先雲也。崒嵂高出，望之如旗，俗又呼爲掤刀山。山後有戴雲洞。

玄武山。在州西北六十里。高峻爲一方之冠。

冢嶺山。在州西北，接雒南縣界。漢書地理志：上洛縣，禹貢洛水出冢嶺山。又丹水出冢嶺山。水經注：丹水出上洛縣西北冢嶺山，一名高豬山。又洛水出上洛縣讙舉山，山海經云，讙舉之山，洛水出焉。地理通釋：冢嶺山在洛南縣西七十里。陸澄曰，即讙舉山也。明統志：讙舉山在州西北一百二十里。禹貢錐指：漢志上洛縣獲輿山在東北，山海經云讙舉，疑是獲輿之誤，字形相似也。按：今州西北諸山，皆秦嶺也。甲水出其南，丹水出其東南，洛水出其東北，後人因分爲讙舉、冢嶺等名，其實本一山也。

金鳳山。在州北里許，州之主山也。其西曰鳳凰原，上有卧牛臺。

馬鞍山。在州北三十里。山徑紆折，豀水潆環。

清池山。在州北。水經注：清池水東北出清池山。通志：今有安山，在州北五十五里。山下有紫榆澗，清池水出焉。蓋即清池山也。

文昌山。在州北六十六里泉村鎮東北，上有文昌祠，故名。其西有二義山，明時結砦之所。又有泉山，下多甘泉。

扶斗山。在州北七十里。孤峯峭拔，大黄川出此。

小華山。在州北百里，一名馬腳山。州志：四面如削，巖下一穴上出，約七八丈。登者攀木而上，出穴口，上有兩峯，多林木，奇險天設。

東巖山。在州東北五里，以與西巖相對而名。泉出巖下，爲近城勝地。

困石山。在州東北十五里。山形盤屈如困。其北有中阜山，俗名北山。

五峯山。在州東北七十里。又東北二十里有孤山，與商南縣接界。

石驢山。在鎮安縣東南一百里。長安志：在乾祐縣東南一百八十里，山有石狀如驢。

北陽山。在鎮安縣南八十里，上有石洞。

栗園砦山。在鎮安縣西北八十里，鎮安河出此。

長陵山。在鎮安縣北二十里，巖岫聯綿。

白巖山。在鎮安縣北三十里。舊志：上有天仙洞，祈雨多應。

石馬山。在鎮安縣北四十里。長安志：在乾祐縣南三十里，有石狀如馬。

車輪山。在鎮安縣北八十里。長安志：在乾祐縣南五里。

天書山。在鎮安縣北八十里。宋真宗時，知永興軍寇凖得天書於乾祐山中，即此。

考山。在鎮安縣北一百七十里。長安志：在乾祐北七十里。有蘊水出其下，流入汻河。

夢谷山。在鎮安縣東北三十里。長安志：在乾祐縣東北三十里。其山崇峻，常有雲起。

重崖山。在鎮安縣東北八十里。長安志：在乾祐縣東五里。

峯陵山。在雒南縣東十里，奇峯聳秀。山南二里，有孝感泉。

茶山。在雒南縣東三十里。舊産茶。山巔有石臼三，俗傳仙人搗茶於此。

寶山。在雒南縣東四十里，當舊縣之北，山陽産礦，故名。又縣東五十里有貞山，故縣川之水經此，西折入洛。

大聖山。在雒南縣東七十里。上有龍王廟，廟前有聖水泉，懸崖直下，禱雨輒應。又謂之靈峪泉。

兑山。在雒南縣東南三十里。縣志：當故縣之西，故名。又名九龍山。

王喬山。在雒南縣東南一百里，俗傳王之喬曾隱此。又東折而北曰雲顯山，俗名文顯山，横峙天表，爲縣東障。

三要山。在雒南縣東南六十里。水經注：要水出三要山。縣志：其地南出青草河，可通武關。東出即盧氏通衢。北望閿鄉、靈寶，皆有捷徑，因名三要。

鳳凰山。在雒南縣南五里，俗名馬鬉山。又龍山在縣南十里，上有浮圖。山之東有希夷洞，亦名藏修洞，中有石牀石枕，相傳陳摶隱處。按：水經注，洛水東歷清池山，旁合武里水，今龍山爲縣河所經，疑即清池山也。

中幹山。在雒南縣南五十里。由冢嶺蜿蜒而南，盡縣境，高與秦嶺相埒，俗名爲莽嶺。水經注：武里水南出武里山。疑即此。

狀頭山。在雒南縣西南二十里。城南諸山，此爲雄峙，爲邑之近案。上有三浮圖。

松朵山。在雒南縣西南九十里。有洞産銀錫，明萬曆中塞。

陽虚山。在雒南縣西。山海經：陽虚之山多金。水經注：洛水東至陽虚山，合元扈之水。河圖玉版曰，倉頡登陽虚之山，臨於元扈、洛汭之水，靈龜負書丹甲青文以授之。即此。隋書地理志：洛南有陽靈山，即陽虚之譌也。縣志：陽虚山在洛水北，即倉頡造書處。

梁原山。在雒南縣城西。縣境諸山多石，不堪耕治，獨此山可田。

羚羊山。在雒南縣西四十里。山多羚羊，故名。

元扈山。在雒南縣西。山海經：自鹿蹄之山，至于元扈之山，凡九山。水經注：元扈通於讙舉，爲九山之次，故山海經曰，此二山者洛間也。隋書地理志：洛南縣有元扈山。寰宇記：山在縣西北一百里。黄帝録云，帝在元扈山，有鳳啣圖以至，其文可曉，帝再拜受圖。縣志：在洛水之南，與陽虚山相對。

書堂山。在雒南縣北二十里。爲縣主峯，俯視羣山，環向若揖。山後有二洞，相傳昔有逐鹿者至此，聞其中有書聲，故名。

黄龍山。在雒南縣北九十里。山頂有礦洞，明嘉靖八年填塞。洞口多五色石，中有路通華州。寰宇記：有大谷龍龕山，在縣東北八十里，北接秦嶺，多出麩金。疑即此。

陽華山。在雒南縣東北，又名華陽山。山海經：陽華之山，其陽多金玉，其陰多青雄黄。水經注：門水東北歷陽華之山。

即此山也。

雙峯山。在山陽縣東三十里。兩峯相對，其狀如乳，又名雙乳山。其相近有截峪。縣志：山在官道南，爲八景之一。

孤山。在山陽縣東六十里，四圍坦平，孤峯挺峙。

天臺山。在山陽縣東南八十里。上有池曰仰天池。

天柱山。在山陽縣東南八十里。隋書地理志：上津縣有天柱山。寰宇記：天柱山亦名牛山，在上津縣北一百五十里。段成式名山記云，上津天柱山，絶巖壁立，秀出衆嶺。有穴名遊仙洞，洞口有竹數莖，寒風凜然，人不敢入。西安府志：唐羅公遠、宋邵康節皆隱於此。縣志：壁立萬仞，形如天柱，頂有平池。

光照山。在山陽縣東南一百十里，其山向陽，故名。與湖北鄖陽府鄖西縣接界。

翠屏山。在山陽縣南三里，列峙如屏障。又黄毛山，在縣南九十里。磑臼山，在縣南一百十里。

大山。在山陽縣西南九十里。西有惠家洞，東有楊仙洞，峯巒高聳，甲於諸山。

象山。在山陽縣西八十里扈家原。相近有獅山，南北對峙，金水從中流出。

三鳳山。在山陽縣西一百二十里，中有七十二洞。

蓮花山。在山陽縣北五里，縣之主山也。形如蓮瓣，蜿蜒起伏，而西昂一首曰蒼龍山，又曰豐山。

青山。在商南縣東南四十里，路通荆襄。下有青山館。

筆峯山。在商南縣東南四十里。壁立萬仞，形鋭如筆，爲縣治案山。

吐霧山。在商南縣南七十里。山高峻，將雨則霧起。

虎山。在商南縣西南一里，蹲踞如虎。

千丈山。在商南縣西北五十里，接雒南縣界。

龍山。在商南縣東北一里，與虎山對峙，蜿蜒高聳，狀如龍蟠。

用山。在商南縣東北四十里。縣志：漢用里先生隱處，雙峯峻聳如笋。

江流嶺。在州東一百里，地名龍駒砦。商賈往雒南者多由此。

長岡嶺。在州東一百三十里，與商南、山陽二縣連界。

新開嶺。在州東一百六十里，爲武關西障。又東二十里有弔橋嶺，俗呼第一條嶺，爲武關東障。與雒南、商南二縣分界。

南秦嶺。在州南二里，過嶺爲南秦川。又州南三十里有竹竿嶺。

土地嶺。在州西南二十里。又軍嶺，在州西南四十里，地名秦王城，相傳爲秦王屯軍處。

鵶虎嶺。在州西五里。又州西北五十里有木瓜嶺。

秦嶺。在州西，接雒南縣界。漢書地理志：上洛縣，甲水出秦嶺山。三秦記：秦嶺東起商洛，西盡汧隴，東西八百里。寰宇記：山在上洛縣西南一百里，高九百五十丈。地理通釋：在上洛縣西八十里，嶺北爲秦山，南爲漢山。州志：山在西百里。雒南縣志：秦嶺在縣北，即終南山，隨地易名，橫亘三百里。自繞山入界，山之陰即太華，稍東即潼關。重峯疊障，自縣西抵北而東，爲洛水發源處，即冢嶺山矣。

黄沙嶺。在州北二十里。石徑蜿蜒，爲入洛通衢。嶺上有馬跑泉。又紅土嶺，在州北七十里，産紅土，可飾丹堊。其相近有黄土嶺。

輞峪嶺。在州北八十里。嶺下有輞峪，道出華州。相近又有藥子嶺，與雒南縣接界，相傳唐韋善俊種藥處。

鐵洞嶺。在州東北一百八十里，接雒南及河南陜州盧氏縣界。嶺産鐵，因名。嶺東有三角池山。

分水嶺。在鎮安縣東五十里，嶺上有水，東西分流。又有分水嶺，在商南縣西十里。

石甕嶺。在鎮安縣東八十里，路通商州。又縣東一百十里有金家嶺。又十里有高橋馬嶺，與山陽縣接界。又縣南一百五十里有蔡家嶺，西南三十里有松坪嶺。

雲蓋嶺。在鎮安縣西四十里。下有雲蓋寺，相傳唐賈島所居。

賽秦嶺。在鎮安縣北八十里。高與秦嶺相埒，故名。

都家嶺。在鎮安縣東北五里。縣志：即縣之主山，形勢嵯峨，望若列屏。

白花嶺。在雒南縣西北一百里。嶺西爲和尚溝，又西爲階峪。和尚溝之下爲金堆城，其西爲東西桃坪，舊皆産礦。

摩天嶺。在雒南縣東北十五里，亦名揣天嶺。又東北十里有鑽天嶺，在常水川之北，皆以高峻得名。

圈嶺。在山陽縣東二十里。通志：山連南北，水派東西。魏書地形志豐陽縣有圈地，疑即此。

鶻嶺。在山陽縣東南六十里。詳見湖北鄖陽府鄖西縣。

任嶺。在山陽縣東南一百三十里。

安禪嶺。在山陽縣西五十里。又西十里有鷂子嶺，又西四十里有殺虎嶺。

雙廟嶺。在商南縣南二十五里，上有雙廟。

四條嶺。在商南縣西六十里。

界嶺。在商南縣北五十里。嶺勢雄壯，登眺甚遠。

青峯。在鎮安縣南七十里。山色葱蒨。

聖燈崖。在鎮安縣西四十里，亦名聖燈龕。縣志：相傳每良夜常有燈隱現崖畔，故名。

西紅崖。在雒南縣東南五十里。又東紅崖，在縣東南九十里。崖石皆赤，舊産銅。宋史食貨志：仁宗用知商州皮仲容議，采洛南縣紅崖山銅鑄錢。即此。

白石崖。在山陽縣西南一百二十里。又縣西六十里有鎗峯崖。

鐵峪。在州東一百五十里。俗傳老子冶鐵於此。

馬蘭峪。在州西南五里。

野人峪。在州西三十里。林峪深僻。

黑龍峪。在州西九十里，出藍田小路。

西玉峪。在鎮安縣西北八十里，與西安府寧陜廳接界。長安志：唐末縣嘗治此。

西采峪。在鎮安縣北一百五十里，接藍田縣界。其東爲東采峪。

老君峪。在雒南縣東南一百里，接商州界，路通武關。

秦峪〔二〕。在雒南縣東北一百里。地當要隘，明嘗設巡司守之，尋省。

洛峪。在山陽縣東五十里。又東十里有截峪。

桐峪。在山陽縣西二十里。又縣西七十里有櫎峪。

七里峽。在鎮安縣東八十里巖下。形如石瓮，清流上湧，激石如雷。

海棠原。在鎮安縣東五里。又筋竹原，在縣西南一百三十里。金雞原，在縣西二十里。木瓜原，在縣西二十五里。

唐家坡。在雒南縣東四里。坡北有礦。又石家坡，在縣東四十里。魏坡，在縣西二十里，其北亦有礦。

麻坪。在雒南縣北三十里。又桑坪，在縣東北鑽天嶺東北，以地宜桑而名，亦名勸桑峪。

諸天洞。在州東四十五里。即銅佛龕，内有銅佛三尊。

霍家洞。在州西北二十里。西向一穴，内有巖洞可棲者，數十百處。

石龍洞。在州東北四十里。洞有天成石龍，水自龍口溢出，禱雨輒應。

白侍郎洞。在鎮安縣西三十五里。相傳唐白居易、賈島遊此，今洞門有居易與島問答詩。

姚家洞。在雒南縣東五里，洞高二丈，深廣五丈。

石青洞。在雒南縣東六十里頁山下。亦名青緑洞。舊産石青，明時嘗採辦爲民窑，景泰間，知縣陳炎奏止之。

王虚洞。在雒南縣東北三十里。深五里許，可容千餘人。中多石乳，奇狀百端。有水積爲池，池中石皆成蓮花形。

龍眼洞。在山陽縣東南一百二十里。遇旱禱雨洞中輒應。

白雲洞。在山陽縣西四十里。舊出礦砂，後封禁。

魚洞。在山陽縣東北一百三十里。亦名嘉魚穴。寰宇記：嘉魚穴，在上津縣東北一百五十里。穴口闊三尺，常有水，至上巳日，即有鮮魚出穴，大者一丈許，名曰鱒魚。

龍潭水。在州東四十三里。源出東南五十里仰天池，北入丹水，其一派分流入山陽界。又會峪河，在州東四十五里洛源之東，南入丹水。澇峪河，在州東五十五里。水自嶺上分爲三流，其北流入丹水，東西二水並入山陽境。恨峪河、老君河，俱在州東八十里，南入丹水。大峪河，在州東九十里商洛鎮南，北入丹水。龍駒砦河，在州東百里，南入丹水，襄陽舟楫咸集於此。湧峪河，在龍駒砦東，北入丹水。

背峪水。在州東一百五十里。自鐵峪鋪南，紆迴五十里，至周家崖入丹水。又銀花河，在山陽縣東八十里，源出縣東圈嶺，東流入丹水。武關河，在州東一百八十里，東流至商南縣畢家灣，入丹水。清油河，在商南縣西三十里，源出雒南縣花獐坪，南流七十里，入丹水。沭河，在商南縣東門外，源出河南陝州盧氏縣界嶺，流入境南四十里，會寶于河，又名寶子河、索峪河，入丹水。

丹水。在州南。源出州西北，東南流逕商南縣南，又東入河南陝州淅川縣界。呂氏春秋：堯有丹水之戰以服南蠻。漢書地理志：丹水出上雒冢嶺山，東至析入鈞。師古注：「鈞亦水名。」水經注：丹水出上洛縣西北冢嶺山，東南流與清池水合。又東南過其縣南，楚水注之。又東歷菟和山，又東南過商縣南。又東南歷少習，出武關。又東南流入臼口，歷其戍下。又東南淅水注之。唐書崔湜傳：湜建言南山可引丹水通漕至商州，自商鑱山出石門，抵北藍田，可通輓道。寰宇記：丹水在上洛縣南一里。州志：水出秦嶺之息邪澗，亦曰州河。東南流三十里，逕大商原，曰大商原河。又東南三十里逕麻澗，曰麻澗河。又東南十里逕仙娥峯，曰仙娥谿。又東南逕州東四十里至白楊店，曰白楊河。又東十里曰洛原河，又東十里曰高橋河，又東十里曰棣花河。凡二百七十里，入商南縣界，逕縣西南一百里曰上兩河，又東逕縣東四十里曰下兩河。凡二百二十里，入河南淅川縣界。

乳水。在州南，即古楚水。水經注：楚水出上洛縣西南楚山。其水兩源，合於四皓廟東。又東逕高車嶺南，翼帶衆流，北轉入於丹水。魏書地形志：上洛縣有南秦水。州志：乳水即楚水也，源出秦望山，其色如乳，故名。自黃龍廟口至土門，其渡凡七，名七渡河。又東經南秦嶺下，名南秦川。又東北至三台山，東入於丹水。又有黃柏岔水，在州西南四十里，自安溝嶺來，至秦望山合乳水。又軍嶺川水、上秦川水，俱在州西南三十里，皆合乳水。又五峪河，在州西南二十里，自任家坡西經土地嶺，入乳水。又有楚水，在州南五里，源出楚山，北流入乳水，蓋楚水別源。舊志：楚水有二源，此其東源也。

流峪水。在州南二十里，源出流嶺，亦謂之大流峪水。又寬平鋪水，亦從流峪出，合流北入丹水。又張峪河，在州東十五里。亢峪河，在州東二十里。張村河，在州東三十里。大張家河，在州東四十里。下流俱入丹水。

甲水。在州西南。東南流逕鎮安縣東北，又東南逕山陽縣西南，又東入湖北鄖陽府鄖西縣界。漢書地理志：上洛縣甲水，出秦嶺山，東南至錫入沔，過郡三，行五百七十里。水經注：甲水出秦嶺山，東南流逕金井城南。又東逕上庸郡，北與闞柎水合。又東南逕魏興郡之興晉南。隋書地理志：豐陽縣有甲水。通志：金井河源出秦嶺，納州西南八十里之東西牛槽水，入鎮安界，蓋即甲水。鎮安縣志：金井河，在縣東北一百十里，一名安樂川。山陽縣志：河在縣西南七十里，一名合河，以衆水所會而名。又東南逕縣南一百二十里，南入湖北舊上津縣境。又花水河，在縣西南一百里，源出白石崖，東流入合河。

闞柎水。在州西南，南流至山陽縣西，入甲水。水經注：闞柎水，出上洛陽亭縣北清泥西山，南逕陽亭聚西，俗謂之平陽水，南合豐鄉川水，又南入上津注甲水。舊志：今名闞柎色河。源出安武山，亦曰安武水。自州南流入山陽縣境，逕縣西二十里，又南合豐水以入合河。

清池水。在州西，今名荆水。水經注：清池水源，東北出清池山，西南流入丹水。州志：州北荆水有二源，曰大荆川、西荆川，南流合爲一。東南逕州西北上板橋，與泉水會，謂之水道河。又南逕州西二十里，合於丹水。又泉水在州北七十里，源出泉村集，逕馬角輞峪，至上板橋合荆水。又有大黄川、小黄川、紫峪河三水合流，並入泉水。又岔口河，在州北四十里，源出藥子嶺，合閻家店諸水，至岔口鋪入泉水。又桃岔河，在州北三十五里。小桃岔河，在州北三十里。俱流入荆水。又十九河，在州北二十五里，自雒南松朵山銀廠溝來，至黄沙嶺，入荆、泉二水。

黑龍峪水。在州西八十里，源出西安府藍田縣南境，南流入州河。又洪門河，在州西七十五里，自州西北韓峪川來，南入州河。泥峪河，在州西五十五里，相近又有蒲岔溝水，合流東北入州河。溝峪河，在州西八里，南入州河。

牧護闞水。在州西北一百二十里。州志：源出秦嶺，西流入西安府藍田縣界，即霸水之上源。

鐵洞嶺水。在州東北一百二十里。源出清池山，分二流。一北入雒南縣。一東南經資峪鋪，又南十里入丹水。

柞水。在鎮安縣東，一名泎水。長安志：泎水在乾祐縣東五里，出萬年縣界秦嶺，下流入洵陽縣界。又蘊水，在乾祐縣西南七里，出考山，下流入泎河。縣志：乾祐河，在縣東三里，即泎水也。源出咸寧縣秦嶺，至舊縣關入縣境。又南至洵陽之兩河關，合洵河，凡流三百三十里。又有温水河，在縣西北九十里，源出考山，即蘊水之譌也，東南流入乾祐河。又鎮安河，在縣城南，源出西嵯峪，逕雲蓋寺，名雲蓋川，東南流逕縣南入乾祐河。冷水河，在縣東七十五里，源出龍渠川，至洵陽縣，與乾祐河合。永安川，在縣東六十里，源出分水嶺，流入冷水河。

月川水。在鎮安縣西南九十里，一名月水河，下流入興安府漢陰廳界。

直水。在鎮安縣西南一百八十里，一名東池河，亦名遲河。源出西安府寧陜廳腰竹嶺，下流入興安府石泉縣界。

洵水。在鎮安縣西，自西安府寧陜廳界流入，又南入興安府洵陽縣界。漢書地理志：旬陽縣北山，旬水所出。水經注：旬水北出旬山，東南流逕平陽戍，下與直水枝津會，又東南至旬陽。隋書地理志：豐陽縣有洵水。長安志：洵河，在乾祐縣西南一百里，出萬年、長安兩縣界秦嶺下，南流經縣入洵陽。舊志：洵河源出長安縣江口，至盧家寺入縣境，東南流四百里，至洵陽之兩河關，與乾祐河合。又小任河，在縣西南八十里。大任河，在縣南一百里。下流皆入洵河。

武里水。在雒南縣南。水經注：洛水東歷清池山旁，東合武里水。其水南出武里山，東北流注於洛。舊志：有縣河在縣南二百步。有數源。曰洗馬河，在縣西南四十里。秦王川，在縣西南三十里。迤東曰大渠川，在縣西南十里。小渠川，在縣西南五里。又東有南川，一名乾河。又有東川，一名搶帶谷河。皆出中幹山北麓合流，謂之縣河。又東北入洛。其入洛處有鍋底潭，在縣東北五里，深不可測。

元扈水。在雒南縣西。山海經：洛水東北流，而注於元扈之水。水經注：水出元扈之山，逕於陽虛之下。山海經曰，陽虛之山，臨於元扈之水，是爲洛汭也。縣志：今名黑潭子，在縣西八十里，東北流入洛。其入洛處當陽虛山南。

地畫岔水。在雒南縣西北百餘里。源出西安府渭南縣界，流入洛。又有階峪川，源出金堆城，逕蔣家溝入洛。又溝峪川，南流至保安村入洛。按：水經洛水篇別有丹水，出西北竹山，注於洛。又户水，北出發户山。乳水，北出良餘山。皆南流入洛。龍餘水，出蠱尾之山，東流入洛。疑即今地畫岔諸水也。

洛水。在雒南縣北五里。源出秦嶺，東流入河南陝州盧氏縣界。漢書地理志：禹貢雒水出冢嶺山，東北至鞏入河，過郡二，行千七十里。水經注：洛水出上洛縣讙舉山，東與丹水合。又東户水注之，又東得乳水，又東會龍餘之水。又東至陽虛山，合元扈之水。又東歷清池山旁，東合武里水。又東門水出焉，又東要水入焉，又東與護水合，又東逕熊耳山北，東北過盧氏縣北。寰宇記：洛水在洛南縣北一里。縣志：洛河源出洛水泉，在縣西一百里秦嶺下，東注，灣環百折，盡邑境之東西。蓋縣境之山，皆起於秦嶺及中幹，而兩山之水皆赴於洛河。洛河出洛水泉，屬西安府渭南境，流五里入縣界，又東南受元扈、石門諸水，流三百二十里出境。

魚難水。在雒南縣北。寰宇記：魚難水，在縣北八十里。魚難山有撲水崖，高五十丈，魚不能過，故曰魚難。南經石門入洛。縣志：魚難水，即會石門川，源出黃龍山，流逕石門合麻坪川水，南注洛。石門，在縣北十里，石山突起，中闢一門，二水會流其中，亦號龍門。又麻坪川水，源出麻坪西，南流至石門，合於石門川。

古門水。在雒南縣東北。水經注：洛水自上洛拒城西北，分爲門水，東北流，歷陽華之山，又東北歷峽，謂之鴻關水。

按：今此水無可考。

豐鄉川水。在山陽縣南。水經注：豐鄉川水，出弘農豐鄉東山，西南流，逕豐鄉故城南，又西南合關柎水。縣志：豐河一名縣河，源出縣東二十里圈嶺，西流逕縣城南，又西流合色河，折而南入合河。又有桐峪水，自商州黑山寺南來入豐河。又箭河，在縣東南一百十里。又東南十里有青崖河，源出青石溝。俱西流入合河。

西峪河。在雒南縣東一百十里。源出盧靈關，經黄龜南入洛。又葦坪河，在縣東北。源出秦峪，西受架路常水，東受桑坪等水，合流而南入於洛。又文峪河，亦在縣東北。源出中脈嶺，經北注川入洛。

富水河。在商南縣東二十五里，一名摩河。源出河南陝州盧氏縣界嶺，南流折而東，逕河南鄧州淅川界，入淇河。

商河。在商南縣西南八十里。或訛爲囚河，東流入丹水。

南水河。在山陽縣東南百里。其地有白崖，河源出焉，東南流入漢水。

沙河川。在雒南縣東十五里。源出鹿池，在縣東南二十里，俗傳昔時月夜見羣鹿飲此，故名。其水北流，至茶臼山入洛。

故縣川。在雒南縣東南四十里，即要水也。水經注：要水南出三要山，東北逕拒陽城西，東北流入於洛。縣志：故縣川，源出三要山，源遠水闊，東流而北折，經故縣治，因名。又北經頁山下，西北流入洛。

扶川。在商南縣南，有三派。上扶川，在縣南百里。中扶川，在縣南一百五十里。下扶川，在縣南二百里。匯爲一，東入丹水。又有張家河，在縣東南八十里，爲扶川津濟之要，舟楫往來，必經於此。

八里乾澗。在雒南縣東南一百二十里。自莽嶺北流，伏行地中八里，至雲顯山復出，東北流入洛。

銀洞溝。在雒南縣東北五里。每天氣清明時，溝中吐白氣如練。

月兒潭。在州東一百十五里。潭形似月，中有巨石，唐崔湜謂可通漕輓，即此。明萬曆四十六年，丹水漲，沙湧潭平，舟楫利之。

魚官潭。在州西北八十里。石穴大如斗，泉出灌大河，時當穀雨，魚出多至百千萬頭。

不静潭。在商南縣南九十里。水急湍流，經梳洗樓，通丹水。縣志：梳洗樓在縣東南九十里，山石重疊如樓形，下瞰兩河。

花字潭。在商南縣南一百三十里。有三潭相連，俱在石上。每潭周十餘丈，兩傍懸崖下瞰，形勢險惡。亦名風雨雷潭，俗傳人至其地，稍不敬，則其中雷聲隱隱，潭水隨溢。

龍潭。在商南縣西五十里。石上一潭，圓如蒲團，傍流不入，其深莫測。

黑馬池。在雒南縣東六十里。

仰天池。在雒南縣東南一百里。又有仰天池，在山陽縣北十里，上源即州境之龍潭水，南流至此，瀦而爲池，居人植蓮其中。

三角池。在商南縣南十五里。其形三角，中多魚鼈。

郝家泉。在州東一里。相近又有石佛灣泉，俱有灌溉之利。

花園泉。在州城西南隅。州人爲園圃，蓄魚種蓮其中。又鑿渠由東而南，出水門，入州河。

甘雨泉。在州城西。一名五龍泉，味清甘，禱雨輒應。

泉山泉。在州北泉村集。有泉二十餘處，最佳者凡三，俱在山麓，大旱不涸。

龍眼泉。在鎮安縣東南三里龍興寺，左右兩泉。

瀑布泉。在鎮安縣西四十里雲蓋嶺，飛流數十丈，形如匹練。

五眼泉。在雒南縣東二十里，有五竇，四時不涸。

靈泉。在雒南縣東南靈峪口，泉從石中噴出，流入洛。

暖水泉。在山陽縣東南一百二十里，其水冬夏常温。又有涼水泉，在縣西桐峪口。

南龍莊泉。在商南縣北三十里石嶺上，周數丈，歲旱禱雨多應。

## 古蹟

上洛故城。今州治。春秋時晉邑。左傳哀公四年：楚司馬起豐析，臨上雒。竹書紀年：晉烈公三年，楚人伐我南鄙，至於上雒。戰國策：楚、魏戰於陘山，魏許秦以上洛。漢書地理志：弘農郡領上洛縣。後漢郡國志：屬京兆。晉書地理志：上洛郡，泰始二年分京兆南部置，治上洛。地道記：地在洛水之上，故以爲名。魏書世祖紀：太延五年，遣雍州刺史葛那取上洛。地形志：太延五年置荆州，太和十一年改洛州，治上洛城，領上洛郡。寰宇記：漢元鼎四年置上洛縣。晉置上洛郡理此。後魏置洛州。後周宣政元年改爲商州。東至鄧州，南至合州，西至金州，各七百里，北至虢州四百里。西北至華州，山路二百七十里。

商洛故城。在州東。左傳文公十年：楚使子西爲商公。史記：秦孝公二十二年，封衛鞅爲列侯，號商君。漢書地理志：弘農郡商縣，秦相衛鞅邑也。後漢郡國志：屬京兆。晉書地理志：屬上洛郡。宋書州郡志：北上洛郡有商縣。齊志因之。魏書地形志：屬上庸郡。水經注：丹水東南過商縣南。契始封商。魯連子曰，在太華之陽。皇甫謐、闞駰並以爲上洛商縣也。殷湯之名，起於此矣。括地志：商洛縣，在商州東八十九里。寰宇記：商洛縣，在州東九十里。盛弘之荆州記曰，武關西北一百二十里有商城，謂此邑城也。隋開皇四年，改商縣爲商洛。唐武德二年，移於今理。金史地理志：貞元二年，廢商洛縣爲鎮。州志：商洛鎮，在州東八十五里。

乾祐故城。在鎮安縣北。長安志：乾祐縣西北去京兆府三百五十里。本漢洵陽縣地。唐萬歲通天元年，析商州豐陽縣地，置安業縣，景龍三年隸雍州，景雲元年復隸商州。乾元元年改爲乾元縣，隸京兆府，尋還屬商州。永泰元年，爲羌賊燒燬，徙治今縣西北三十步，長慶二年復治今縣。光啓二年，經蔡賊焚蕩，復徙今縣西北西玉谷，龍紀元年復歸舊縣。漢乾祐二年隸京兆府，改爲乾祐縣。金廢爲鎮，入咸寧。地理志咸寧有乾祐鎮是也。雍大紀：元至元丙子，改爲乾祐巡檢司。至壬辰，仍復縣於舊地。甲午年革。明洪武八年，仍立乾祐巡司，屬咸寧縣。縣志：故縣在今縣北八十里。

鎮安故城。在今鎮安縣北。雍大紀：鎮安舊城，在西安府東南三百五十里萬山間。明景泰三年，先建於野豬坪，後遷謝家灣，即今縣治。明統志：明於乾祐廢縣北二十里，置鎮安縣。縣志：野豬坪，在縣北七十里。

拒陽故城。在雒南縣東南，晉置。隋書地理志：上洛郡洛南舊曰拒陽，置拒陽郡。開皇初郡廢，縣改名焉。舊唐書地理志：洛南縣舊治拒陽川，顯慶三年移治清川。寰宇記：洛陽縣，在商州東北九十里。晉泰始三年，分上洛地於今縣東北八十里置拒陽縣，屬上洛郡。尋省。後魏真君二年，又於今縣東四十里武谷川再置。隋開皇五年，改爲洛南，取洛水之南爲名。大業十一年移於今理，俗謂之清池川。九域志：在州北七十五里。舊志：明天啓初避諱，改「洛」曰「雒」。按：寰宇記所載移治之年，與舊唐書不同。其云今縣東北八十里，「東北」疑「東南」之譌。

豐陽故城。今山陽縣治，晉置。十六國春秋：苻健皇始二年，置荆州於豐陽。苻堅建元十六年，以荆州領襄陽，而移洛州居豐陽。魏書地形志：洛州上庸郡，皇興四年置東上洛郡，永平四年改。又豐陽縣郡治，太安二年置。水經注：闞柎水，經上庸郡北。隋書地理志：上洛郡豐陽縣，後周置。舊唐書地理志：豐陽，漢商縣地。晉分商縣置豐陽，以川爲名。舊志：吉川城，麟德元年移理豐陽川。寰宇記：豐陽縣，在州南一百十里。晉泰始三年置，尋廢，後魏復置。唐武德元年，自故豐陽川移於商州西南一百六十里甲水西五十步。麟德元年，又移今理。胡三省通鑑註：豐陽與上津縣接界。紹興中，割商、秦之半畀金，以鶻嶺爲界，止存上津、豐陽二縣。金史地理志：貞元二年，廢豐陽縣爲鎮。縣志：明初置豐陽鎮巡司。成化十二年，徙巡司於漫川，於豐陽故址置山陽縣，以在北山之南，豐河之北，故名。有豐陽故城，在縣西南五十里。

陽亭舊縣。在山陽縣西北。本上洛縣地，後魏置，兼置魏興郡，尋俱廢。魏書地形志：魏興郡領陽亭一縣，太和五年置。水經注：闞柎水出上洛陽亭縣北，又南逕陽亭聚西。 按：隋志無陽亭，而上洛郡豐陽註云「開皇初併南陽縣入」，蓋即故陽亭也。

漫川舊縣。在山陽縣東南。寰宇記：廢漫川縣，在上津縣北四十五里。魏前廢帝二年置，後周保定三年廢。舊志：今有漫川里，在縣東南一百二十里。

萇和舊郡。在商南縣西，後魏置。魏書地形志：洛州領萇和郡，景明元年置，領南商一縣，後廢。

商南舊縣。在今商南縣南。通志：明成化十二年，巨盜王彪平，巡撫原傑奏分商縣以東地置商南縣。初置層峯驛，尋徙於沭水西，即今治也。州志：層峯驛，在州東三百二十里，唐置驛於此。韓愈南遷經此喪女，有埋女銘。

王陵城。在州南。水經注：丹水逕一故城南，名曰三户城。昔漢祖入關，王陵起兵丹水，以歸漢祖。此城疑陵所築也。括地志：王陵故城，在上洛縣南三十一里。州志：今州西南四十里軍嶺下，地名秦王城，或謂即王陵之譌。

金井城。在鎮安縣東北。水經注：甲水出秦嶺，東南流逕金井城。舊志：今縣東北八十里有金井渠，渠上有金井橋，故城蓋在其處。

楊氏城。在雒南縣北五十里。

漢王城。在商南縣東十里，俗傳光武屯軍於此。

蒼野聚。在州東南。左傳哀公四年：「楚右師軍於蒼野。」杜預注：「蒼野在上洛縣。」水經注：丹水自蒼野東歷菟和山。

按：蒼野在菟和山西，舊志謂在州南一百六十里，誤。

洵水府。在鎮安縣南。唐書商州有洵水、玉京二府，蓋以近洵水而名。

洛源監。在州東。唐書地理志：商州有洛源監錢官。舊志：監在州東五十里孝野崖。又東十五里東原上有紅崖冶，其地產銅，亦舊置錢官之所。

阜民監。在雒南縣東南。宋史食貨志：仁宗采洛南紅崖山、虢州青水冶青銅，置阜民、朱陽二監。九域志：上洛縣有阜民錢監，又有龍渦、鎮北二銀場。縣志：監在縣東南四十里紅崖山下。按：朱陽監在河南陝州。

迎翠樓。在州東商洛故城内。唐時建。

望軍樓。在商南縣東十五里。其地有墩臺遺蹟，世傳沛公入關，於此望軍。

王家菴。在雒南縣東北九十里。其地山明水秀，相傳王猛讀書於此，故名。

## 關隘

武關。在州東一百八十五里。左傳哀公四年：楚人謀北方，使謂陰地之命大夫士蔑曰：「將通於少習以聽命。」杜預注：「少習，商縣武關也。」戰國策：蘇秦説楚威王曰：「秦一軍出武關，則鄢、郢動矣。」史記：楚懷王三十年，秦遺楚王書，願會武關。楚王至，則閉武關，遂與西至咸陽。秦始皇二十八年，自南郡由武關歸。二世三年，沛公至丹水，降析酈，襲攻武關破之。漢書武帝紀：太初四年，徙弘農都尉治武關。應劭曰：「武關，秦南關，通南陽。」文穎曰：「武關，在析縣西北七十里弘農界。」水經注：丹水自商縣東南，歷少習，出武關。京相璠曰「楚通上洛，阨道也」。括地志：武關山，地門也，在商洛縣東九十里。史記正義：在商州東一百八十里。州志：關在州東武關山下。當官道設關，北接高山，南臨絶澗，去河南内鄉縣一百七十里。明洪武中以官軍守之，後設巡司，今裁。

牧護關。在州西一百二十里，與西安府藍田縣接界。或譌爲「模糊關」。俗傳古畜牧之地。有南北二關，明設秦嶺巡司，今裁。

乾祐關。在鎮安縣北九十里。宋置，接寧陝廳界，亦名舊縣關。舊設巡司，今裁。

盧靈關。在雒南縣東北一百十五里，路通河南盧氏、靈寶二縣。關之西有黄龜，舊傳沙中有金。關之東有石室宏敞，名五仙窑。

竹林關。在山陽縣東一百三十里。臨丹水，自此登舟，經淅川、穀城至小江口入漢，爲下襄陽水路。明成化十三年置巡司，本朝順治十五年裁。

豐陽關。在山陽縣東南一百二十里，即故漫川縣。明洪武初，置巡司於豐陽鎮，成化十三年移駐於此，仍名豐陽巡司。本朝順治十三年裁，今名漫川關。

小嶺關。在商南縣南七十里。今名打鼓洞。又南十里有大嶺關，峯巒高峻，可以南望荆楚。

偏路隘。在州西北十里。唐書地理志：貞元七年，刺史李西華自藍田至内鄉，開新道七百餘里，迴山取塗，人不病涉，謂之偏路，行旅便之。輿程記：自武關西北行五十里至桃花鋪，又八十里至白楊店子，又八十里至麻澗，又百里至新店子，又百里至藍田縣，皆行山中，即所謂偏路也。至藍田始出險就平。

三要鎮巡司。在雒南縣東南六十里三要山下。南通武關，東接盧氏，北望閿、靈，明成化七年置巡司，本朝因之。又石家坡巡司，在縣東北四十里石家坡，明正統三年置，今裁。

商洛鎮。在州東八十五里。州志：即古商洛縣。又九域志商洛縣有青雲嶺。舊志有廢青雲館，在州南一百五十里，即青雲鎮也。

西市鎮。在州城西。九域志：上洛縣有西市、黄川二鎮。州志有榷平原，在今州西二里，相傳舊通關市處，蓋即故西市。又大、小黄川，在州西七十里，蓋即黄川鎮。

舊司鎮。在鎮安縣東三十里。又長嘯鎮，在縣南三十里。青峯鎮，在縣南四十里。雲蓋鎮，在縣西四十里。

故縣鎮。在雒南縣東南。九域志：縣有採造、伯界、故縣、兩合四鎮。縣志：故縣上鎮，在縣東南四十里。故縣下鎮，在縣東南五十里。

石門鎮。在雒南縣北三十里。又南河鎮，在縣東南八十里。潭子鎮，在縣西北四十里。又有常水鎮，在縣東北常水川，今廢。

龍駒砦。在州東一百里。有東西二砦，據雞冠山，俗傳項羽烏騅産此，故名。其地水趨襄漢，陸入關輔，南北輻輳，一巨鎮也。本朝乾隆二十二年，設州同駐此。

冀家砦。在雒南縣西二十里，有集。又有火燒砦，在縣西南三十里，土赤如火，因名。

石巖砦。在商南縣西南一百二十里。其山周圍壁立萬仞，惟小徑可上，僅容一人。中有田一二頃，豐腴異常田。

永安砦。在商南縣西十里。本朝康熙初，縣常僑置於此。又石馬砦，在縣西二十五里。千丈砦，在縣西七十里。

富水堡。在商南縣東二十五里。唐時置富水驛，後廢。其地有古城遺址，明成化八年設巡司，即古城爲堡，今裁。

桃花驛。在州東一百三十里。又商於驛，在州西五里。仙娥驛，在州西十五里。安山驛，在州北五十里。北川驛，在州北七十里。皆唐置，久廢。

## 津梁

頭渡橋。在州東四十里，跨丹水上。又東十里有洛源橋，又十里有高橋。

永慶橋。在鎮安縣東門外，跨乾祐河。又永安橋，在縣西門外。

金井橋。在鎮安縣東北八十里，跨金井渠。

縣河橋。在雒南縣東城外，又有東門、西門及祖餞三橋，皆跨縣河。

洛河橋。在雒南縣北五里，跨洛水。

天橋。在山陽縣東南一百二十里，路通湖北鄖陽府鄖縣。架水爲梁，橋下溝深數十丈。

普惠橋。在商南縣東門外，有東西二橋，俱跨沐河。

## 隄堰

普濟渠。在州北大雲山麓。有二泉，東曰少峪，西曰西平。舊合二泉及黄沙嶺水爲甎渠，名曰普濟，通入城市，以供飲汲。歲久湮没，明正德中復濬，後廢。又山泉渠，在州城東北七十里，舊引泉水灌田，後亦廢。

## 陵墓

### 漢

四皓墓。在州西五里金雞原，有廟。

樊噲墓。在雒南縣西南十里大渠川之陽。又見咸寧縣。

### 明

黄世清墓。在州北金鳳山下。

## 祠廟

雙烈祠。在州治西，祀北魏郭琰、泉企。

裴晉公祠。在州東八里，祀唐裴度。州志：晉公知陝時，捕蝗有功，立祠，禱輒應。

韓文公祠。在州西秦嶺上，祀唐韓愈。

忠烈祠。明統志：在商州。宋建炎中，李彦仙知陝州，守城拒金兵。再踰年，城陷，投河死。詔立祠，號忠烈。續文獻通考：李彦仙身經二百戰，投河死。張浚承制，贈以官，建廟商州。

原尚書祠。在商南縣西，祀明原傑。

倉頡廟。在州城北商山書院後。

契廟。在州東九十里。

四皓廟。在州西金雞原。有唐柳宗元、宋王禹偁撰碑。一在州東商洛鎮。

岳忠武廟。在雒南縣西關外，祀宋岳飛。舊爲梁山書院，後改建廟，今廢。

洛神廟。在雒南縣西北二十里洛水北，康熙五十七年重修。

## 寺觀

大雲寺。在州治西。州志：内石佛一尊，唐建。舊名西巖院，元至正中更名。

法性寺。在州東六十里棣花鋪。唐初建，本朝康熙四十九年重修。

西巖寺。在州西八里仙娥峯麓。唐建。

雲蓋寺。在鎮安縣西北四十里雲蓋嶺。唐建，殿宇宏麗。縣志：前後九樓十八殿，遺址猶存，明正統中重修。

黄龍寺。在雒南縣西北四十五里燕子山。相傳唐黄龍禪師駐錫處。

紫陽觀。在州東一百里。

## 名宦

### 晋

王遜。魏興人。累遷上洛太守。私牛馬在郡生駒犢者，秩滿悉以付官，云是郡中所産也。

### 南北朝　魏

李崇。頓丘人。孝文時，爲荆州刺史，鎮上洛。邊戍掠得齊人者，悉令還之。南人感德，仍送荆州之口二百許人。兩境交和，無復烽燧之警。在州四年，著有循績。

賈儁。廣川人。爲荆州刺史。先是，上洛置荆州，後改爲洛州。在重山中，人不知學，儁表置學官，選聰悟者以教之。在州五載，清淨寡事，吏民亦安。

### 周

李和。巖緑人。保定初，爲洛州刺史。以仁恕訓物，獄訟爲之簡靜。

## 唐

李西華。德宗時爲商州刺史。自藍田至内鄉，開新道七百餘里，行旅便之。

王凝。晉陽人。懿宗時，爲商州刺史。驛道所出，吏破産不能給，而州有治賦羡銀，常僱直以優吏奉。凝不取，則以市馬，故無橫擾，人皆慰悦。

## 五代 周

王祚。祁人。爲商州刺史。以奉錢募人開大秦山巖梯路，行旅感其惠。

## 宋

王禹偁。鉅野人。太宗時，廬州妖尼道安誣訟徐鉉，當反坐，有詔勿治。禹偁抗疏請論道安罪，坐貶商州團練副使。

## 金

色埒。名鼎必勒哈，世襲明安。自壽泗元帥，轉安平都尉，鎮商州，威望甚重。敬賢下士，有古賢將風。一日搜伏於大竹林中，得宋歐陽修子孫，伺而知之，併其族屬鄉里三千餘人，皆縱遣之。「色埒」舊作「斜烈」，「必勒哈」舊作「畢哩海」，「明安」舊作「猛安」，今並改。

## 明

龔錞。澧州人。萬曆中，知商州。愛民禮士，改收頭支使議紙户召募，裁鋪司兵銀，蠲免逃亡，尤甦民困。

黄世清。滕縣人。崇禎時，以陝西右參議分守商雒，駐商州。民苦客兵淫掠，世清嚴戢之。督撫發兵，必誡無犯黄參議令。十六年，李自成遣其黨從南陽犯商州，世清憑城守，緄死士，殲其六七十人。有奸民投賊，至城下説降，世清佯與語，發礮斃之，懸其首城上，曰：「懷二心者視此。」士卒皆效死。礮矢盡，繼以石，石盡，婦人掘街砌繼之。城陷被執，其僕朱化鳳駡賊，先被殺。逼世清僞官，怒駡不受，與一家十三人皆遇害。贈光禄卿。

董三謨。黎平人。崇禎中，爲山陽知縣。吏事精敏，多惠政。流賊陷城，三謨與父嗣成、弟三元，俱死之。妻李氏，亦攜子女偕死。贈光禄丞，立祠，與嗣成、三元並祀。妻子建坊旌表。

賈儒秀。崇禎末，爲商南典史。賊陷城，抗節死。

周文煒。江南人。崇禎末，署商州，多惠政。時奉上檄，派徵民運銀二千八百兩，文煒憐商疊罹兵火，極力申銷之。及十月，李自成破商州，被執不屈，厲聲大駡，賊割其舌。文煒怒目噀血，喉中猶有駡賊聲。賊以鐵鋤煅赤，納其口，磔其屍。一子亦被執，見父屍，痛哭憤詈，賊復殺之。

## 本朝

馮聖朝。河間人。順治初，知雒南縣。寇亂甫平，與民休息，多善政。

趙廷臣。鐵嶺人。順治初，知山陽縣。招集流民，均徭緩賦。歲大祲，出貲易粟以賑，多所全活。山寇王希榮據鎮安，執縣令置砦中，勢甚熾。廷臣單騎造之，諭以禍福，希榮遂降，並挈鎮安令以歸。

薛所習。孟縣人。順治中，知商州。兵燹後，悍僕多凌其主，所習隨事痛懲之，名分始肅。明季加派三餉，因循未遑議改，所習詳請蠲免，商民建祠祀之。

楊佐國。荆門州人。康熙初，知商州。甫莅任，逆寇圍城，城中震恐，佐國率士民力守。賊投以僞劄，佐國登陴罵賊，焚劄，衆心益憤。越七日，大兵至，圍始解。奸民張名貴陰通賊，愚民多脅從，佐國力請於制府，置名貴於法，餘得釋。

盧英。天門人。康熙初，知商南縣。吴逆叛，逆黨陷城，被執死之。贈按察使僉事。

袁生芝。良鄉人。康熙中，任商洛道。山寇賀遥期攻商州，生芝設守甚力。城中惶惑，生芝集慰士民，鼓以大義，堅守踰月。賊勢甚熾，生芝自縊，父亦戰死，一門被害者三十二人。

聶燾。衡山人。乾隆初，知鎮安縣。以實心行實政，修田功，墾荒山，分社倉，開山路，招輯流移。嘗捐俸建城垣，設義學，以卓薦調任鳳翔。

鄧夢琴。浮梁人。乾隆中，知商州。正己率下，折獄明決，嚴查保甲，屢獲劇盜。州境山多田少，夢琴勸儆有法，荒土益闢。嘗冒暑至石龍洞禱雨，甘霖立沛，是歲陝省惟商州有年。又奉檄監放咸陽、渭南、臨潼、涇陽、三原、高陵賑濟，徧歷村莊，窮黎均霑實惠。

羅文思。合江人。乾隆中，知商州。鑿山開道，修渠堰，實倉廪，惠政及民，民懷其德。

# 人物

## 晉

臺産。上洛人。少專京氏易，善圖讖秘緯、天文洛書、風角星算、六日七分之法，尤善望氣占候推步之術。隱居商山，兼善經學，耽情教授，不交當世。劉曜訪以政事，産具陳災變之禍，政化之闕，辭甚懇至。

## 南北朝　魏

泉企。豐陽人，世襲本縣令。企九歲喪父，哀毀類成人。服闋，襲爲縣令，時雖童幼，而好學恬静，百姓安之。後除上洛郡守。蕭寶夤反，圖取上洛，豪族泉、杜二姓密應之。企掩襲，二姓散走，寶夤亦退。遷東雍州刺史，豪右無敢犯，闔境清肅。西魏時，爲洛州刺史，封上洛郡公。高敖曹攻逼州城，企拒守旬餘，矢盡援絶，城陷被執，尋卒於鄴。

泉元禮。企長子。少有志氣，好弓馬，賜爵臨洮縣伯、散騎常侍。當洛州陷時，與企俱被執而東。元禮於路逃歸，潛與豪右結託，遂率鄉人襲州城，斬東魏所授刺史杜窋，朝廷嘉之。代襲洛州刺史，從周文戰於沙苑，中流矢卒。

泉仲遵。一名恭，企次子。少謹實，涉獵經史，長有武藝。高敖曹攻洛州，與父力戰拒守，矢盡以棒杖扞之，爲流矢中目，不堪復戰。及城陷，士卒嘆曰：「若二郎不傷，豈至於此！」後與兄元禮斬杜窋，元禮殁，代爲洛州刺史。大統十三年行荆州刺史事。梁司州刺史柳仲禮爲邊患，仲遵率鄉兵擊獲之。進本州大中正、南洛州刺史，留情撫綏，百姓安之。襲爵上洛郡公，復爲荆州刺史，卒。仲遵有方雅之操，歷官皆以清白見稱。

## 明

張鵬。洛南人。永樂中，爲監察御史，歷廣西按察使、山東左布政使。爲人寬厚練達，所在著稱。

南鏜。商州人。成化中進士，歷河南布政使。以忤劉瑾，繫錦衣獄幾死。陞南太僕卿，復以忤瑾放歸。瑾敗，屢薦不起，布衣蔬食，如窮居時。

## 本朝

荀復。山陽諸生。明末，流寇陷商州，父日躋罵賊遇害，復遍覓父屍歸葬。甫及壙，遇賊數十突至，復守父棺不去。賊問其故，曰：「欲與父同死耳。」賊感其孝，呼衆賊助葬，且令急走，遂得免。

劉緒岱。山陽歲貢生。父必達，知汾陽縣，爲流賊所殺。緒岱求遺骸不獲，痛哭而歸。賊平，徒步抵汾陽，遍求不得。忽一老人云：「廼西關忠義廟後有一棺，盍驗之？」啓視，果其父也。觀者皆嘆息，遂更殮歸葬。同縣諸生蔡光先，七歲喪母，歷事四後母，皆盡孝，撫幼弟極友愛云。

王孝風。鎮安人。流賊至，與族弟攜家避亂。事急，弟棄其母，負妻去。孝風獨棄妻子，負母逃匿。亂定，奉母歸，妻子亦無恙，而族弟與妻皆爲賊所殺。同縣陳國柱，家貧，投充士伍，目不知書，而事親盡孝。又孟三光，少孤，家極貧，事母甘旨無缺。母失明，扶掖不離左右。年踰四十，母怒，輒長跪受杖。又有曹亨者，年十一，母死不能具棺，號泣於路，鬻身以殮。鄉里皆稱之。

陳顯耀。山陽役徒也。順治三年，流寇劉二虎犯山陽，知縣趙廷臣晝夜固守，率數十騎出偵賊，猝遇賊衆，從者皆竄避，顯耀獨挺戈捍衛。賊刺傷廷臣，奪其馬，更刺之，顯耀奮救得免，負匿榛莽間，裹其創。視賊去且盡，大呼追刺，一賊墜地，因奪馬，扶廷臣急馳歸。後廷臣官浙閩總督，招之，竟不往。

周蒲璧。商州人。康熙中，舉鄉試第一，成進士，改庶吉士，授檢討。以母老不能迎養，告歸，侍飲食湯藥惟謹。兩女弟家貧，賙卹倍至，視從兄弟如兄弟，舉族人之方正者爲族長，教子弟多所成就。居平慎言笑，嚴取與，讀書樂善，泊如也。

王官。商南人。至性純篤，毅然有以自持。處家庭，從容和順，六世同居，人稱孝友。乾隆五年旌。

## 流寓

### 漢

四皓。東園公、甪里先生、綺里季、夏黄公，皆河内軹人。秦始皇時，共入商雒，隱地胏山。

### 唐

賈島。范陽人。由渭南主簿，遷藍田令。後隱豐陽之西鄙雲蓋寺，注水經。寺在鎮安境。

### 宋

張舜民。邠州人。徽宗時，以龍圖閣待制知同州〔二〕。坐元祐黨，謫楚州團練副使，商州安置。

## 列女

### 明

敬珖妻任氏。商州人。年十七，夫亡苦節。天順中旌。同州王英妻姚氏、王登妻岳氏、南伯謙妻周氏、雷始奮妻孔氏、閻公述妻南氏、葉御邦妻任氏、任引妻南氏，俱年未逾二十，以貞節著。又薛厚倫妻南氏，夫亡殉節。

劉邦教女。商州人。許字張緡壽。緡壽死，女年十五，臨柩慟哭。父母促之歸，不食而死，遂合葬焉。

張鎧妻解氏。鎮安人。夫亡守節。嘉靖年間旌。同縣姚某妻景氏，以節著。又朱紹孔女，許字謝姓，未婚夫歿，投江死。

李翠妻劉氏。雒南人。年二十三，夫亡，舅姑欲奪其志，劉自經死。嘉靖間旌。同縣某妻翟氏、趙國寶妻石氏，均夫亡殉節。趙進孝妻李氏，年十九，夫亡，以苦節著。

南應旌女。商州人。許字山陽劉光。光死，女年十五，詣夫家服衰絰行婦禮。久之，舅姑與其父母謀爲別嫁，女割耳斷鼻，獨處一室。萬曆中表其門。

江蘭妻李氏。商南人。蘭卒，李號哭不已，至葬前一日，服毒死。

吕元聲母東氏。商州人。崇禎末，流賊陷城，東與元聲妻薛氏自刎。又南士程妻程氏，被執，賊殺其姑與夫，而欲納之，程慟自刎。李從文妻王氏，夫婦同被執，賊欲污之，王目夫使逃，遂自殺。商雒守備朱從鎮妻李氏、孔綱妻吕氏、楊育桂妻杜氏、閻調璽妻吴氏，俱抗節死。邵公正妻王氏，年二十，夫卒，守節十年。流賊陷城，自刎未死，賊舁之，過泮池旁，王奮起以頭觸石死。姜騰鳳妻段氏、孔維樸妻劉氏、盧宜魏妻南氏、王英妻姚氏、周之瑾妻南氏、南國禎妻王氏、雷維元妻孔氏、石中玉妻閻氏、張希元妻姚氏，皆早寡守節，城陷俱不屈死。牛紹玉妻盧氏、牛振武妻王氏、牛奇妻周氏、周之珽妻牛氏、程彤錫妻王氏、楊育楨妻武氏、陳宗器妻牛氏、牛紹聞妻王氏、白玉潔妻吕氏、雷維垣妻邢氏、張詣妻武氏、侯維垣妻吕氏、周天琬妻王氏、牛維明妻南氏、牛芳妻劉氏、周志伊妻魚氏、冀觀妻楊氏、張耀明妻楊氏、田應貢妻孟氏，俱不屈死。

何克俊妻周氏。雒南人。崇禎末，流寇入其室，駡賊死。又孫應錫妻盧氏，自縊死。史録妻王氏、陶崇妻樊氏，投潭中死。邑吏王鳳鳴女年十五，媳張氏年十七，同匿賈村山中，賊至，俱墜崖死。

本朝

楊用枅妻趙氏。商州人。年十九，夫亡，誓以身殉，家人密防之，得不死。翁與父憐其年少無子，勸改適，即自髠其髮，翁感泣，爲立姪嗣之。守節五十七年卒。羅立賢妻周氏，家貧，佐立賢讀書成進士。立賢殁，不食而死。

王正妻孔氏。商州人。幼讀孝經小學，能通其義。未嫁姑殁，即不事膏沐。年十七歸王，二載夫亡，有勸以改適者，輒不食。教嗣子讀書成立，苦節終身。雍正七年旌。

劉瑞徵妻楊氏。鎮安人。與同縣齊扶上妻田氏，並年三十，守節撫孤，以苦節著。

薛匡倫妻邵氏。雒南人。因避寇居商。明末，流賊陷城，被執，大駡，賊刖其足，磔之，時年二十八歲。雍正六年旌。

牛廷琇妻唐氏。商州人。年二十三，夫亡，割耳守節。孝事姑嫜，撫育幼女，苦節六十年。乾隆二年旌。同州邵重臣妻武氏、孔齊聖妻閻氏、邵全臣妻閻氏、王曰登妻任氏、崔文湖妻張氏、徐建鼎妻陳氏、張懷義妻周氏、楊爾璉妻鳳氏、席良友妻楊氏、白聯甲妻劉氏、唐章妻王氏、魏廷陳妻張氏、李廷鳳妻王氏、賈景星妻張氏、楊世權妻程氏、葉雯徵妻苟氏、王世榮妻劉氏、任永普妻閻氏、趙自榮妻李氏、王得仁妻汪氏、魏順徵妻李氏、張惠民妻郭氏、魏文熙妻王氏、貞女劉氏，均乾隆年間旌。

劉希晏妻李氏。鎮安人。年二十一守節，孝事翁姑，撫孤入泮。乾隆十七年旌。同縣宋泌妻陳氏、陳洪度妻楊氏、劉靖圻妻某氏，又烈婦劉子昌妻王氏，均乾隆年間旌。

劉士奇女。雒南人。許嫁未婚，夫亡守節。乾隆年間旌。

李自知妻劉氏。雒南人。夫亡，奉養承顔，艱辛撫弱，守節五十五年。又王之瑞妻孫氏，事耄翁克孝，撫弱子成名，守節四十五年。張鋏妻陳氏，敬事翁姑，善撫孤弱。俱乾隆六年旌。王棟妻張氏，二十一，夫亡守節。歲餘，舅姑相繼歿。踰月，子又殤。撫夫兄子，又夭，遂自盡。同縣陶元初妻李氏、郭忠建妻董氏、王效文妻陶氏、常悦妻張氏、梁鳳鳴妻張氏、庚繼斯妻賀氏、劉略妻王氏、陶淵妻劉氏、劉炳妻郝氏、張應貞妻盧氏、趙連甲妻穆氏、張苞妻楊氏、白貽哲妻吕氏、何潤妻王氏、劉亦泳妻郝氏、崔宗妻陳氏、何從理妻王氏、梁蓉妻董氏、李世年妻韓氏、常漣妻楊氏，又烈婦薛增鳳妻李氏、羅保業妻路氏，均乾隆年間旌。

郭邨屏妻南氏。山陽人。夫亡守節。同縣田生芝妻董氏、武震方妾魏氏、革淩泰妻郭氏、南學尹妻程氏、郭世猷妻侯氏、崔崑妻馬氏、薛自禄妻張氏、秦必忠妻陳氏，均乾隆年間旌。

姚順天妻袁氏。商南人。年二十，夫亡，事上撫孤，克盡婦道。同縣侯蕭妻李氏、王大勳妻祁氏，均乾隆年間旌。

馮輔夏妻秦氏。商州人。夫亡守節。嘉慶六年旌。同縣屈廣儒妻孫氏、楊福能妻唐氏、楊廷槐妻管氏、郭蓮馨妻梁氏、陳玠妻任氏、王時鼎妻任氏、李昭宗妻楊氏、王時顧妻齊氏、張文通妻盧氏、屈克臣妻楊氏、屈壯甫妻閻氏，又烈婦洪法宇妻孫氏、郭秉恒妻孔氏、郭秉信妻何氏、侯必聰妻王氏，均嘉慶年間旌。

王大用妻崔氏。鎮安人。夫亡守節。嘉慶二十三年旌。同縣孟公義妻王氏、行斌江妻劉氏，均嘉慶年間旌。

何延年妻常氏。雒南人。夫亡守節。嘉慶元年旌。同縣王訂妻席氏、樊思甫妻馬氏、賈允妻白氏、姜鴻妻張氏、程秉棟妻吴氏、梁乃梧妻陶氏、何熙妻李氏、席琴聲妻王氏、吴紀鼇妻趙氏、陶朱介妻閻氏、柴生慧妻穆氏、薛倘妻王氏，均嘉慶年間旌。

王緝妻何氏。山陽人。夫亡守節。嘉慶七年旌。同縣史永和妻張氏、蘇元龍妻席氏、張明心妻王氏、楊立興妻馮氏、薛天義妻劉氏、閻福德妻康氏，又烈婦賈金萬妻秦氏，一家九人，遇賊捐軀，閻登儒妻葉氏，守正捐軀，均嘉慶年間旌。

陳玉章妻白氏。商南人。守正捐軀。嘉慶十九年旌。又節婦高光妻王氏，二十年旌。

## 土産

弓。唐書地理志：商州土貢弓材。

麻布。寰宇記：商州土産。

楮皮。寰宇記：商州土産。

千枝柏。明統志：産商州南山，其柏一本千枝。

石青。明統志：雒南縣出，有洞。

硃砂。寰宇記：商州貢。

麝香。唐書地理志：商州土貢。

熊白。寰宇記：商州貢。

木耳。商州志：水陸發運，至襄漢作鄖耳出售，價倍川耳。

甘薯。出商南。縣志：近年居民播種有益，今漸廣。

藥。寰宇記：商州貢枳殼。又土産杜仲、厚朴、黄柏。明統志：鎮安縣出天南星。

## 校勘記

〔一〕秦峪　「秦」，原作「泰」，據乾隆志卷一九二商州山川（下同卷簡稱乾隆志）改。雍正陝西通志卷一二山川有秦峪嶺，在雒南縣東北百里，與乾隆志合。本志下文有葦坪河，在雒南縣東北，「源出秦峪」，字亦作「秦」。蓋秦峪乃秦嶺在雒南縣境之山谷也。

〔二〕以龍圖閣待制知同州　「州」，原作「川」，據乾隆志及宋史卷三四七張舜民傳改。

# 乾州直隸州圖

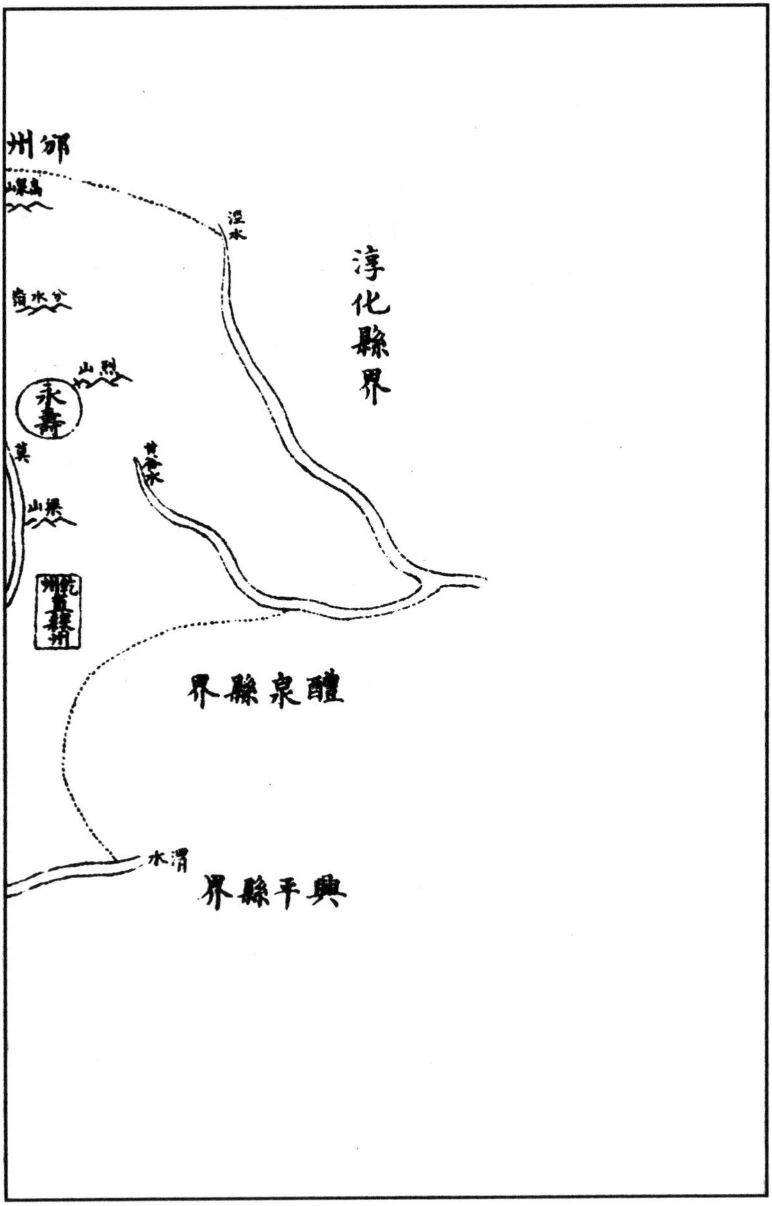
邠州
涇水
淳化縣界
分水嶺
永壽
梁山
醴泉縣界
渭水
興平縣界

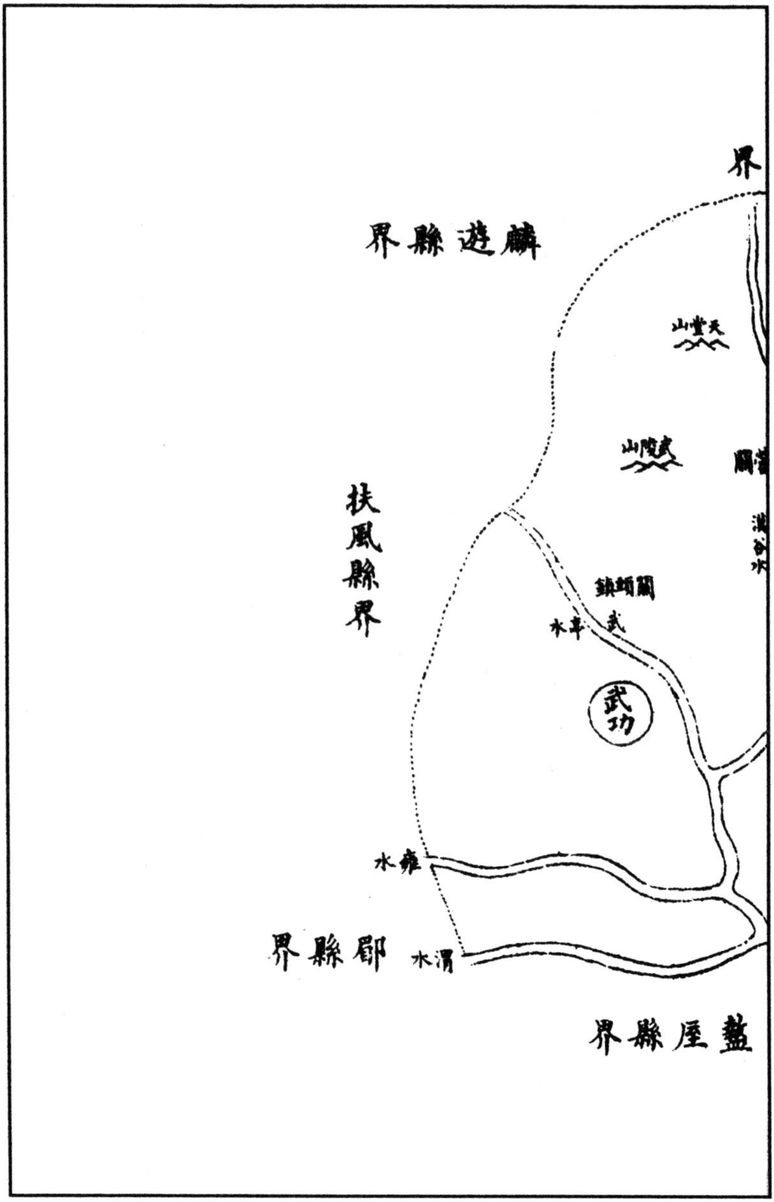
界
麟遊縣界
天堂山
武陵山
關頭鎮
武亭水
扶風縣界
武功
雍水
郿縣界
渭水
盩厔縣界

# 乾州直隸州表

| | 乾州直隸州 | |
|---|---|---|
| 秦 | | 好畤縣屬内史。 |
| 兩漢 | | 好畤縣漢屬右扶風。後漢末省。 |
| 三國 | | |
| 晉 | | 好畤縣元康中復置。 |
| 南北朝 | 扶風郡魏移置，周廢。 | 好畤縣郡治。周省。 |
| 隋 | | |
| 唐 | 乾州乾寧元年置，屬關内道。 | 奉天縣文明元年置，後爲州治。 |
| 五代 | 乾州 | 奉天縣 |
| 宋金附 | 醴州熙寧五年廢。政和七年改置，屬環慶路。金天德三年復名乾州，屬京兆府路。 | 奉天縣初屬京兆府，尋爲州治。 |
| 元 | 乾州屬奉元路。 | 至元元年省入州。 |
| 明 | 乾州屬西安府。 | |

續表

| | 武功縣 |
|---|---|
| | |
| | |
| | |
| | |
| 漢西縣 魏太和十一年置，屬武功郡。 | 周置武功郡武功縣，尋廢郡。 |
| 開皇十八年更名好時，大業三年廢入上宜。<br>上宜縣 開皇十七年置，屬京兆郡。 | 武功縣 屬京兆郡。 |
| 武德二年復置好時縣，貞觀二十一年徙廢。<br>好時縣 貞觀八年省，二十一年復置上宜縣，旋改名，屬雍州。後屬乾州。 | 武功縣 武德三年置稷州，貞觀初罷，屬雍州。天授二年又置州，大足初又罷，仍屬雍州。乾寧二年屬乾州。 |
| 好時縣 | 武功縣 唐同光中屬鳳翔府，長興初屬京兆府。 |
| 好時縣 屬醴州。金屬乾州。 | 武亭縣 政和中屬醴州。金大定二十九年更名，屬乾州。 |
| 至元五年省入州。 | 武功縣 復名。 |
| | 武功縣 |

| | 永壽縣 |
|---|---|
| 斄縣 屬内史。 美陽縣 屬内史。 | 漆縣地。 |
| 斄縣 屬右扶風。後漢移置武功縣。 美陽縣 屬右扶風。後漢永初五年爲安定郡治。 | |
| 武功縣 美陽縣 | |
| 武功縣 屬始平郡。 美陽縣 屬扶風郡。 | |
| 魏太平真君七年省入盩厔縣。 美陽縣 魏太和十一年兼置武功郡。周徙廢，改美陽置武功縣，屬扶風郡。 | 魏白土縣地。西魏大統十四年置廣壽縣。周大象初更名永壽。 |
| | 開皇三年省入新平。 |
| | 永壽縣 武德二年分置，屬豳州。 |
| | 永壽縣 |
| | 永壽縣 屬邠州，政和中屬醴州。金屬邠州。 |
| | 永壽縣 屬乾州。元末移治。 |
| | 永壽縣 |

# 大清一統志卷二百四十七

## 乾州直隸州

在省治西北一百六十里。東西距九十五里，南北距二百二十里。東至西安府醴泉縣界三十五里，西至鳳翔府扶風縣界六十里，南至西安府盩厔縣界九十五里，北至邠州界一百二十五里。東南至西安府興平縣界六十里，西南至鳳翔府郿縣界七十五里，東北至邠州界一百六十里，西北至邠州界一百四十里。本州境東西距九十五里，南北距八十五里。東至醴泉縣界三十五里，西至扶風縣界六十里，南至武功縣界四十里，北至永壽縣界四十五里。東南至西安府興平縣界六十里，西南至武功縣界五十里，東北至永壽縣界五十里，西北至鳳翔府麟遊縣界六十里。自州治至京師二千八百里。

### 分野

天文井、鬼分野，鶉火之次。

### 建置沿革

禹貢雍州之域。秦置好畤縣，屬内史。漢屬右扶風。後漢因之，後省。晉元康中復置。後魏爲扶風郡治，又析置漠西縣，屬武功郡。北周廢扶風郡，省好時入漠西。隋開皇十七年，置上宜縣。十八年，改漠西曰好時。大業三年，又省好時入上宜，屬京兆郡。唐武德二年，復置好時縣，屬雍州。三年，以好時屬稷州。貞觀元年，還屬雍州。八年，省上宜入岐陽縣。二十一年，廢好時，又分岐陽置上宜縣，尋改曰好時。文明元年，又分醴泉、好時二縣地，置奉天縣。天授二年，二縣并屬稷州。大足元年，還屬雍州。乾寧元年，於奉天縣置乾州，屬關内道，治奉天，以好時縣屬焉。唐書方鎮表：乾寧元年，以乾州置威勝軍節度。長安志：梁乾化中，升爲威勝軍。後唐同光二年，罷軍名。五代因之。宋熙寧五年，州廢，以奉天縣屬京兆，好時縣屬鳳翔府。政和七年，復於奉天縣置醴州。八年，州割屬環慶路，仍以好時縣屬州。金天德三年，復改州曰乾州，屬京兆府路。元至元元年，并奉天縣入州。五年，又并好時縣入州，屬奉元路。明屬西安府。本朝雍正三年，直隸陝西布政司。領縣二。

武功縣。在州西南六十五里。東西距六十五里，南北距六十里。東至西安府興平縣界四十五里，西至鳳翔府扶風縣界二十里，南至西安府盩厔縣界三十五里，北至本州界二十五里。東南至盩厔縣界六十里，西南至鳳翔府郿縣界十五里，東北至本州界三十里，西北至本州界二十里。古邰國。秦置斄、美陽二縣，屬内史。漢屬右扶風。後漢初廢斄縣。永平八年，移置武功縣，仍屬右扶風。晉以武功屬始平郡。後魏太平真君七年，省武功入盩厔縣。太和十一年，於美陽縣置武功郡。後周建德三年郡廢，改美陽置武功縣，屬扶風郡。隋屬京兆郡。唐武德三年，於縣置稷州。貞觀初州廢，縣屬雍州。天授二年，復置稷州。大足元年，州廢，仍屬雍州。乾寧二年，分屬乾州。後唐同光中，屬鳳翔府。長興初，又屬京兆府。宋政和八年，改屬醴州。金天德三年，屬乾州。大定二十九年，改曰武亭。元復曰武功。明統於西安府。本朝雍正三年屬乾州。

永壽縣。在州北九十里。東西距一百十里，南北距八十里。東至西安府醴泉縣界八十里，西至鳳翔府麟遊縣界三十里，南至本州界四十五里，北至邠州界三十五里。東南至醴泉縣界九十里，西南至鳳翔府扶風縣界八十里，東北至邠州界七十里，西北至邠州界三十里。秦、漢漆縣地。後魏爲白土縣地。西魏大統十四年，置廣壽縣。後周大象元年，改曰永壽。隋開皇三年，省入新平縣。唐武德二年復置，屬豳州。神龍元年，改屬雍州。景龍元年，仍屬邠州。五代因之。宋乾德二年，改屬乾州。熙寧五年，仍屬邠州。政和八年，屬醴州。金又屬邠州。元至元五年，還屬乾州。明統於西安府。本朝雍正三年屬乾州。

## 形勢

九嵕諸山，控扼東北；涇渭二水，環帶東南。元統志。北枕梁山，南接平壤，秦地之上游，北門之鎖鑰。州志。

## 風俗

人性剛勁，風俗儉樸，男勤稼穡，女事桑麻。州志。

## 城池

乾州城。周十里，池深二丈，廣三丈。本唐時羅城，明萬曆初甃甎。本朝乾隆二十九年、嘉慶二十五年重修。

武功縣城。周三里有奇，門四，池深八尺。唐貞元十五年建。明洪武九年修。本朝康熙二十五年、乾隆十七年重修。

永壽縣城。舊城周五里。元至正四年建於麻亭鎮。明末毁，因結寨於虎頭山下。本朝順治十三年築寨下南關。康熙八年建城，周三里，門二，池深一丈。乾隆十八年、五十四年重修。

## 學校

乾州學。在州治東南。明洪武四年建，本朝康熙五十六年修。入學額數十六名。

武功縣學。在縣治東。宋崇寧元年建，明洪武二年重建，本朝康熙二十五年、四十八年重修。入學額數十六名。

永壽縣學。在縣治東北。舊在治西，明萬曆十一年移建西郊，本朝康熙八年復移今所。入學額數八名。

紫陽書院。在州治東。明成化四年建，本朝乾隆二十七年修。

緑野書院。在武功縣治南。舊爲緑野亭，宋儒張載講學處，明弘治中改建書院。本朝乾隆三十年修。

## 户口

原額人丁七萬四十，今滋生民户共男婦三十四萬二千六百四十二名口。

## 田賦

民地一萬七千五十四頃六十七畝八分一釐，額徵地丁銀六萬九千一十六兩七錢八分，糧一萬四千九百零七石四斗六升八勺。屯地三千一百二十一頃七十八畝三分三釐，額徵地丁銀三千四百五十六兩六錢八分三釐，糧一萬二千三百八十六石二合七勺。更名地六百二十九頃八十四畝六分五釐，額徵地丁銀三百八十一兩三錢九分九釐，糧二千三百三十三石二斗三升七合八勺。

## 山川

明月山。在州西。寰宇記：在好畤縣西十五里，與鳳翔府扶風縣分界。長安志：在好畤縣西北十六里。

梁山。在州西北五里。孟子：大王去邠踰梁山。魏書地形志：漢西縣有梁山。括地志：梁山在好畤縣西北十八里。唐書朱泚傳：德宗幸奉天，使高重傑屯梁山禦泚。地理通釋：山在奉天縣西北五里。禹貢錐指：雍州有二梁山，一在韓城縣西北，一在乾州西北。在乾州者，即孟子所云大王自邠踰梁，非禹貢之梁山也。

石門山。在州西北。寰宇記：在好畤縣西十五里。

巀山。在州東北。漢書地理志：好畤縣巀山在東。顏師古曰：「巀音邱毀反。」舊志：在永壽縣西南九十里。

烈山。在永壽縣東二里。上有烈山神祠。

武陵山。在永壽縣治西南。山形如屏，亦名翠屏山。

盤道山。在永壽縣西五里。又西五里有石牛山。

天堂山。在永壽縣西北十里，上有石洞如堂。

高泉山。在永壽縣北。元和志：在縣北二十五里，亦曰甘泉山。

麻亭嶺。在州西北，接永壽縣界，漠谷水所出。唐廣德二年，郭子儀拒回紇、吐蕃軍於乾陵南。敵退，使李懷光追至麻亭而還。即此。

温宿嶺。在永壽縣東南。隋書地理志：醴泉縣有温宿嶺。寰宇記：温修山，一名温秀山。開山圖云，温秀山，實三陽山也，謂之温秀，蓋俗習訛耳。長安志：漢時温宿國人内附，今居此地田牧，故名。後魏置温秀護軍，唐温秀縣俱以此名。通志：温宿山，即今五峯山，在永壽縣東南八十里。南界乾州，東界醴泉，發脈於分水嶺，連延七十里，陡起五峯，爲九嵕山昭陵之祖脈。又見西安府。

分水嶺。在永壽縣北十里。嶺下有泉分流南北，故名。其山南之泉，即吕公渠之源也。

丹崖。在州城東三十五里，唐竇氏雙烈投崖處。

西崖。在州城西五里，即武水崖。壁立如削。每日初出，紅光相映若赤壁[一]。

漠谷。在州北。唐建中末，朱泚圍奉天，詔援兵自漠谷進，爲賊所敗。梁開平二年，劉知俊敗邠兵於幕谷，即漠谷也。州志：在州北三里。踰梁山而南，多取道於此。

東原。在武功縣東。唐至德二載，駕幸鳳翔，使王思禮軍武功，別將郭英乂屯武功東原，王難得屯西原，爲賊將安守忠所敗，即此。亦謂之上武亭川原。長安志：上武亭川東原，至興平縣西界二十五里。上武亭川西原，至扶風縣東界十一里有奇。縣志：東原在縣東。又雍原即縣西原，縣城半附其上。或曰通東西原皆謂之雍原。又有鳳岡，即雍原北岡也。

三時原。在武功縣。元和志：在縣西南二十里，高五十丈，西入扶風縣界。

永壽原。在永壽縣。元和志：在縣北三十里。寰宇記：舊名廣壽原，隋避煬帝諱，改爲永壽原，在縣西。通志：廣壽原在縣西北二十里。

六陌。在州東。晉元康七年，周處攻叛氐於六陌，後軍不繼，力戰而死。州志謂之陸陌，在州東十五里，有鎮。

武亭水。在州西四十里。自鳳翔府麟遊縣，流逕州西界，南流至武功縣東合雍水，即古大横水也。水經注：大横水即杜水。東逕杜陽故城，又合鄉谷水，又南莢水注之。又南逕美陽縣之中亭川，注雍水，謂之中亭水。又南逕美陽縣西，又南注渭。寰宇記：武亭河自鳳翔麟遊縣界，流逕好畤縣入武功界。長安志：武亭水在好畤縣城東門外九十步，至武功縣南立節渡合渭水。州志：武亭河在州西四十里，一名武水，即中亭川之上源，水經注之大横水也。武功縣志：有漆水在縣東門外，今訛爲武亭水。自邠、岐之間，來至縣北受浴水，南受漳水，入渭。浴水，即州西夾道水也。

漠谷水。在州西。自永壽縣西南流逕州西，又南至武功縣合武亭水。水經注：莢水出好畤縣梁山大嶺泉南，逕梁山宫西。寰宇記：漠谷水，源出高泉山，名安陽泉，南流歷漠谷，故名。漠谷水經好畤縣、奉天縣界。又漠谷水，在乾州西北，從永壽麻亭嶺流入，至奉天縣界，又西南流入武功。長安志：水自永壽縣界，南流逕好畤縣西二十五里，又逕州西五里，河西崖有半崖坡。其水又西流入武功縣界，合武亭水。永壽縣志：漠谷水在縣西北二里，一名沐浴泉。南流八十里，入乾州之夾道河。又至武功爲遊鳳河。其水常温，宜沐浴，故名。州志：漠谷河在州西五里，西南流，逕州西南三十里，入武功縣界合渭，謂之夾道水。

甘谷水。在州東北。寰宇記：從永壽縣温秀嶺至奉天縣界，却入醴泉合涇河。長安志：水在州東北二十里，流逕奉天縣界四十里。州志：在州東北十五里。

渭水。在武功縣南三十五里。自鳳翔府郿縣流逕縣南，又東入西安府興平縣界。水經注：渭水逕武功縣北，温泉水注之。又東逕斄縣故城南，又東雍水注之。又東逕郿塢南，又東芒水注之。縣志：渭水在縣南三十五里，由扶風入縣界，至永安鎮，南屬盩厔，北屬武功，行五十餘里，至薛固鎮入興平界。

雍水。在武功縣西南。自鳳翔府扶風縣流入，亦名漳水。水經注：雍水自郃亭，又東南流與杜水合。又南逕美陽縣之中亭川，大横水注之。又南逕美陽縣西，又南流注於渭。寰宇記：雍水俗名白水，亦曰圍川水，西北自扶風界流入。長安志：雍水至縣合武亭水。縣志：漳水即圍川水，在縣西南十二里。自扶風東門外受鳳泉水，自縣南合漆水，又南入渭。

涇水。在永壽縣東五十里。自邠州淳化縣流入，又東南入西安府醴泉縣界。

錦川河。在永壽縣西南六十里，一名沙凹河。流五十里，入乾州西北之龍塘，合漠谷水。川中有石如錦，故名。

清溝。在武功縣東。唐至德初，郭子儀進復西京，與賊戰於清溝，敗績，退保武功。舊志：清溝在縣東五十里。

建子溝。在武功縣南七十里。

麻池溝。在永壽縣南十五里。又庵頭溝，在縣東五十里。

陂池。在武功縣北二十里。

沙溝泉。在州東十里。東流五里，至陽洪店，居民資以灌溉。

良溝泉。在武功縣北十五里。明永樂初，泉湧於此，引以溉田。

醴泉。在永壽縣東南三十五里彭村。歲旱，聞泉中吼聲，即雨。以穢物投之，則滲入土中，潔則水復出，俗呼爲神泉。又瀑布泉，在縣西南祁家坡，飛流直下數丈。

温泉。在永壽縣西一里。大寒不冰。又靈泉，在縣北七里。

平泉。在永壽縣東北二十里。平地湧出，味甘，久旱不涸。又漆泉，在縣東北四十五里，色黑如漆。

## 古蹟

好畤故城。在州東北。秦置。史記封禪書：自未作鄜畤，雍東故有好畤。高帝紀：漢元年襲章邯，戰好畤。孟康曰：「畤音止，神靈之所止也。」後漢書耿弇傳：建武二年，封好畤侯，食好畤、美陽二縣。晉書梁王肜傳：肜鎮關中，又領西戎校尉，屯好畤。括地志：漢好畤故城，在今好畤縣東南十三里。寰宇記：漢好畤故縣，在今好畤縣東南四十三里，奉天縣東十五里。晉元康中，復於漢好畤縣城東南二里再置好畤縣。周建德三年，併入漠西縣。長安志：漢故城在奉天縣東北七里岑陽鄉。州志：今州東十里有村名好畤村，蓋即漢縣所在。

漠西故城。在州西北。魏書地形志：武功郡領漠西縣。太和十一年，分好畤置。隋書地理志：京兆郡上宜縣有舊漠西縣。開皇十八年改名好畤，大業三年廢入。寰宇記：後魏於漠谷水西置縣，因名漠西。按：長安志，唐武德二年，復置好畤縣於漠谷東南，在奉天縣西北六里，後移於廢上宜縣。蓋唐初之好畤，即後魏漠西地也。

上宜故城。在州西北，亦曰好畤城。隋書地理志：京兆郡領上宜縣，開皇十七年置。唐書地理志：貞觀八年，廢上宜入岐陽。元和志：好畤縣東南至京兆府一百八十里。武德二年，分醴泉縣置，因漢舊名。貞觀二十一年，移於廢上宜縣，今縣理是也。寰宇記：乾寧中，割好時隸威勝軍。後唐明宗天成三年，割還京兆府。乾德二年，割屬乾州。在州西北三十五里。長安志：縣治即舊香谷川。縣城周三里二百步。元志：至元五年省。

**奉天故城。**今州治。元和志：奉天縣東南至京兆府一百六十里。光宅元年，割醴泉、始平、好時、武功、新平郡之永壽五縣置，因乾陵所在，名曰奉天。唐書桑道茂傳：建中初上言，國家不出三年有厄會，奉天有王氣，宜高垣堞，爲王者居。德宗詔京兆尹嚴郢城之。及朱泚反，帝蒙難奉天，賴以濟。寰宇記：乾州本京兆奉天縣，唐末李茂貞建爲州。乾寧中，以覃王出鎮，建爲威勝軍。莊宗同光中，改爲刺史，屬鳳翔。西至鳳翔府一百八十里。長安志：熙寧中州廢，以奉天隸永興軍。子城周五里四十步。漢乾祐中重修古羅城，東北至子城西門外，自北三面有城牆，周十一里。州志：唐德宗行在，即今州署。

**斄縣故城。**在武功縣西南。詩大雅生民篇：「即有邰家室。」左傳昭公九年：詹桓伯辭於晉曰：「駘吾西土也。」史記：后稷母有邰氏女，曰姜嫄，生后稷，封於邰。漢初，曹參還定三秦，攻雍斄。漢書地理志：右扶風斄縣，周后稷所封。蘇林曰：「斄音胎。」後漢書郡國志：郿縣有斄亭。又右扶風領武功縣，永平八年復。杜預左傳注：「駘在武功縣所治斄城。」十三州志：「斄，古文作邰，古今字異耳。」括地志：故斄城，一名武功城，在武功縣西南二十二里，古邰國也。寰宇記：後漢省斄縣，復自渭水南移武功縣於斄故城，因謂之武功城。後魏太和十一年，改武功爲美陽縣，仍於此置武功郡。後周天和四年，美陽還舊理。建德三年省郡，別立武功縣於今理。按：縣志，古斄城在縣南八里斄村，乃古有斄氏之國。又縣西南三十里有斄城，乃前漢所徙置。東漢徙縣古斄城，而以此爲亭，今屬扶風縣。其說未知所據。

**武功故城。**今縣治。漢武功縣在今郿縣界，今縣本美陽縣之中亭川也。晉書：元康九年，孟觀破氐衆於中亭，獲齊萬年。隋書地理志：京兆郡武功縣，後周置武功郡，建德中廢。通典：後魏於美陽置武功郡，後周武帝省，其年又置武功縣，屬扶風郡。元和志：縣東至京兆府一百四十里。寰宇記：後周建德三年，省武功郡，別立武功縣於中亭川，即今縣理也。長安志：縣城周三里二百二十步。舊志：金時避顯宗嫌諱，更名武亭。元復故。

美陽故城。在武功縣西南。漢置縣，屬右扶風。後漢和帝初，封耿秉爲侯邑。安帝永初五年，以羌亂，詔安定郡寄理美陽。魏書地形志：扶風郡領美陽縣。又岐州領武功郡，太和十一年置，治美陽縣。章懷太子曰：美陽故城在武功縣北七里。寰宇記：在今縣西七里。後魏孝文太和十一年，移廢縣於古斄城中，後改武功爲美陽縣。後周天和四年還舊理。建德三年省。縣志：在縣西原八里。

永壽故城。在今永壽縣南。元和志：縣西北至邠州九十里。武德二年，分新平縣南界於今理北三十里永壽原西，分置永壽縣，因原而名。貞觀二年，移於州東南八十里。興元元年，又移於順義店，即今理。本漢漆縣之南界也。寰宇記：縣在乾州西六十里。後魏大統十四年，於今縣北廣壽原上置廣壽縣。周大象元年，改爲永壽。隋開皇三年，省入新平。唐武德二年，又於永壽原西置縣。四年，又南移於義豐塠。貞觀二年，南移。興元元年，又南移於今理。九域志：在邠州南六十里有麻亭寨。元史地理志：至元十五年，徙縣治於麻亭。按：永壽故城，明末被寇盡圮，因遷縣治焉。

武都城。在州東。魏書地形志：好畤縣有武都城。又漢西縣有武都城。長安志：好畤縣東有武都鄉，武都城蓋在其處。

十二城。在武功縣西。縣城半附雍原之麓。明洪武九年，都督耿忠屯此，控制關内。循原築十二城爲犄角之勢，至今猶存。

南豳城。在永壽縣北。通典：永壽有南豳故城。寰宇記：後魏時築，在縣北據山。其東、西、南三面險絶，實控禦之地。

齊難城。在永壽縣西。寰宇記：齊難，姚興將名也。屯軍築壘在縣西，其南、西、北三面一如南豳之險。又縣志：縣東南四十里有右扶風城，今廢爲民田。未詳建置。

梁山宫。在州西北。史記：秦始皇三十五年，幸梁山宫。漢書地理志：好畤縣有梁山宫，秦始皇起。三秦記：宫城皆文石，名織錦城。括地志：梁山宫俗名望仙宫，在好畤縣西十二里，北去梁山九里。

高泉宫。在武功縣西。漢書地理志：美陽縣有高泉宫，秦宣太后宫。長安志：宫在美陽城中。

慶善宫。在武功縣南。元和志：在縣南十八里，高祖舊宅也，南臨渭水。武德元年置宫，貞觀十六年鑾駕親幸，燕羣臣賦詩焉。長安志：慶善宫，太宗降誕之所。武德元年，建武功宫，六年改慶善宫，後廢爲慈德寺。

醴泉苑。在永壽縣。元和志：在縣東北十里，并醴泉宫，皆周所立，後廢。貞觀四年，置醴泉監，兼置屯五所，隸司農寺。

乾陵署。在州西北。唐書百官志：天寶十三載，改乾陵署爲臺令。州志：在陵下正南二里許。今署址尚存，土人謂之看墳司。又有柏城在陵後，樹柏成行，遮護陵寢。唐渾瑊謂漢谷道險，不若自乾陵北過，附柏城而行是也。

高望亭。在武功縣。長安志：武后行宫，在縣東五里高望鄉。通志：高望亭在縣東二十五里。

壤鄉。在武功縣東南。史記：「曹參圍好時，取壤鄉。」正義：「壤鄉今在武功縣東南二十餘里高壤坊是。」

魯店。在州東。唐書李懷光傳：帝狩奉天，懷光敗賊於魯店。州志：魯店當咸陽陳濤斜之西北。

## 關隘

大横關。在州西。唐書地理志：好畤縣有大横關。州志：今州西北五十里有關頭鎮，或以爲即故關。

莫營關。在永壽縣。寰宇記：在縣西南，後魏置。又通志：穆陵關，在縣南四里，宋嘉祐四年置，今廢。

薛禄鎮。在州東。長安志：奉天縣有薛禄鎮。州志：鎮在州東四十里，俗傳薛仁貴食采於此。

陸柏鎮。在州東十五里。東通醴泉，北通三邊，商旅所必經。又陽洪鎮，在州東三十里。

臨平鎮。在州西四十里。長安志有臨平觀基，在好畤縣東南七里，即此。

馮市鎮。在州東北三十五里。東通醴泉，北通永壽，爲商旅走集之所。又陽峪鎮，在州北五十里。注甘鎮，在州東北四十里。

長寧鎮〔二〕。在武功縣東。金史地理志：武亭縣有長寧鎮。通志：在縣東四十五里。又薛固鎮，在縣東南六十里。楊陵鎮，在縣南十五里。魏公鎮，在縣北二十里。

常寧鎮。在永壽縣東六十里。金史地理志：永壽縣有常寧砦。

蒿店鎮。在永壽縣南十五里，爲往來要道，明設遞運所，兼置大使於此。又底窖鎮，在縣北三十里，道出邠州，明亦設遞運所。今俱裁。

威勝驛。在州北門内小東街。有遞運所，在驛東，明初置，今廢。

邰城驛。在武功縣城内。西至鳳翔府扶風縣鳳泉驛六十里。

永安驛。在永壽縣城内。舊爲麻亭鎮，明初置。西北至邠州新平驛七十里，南至本州威勝驛九十里。

## 津梁

青龍橋。在州東三里。又甘泉橋，在州東三十里甘峪河上。

雲橋。在州南門外。

武水橋。在武功縣東一里，跨漆水。

安家橋。在永壽縣東。

## 隄堰

六門堰。在武功縣南。十道志：西魏文帝大統十三年，置六斗門節水，因名之。唐書李頻傳：六門堰，廞廢百五十年。方歲饑，頻發官廥，傭民浚渠，按故道厮水溉田。宋史河渠志：熙寧五年，提舉陝西常平沈披，乞復京兆府武功縣古迹六門堰，於石渠南二百步旁爲土洞，以土爲門，回改河流，溉田三百四十里。

成國故渠。在武功縣南。自鳳翔府郿縣流入，又東流入西安府興平縣界。又隋志武功縣有永豐渠、普濟渠。又長安志引十道志曰，有五泉渠，西自岐州扶風縣界流入，經三時原上，東流經縣西南，去縣十二里。隋文帝葬原上，因絶此水，東合成國渠。

呂公渠。在永壽縣北五里。舊志：邑無井水。宋呂大防爲令，行近境得泉二，欲導之入城，而地勢高下不一，乃用考工置水法準之，旬日間疏爲渠。新志：渠源出分水嶺，有三泉，匯爲一，亦謂之呂公惠民泉。後漸湮，本朝康熙九年重開，後又淤塞，雍正十年復修。

## 陵墓

古姜嫄冢。在武功縣上南門外三百六十步。

### 隋

文帝泰陵。在武功縣西南二十里三時原上。

### 唐

高宗乾陵。在州西北。唐書地理志：在奉天縣北五里梁山。寰宇記：唐高宗與則天同一陵，在州西北五里。長安志：乾陵周八十里，有于闐國所進無字碑。文獻通考：陪葬乾陵：太子賢、重潤，諸王上金、素節、守禮，公主義陽、新都、永泰、安興，臣下王及善、薛元超、劉審禮、豆盧欽望、楊再思、劉仁軌、李謹行、高侃。又有殤帝陵，爲中宗子重茂，在武功縣西原。

僖宗靖陵。在州東北十里。寰宇記：與乾陵相接，隔豹谷。長安志：在奉天縣東北十五里。下宫去陵五里。

### 漢

陸賈墓。在永壽縣。寰宇記：在乾州東北二十里岑陽、甘東兩鄉河西原。通志：今在永壽縣西南五十里。

蘇武墓。在武功縣。長安志：在縣北十里義門鄉。按：郡國志云，蘇武冢在好畤縣東三十里，名守節鄉，與此地相接。

## 南北朝　周

司馬裔墓。在武功縣西南三時原。裔仕周爲西陵州刺史，庾信撰誌銘。

## 唐

長孫無忌墓。在永壽縣車村里永壽村。

狄仁傑墓。在州北五里許，當乾陵東。

安金藏墓。在永壽縣南安家空。

蘇瓌墓。在武功縣西南博村，盧藏用隸書碑存。

蘇頲墓。在武功縣西南十五里。寰宇記：蘇許公墓，在武功縣西十里蘇村，神道碑存。

桑道茂墓。在州南門外。

## 宋

游師雄墓。在武功縣西北八里，華表尚存。

## 金

楊振墓。在州東南十里小劉村，子奂祔。元好問撰誌銘及神道碑。

## 祠廟

姜嫄祠。在武功縣西南。水經注：故郃城東北有姜嫄祠。寰宇記：在武功縣西南二十里。通志：今在城内西山。

后稷祠。在武功縣西南。水經注：故郃城南百步有稷祠。元和志：后稷、姜嫄二祠，在武功縣西南二十二里。縣志：明弘治九年，改建后稷祠於城内故寶意寺址。後又建姜嫄祠。

唐高祖祠。在武功縣西鳳岡。明洪武中建。

唐太宗祠。在武功縣城北鴻禧觀内。宋元祐三年建。

蘇武祠。在武功縣北郭。

漢將軍楊喜廟。在州西三十里。長安志：廟在奉天縣南二十里。

渾忠武王祠。在州南門内，祀唐渾瑊。宋元祐中建，游師雄撰碑。

桑道茂祠。在乾州西南三百一十步。

雙烈祠。在州東門内，祀唐竇氏二女。

楊文憲公祠。在州治東，祀元楊奂。

## 寺觀

興國寺。在州西北隅。明洪武十八年，始創爲寺，藏舍利寶塔。

吴山寺。在州西北二十里。元初建，有碑記。

慈德寺。在武功縣治南。即唐慶善宫故址，本朝康熙中重修。

報本寺。在武功縣西北一里。長安志：亦爲神堯宅，大中二年改爲寺。

二水寺。在武功縣東北阜上。漆、沮二水合其前，因名。

鴻禧觀。在武功縣唐太宗祠前。古柏十數本，狀若虬龍。本朝康熙中重修。

## 名宦

### 漢

王尊。高陽人。守槐里，兼行美陽令事。美陽有假子妻母，尊遣吏收捕，驗問辭服。尊曰：「律無妻母之法，聖人所不忍書。」於是取縣磔着樹，使騎吏五人張弓射殺之。吏民驚服。

## 唐

李澄。文水人。爲武功尉，以政尤異遷主簿。

薛順。寶鼎人。爲奉天尉，與楊國忠有舊。及用事將引之，輒謝絶。

羅珦。會稽人。寶應中爲奉天令，中官出入縣道，吏緣以犯禁，珦榜笞之，雖死不置。自是屏息。

薛播。寶鼎人。天寶間授武功令，温敏而裕。

段秀實。汧陽人。代宗時，白孝德屯奉天，公廩竭，軍輒散剽，孝德不能制。秀實知奉天行營事，號令嚴壹，軍中畏戢。

韋夏卿。萬年人。大曆中，遷刑部員外郎。時仍歲旱蝗，詔以郎官宰畿甸，授奉天令，課稱第一。

侯仲莊。蔚州人。德宗幸奉天，遷左衛將軍，爲防城使，修壘堞，晝夜執戈徼循。帝還都，復鎮奉天，幾二十載。

薛珏。寶鼎人。遷乾陵臺令，歲中以清白聞。

陳南仲。潁川人。貞元中爲武功丞，邑人宜之，號爲簡静。

姚合。硤石人。元和中調武功尉，善詩，世號姚武功。

李頻。壽昌人。爲武功令。畿民多籍神策軍，吏不敢繩以法。頻至，有神策士尚君慶，逋賦六年不送，睅然出入閭里。頻密擿比伍與競，君慶叩縣廷質，頻即械送獄，盡條宿惡，請於尹，殺之，督所負無少貸。豪猾大驚，屏息奉法，縣大治。浚六門堰，按故道厮水，穀以大稔。

宋

張綸。汝陰人。知乾州，有材略，興利除害，稱爲循吏。

杜衍。山陰人。詔舉良吏，擢知乾州。陳堯咨安撫陝西，有詔藩府乃賜宴。堯咨至乾州，以衍賢，特賜宴。

种世衡。洛陽人。天聖中知武功。天性嚴明，政令皆本人情，宜土俗，威信待人，人皆信服。

吕大防。藍田人。爲永壽令。縣無井，遠汲於澗，大防行近境，得二泉，欲導而入縣，地勢高下，衆疑無成理。大防用考工水地置泉之法以準之，不旬日果疏爲渠，庶民賴之，號曰吕公泉。

元

杜淵。長安人。至元中爲武功令，能繼前令興工修建廟學諸善政。

明

陳潤。泗水人。成化中知武功縣。歲大饑，民多流移，潤發倉以賑，全活者萬計。

趙時。犍爲人。嘉靖初，以治劇才調知乾州。白巾賊樊紳作亂，時搜得佩僞官符數人斬之，賊至，即投其屍於城下出擊之，賊悉就擒。

## 本朝

傅性良。登封人。順治初，知永壽縣。賊賀珍圍城，性良堅守獲全，總督孟喬芳上其功於朝。

張焜。南昌人。順治中，知永壽縣。地數被寇，城舍堙蕪，焜至僦居麻亭寨，築城濬泉，民得安堵。

沈華。吳縣人。雍正九年知武功縣。莅任四年，立義塾，修邑乘，毀淫祠，賑窮困，民安其政。

# 人物

## 三國　魏

蘇則。武功人。少以學行聞，舉孝廉茂才、辟公府皆不就。歷爲酒泉、金城太守，所在有威名。聞魏氏代漢，發服悲哭。後徵拜侍中，文帝憚其直，左遷東平相。卒，謚曰剛。

## 南北朝　魏

蘇湛。則九世孫。少有志行，歷員外散騎侍郎。蕭寶夤西討，以湛爲行臺郎中，深見委任。及寶夤將謀反，湛卧疾於家，寶夤令湛從母弟姜儉報湛，湛哭曰：「王本以窮而歸人，朝廷假王羽翼，不能竭忠報德，豈可便有問鼎之心乎？蘇湛不能以積世忠貞之基爲王族滅也，願賜骸骨還舊里。」寶夤知不爲己用，遂聽還武功。寶夤敗，莊帝徵拜尚書郎，遷中書。孝武初，終於家。弟讓，幼聰敏好學，有人倫鑒，官至汾州刺史。

## 周

**蘇亮**。湛兄。博學好屬文，善章奏。大統中，累官中書監，領著作修國史。亮有機辨，周文甚重之。記善忘過，薦達後進，常如弗及，故當世敬慕。歷拜侍中。亮與綽俱知名，世稱二蘇。

**蘇綽**。亮從弟。少好學，博覽羣書，尤善算術。周文召爲行臺郎中僕射，周惠達稱其有王佐才，周文與語，大悅，即拜大行臺左丞，參與機密。綽始制文案程式，朱出墨入，及計帳户籍之法。遷度支尚書，兼司農卿。周文方欲革易時政，務宏強國富人之道。綽贊成其事，減官員，置二長，并置屯田以資軍國，又爲六條詔書，奏施行之。綽性儉素，不事產業，常以天下爲己任，博求賢俊，共宏治道。周文亦推心委任，而無間言。以積勞成疾卒，周文痛惜之。弟椿，性廉慎，沈勇有決斷，爲周文所知。除武功郡守，以清儉自居，大小政務，必盡忠恕。

## 隋

**蘇威**。綽子。五歲喪父，哀毀若成人。隋文受禪，徵拜太子少保，兼納言、民部尚書。奏減賦役，務從輕典。與高熲同心協贊，政刑大小，無不籌之，數年，天下稱平。子夔，以鐘律自命。起家太子通事舍人，後與鄭譯、何妥議樂，得罪，議寢不行，著樂志十五篇，以見其志。歷位通議大夫。

**史永遵**。武功人。與從父昆弟同居。大業五年，表其門閭。

唐

劉文静。武功人。倜儻有器略。大業末爲晉陽令。高祖爲唐公鎮太原，文静深自結，既又見秦王，以爲豁達神武，漢高祖之徒。唐公開大將軍府，以爲司馬。文静請與突厥連和，突厥遣騎隨文静至，以奇兵敗桑顯和，追執屈突通，徇新安以西皆下，封魯國公。唐公踐位，擢納言，歷左僕射。

蘇世長。武功人。高祖時，拜諫議大夫。從獵涇陽，大獲，帝詫左右曰：「今日畋樂乎？」世長曰：「陛下廢萬幾，事遊獵，不滿十旬，未爲樂也。」侍宴披香殿，酒酣，進曰：「瓊宫、鹿臺，非受命聖人所爲。陛下武功舊第，纔蔽風雨，時以爲足。今天厭隋之侈，以歸有道，宜復樸素。」帝咨重其言。貞觀初，使突厥，與頡利争禮不屈，拒卻賂遺，朝廷壯之。

蘇良嗣。世長子。高宗時，爲周王府司馬。王年少不法，良嗣數諫，甚見尊憚，帝異之。歷遷荆、雍二州長史。垂拱初，拜納言。尚方監裴匪躬案諸苑，建言果蔬儲利，良嗣諫，遂止。遷文昌左相，同鳳閣、鸞臺三品。遇薛懷義於朝，懷義偃蹇，良嗣叱左右批其頰，曳去。武后聞之，戒曰：「第出入北門，彼南衙宰相往來，毋犯之。」加特進，卒。

蘇瓌。威曾孫。擢進士第。居母喪，哀毀加人。歷朗、歙、周三州刺史。神龍初，入爲尚書右丞，明曉法令，多識臺省舊章，一朝格式，皆所删正。累拜尚書僕射同中書門下三品，封許國公。瓌爲宰相，陳當世利病甚多。卒年七十二，謚曰文貞。

蘇幹。瓌從父兄。父勖，博學有美名，仕爲左庶子。幹擢明經，授徐王府記室參軍。王好畋，每諫止之。垂拱中遷魏州刺史，以治稱。

元讓。武功人。擢明經，以母病不肯調，侍膳不出閭數十年。母終，廬墓次，廢櫛沐，飯菜飲水。永淳初，巡察使表讓孝弟，擢太子右内率府長史。歲滿還鄉里，人有所訟，皆詣讓判。召拜議郎。

富嘉謨。武功人。舉進士。長安中，累轉晉陽尉。新安吴少微亦尉晉陽，相友善。二人文章皆本經術，雅厚雄邁，人争慕之，號「吴富體」。韋嗣立薦，並爲左臺監察御史。

蘇頲。瓌子。弱敏悟，一覽至千言輒覆誦。第進士，遷監察御史。長安中，被詔覆來俊臣等冤獄，驗發其誣，多從洗宥。拜中書舍人。明皇平内難，書詔填委，獨頲在太極後閣，口所占授，功狀百緒，輕重無所差。襲封許國公。開元四年，進同紫微黄門平章事。與宋璟同當國，璟剛正多所裁決，頲能推其長。帝前敷奏，璟有未及，輒助成之。罷爲禮部尚書，卒，贈右丞相，謚文憲。頲與張説，以文章顯，稱望略等，故特號「燕許大手筆」。弟詵，舉賢良方正高等，累轉給事中，出爲徐州刺史，治有迹。詵子震，十餘歲，强學有成人風。肅宗興師靈武，震晝夜馳及行在，帝嘉之。仕終太常卿。

來瑱。永壽人。父曜，開元末，持節磧西副大使、四鎮節度使，著名西邊。瑱略知書，尚名節。天寶初，從四鎮任劇職，遷行軍司馬，詔舉智謀果決才堪統衆者，張鎬薦瑱，擢潁川太守。安禄山反，攻潁川，瑱完堞自如，手射賊皆應弦仆。賊使降將畢思琛招之。瑱不應，前後俘殺甚衆，賊目爲來嚼鐵。以功加防禦使。瑱能撫訓士，舉動安重，賊不得侵。西京平，封潁國公。

蘇源明。初名預，武功人。工文辭，及進士第，累遷國子司業。安禄山陷京師，不受僞署。肅宗時，擢授考功郎中，知制誥，數陳時政得失。及史思明陷洛陽，有詔幸東京，將親征，源明上疏極諫。帝嘉其切直，遂罷東幸。以秘書少監卒。

蘇弁。世長從孫。擢進士，調奉天主簿。德宗出狩，而縣令計事在府，官屬皆惶恐，欲遁走，弁諭之，乃定。車駕至，儲偫畢給。累遷倉部郎中，判度支案。裴延齡死，弁通學術，吏事精明，承延齡後，平賦緩役，略煩苛，人賴其寬。後終滁州刺史。聚書至三萬卷，手自讎定，當時稱與秘府埒。

趙植。奉天人。德宗出狩，變倉猝，羽衛單寡。朱泚攻城急，植率家人、奴客以死拒守，獻家財勞軍，帝嘉之。賊平，擢鄭州刺史。鄭滑節度使李融，奏以自副，融病，委以軍政。大將宋朝晏火其營，夜爲亂，植列卒不動，遲明而潰，捕斬皆盡。優詔嘉尉，累擢嶺南節度使。

## 宋

趙隱。植之孫。父存約，辟署興元李絳府。值軍亂，絳麾使去，對曰：「荷公德厚，誼不當獨免。」即部勒左右捍之而同遇害。隱以父死難，與兄騭廬墓幾十年，不應辟召。會昌中，擢進士第。咸通末，歷中書侍郎。性仁悌，不敢以貴權自處。始布衣時，家無貲，與騭同耕以養母。宦寖顯，還家易衣侍左右，猶布衣也。騭終宣歙觀察使。隱子光逢、光裔、光蔭，皆第進士，歷臺省。

游師雄。武功人。學於張載，第進士。元祐時，遷軍器監丞。吐蕃寇邊，其酋長鬼章謀據熙河，詔師雄便宜從事，遂破洮州，擒鬼章。歷衛尉少卿。哲宗數訪邊防利病，師雄具紹聖安邊策凡六十事上之。進直龍圖閣，知秦州，徙知陜州，卒。議者以爲用不盡其才。

蘇昞。武功人。始學於張載，事二程，卒業。元祐末，吕大中薦之，起布衣，爲太常博士。

## 元

楊奂。奉天人。年十一，母殁，哀毁如成人。金末舉進士不中，乃作萬言策，指陳時病，未及上而歸，教授鄉里。太宗詔試諸道進士，奂試東平，兩中賦論第一。授湖南路徵收課税所長官，兼廉訪司，公私便之。世祖在潛邸，驛召奂參議京兆宣撫司事〔三〕，累上書，得請而歸。

康廷瑞。武功人。明性理之學。讀書長寧西門原上，有數百人宗師之。後辟爲興化訓導。

明

馬京。武功人。洪武中進士，授編修，歷任大理卿。永樂初，爲刑部侍郎。太子守北平，盡誠翊贊。高煦數毀之，謫戍廣州，召還，仍坐前事下獄死。仁宗立，贈少傅，謚文簡。

康海。武功人。弘治中進士，授修撰。與李夢陽輩倡復古學，號正德中七才子。夢陽忤劉瑾下獄，海詣瑾求釋。瑾敗，坐落職。海工於樂府，兼通曆象、太乙、六壬、醫經、算書。

任棟。永壽人。崇禎中，由貢生爲萊州通判。李自成等叛，棟佐知府李萬年共守。萬年與巡撫謝璉爲賊所誘執〔四〕，棟助大帥楊御蕃力拒。圍解，論功，進秩賜金。累遷保定監軍僉事。從總督楊文岳南征，嗚臯鎮之捷，棟與有功。尋與總兵虎大威破賊平峪，再破之鄧州。從援開封，會左良玉大潰於朱仙鎮，賊來追，棟力戰，殁於陣。贈太僕卿。

本朝

馬琾。武功人。由貢生知永嘉縣。康熙十三年，耿精忠叛閩，温郡戒嚴，琾與副使陳丹赤協謀防禦。守將祖鴻勳殺丹赤，倡衆從逆，琾不屈，遇害。贈浙江布政司參政，追謚忠勤。琾族叔之騄，時在署，至琾死所，枕尸哭。賊欲殺之，或曰：「此義士也。」遂得護喪歸。子逸姿，仕至安徽布政使。

耿獻忠。武功人。順治初分巡閩中。海氛未靖，將士俘獲甚衆，有誤入者，獻忠詣臺司力争，得釋數千人。遷廣東布政使，裁抑武弁驕横，粤以安輯。

康呂賜。武功人。諸生。幼穎悟，究心格致之學。事親孝，親殁，三年不御酒肉。友愛二弟備至。卒年八十八。

孫景烈。武功人。乾隆初進士，授翰林院檢討。性敦孝友，學有心得，閭里人士奉爲楷模。

韓際春。乾州人。五歲母歿，哀毁如成人。九歲父病，嘗糞甘苦，告醫用藥。年十五，父歿，哭晝夜不絶聲，泣盡繼以血。祖以哭子喪明，際春以舌舐之，目復明。乾隆五十年旌。

## 列女

### 唐

竇伯女、仲女。奉天人。永泰中，遇賊行剽，二女自匿山谷，賊迹而得之，將逼以私。行臨大谷，伯曰：「我豈受污於賊！」乃自投下。賊大駭。俄而仲亦躍而墜。京兆尹第五琦表其烈行，詔旌門閭。

### 元

田大妻郝氏。永壽人。與田二妻胥氏、田三妻周氏，皆夫死於兵，郝年二十，胥年十九，周年十八，俱堅心守節，終身不嫁。延祐二年旌。

### 明

李氏女。乾州人。年十六，字於陳，未嫁而夫罹刑。女聞之，自縊死。

騫九思女。永壽人。幼字趙，趙故富而騫家漸落，趙遺書罷婚，九思許之。女澡身整服，强婢導至趙門，自刎死。時天日開霽，而雷雨驟至，一邑震驚。又師氏女，父第爲族人誣訟之官，捕者至其家，牽女衣，女憤，遂自縊死。

吴珩妻周氏。乾州人。隨夫戍錦衣衛。夫亡，年二十六，攜二子負骸骨歸葬，事姑二十餘年，喪祭皆以禮。正統中旌。又徐自清妻車氏，年未二十，夫亡苦節。陳汝真妻馬氏，年二十二夫亡，孝養舅姑，撫遺腹子成立。

郝讓妻王氏。武功人。夫亡，子亦繼卒，氏力作以養孀姑，苦節終身。同縣王繼祖妻郭氏，子乾明妻張氏，孫受元妻田氏，三世苦節。耿認妻恭氏，年十九守節。陳懋謙妻牛氏，年十九，撫遺腹守節。康栗繼妻楊氏、楊宋妻康氏，均夫亡殉節。馬璟妻侯氏，知夫病不起，先自縊死。

杜逢雲妻屈氏。武功人。歲大祲，其翁與夫就食漢南，翁死，夫歸亦死。氏泣曰：「敢以夫死之故而使翁之遺骸棄於原野乎？」殯其夫，即徒步往漢南，負翁骨歸葬。葬畢，閉户不食而死。

張簡妻騫氏。永壽人。年十八守節，事孀姑以孝聞。同縣劉宗樂妻王氏，年十九，撫遺腹子成立。趙應聘妻員氏，無子守節，遇歲祲，閉户不食死。

劉弼主妻陳氏。武功人。崇禎中，流賊破城被獲，氏罵不絶口，賊斷其兩臂而死。

俎衍溱妻陳氏。永壽人。崇禎末，抱幼女隨姑避亂，爲流賊所掠，氏奮奪賊刀，殺女自刎。賊驚異，釋其姑。

## 本朝

楊志秀女。武功人。年十四。順治八年，爲土寇所掠，欲污之，女罵不從。賊擄至渭水灘，罵不絶口，賊怒，以刀横斫其面，兩目俱墮，仍作罵聲而死。同縣張居仁妻馬氏，少寡，棲止土窑中，爲惡少所逼，峻拒之，被焚死。

殷之才妻吴氏。乾州人。之才客死，氏聞自縊。同州黎衛妻殷氏，以夫病篤，先投繯死。廖揚光妻李氏，夫亡不食死。殷銓妻袁氏，夫亡，截髪自誓，苦節終身。又王紹用妻王氏、唐振吉妻虢氏、宋志禮妻彭氏、宋樸妻趙氏、子焻妻張氏，並以節著。

馬穎姿妻周氏。武功人。穎姿隨叔珵官永嘉，值兵變死，氏守節，撫姪爲嗣。雍正六年旌。同縣馬瑜妻魏氏，吴三桂之變，瑜運餉不歸，氏年十九，貧無依。或勸之改適，不從。苦節五十餘年。馬鐸妻王氏，夫死，舅姑欲奪其志，自縊死。吴翥妻李氏，夫亡年十九，族人逼之改適，氏斷指自誓，守節五十餘年。李某妻康氏，夫亡，家極貧，姑亦在殯，氏竭力營葬，路人爲之感動。又張錫履妻郭氏、康吕夢妻閔氏，均以苦節著。

周棟妻袁氏。乾州人。年十九，夫亡，翁姑年老，夫弟年幼，氏送死養生，曲盡孝道。夫弟甫五齡，課讀入泮。夫弟没，子方三歲，氏撫育如己出。同州崔易妻殷氏、吴淙妻劉氏、劉禹統妻董氏、張焯妻王氏、羅璐妻趙氏、王思恭妻郭氏、史達儒妻唐氏、高崇陛妻胡氏、張於朝妻黎氏、楊仲蘭妻任氏、趙炘妻郭氏、趙珮珏妻郭氏、吴漢誠妻張氏、張呈福妻周氏、李遇春妻賀氏、南相極妻李氏、張涵妻魯氏、牛盡孝妻王氏、趙任統妻宋氏、胡瑋妻王氏、趙照妻陳氏、趙煇妻楊氏、陳普妻孫氏、祝天顧妻董氏、宋得業妻姬氏、宋光祖妻史氏、郭成德妻侯氏、陳禮妻趙氏、韓致中妻王氏、劉可相妻熊氏、郭文治妻劉氏、郭國固妻謝氏、劉璒妻吴氏、王進妻亓氏、丁信妻康氏、范希順妻李氏、宋浩妻嚴氏、宋裕承妻吴氏，又烈婦劉世安妻黄氏，均乾隆年間旌。

王世桂妻崔氏。武功人。世桂蚤殁，氏親族無所依，甘貧織紝，撫子成立。氏生於明萬曆四十一年，殁於雍正九年，壽一百二十歲。又張志耀妻趙氏，年二十八而寡，撫孤生子，又撫孫以及曾孫。卒於乾隆十八年，壽一百零四歲。乾隆十七年旌。同縣徐遵妻喬氏、王錦妻馬氏、李尚林妻楊氏、李浩妻劉氏、楊茂棟妻羊氏、王應運妻張氏、張義妻景氏、舒庭妻吴氏、党從直妻李氏、党防妻薛氏、蒲桐妻賈氏、蒲延齡妻朱氏、張宰妻王氏、葛正夏妻白氏、王富善妻楊氏、靳永臨妻張氏、張泗妻焦氏、靳莊妻何氏、張金門妻馬氏、党廷環妻胡氏、朱炎斌妻焦氏、党熙齡妻耿氏、党黄珍妻黄氏、徐鴻綬妻申氏、田希籌妻趙氏，又烈婦金庫妻馮氏、魏大緒妻孫氏、曹恒禄妻馬氏，均乾隆年間旌。

夏芳妻任氏。永壽人。年二十夫亡，子甫及歲，氏念翁老孤幼，紡績餬口，鄉里稱賢。乾隆十一年旌。同縣夏泉妻師氏、周鏡妻董氏、李鳳翔妻都氏，又烈婦趙會妻盧氏，俱乾隆年間旌。

高氏女。乾州人。許字鄭宏德，未婚夫歿，矢志守節，撫嗣子成立。嘉慶二十三年旌。

蔣氏女。武功人。許字党忻。年十八，未婚聞夫喪，痛絶復蘇，遂往夫家養翁姑。執婦道，喪葬盡禮，撫嗣子成立。嘉慶二十五年旌。

王永傑妻吴氏。乾州人。夫亡守節。嘉慶元年旌。同縣金國庠妻景氏、張應周妻全氏、李永淮妻史氏、王有年妻常氏、馬彦妻郭氏、黎利復妻殷氏、劉廷權妻王氏、王振河妻吴氏、嚴其品妻鄭氏、田士英妻張氏，均嘉慶年間旌。

王有年妻夏氏。武功人。夫亡守節。嘉慶二年旌。同縣馬樓妻趙氏、耿汝超妻王氏、党光壁妻張氏、劉毓棟妻段氏、楊學深妻劉氏、劉起瑞妻李氏、孫潤妻王氏、王雲龍妻郭氏、弓沖漢妻別氏、張位妻王氏、劉璋妻張氏、丁折桂妻何氏、楊繼溥妻崔氏、楊之華妻党氏、申紀妻徐氏、李振東妻伊氏、李振家妻華氏、馬浚四妻趙氏、張素抱妻何氏、張清妻郭氏、楊錦蘭妻党氏、楊友蘭妻羊氏、丁一昇妻蔣氏、劉事清妻張氏、郭維垣妻党氏、周三元妻王氏、宋坦妻桂氏、王仲智妻徐氏，又烈婦王某妻趙氏、魏廷傑妻李氏，均嘉慶年間旌。

弓峻登妻于氏。武功人。峻登舉於鄉，未幾病，氏禱於神，祈以身代。及卒，仰天泣曰：「舅有長子，奉養不患無人。夫無遺子，生亦何爲。」遂自縊柩前，面色如生。同縣訓導党振聲妻王氏，亦夫亡殉節。均嘉慶年間旌。

## 流寓

### 漢

陸賈。楚人。孝惠時，吕太后用事，欲王諸吕。賈自度不能争之，乃病免，以好畤田地善，往家焉。

### 三國　魏

吉茂。池陽人。與扶風蘇則共入武功南山，隱處精思。

## 仙釋

### 明

僧寶金。永壽人。號璧峯，俗姓石氏。嘗趺坐大樹下，谿水横溢，人意其已死。越七日水退，視之燕坐如平時，惟衣濕耳。明洪武初，奉詔至南京，召問佛法及鬼神情狀，奏對稱旨，御製詩賜之。後卒，宋濂爲撰舍利塔銘。

## 土産

小麥。州志：皮薄麪多，較他處每斗重二斤。

西瓜。州志：陽洪店出，瓜味美於他處。

柏。州志：乾陵柏，文多雲氣、人物、鳥獸，一株值萬錢。唐白樂天有柏牀詩。

## 校勘記

〔一〕每日初出紅光相映若赤壁　按，此句似當作上條丹崖注語，誤置於此。乾隆志卷一九三乾州山川（下同卷簡稱乾隆志）同本志，本志蓋承其誤而未察也。

〔二〕長寧鎮　「寧」，原作「安」，據乾隆志及金史卷二六地理志改。按，此志蓋避清宣宗諱改字，今改回。下條常寧鎮原亦避諱改「寧」爲「安」，今同改回。

〔三〕驛召奂參議京兆宣撫司事　「撫」，原作「府」，據乾隆志及元史卷一五三楊奂傳改。

〔四〕萬年與巡撫謝璉爲賊所誘執　「璉」，原作「漣」，據乾隆志及明史卷二九三任棟傳改。

# 邠州直隸州圖

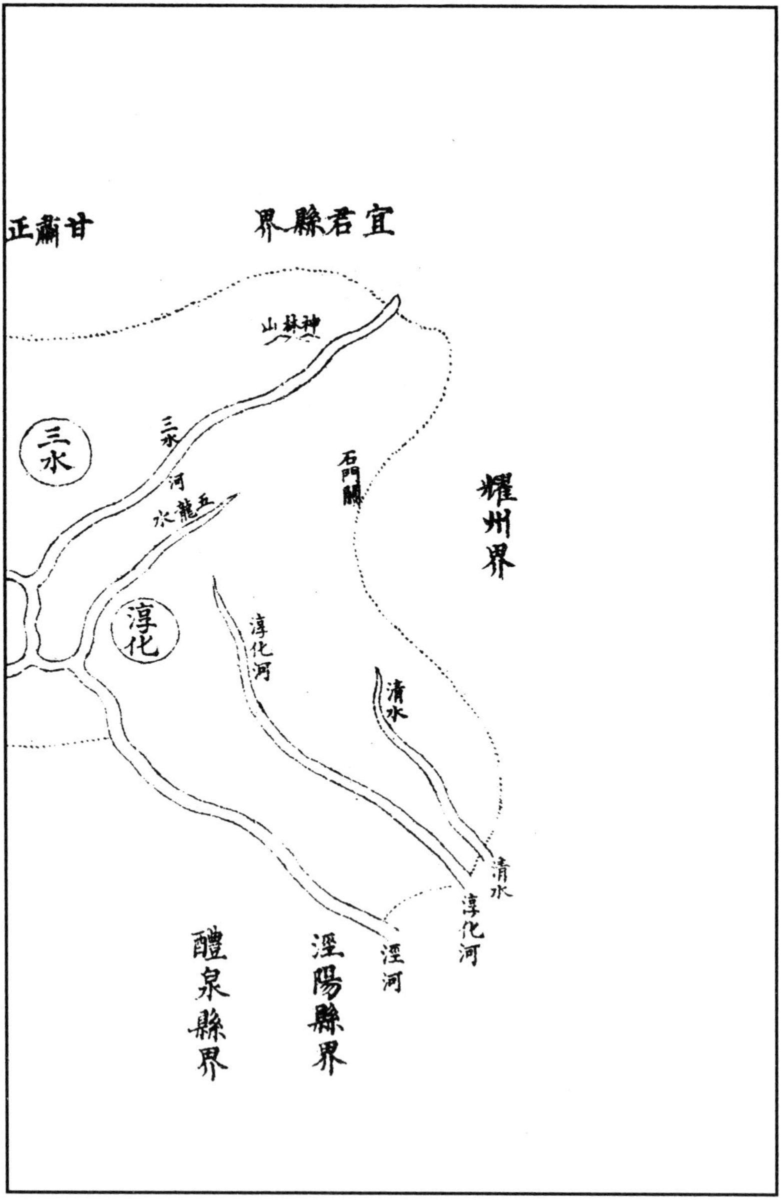
甘肅正
宜君縣界
神林山
三水
三水河
五龍水
石門關
耀州界
淳化
淳化河
清水
清水
淳化河
涇河
醴泉縣界
涇陽縣界

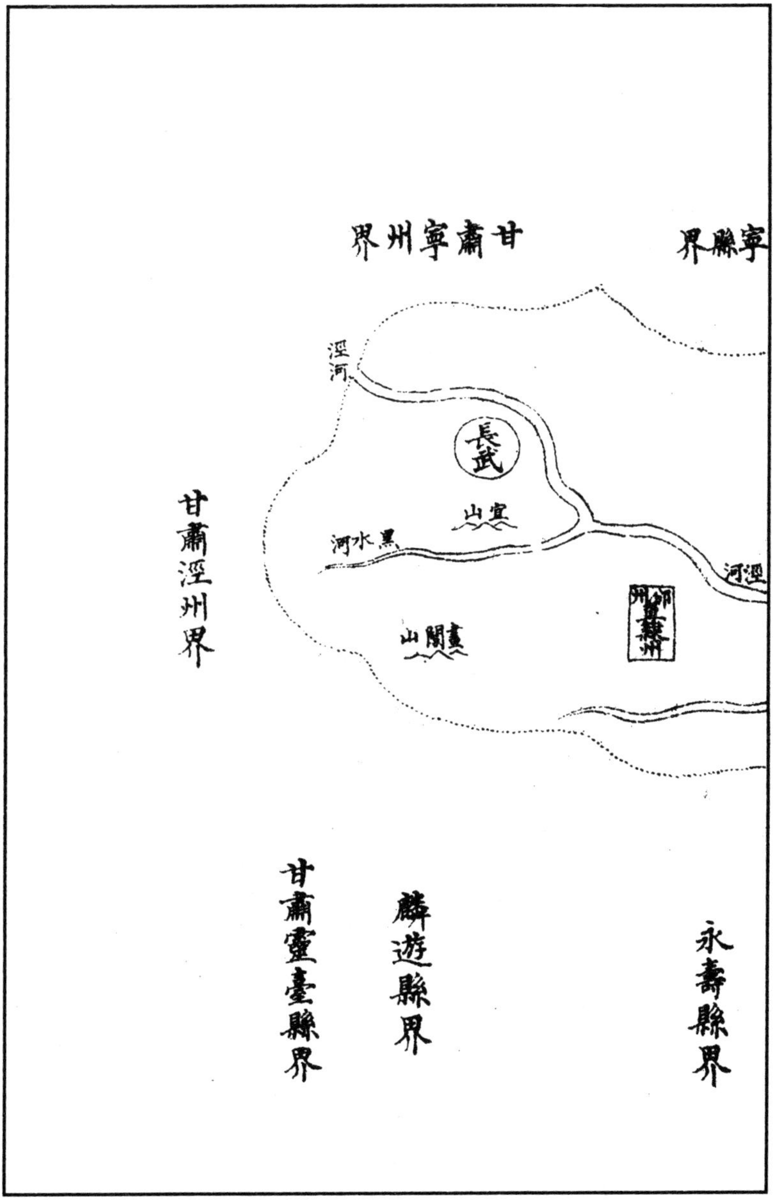
甘肅寧州界
寧縣界
涇河
長武
宜山
黑水河
涇河
邠州直隸州
畫閣山
甘肅涇州界
甘肅靈臺縣界
麟遊縣界
永壽縣界

# 邠州直隸州表

| | 邠州直隸州 | | 三水縣 |
|---|---|---|---|
| 秦 | | 漆縣 屬內史。 | |
| 兩漢 | 新平郡 後漢興平元年分置。 | 漆縣 屬右扶風。後漢郡治。 | |
| 三國 | 新平郡 屬魏。 | 漆縣 屬新平郡。 | |
| 晉 | 新平郡 屬雍州。 | 漆縣 晉末廢。 | |
| 南北朝 | 新平郡 西魏置豳州。 | 白土縣 魏改置，郡治。 | |
| 隋 | 新平郡 開皇三年郡廢，大業三年州廢，義寧三年復置。 | 新平縣 開皇四年更名，屬北地郡。 | 三水縣 大業初移治，屬北地郡，義寧二年屬新平郡。 |
| 唐 | 邠州 武德元年復置州，開元十三年更名，天寶元年改新平郡，乾元元年復屬關內道。 | 新平縣 州治。 | 三水縣 屬邠州。 |
| 五代 | 邠州 初屬岐，後屬梁。 | 新平縣 | 三水縣 |
| 宋金附 | 邠州 屬永興路。金屬慶原路。 | 新平縣 | 三水縣 |
| 元 | 邠州 屬陝西行省。 | 新平縣 | 省入淳化縣。 |
| 明 | 邠州 屬西安府。 | 省入州。 | 三水縣 成化十四年復置，仍屬邠州。 |

續表

| | 淳化縣 | 長武縣 |
|---|---|---|
| 栒邑縣屬內史。 | 雲陽縣屬內史。 | 鶉觚縣地。 |
| 栒邑縣屬右扶風。 | 雲陽縣屬左馮翊。雲陵縣昭帝置，屬左馮翊。後漢廢。 | |
| 栒邑縣 | 雲陽縣 | |
| 邠邑縣改名，屬新平郡，後廢。 | 廢。 | |
| 三水縣魏改置，仍屬新平郡。西魏置恒州，旋廢。 | 魏雲陽縣地。 | 東陰槃縣魏置，屬趙平郡。西魏更名宜禄。周廢。 |
| | | 新平縣地。 |
| | | 宜禄縣貞觀二年復置，屬邠州。 |
| | | 宜禄縣 |
| | 淳化縣淳化四年置，屬耀州。宣和元年屬邠州。 | 宜禄縣 |
| | 淳化縣 | 廢入邠州。 |
| | 淳化縣 | 長武縣萬曆十一年置，屬邠州。 |

淺水縣
漢置，屬上郡。後漢省。

陰槃縣
漢置，屬安定郡。後漢曰陰盤，靈帝時廢。

長武縣
咸平二年置，尋廢。大觀二年復置，屬涇州。

至元十一年省。

# 大清一統志卷二百四十八

## 邠州直隸州

在省治西北三百二十里。東西距二百九十里，南北距九十五里。東至西安府耀州界一百八十里，西至甘肅涇州界一百十里，南至乾州永壽縣界三十五里，北至甘肅慶陽府寧州界六十里。東南至西安府涇陽縣界一百七十里〔一〕，西南至鳳翔府麟遊縣界七十五里，東北至鄜州宜君縣界一百五十里，西北至寧州界一百二十里。本州境東西距一百二十五里，南北距九十五里。東至淳化縣界八十五里，西至長武縣界四十里，南至永壽縣界三十五里，北至寧州界六十里。東南至淳化縣界八十里，西南至麟遊縣界七十五里，東北至三水縣界三十五里，西北至寧州界一百二十里。自州治至京師三千里。

### 分野

天文井、鬼分野，鶉首之次。

### 建置沿革

禹貢雍州之域。秦置漆縣，屬内史。漢屬右扶風，後漢因之。興平元年，以縣置新平郡。晋屬雍州。後魏改置白土縣，仍爲新平郡治。西魏置豳州。隋開皇三年郡廢，四年改縣曰新平。大業三年州廢，縣屬北地郡。義寧二年復置新平郡。唐武德元年，復曰豳州。開元十三年，改「豳」曰「邠」。天寶元年，曰新平郡。乾元元年，復曰邠州，屬關内道。唐書方鎮表：乾元二年，置邠寧節度使，治邠州。大曆三年罷，十四年復置。光啓元年，賜號静難軍節度。五代因之。初屬岐，後屬梁。宋亦曰邠州，屬永興軍路。宋史地理志：邠州，緊。新平郡，定難軍節度。金屬慶原路。元曰邠州，屬陝西行省。明省新平縣入州，屬西安府。本朝雍正三年，直隸陝西布政司。領縣三。

三水縣。在州東北六十五里。東西距九十里，南北距一百里。東至西安府耀州界六十里，西至本州界三十里，南至淳化縣界五十里，北至甘肅慶陽府正寧縣界五十里。東南至耀州界七十里，西南至本州界四十里，東北至鄜州宜君縣界九十里，西北至正寧縣界六十里。古豳國，爲周邠國。秦置栒邑縣，屬内史。漢屬右扶風，後漢因之。晉曰邠邑，屬新平郡，後廢。後魏改置三水縣，仍屬新平郡。西魏置恒州，尋廢。隋屬北地郡。義寧二年，屬新平郡。唐屬邠州，五代、宋、金因之。元至元七年，併入淳化縣。明成化十四年復置，仍屬邠州，統於西安府。本朝雍正三年，屬邠州。

淳化縣。在州東少南一百四十里。東西距八十五里，南北距八十五里。東至西安府耀州界四十里，西至本州界四十五里，南至西安府醴泉縣界四十里，北至三水縣界四十五里。東南至西安府涇陽縣界四十里，西南至醴泉縣界五十里，東北至耀州界四十五里，西北至三水縣界四十里。秦置雲陽縣，屬内史。漢屬左馮翊，後漢因之。晉廢。後魏以後，爲雲陽縣地。宋淳化四年，始分置淳化縣，屬耀州。宣和元年，改屬邠州，金、元因之。明屬邠州，統於西安府。本朝雍正三年，屬邠州。

長武縣。在州西北八十里。東西距七十里，南北距六十五里。東至本州界四十里，西至甘肅涇州界三十里，南至涇州靈臺縣界三十五里，北至甘肅慶陽府寧州界三十里。東南至靈臺縣界四十里，西南至涇州界三十里，東北至本州界三十五里，西北至寧州界四十里。秦、漢北地郡鶉觚縣地。後魏置東陰槃縣，屬趙平郡。西魏改曰宜禄。北周省入鶉觚。隋爲新平縣地。唐貞觀二年，復置宜禄縣，屬邠州。五代、宋、金因之。元廢入邠州。明萬曆十一年，始置長武縣，屬邠州，統於西安府。本朝雍正三年，屬邠州。

## 形勢

涇水遶其北，邠崖峙其南，倚山爲城，地勢雄壯。元統志。

## 風俗

土宜殖物，人務稼穡。元微之表。其俗質而厚，其人樸而易理，業尚播種畜牧。唐鄭處誨節度使廳記。尚勇力，習戰備。寰宇記。

## 城池

邠州城。周九里有奇，門四。城南又有山城，與州城相連，周五里。環二城俱有池，深二丈。元末因唐舊址建。明時屢修。本朝乾隆二十八年修。

三水縣城。周五里有奇，門四，池廣二丈五尺。西北枕山，東南臨谿。明成化十四年建。本朝康熙九年、乾隆二十九年屢修。

淳化縣城。周四里有奇，門三，池深一丈，廣五尺。宋淳化四年建。明嘉靖九年修。本朝順治五年、康熙三十九年、乾隆二十九年屢修。

長武縣城。周五里，門五，東南有池深二丈。明萬曆中因唐舊址建。本朝乾隆二十二年、三十年、五十一年屢修。

## 學校

邠州學。在州治西。舊在東門外，宋慶曆中建，明洪武六年移建今所。本朝順治十六年修。入學額數八名。

三水縣學。在縣治東。明成化十四年建。本朝康熙十年修。入學額數十二名。

淳化縣學。在縣治西北。舊在縣治東南，明洪武中建，正德中移建今所。本朝康熙二十五年修。入學額數八名。

長武縣學。在縣治西南。明萬曆中建。入學額數八名。

石門書院。在三水縣。乾隆三十六年建。

## 户口

原額人丁三萬七千三十三，今滋生民户共男婦二十五萬七千七百十九名口。

## 田賦

民地九千二百八十二頃四畝八分五釐，額徵地丁銀四萬六百二十四兩四錢九分，糧四百六十一石一斗四升一合五勺。

## 山川

壽山。在州城東南，山高頂平。州志：上有居民，及茂林修竹之勝。

豳山。在州治南，城垣所依。亦名鳳凰山，俗傳周初鳳凰所棲之地。左列壽山，前依澗水，巖壑嵚嶔，委曲百折，亦謂之豳巖，一名安定巖。

紫微山。在州城內西南隅，連跨外郭。上有宋金時屯兵故砦。

明岨山。在州西十里。其麓有水簾洞，洞中有水流出。相傳唐貞觀中鑿山爲連珠小竅，形肖飛閣，每歲元宵，居民率張燈於此以祈年。相近有白土崖，亦曰白土原，又曰白兔巖。

龍柏山。在州北三十里。山形高聳，上多叢柏。

雞阜山。在三水縣東里許。石壁高聳，俯視城隍。

肖墻山。在三水縣東七里。縣志：峻聳干雲，形似浮圖。下有麻峪、義峪、窑峪。

石鞘山。在三水縣東十五里。三面壁立，惟一徑可通。亦名馬闕。

石門山。在三水縣東，接淳化縣界。史記：秦獻公二十一年，與晉戰於石門。雲陽宫記：東北有石門山，岡巒糾紛，干霄秀出。有石巖，容數百人。水經注：五丈渠水，出雲陽石門山。元和志：山在三水縣東五十里。舊志：山在縣東六十里，高峻插天，對峙如門，一名石闕。其北爲戴家山，林木蔭翳，千巖環拱。又南爲攢天嶺，峻矗干雲。

神林山。在三水縣東七十里。因上有舊建英公祠得名，吞雲吐霧，靈氣往來。

翠屏山。在三水縣治南，縣城踞其上。亦名豳山，俗名掛榜山，又謂之南岡。縣志：翼蔽縣治，如屏障然。

鳳凰山。在三水縣城西北。縣志：岡巒如鳳。舊有阿陡堡在其上。

蟠龍山。在三水縣東北三十五里。蜿蜒盤礴，邠之名勝。

大唐山。在淳化縣東四十里，接西安府耀州界。亦名辰頭嶺。

嵳峩山。在淳化縣東南五十里。即嶻嶭山，西南屬涇陽，東南屬三原，爲三縣接界處。其西有仲山，亦與涇陽縣接界。俱詳見西安府。

巴山。在淳化縣西南十五里。縣志：山下有石，將雨則湫出。

五鳳山。在淳化縣西三十五里。縣志：五峯如鳳，一名五鳳谷。

甘泉山。在淳化縣西北。史記封禪書：黄帝接萬靈明廷。明廷者，甘泉也。又范雎傳：雎説秦昭王曰：「北有甘泉、谷口。」括地志：甘泉山，一名石鼓原，俗名磨石嶺，在雲陽縣西北九十里。元和志：甘泉山，周迴六十里。縣志：山在今縣西北五十里。

壽峯山。在淳化縣北二里。俗呼爲三楞山，或謂即甘泉賦所云椽巒也〔二〕。

蝎子掌山。在淳化縣北四十里。冶谷水出此。

迴龍山。在長武縣東四十里，因峯勢回顧而名。

宜山。在長武縣南十里。縣志：有隋牛弘别業，故址猶存。

静山。在長武縣南十五里。一名翔雁山。

神龍山。在長武縣北十五里。縣志：其山産小蛇，長寸許，頭有兩角，故名。

堡嶺。在三水縣東三十里。後秦姚襄嘗築砦其上，故名。絶頂有泉，名龍泉，亦名天池。又中嶺，在堡嶺之右，巖覆數丈，可蔽風雨。其麓有官家洞，亦名飛雲洞，峭壁危巒，下臨汃水，高下各數十窟，可容數百人。其左又有桑村洞，俗以爲即古公之陶復陶穴也。

分水嶺。在三水縣東北九十里，與鄜州宜君縣接界。其嶺上連子午嶺，嶺東爲鄜州，西爲甘肅慶陽府。

秀峯。在長武縣南二十里。縣志：層峯秀麗，望之如畫。

龍纏峯。在長武縣西南十五里前川河中。峯高百餘丈，頂二畝餘，形似蟹筐，又名蟹峯。

黑石巖。在三水縣東南五十里。巖石如漆，壁立萬仞，林木蔭翳，人跡罕到。又觀音巖，在縣東北二十五里。中有靈湫，深不可測，旱禱輒應，亦謂之觀音湫。

石崖。在州西二十里。其崖壁立百餘仞，無階可陟。石佛嵌空而坐，其崇八丈，唐貞觀二年開鑿。前起層臺飛閣，閣底竅通中，寒泉洌淒，澈及肌骨。

張果老崖。在淳化縣東北七十里，與耀州接界。其西南麓屬縣境。

蒲里谷。在州東七里。一名蒲澤谷。相傳宋潘邠老讀書處。泉流如帶，石洞尚存。

甘峪。在三水縣南十里，路出長安爲孔道。又柳峪，在縣南三里。後峪，在縣北十里。

白虎峪。在三水縣西北十五里。即唐鄭谷詩所云「谷評白虎藏巖洞」也。

冶谷。在淳化縣東南仲山、嵯峩山之間。縣志：谷口有石，形似二龜，對立如門。詳見西安府。

盤谷。在長武縣西三十里。三峯交峙，二水分流，爲邑中之勝。

五龍原。在州南。唐武德初，突厥奄至豳州城西，陳於五龍坂，秦王擊却之，即此。元和志：五龍原，在新平縣南三里。原側有五泉水，因名。

陳陽原。在州西南。元和志：後魏於新平縣西南十里陳陽原上置白土縣。

淺水原。在長武縣西北，即鶉觚原。魏書：神䴥三年，古弼等攻平涼，赫連定從鶉觚原救平涼，與弼相遇。魏書地形志：鶉觚縣有鶉觚原。元和志：淺水原，即今宜禄縣理所。武德元年，薛舉寇涇州，太宗親征。會舉死，其子仁杲統衆挑戰，上遣總管龐玉，自此原南出賊右，因高而陳，上自原北出其不意，賊遂大潰。寰宇記：鶉觚原即淺水原。縣志：縣治北有集賢岡，迴谿巨壑，盤旋險峻，或稱四龕山，又名五鳳巢，蓋即淺水原也。又縣北五里有淺水墩，爲烽堠之所，蓋亦以原而名。

黄萯原。在長武縣北。唐大曆八年，吐蕃寇涇、邠二州，渾瑊拒戰於宜禄，登黄萯原望敵。舊志：原在縣北接甘肅慶陽府寧州界。

車箱坂。在淳化縣南。元和志：在雲陽縣西北三十八里，縈紆曲折，單軌纔通。上坡即平原宏敞，樓觀相屬。亦名車盤嶺，即趨甘泉宫道也。金史地理志：淳化縣有車箱坂。

履跡坪。在州南門外。俗傳姜嫄祀郊禖，履大人跡處。又州東三十里有凌陰，爲公劉藏冰處。蓋皆好事者傳疑也。

白石洞。在三水縣東七里。縣志：山麓多絳桃。又趙家洞，在縣東北二十五里，一名琅天洞。其巖深邃寛平，可以眺遠，内有石室。又流石洞，在琅天之右，石谷環繞如城。

漆水。在州西。詩大雅：「民之初生，自土沮、漆。」傳：沮水、漆水也。史記周本紀：古公去豳度漆、沮。漢書地理志：漆水在漆縣西。元和志：漆水在新平縣西九里，北流注於涇。今麟遊縣東南亦有漆水，與此異。寰宇記：水經注云，漆水自宜禄界來，又東過漆縣北，即邠州所理也。今新平縣西九里有白土川，東北流逕白土原東、陳陽原西，又東北注涇水，恐是漢之漆水，但古今異名耳。通志有水簾河，在州西十里，北流入涇，即漆水也。又安化河，在州西二十里。又洪龍河，在州城西，或以爲詩之過澗。南河在州城東，或以爲即詩之皇澗。又大峪河，在州東三十里，俱入於涇。

涇水。在州北。自甘肅涇州流逕長武縣北，又東南逕州北，又逕淳化縣西，入乾州永壽縣界。元和志：新平縣涇水，西北自宜禄縣界流入。又涇水在雲陽縣西南二十五里。通志：水自平凉縣笄頭山，東南流入長武縣界。又東逕長武縣北二十里，泥水入之。又東逕停口鎮，入邠州界，黑水河、東河入之。又東安化河、水簾河、洪龍河俱北流注之。又東逕州北三里，南河水北流注之。又敕修川、梁渠川俱西南流注之。又東南汃水入焉，又東南太谷河東北流注之。又東南流爲九曲，入淳化縣界，七里川及通澗溝水南流注之。又東南逕淳化縣南三十里，出九嵕、仲山之間，謂之谷口，入西安府醴泉界。

汃水。在三水縣南。源出鄜州宜君縣競窩山，西南流逕縣城南，又西南流四十里，入涇水。一名師水，又名三水河，灌溉所資也。又連家河，在縣東十里。源發石門，繞中嶺北，流入汃水。東澗河，在縣城東，清流如線，環城而南入汃水。舊嘗引流入城。又西谿河，在縣西門外，左繞城垣，右環槐堡，有灌溉之利。温涼河，在縣西三里，源出縣西寶塔峪之温泉，隆寒不冰。下流皆入汃河。

皇澗水。在三水縣北。自甘肅慶陽府正寧縣流入。詩大雅公劉篇：「夾其皇澗，遡其過澗。」寰宇記：真寧縣有大陵水，水經注云，大陵、小陵水出巡和南、殊川西，南逕寧陽城。豳詩云：「夾其皇澗。」陵水即皇澗也。縣志有梁渠川，在縣西北十八里，即詩之過澗。又支唐川，在縣北三十里，即詩之皇澗。皆西南入於涇。又敕修川，在縣東北三十里，西南流合於皇澗。

清水。在淳化縣東，東南流入西安府耀州界。水經注：五丈渠，出雲陽縣石門山，謂之清水。東南流逕黄嵚山西，又南入祋祤縣。縣志：清谷水源出三水縣之石門山，流逕縣東入耀。又有方里溝水，在縣東北四十里，源出神兔嶺，流至三原界入清水。

冶谷水。在淳化縣東，又東南入西安府涇陽縣界。長安志：雲陽縣治，冶水自西北淳化縣界來。縣志：冶谷水在縣東門外，即縣河，一名淳化河。源出蝎子掌山，逕縣東，合甘泉水、馬跑泉。又東南流逕縣南，合葫蘆河，流逕涇陽縣，至三原縣與清谷水合流，入冶谷水。

五龍水。在淳化縣西。隋書地理志：雲陽縣有五龍水。寰宇記：水經注云，五龍水出雲陽宫西南。縣志：在縣西四十里，流入涇水。

甘泉水。在淳化縣北。隋書地理志：雲陽縣有甘水。長安志：十道志曰，甘泉出石鼓西原。縣志：水在縣北四十里。俗傳其味甘美，異於他水。南流入冶谷水。又有馬跑泉水，在縣東北四十五里。葫蘆水，在縣西。下流俱入冶谷水。

芮水。在長武縣南。自甘肅涇州靈臺縣流逕縣南，至州界入涇水。通典：宜禄縣有汭水，汭水一名宜禄川，西自隴州華亭縣流入。寰宇記：宜禄縣宜禄川水，一名芮水，自涇州鶉觚縣流入。水經注云，汭水東逕宜禄縣，俗謂之宜禄川水。舊志有後川河，在縣南十里，又南十里有前川河，俱自靈臺縣流入。二水合而東流，謂之黑水河，經縣東四十里停口鎮合涇水，即宜禄水也。

馬蓮河。在長武縣東北，即泥水。自慶陽府寧州界來，流入涇水。

七里川。在淳化縣北四十里。源出石門山，自三水縣西南，流爲七里川，又逕三里原爲姜嫄河，又西南入涇。又有小峽溝水，在縣北二十五里。源出馬家山，南流合七里川。又通潤溝水，在縣西北二十里，亦流入涇。

清谿。在州西南三十里，與鳳翔府麟遊縣接界。宋紹興中，田晟拒金兵於此。

萬壽湫。在三水縣東北二十餘里，當梁渠、支唐兩川之交。唐大曆八年，因風雷成淵。

石龍渦。在州西北十里。通志：山中斗峻，人鮮能至。間有至此，言渦乃一大坎，中刻石爲龍形。延祐碑謂禱雨，以器取水，迎至城隍祠，雷即隱隱起座隅，久之大雨雱霈。

鳴玉泉。在州東五里。泉出山腰石龕下，崖津滴溜，其聲琤琮，淒寒不可久留。又錦谷泉，在州東南。惠濟泉，在州東。惠民泉，在州西。

白馬泉。在三水縣東里許。泉色紺碧。每陰雨則伏而不流，旱則湧溢而出。

玉泉。在三水縣南玉泉觀之左。水洌而甘，淵深丈餘，以物穢之則涸。歲旱常禱雨於此。又稍泉，在縣南磯頭之隈，有二泉湧出。又金沙泉，在縣北十五里。

金泉。在淳化縣東南。寰宇記：雲陽宫記云，入冶谷二十里，有一槐樹，樹北有泉，名曰金泉，泉出數穴，清澈無底。按雍州記云，有人飲此泉水，見有金色，從山上照水中，往取得金，故有此名。縣志：金泉在縣東南三十里，又名觀音泉。世傳其水甘香，目眵者洗之可明。

白龍泉。在淳化縣東北三十里。

温泉。在長武縣南。縣志：隆冬温暖。又馬跑泉，在縣西南二十里。三泉，在縣西北二十五里。

雙泉。在長武縣北。厓下二泉湧出，交流百步。又通濟泉，在縣北城下，大旱不竭。又龍女泉，在縣東北三十里。

## 古蹟

新平故城。今州治，古漆縣也。漢初周勃自咸陽北攻漆，擊章平軍。後漢書：建武八年，帝自西征隗囂至漆，馬援於帝前聚米爲山谷，開示衆軍所從道徑。興平元年，分扶風之漆置新平郡。晉書載記：太元十年，苻堅敗，姚萇攻新平，太平苗輔固守。初石季龍末，清河崔峻爲新平相，爲郡人所殺，堅禁錮新平人，缺其城角以恥之。新平酋望，深以爲慚，故相率拒萇以立忠義。魏書地形志：新平郡，治白土而無漆縣。隋書地理志：北地郡領新平縣，舊曰白土，開皇四年，改縣爲新平。括地志：新平，漢漆縣。元和志：新平郡，晉姚萇之亂，郡廢。後魏又置郡。文帝大統十四年，於今理置南豳州，廢帝除「南」字。大業二年，省入寧州。義寧二年，復爲新平郡。武德元年，復爲豳州。開元十三年，以「豳」字與「幽」字相涉，詔改爲「邠」字。又云：新平縣郭下，本漢漆縣，姚萇之亂，郡縣不立。後魏於今縣西南十里陳陽原上置白土縣，屬新平郡。隋開皇三年，移白土縣於今州城中。四年，改白土縣爲新平縣。州志：新平縣，明初始省入州。故城有二。南北狹而東西依水，唐城也。四面廣闊，而東南亘於山頂，宋城也。俱於今城相因。又有古公城，在州南山上，與州城相連，即今山城，俗以爲古公所築。

栒邑故城。在三水縣東北。漢初酈商破章邯別將於栒邑。地理志：右扶風領栒邑縣。應劭曰：「左傳畢、原、酆、郇，文之昭也。郇侯、賈伯伐晉是也。」薛瓚曰：「荀當在晉之境內，不得在扶風界。」晉書地理志作邠邑，蓋以古豳國而名，後廢。寰宇記：今三水縣東北二十五里邠邑原上有郇邑故城，即漢理所。

三水故城。在今三水縣西。漢縣在今甘肅固原州境，後魏改置於此。通典：三水，漢栒邑縣地。元和志：縣西南至邠州六十里。本漢舊縣，屬安定郡。後魏於今縣理西二十八里，重置三水縣，取漢舊名。寰宇記：後魏置三水縣。大統十四年，移縣於今邠州西北十五里白馬堡。隋開皇三年，移理新平故郡城。大業元年，移今理。唐元和十二年，移縣於隴堡下舊城。初大曆中，吐蕃焚縣城，又移堡上，後人民不便，邠帥郭釗復移下之。縣志：隋大業初，縣自邠州西北十五里移於今縣北十五里半川府後之隴川堡。唐廣德元年，移縣東北三十里職田鎮。元和四年，復移隴川堡舊治。又有舊縣城址在雞阜山前。邠州三水舊城，在縣東五里。東西六里，南北三里，遺址猶存。按：三水縣移徙不一，縣志與寰宇記互異，並存備考。

雲陽故城。在淳化縣西北。史記：秦始皇三十五年，除道，道九原，抵雲陽，塹山堙谷直通之。又徙五萬家雲陽，復不事十歲。漢書：武帝太始元年，徙郡國吏民豪傑於雲陽。括地志：漢雲陽故城，在今雲陽縣西北八十里。元和志：魏司馬宣王撫慰關中，罷雲陽縣，置護軍。及趙王倫鎮長安，復罷護軍。後氐羌反，又立護軍，劉、石、苻、姚因之。後魏罷護軍，更於今理別置雲陽縣。長安志：漢故縣城，在雲陽縣西北六十里。淳化縣在縣西北三十里，城基猶存。後魏太武別置縣在嵳峩山前。

淳化故城。今淳化縣治，故雲陽縣之黎園鎮也。雲陽宮記：車箱坂下，有黎園一頃，漢武築之，樹數百枝，青翠繁密，望之如車蓋。唐書：乾寧三年，李克用討王行瑜，行瑜屯黎園，克用與戰，破之。長安志：黎園鎮，在雲陽縣金龜鄉。淳化四年，以太子中舍人黄觀言此地山林深僻，多聚盜賊，遂建爲淳化縣，以雲陽金龜、平泉、古鼎三鄉，仍析山後甘延、温豐、威遠三鄉屬焉，屬耀州。九域志：縣在耀州西九十里。

雲陵故城。在淳化縣北二十里。漢書地理志：左馮翊雲陵縣，昭帝置。三秦記：鈎弋夫人居甘泉宮，三年不反，遂即葬之，名曰思合墓。昭帝即位，追尊爲皇太后，發卒二萬人，起雲陵邑三千户。後漢縣廢。括地志：雲陵在今雲陽縣西北五十八里。長安志：陵在漢雲陽城南。

**宜祿故城**。今長武縣治。元和志：宜祿縣東至邠州八十一里。後魏爲東陰槃縣地，廢帝以縣南臨宜祿川，因改名，隸涇州。暨周、隋又爲白土縣。貞觀二年，分新平縣又置宜祿縣，後魏舊名也。寰宇記：周地圖記云，後魏孝明帝熙平二年，析鶉觚縣置東陰槃縣。廢帝元年，改曰宜祿。九域志：宜祿縣，在邠州西六十里。縣志：宜祿縣，元省，明洪武中置爲鎮，隸邠州，設巡司。弘治十七年，移司治冉店。隆慶五年，增設州同知駐此。萬曆十一年，始於地建縣，取縣西舊長武城爲名。

**長武故城**。在今長武縣西，接甘肅涇州界。魏書地形志：陰槃縣有長武城。元和志：長武城在宜祿縣西五十里，隋開皇中築，在涇河南岸。武德元年廢。大曆初，郭子儀置兵以備西戎。舊唐書李懷光傳：懷光頻歲率師城長武，以處軍士。城據原首，臨涇水，俯瞰通道，自是爲西邊要防。宋史地理志：咸平四年，升長武鎮爲縣。五年省爲砦，屬保定縣。大觀二年，復以砦爲縣。元史地理志：涇州舊領長武縣，至元十一年，併於涇州。明統志：長武城在涇州東七十里。縣志：在今縣西北三十里。

**陰槃故城**。在長武縣西北。漢書地理志：安定郡領陰槃縣。後漢書郡國志作陰盤。靈帝末，寄理於新豐，此城遂廢。十六國春秋：赫連定勝光元年，敗於陰槃。即此。後魏復置陰槃縣，在今甘肅平涼府平涼縣界。元和志：陰槃城，在長武縣西北二十五里，即漢縣也。

**淺水舊縣**。在長武縣北。漢置縣，屬上郡，後漢省。元和志：宜祿縣本漢淺水縣地。縣志：今縣北五里餘有淺水城。

**故豳城**。在三水縣西。詩大雅：「豳居允荒。」漢書地理志：栒邑縣有豳鄉，詩豳國公劉所都。杜預左傳注：豳在漆縣東北。括地志：三水縣西三十里有豳原，豳城在原上。元和志：豳國城在邠州東北二十九里。寰宇記：古豳地在三水縣西南三十里，有豳城，在隴川水西，蓋公劉之邑。豳，谷名也，與故栒邑城相去約五十餘里。縣志：縣西南三十里爲古公鄉，亦謂之古公原，上連土牆，迤南即公劉墓。

**高墌城**。在長武縣北。唐武德初薛舉寇涇州，進逼高墌，劉文靜等陳於高墌西南。舉潛師掩其後，文靜敗於淺水原，舉遂拔高墌。既而秦王敗薛仁杲於高墌，追至涇州。唐書地理志：定平縣有高墌城。元和志：故城在宜禄縣北五里。寰宇記謂即淺水城，魏大統十四年廢，未知何據。

甘泉宮。在淳化縣西北甘泉山。史記封禪書：齊人少翁，以鬼神方見上，作甘泉宮，中爲臺室，畫天地、太乙、諸鬼神，而置祭具以致天神。封禪之來年，作通天莖臺，甘泉更置前殿，廣諸宮室，有芝生殿房内中，赦天下。後以柏梁災，受計甘泉，作諸侯邸。漢書宣帝紀：甘露四年，幸甘泉，呼韓邪單于來朝。成帝紀：永始四年，幸甘泉，郊泰畤，神光降集前殿。揚雄傳：甘泉本秦離宮，武帝復增通天、高光、迎風，宮外近則洪厓、旁皇、儲胥、弩阹，遠則石關〔三〕、封巒、枝鵲、露寒、棠梨、師得，遊觀屈奇瑰瑋。三輔黄圖：甘泉宮，一曰雲陽宮。關中記曰，林光宮，一曰雲陽宮，秦所造，在今池陽縣西故甘泉山，宮以山爲名，周匝十餘里。漢建元中增廣之，周十九里。去長安二百里，望見長安城。關輔記：甘泉宮中有宮十二，臺十一。顔師古曰：秦之林光宮，胡亥所造，漢又於其旁起甘泉宮，非一名也。元和志：雲陽宮，即秦之林光宮、漢之甘泉宮，在雲陽縣西北八十里甘泉山上。武帝以五月避暑於此，八月乃還。雍録：漢甘泉宮，在雲陽縣磨石嶺上。

通天臺。在淳化縣西北甘泉山。史記封禪書：公孫卿言神仙好樓居，乃作通天莖臺，置祠具其下，將招來神仙之屬。漢舊儀：臺高三十丈。三輔黄圖：通天臺去地百餘丈，望雲雨悉在其下。武帝時祭泰乙，令人升通天臺以候天神。天神既下祭所若流星，乃舉烽火而就竹宮望拜。上有承露盤、仙人掌，擎玉杯以承雲表之露。元和志：通天臺在雲陽縣西北八十一里甘泉宮中。又漢武内傳，鈎弋夫人從至甘泉而卒，既殯，香聞十餘里。帝哀悼，乃起通靈臺於甘泉，常有一青鳥臺上往來，至宣帝時始止。又雲陽宮記，甘泉宮北有槐樹，今謂之玉槐，根幹盤峙，三二百年物也。相傳甘泉賦所謂王樹青葱，即此。

公孫莊。在邠州西南三十五里。舊志：漢公孫賀故宅，今謂之孫村。

半川府。在三水縣北。唐書地理志：邠州有公劉、蜂川等府十。縣志有半川府，在縣北十五里，蓋即蜂川之訛。又八王城，在縣東北唐川中流，後秦姚泓時故城也，舊址猶存。

眉壽堂。在州西北隅。宋范仲淹知邠州時建。

吏隱堂。在淳化縣治内。宋宣和七年，縣令張安祖建，有碑。

## 關隘

石門關。在三水縣東南六十里石門山，爲耀州、淳化、宜君、同官四州縣交錯之地。明置關，甃石爲城，屏藩東方。舊設巡司，後裁，今設把總分防。

大峪鎮。在州南三十里。州志：高處山顛，勢極險要，有堡。

停口鎮。在州西四十里，與長武縣接界。金史地理志宜禄有停口鎮，即此。

白驥鎮。在州西北。九域志：新平縣有白驥鎮。州志：今有白吉鎮，在州西北四十里，即白驥之訛也。

土橋鎮。在三水縣南四十里。有城，當古公原之衝。

張洪鎮。在三水縣西二十里。有城，周二里有奇。

太羽鎮。在三水縣北二十里。有城，周二里有奇。又底廟鎮，在縣北五十里，城周二里。

職田鎮。在三水縣東北三十里。有城，周三里。唐廣德初，三水縣嘗治此。

冉店鎮。在長武縣東二十里，東至邠州六十里。有關城。其地道路四達，深溝巨壑，中道僅容一車。明弘治間，移宜禄鎮巡司於此，後又徙於窑店。

窑店鎮。在長武縣西三十里，與涇州接界。有城。明萬曆中徙冉店巡司於此。今裁。

胡空堡。在州南。晉書載記：苻堅將敗，其將軍徐嵩、胡空各聚衆據險，築堡以自固。十六國春秋：晉太元十二年，苻登自瓦亭進據胡空堡。

水簾石堡。在州西十里明峋山上。南北朝時，土人鑿以避兵。依山直上數丈，入石洞中，有石乳丈餘，透出山頂。

稾丘堡。在州西。元和志：新平縣西十八里有稾丘堡，東、西、南三面石坡峭峻，高十丈。北面築城高二丈，武德二年置，貞觀元年廢。

雙槐堡。在三水縣西五十步，四壁懸崖，碧流東遶。上有平地二頃，舊傳元末張思道、李思齊據此。明末築城，與縣城相爲犄角。本朝康熙十五年重葺。

隴川堡。在三水縣北十五里半川府後。四面壁立，谿澗環流。隋大業時，縣嘗治此。

金源堡。在淳化縣西四十里涇水中。四面陡絶，上有洞窟數十。

新平驛。在州治西，西至長武縣宜禄驛八十里。明置。

宜禄驛。在長武縣治東，西至甘肅涇州瓦亭驛五十里。明置。

## 津梁

廣濟橋。在州東門外，明嘉靖中改名皇澗。

千金橋。在州西門外洪龍河上。

汃水橋。在三水縣南門外。

土橋。在三水縣南四十里土橋鎮，跨姜嫄河。

細腰橋。在三水縣西四十里，跨梁渠溝上，接本州界，長二十餘丈。縣志：平接兩岸，細如蜂腰，故名。

便橋。在三水縣西北便門外，通雙槐堡。亦名棉橋。

暗橋。在三水縣北三十里。縣志：跨支唐川上，兩旁懸崖，中通道路。明嘉靖中建鐵門一重，覆屋其上。

石橋。在淳化縣東南二十五里石橋鎮。

聖人橋。在淳化縣南三十五里。縣志：跨米倉溝入冶谷河處，相傳漢武帝經此，故名。明嘉靖中，改名聖濟橋。

永安橋。在淳化縣北門外。相傳漢昭帝時築以達雲陵，後廢。本朝康熙四十年重建。

涇水橋。在長武縣西北十五里。

黑水渡。在州西四十里黑水河上，與長武縣接界，通甘肅平涼、固原諸路。

高渠渡。在州西北二十里涇河上，通環慶、寧夏諸路。

水北渡。在州北五里涇河上，通三原、涇陽、榆林諸路。

## 陵墓

### 商

公劉墓。在州東八十里，北枕山谷，南控涇水。墓長三里許，狀類伏龍。

### 漢

鈎弋夫人雲陵。在淳化縣北。三輔黄圖：雲陵在甘泉宫南，今人呼爲女陵。括地志：陵在雲陽縣西北五十里。長安志：在漢雲陵城南。通志：在縣北三十里。

### 晉

苻堅墓。在州西南。十六國春秋：姚萇葬堅於胡空、徐嵩二壘間，苻登復改葬之。元和志：在新平縣東南二十里。州志：在州西南二十里。

### 隋

牛弘墓。在長武縣東北四十里。

唐

侯君集墓。在三水縣東北雞阜山之麓。

宋

范祥、范育墓。俱在三水縣南。

## 祠廟

姜嫄祠。在州南城外。金石文字記：唐姜嫄公劉新廟碑，今存。

公劉祠。在州東墓所。

太王祠。在姜嫄祠左。本朝雍正八年重建。

扶蘇廟。在三水縣東石門山。相傳扶蘇死於此，故立廟祀之。

漢武帝廟。在淳化縣西北故甘泉宫。

丞相祠。在三水縣西十五里。祀漢第五倫。

英公廟。在長武縣北集賢岡。祀唐李世勣。

梁公廟。在長武縣東關外。祀唐狄仁傑。

范文正公祠。在州治東。祀宋范仲淹。

范學士祠。在三水縣西南三十里。祀宋范祥、范育。

## 寺觀

福仁寺。在州東十五里。宋建。

慶壽寺。在州西二十里。唐建。有佛像坐石巖下，高十餘丈。俗名大佛寺。

香華寺。在州北三十里。元建。

寶塔寺。在三水縣東門外。唐建。有塔高十五丈，七級，八角，二十四窗，甃砌甚工。

壽峯寺。在淳化縣北門外壽峯山下。唐大中五年建。明萬曆中，書法華經，刻石立幢。本朝康熙三十八年重修。

昭仁寺。在長武縣治東。元和志：寺在宜禄縣西十步淺水原上。王師平仁杲，詔於此置寺。碑文，諫議大夫朱子奢之詞也。

## 名宦

### 漢

王吉。臯虞人。以郡吏舉孝廉爲郎，遷雲陽令。

### 晉

周處。陽羡人。爲新平太守，撫和叛羌，雍土美之。

### 隋

周羅睺。潯陽人。開皇中，再爲豳州刺史，並有能名。

敬肅。蒲坂人。開皇初，轉豳州長史，有異績。

### 唐

趙元。河間人。武后時調宜禄尉，到職非公事不言。

房琯。河南人。乾元中，出爲邠州刺史。始邠以武將領刺史，故綱目廢弛，即治府爲營，吏攘民居相淆讙。琯至，一切革之，人獲便安。

馬璘。扶風人。永泰初，爲北庭行營、邠寧節度使。元日有卒犯盜，或曰宜赦，璘曰：「赦之，則人將伺其日爲盜。」遂戮之。天大旱，里巷爲土龍聚巫以禱，璘曰：「旱由政不修。」即命撤之，明日雨。是歲大穰。在鎮八年，繕屯壁爲戰守備，令肅不殘，人樂爲用。

郭子儀。鄭人。大曆五年，吐蕃入靈武，馬璘孤軍在邠不能支，以子儀兼邠寧慶節度使，屯邠州。

張獻甫。河北人。貞元中，領邠寧節度使，斷山浚塹，選巖要地築烽堡。請復鹽州及洪州洛原鎮屯兵，詔可。遣將逐吐蕃，築鹽、夏二城，吐蕃畏，不敢入寇。

高固。德宗時，李懷光反，使邠寧留後張昕先趨河中，固伺間斬昕首以徇。帝念固功，乃拜邠寧節度使。固本宿將，且寬厚，人皆安之。

柳公綽。華原人。德宗時，拜邠寧節度使。先時神策諸鎮列屯部中，不聽本道節制，公綽論所宜，因詔屯營緩急，悉受節度。

李光顔。雞田州人。憲宗時，徙邠寧節度使。吐蕃毁鹽州城，使光顔復城之。邠人騰譟不肯行，光顔爲陳説大義，感慨流涕，聞者亦泣下，遽即路，賊走出塞。

畢諴。鄆州人。宣宗時，党項擾河西，出爲邠寧節度、河西供軍安撫使。諴到軍，遣吏懷諭羌人，皆順向。時戍兵常苦調饟乏，諴募士置屯田，歲收穀三十萬斛，以省度支經費，詔書嘉美。

## 宋

柳開。大名人。淳化中，知邠州。時調民輦送趨環慶，已再運，民皆蕩析産業，轉運使復督後運，開貽書罷之。

張凝。無棣人。咸平中，爲邠寧環慶靈州路副部署兼安撫使，率兵入敵境，擒獲甚多。慶州蕃族桀黠難制，凝因襲破之，降赫圖等百七十餘族，邊境獲安。「赫圖」舊作「㕡𡡼」，今改。

王嗣宗。汾州人。大中祥符中，知邠州，兼邠寧環慶路都部署。城東有靈應公廟，旁有山穴，羣狐處焉，妖巫挾之爲人禍福，水旱疾疫悉禱之。嗣宗毀其廟，燻其穴，得數十狐，盡殺之，淫祠遂息。

劉謙。開封人。爲環慶路馬步軍總管，兼知邠州。鬬訟曲直，皆區處當理。前守者多强市民物，以飾廚傳，謙獨無所撓。

范仲淹。吴縣人。仁宗時，爲陝西四路宣撫使，知邠州。爲政尚忠厚有恩，邠州民畫像立生祠祀之。

劉几。洛陽人。范仲淹辟通判邠州。邠地鹵，民病遠汲，几浚渠引水注城中，鑿五池於通逵，民大便利。

穆衍。河内人。知淳化，耀屬縣也。衍從韓絳宣撫陝西，遇慶卒潰亂，衍念母在耀，亟謁歸，信宿走七驲。比至，慶卒知衍名不敢近。時諸郡捕賊兵，糧糒無以給，遂擅發常平倉，曰：「饑之不卹，則吾兵將爲慶卒矣。」衍考課爲一路最。

李絢。依政人。通判邠州。元昊犯延州，並邊皆恐。邠城陴不完，絢方攝守，即發民治城。僚吏皆謂當言上待報，絢不聽。帝聞之喜，因詔他州悉治守備。

薛向。萬全人。爲邠州司法參軍。夏人叛秦中，治城侍御吏陳洎行邊，向詣洎陳三敝。言今板築暴興，吏持斧四出伐木，民不敢訴，宜且葺邊城。函關秦東塞，今西鄉設守，是爲棄關内乎？三司貸龍門富人錢，稱貸於民，非義也。洎上其説，悉從之。邠守貪沓，欲因事爲邪，并治子城，立表於市以撤屋，冀得賂免，向力争罷之。

仇悆。益都人。大觀中，授邠州司法，讞獄詳恕，多所全活。

## 金

梁襄。絳州人。大定中，爲邠州淳化令，有善政。

## 明

趙文博。代州人。天順中，以御史劾石亨、曹吉祥，左遷知淳化縣，以治行聞。

楊豫。清苑人。成化中，知三水縣。時縣治新設，歲屢祲，豫賑濟有方，政績甚著。

郭儒。祁縣人。嘉靖中，知淳化縣。節省傜役，修飾城堡、墩臺、齋舍、郵傳，以公儲奏辦，不傷民財。

## 本朝

王儒。濰縣人。順治初，知三水縣。時流寇未靖，城西有雙槐堡，公署倉庫所在，爲邑要地。儒尅期修復，守禦備至。

趙賓。陽武人。順治中，知淳化縣。邑浮糧猶沿明季舊額，賓申請得減數千石。

文秉濂。全州人。康熙初，知淳化縣。時多妄報新墾，民賦溢額，秉濂力爭罷之。

林逢泰。晉江人。康熙初，知三水縣。繕修城垣、倉庫。及王輔臣之變，訓練鄉勇，申飭城守，邑賴之以全。

# 人物

## 漢

宣秉。雲陽人。少修高節，顯名三輔。王莽辟命，不應。建武元年，拜御史中丞，特詔與司隸校尉、尚書令會同並專席而坐，故京師號曰「三獨坐」。明年遷司隸校尉，務舉大綱，簡略苛細，百僚敬之。秉性節約，常服布被，疏食瓦器。帝常幸其府舍，見而嘆曰：「楚國二龔，不如雲陽宣巨公。」即賜布帛帷帳什物。四年，拜大司徒司直，所得禄奉，輒以收養親族。其孤弱者，分與田地，自無擔石之儲。

王隆。雲陽人。建武中，爲新汲令。能文章，所著諸賦銘書，凡二十六篇。

李育。漆人。少習公羊春秋，沈思專精，博覽書傳，深爲同郡班固所重。建初中，舉方正，爲議郎。後拜博士，詔與諸儒論五經於白虎觀。育以公羊義難賈逵，往返皆有理證，最爲通儒。再遷侍中，卒。

## 三國　魏

霍性。新平人。延康初，爲度支中郎將，上疏諫上征。帝怒，遣刺奸就考，竟殺之，既而悔之。

## 宋

陶穀。新平人。本姓唐。祖彦謙，歷慈、絳、澧三州刺史，有詩名。宋乾德初，穀爲南郊禮儀使，法物制度，多穀所定。累加户部尚書。

范祥。三水人。進士及第，通判鎮戎軍。元昊圍城急，祥帥將士拒退之。歷知慶、汝、華三州，提舉陝西銀銅坑冶鑄錢。祥曉達財利，建議變鹽法，後人不敢易，稍加損益，人輒不便。後官提舉陝西緣邊青白鹽，改制置解鹽使，卒。

范育。祥之子。舉進士，爲涇陽令。以養親謁歸，從張載學。有薦之者，召見，授崇文校書、監察御史裏行。請用大學誠意正心以治天下國家，因薦載等數人。西夏入環慶，詔育行邊，還言邊事，神宗皆從之。元祐中，知熙州，時議棄質孤、勝如兩堡，育争之。又請城李諾平、汝遮川，不報。仕終户部侍郎。紹興中採其策，贈寶文閣學士。

張舜民。邠州人。中進士第，爲襄崇令。王安石倡新法，舜民上書言與小民争利，時人壯之。元祐初，司馬光薦其才氣秀異，剛直敢言，以爲監察御史。尋出外。徽宗立，擢諫議大夫，居職才七日，所上事已六十章，陳陝西之弊，河朔之困，言多愷切。徙吏部侍郎。後坐元祐黨，商州安置。舜民慷慨喜論事，善爲文，自號浮休居士。

張確。宜禄人。元祐中，擢進士第。徽宗即位，應詔上書言十事，遂列於上籍。青谿盗起，確言撫綏脅附，毋以多殺爲功，浹旬之間，可以殄滅。忤王黼意，通判杭州。後知隆德府，金兵至，諭使降，確乘城拒守戰死。贈述古殿學士。

## 明

郭元。邠州人。正統時諸生。母殁，廬墓三年，悲號不輟。事聞，表其閭。

劉霞。長武人。父喪廬墓。嘗被盜，既知爲劉孝子物，盡還之。冬夜寒甚，有白兔就宿。成化三年，賜田五十畝，名其里曰孝村。

鄭國昌。郃州人。萬曆中進士，歷官參政。崇禎時，以按察使治兵永平，大兵臨城，國昌自縊於城上。其妻聞之，亦死。子奉先，任浙江衢州府同知，亦殉城死。

張任。三水人。萬曆中舉人，歷知原武、臨潁縣，遷知大興，吏治稱最。知衡州府。張獻忠入寇，任督戰力屈，舉家殉節。

文竑中。三水人。父運熙，萬曆中進士，官浙江紹台兵備參議。竑中性最孝，母怒，嘗泣而受杖。父喪，居墓側三年，有青鶴巢其廬，終喪乃飛去。事聞旌表。

郭產桂。長武人。崇禎末爲諸生，流賊獲之，不屈見殺。又諸生崔巖，亦以流賊陷城，巷戰死。

## 本朝

姚開先。淳化人。由拔貢爲鹽井經歷。吴三桂黨入蜀，開先自縊死。

王宏毅。淳化人。康熙十三年，王輔臣叛，縱掠至縣界，宏毅力敵被擒。賊喜其勇，啗以僞劄，立碎之，瞋目罵賊死。

韓璽聖。淳化人。應募從征，屢立戰功，擢鄖陽守備。康熙十七年，檄勦竹房至岔山，與賊血戰，力盡被擒。時吴三桂據衡州，賊械以往，逼降之，不屈死。贈遊擊。

劉偁。三水人。由行伍積功至雲南總兵。康熙三年，官兵征水西，偁每戰輒先登。賊潰走，偁單騎追之，陷大澤中，遂遇害。

宋振麟。淳化人。貢生。事母至孝，母病盲三載，忽夢神人指示救療，母目復明。康熙己未，以博學宏辭薦。

董明庠。長武人。母病，刲股和藥，疾竟愈。事聞，表其門。

趙登高。三水人。八世同居。乾隆年間旌，並御製詩一章賜之。

尚先桂。長武人。繼堂叔鏻爲嗣。鏻歿，躬耕養母。母六月疾，思食鮮梨，其家梨樹始核，先桂覓不可得，乃抱樹哀號，越宿得大梨三枚。鄉隣往視，皆驚傳爲異。母歿，廬墓三年。嘉慶元年旌。又三水王瑞麟，亦嘉慶年間以孝行旌。

# 列女

## 元

任氏三節婦。元統志：一家三妯娌俱少寡，誓不他適。事聞旌表。

## 明

席太初妻紀氏。邠州人。夫亡，自縊以殉。萬曆中旌。

焦氏女。三水人。名王兒。有惡少夜至，持斧迫之，女不從，遂遇害。同縣趙某妻董氏、景重華妻文氏，均夫亡殉節。

魚志敏妻王氏。長武人。夫亡不食死，邑令旌其門。又郭維通母王氏，二十而寡，撫子成立，有「節母孝子」之稱。

**高氏女**。淳化人。名荆嫡。其兄起鳳，邑諸生。崇禎五年，流賊掠其繼母秦氏及荆嫡去，起鳳赴賊營請贖。賊止還其母，起鳳與嫡訣曰：「我去汝即死。」賊遂不聽其去，令勸嫡從之，且欲留爲書記，起鳳不從，被殺。遂百計脅嫡，嫡罵不已，賊乃殺之，時年甫十六。事聞，兄妹皆旌表。同縣葛經姐，年十三。崇禎十六年，流賊陷城，女匿車箱坂敗窑中〔四〕，賊握女手出，女撒手得脱，即投坡下。賊去，女父母出之，女殊不欲生，曰：「女一處子耳，兩手已被賊污，何以生爲！」五日不食死。

**尚乎烝妻白氏**。長武人。崇禎末，流賊陷城，乎烝與賊巷戰，被創，氏扶乎烝至家，俱投繯死。同縣魚璞妻尚氏，被擄不辱，投井死。王世從妻魏氏，罵賊見殺。李春福妻王氏，賊擄不辱，以首觸柱死。尚時務妻魏氏及一女，賊入城，俱入井死。王登泰妻黄氏，遇賊自縊死。

## 本朝

**房大猷妻羅氏**。淳化人。名竇芳。順治二年，淳邑兵亂，氏以身墮樓死。同縣羅章衮妻杜氏，順治三年，土寇陷城，杜時孀居，指牆間井，語養女淑明、淑儀曰：「此死所也。」二女相對哭，亦次第投井死。又章衮姪翚聘妻田氏，守節，與杜鄰居，聞變，亦率女優姐，從杜投井死。竇芳有從姊雁珠，明末死於賊。邑令趙賓爲合傳，曰「七烈」。

**陳其元妻姚氏**。淳化人。夫亡，貲産悉讓夫異母弟，甘貧守志。遭寇掠，拔賊刀自刎，血湧仆地，賊驚逸，越宿乃甦。又王平妻郭氏，聞賊至，投井中，平歸營救得不死。平卒，守節終身。又高某妻葛氏，孀居奉姑，爲賊所獲，以身投崖，賊疑已死，置之去。越三日，家人得其屍，有微息，因救而甦。又賈思達妻張氏，長子獻庭妻王氏，次子佑庭妻王氏，三子佐庭妻羅氏，獻庭子又誼妻王氏，三世五節，鄉里稱重。羅養正母王氏，羅維垣妻薛氏、媳王氏，均以節孝著。

**黄梅妻王氏**。邠州人。年十九，夫族黄化荆，夤夜入室，欲相犯，氏羞忿自縊。又袁學聰妻韓氏，因李博調戲，羞忿投井死。又馬大捷妻鞏氏，夫亡守節，與同州朱成棟妻郝氏、楊大績妻湯氏、楊萬蒼妻强氏、張侃妻章氏、徐士敏妻郝氏、程耀臨妻文氏、程中甲妻王氏、沈泰妻焦氏、李戒妻季氏、徐中妻崔氏、徐士奇妻席氏、紀緝之妻魏氏、趙邦仁妻郝氏、何燦妻李氏，均乾隆年間旌。

孫守業妻朱氏。三水人。年十九，守節撫孤，歷三十八年。乾隆十四年旌。同縣王奉宜妻秦氏、趙永有妻楊氏、張虞鳳妻紀氏，俱乾隆年間旌。

羅克從妻王氏。淳化人。年二十五夫故，守節四十餘年。又同縣郭揚烈妻羅氏、吕某妻賈氏、左進生妻賈氏、張錦妻程氏，又烈婦周正海妻李氏，均乾隆年間旌。

尚瑢妻張氏。長武人。年二十二夫故，奉侍翁姑，撫育幼子，苦節四十餘年。乾隆十五年旌。同縣李敬儒妻車氏、高義妻李氏、李士蒔妻秦氏、崔耀妻焦氏，均乾隆年間旌。

魚氏女。長武人。許字賀淳，未嫁，守正被戕。乾隆五十四年旌。

鄧鈞妻計氏。邠州人。夫亡守節。嘉慶三年旌。同縣鄧悦妻竇氏、張偉妻王氏、馬三重妻胡氏、池通淵妻王氏、徐恩妻劉氏、楊玉輝妻程氏、陶朱介妻閻氏、李世法妻鄭氏、崔兆熊妻張氏，又烈女張氏，烈婦王果妻王氏、楊順妻劉氏，均嘉慶年間旌。

趙霆妻李氏。三水人。夫亡守節。嘉慶十五年旌。同邑張塾元妻鄭氏，又烈婦王某妻李氏，均嘉慶年間旌。

王庭茂妻寇氏。淳化人。夫亡守節。嘉慶四年旌。

尚瑞年妻郝氏。長武人。夫亡守節。與同縣張豫妻劉氏，均嘉慶十五年旌。

張明觀女。三水人。因聞穢言，捐軀明志。嘉慶二年旌。

## 土産

豆。唐書地理志：邠州貢蕎豆、滑豆。

鐵。漢書地理志：漆有鐵官。

蜜。唐書地理志：邠州貢白蜜、地膽。元和志：邠州貢白蠟。

### 校勘記

〔一〕東南至西安府涇陽縣界一百七十里　「陽」，原脱，據乾隆志卷一九四邠州（下同卷簡稱乾隆志）及本志西安府建置沿革補。

〔二〕或謂即甘泉賦所云椽巒也。「巒」，乾隆志及漢書卷八七上楊雄傳引甘泉賦作「欒」。雍正陝西通志卷一三山川作「巒」，蓋本志所本。

〔三〕遠則石闕　「闕」，原作「闕」，乾隆志同，據漢書卷八七上楊雄傳改。

〔四〕女匿車箱坂敗窑中　「坂」，原作「坡」，據本志邠州山川改。

# 鄜州直隸州圖

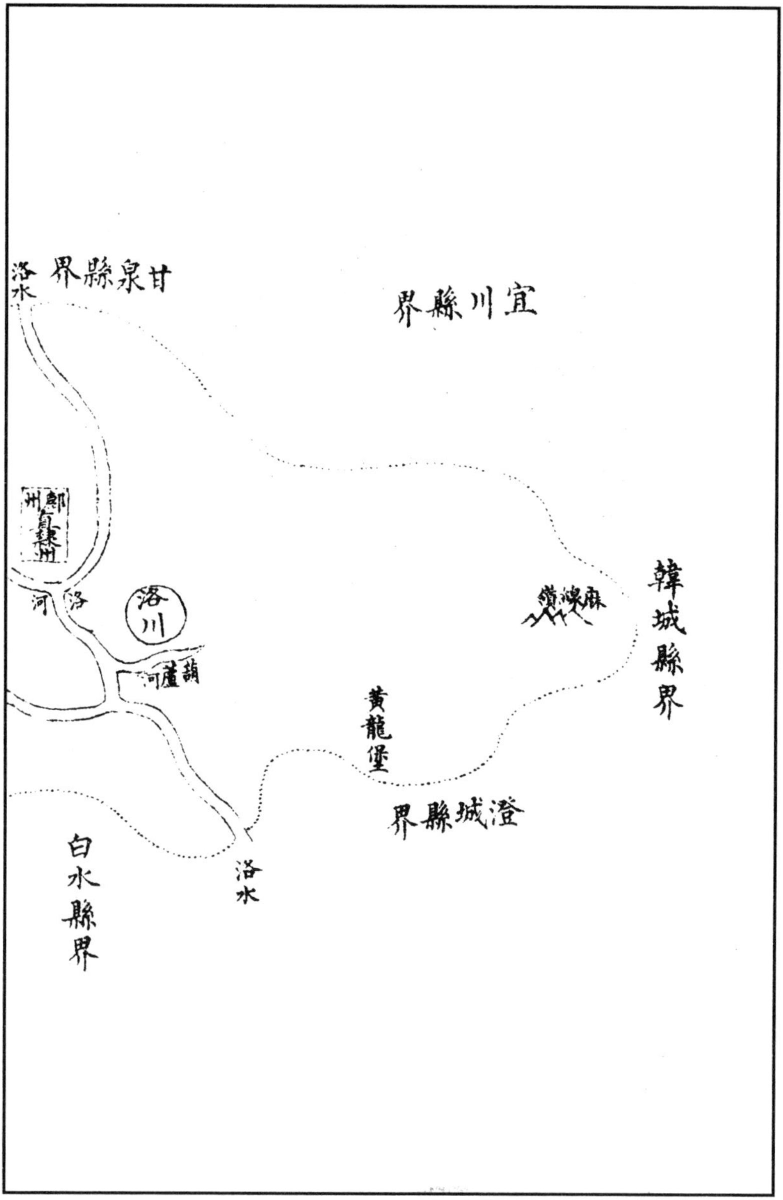
甘泉縣界
洛水
宜川縣界
鄜州直隸州
洛河
洛川
葫蘆河
麻線嶺
韓城縣界
黃龍堡
澄城縣界
白水縣界
洛水

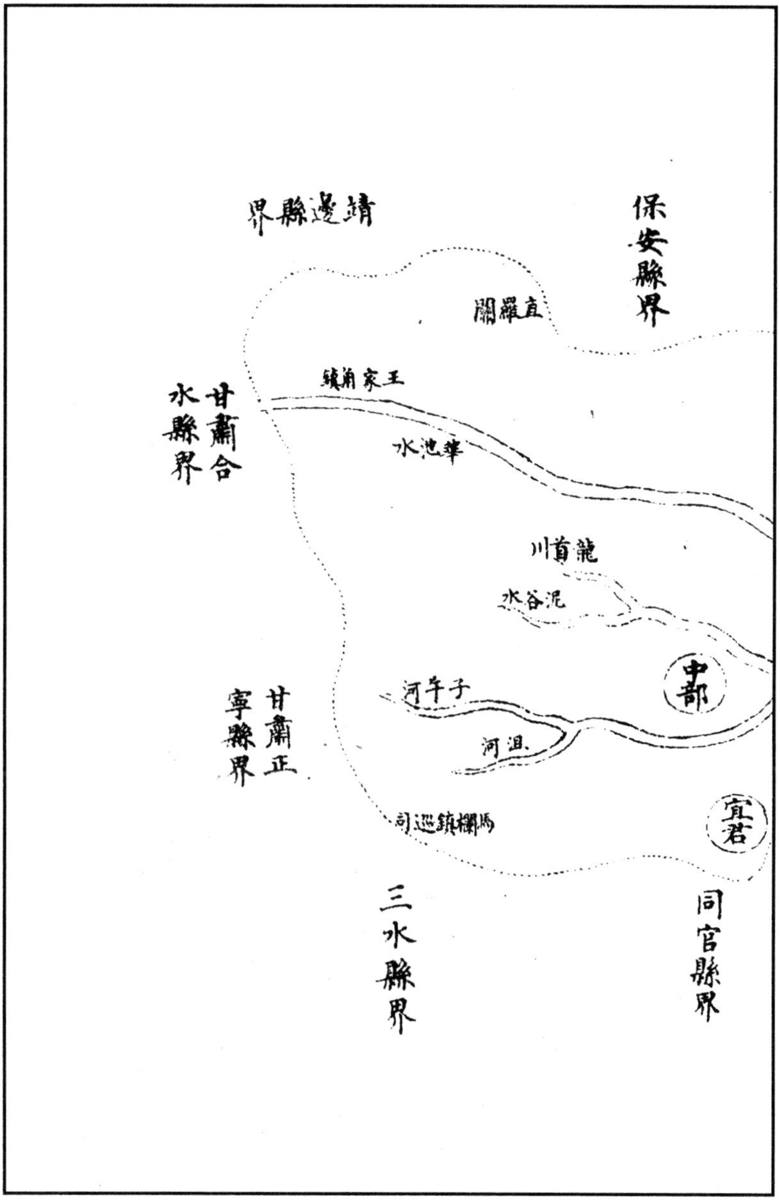
靖邊縣界
保安縣界
直羅關
王家角鎮
甘肅合水縣界
華池水
龍首川
泥谷水
中部
子午河
沮河
甘肅正寧縣界
馬欄鎮巡司
宜君
三水縣界
同官縣界

# 鄜州直隸州表

| | 鄜州直隸州 | | | | |
|---|---|---|---|---|---|
| 秦 | | 雕陰縣 屬上郡。 | | | |
| 兩漢 | | 雕陰縣 | | | |
| 三國 | | 雕陰縣 屬魏。 | | | |
| 晉 | | 省。 | | | 苻秦置長城縣。 |
| 南北朝 | 魏北華州地。西魏鄜州地。 | | | | 長城縣 魏屬中部郡。西魏更名三川。 |
| 隋 | 上郡 大業三年移鄜州來治，改鄜城郡，尋改。 | | 洛交縣 開皇三年置，後爲郡治。 | | 三川縣 屬上郡。 |
| 唐 | 鄜州 武德元年復置州，天寶元年改洛交郡，乾元元年復。屬關內道。 | | 洛交縣 州治。 | 直羅縣 武德三年置屬鄜州。 | 三川縣 屬鄜州。 |
| 五代 | 鄜州 | | 洛交縣 | 直羅縣 | 三川縣 |
| 宋金附 | 鄜州 屬永興路。金屬鄜延路。 | | 洛交縣 | 直羅縣 | 熙寧七年省。 |
| 元 | 鄜州 屬延安路。 | | 省。 | 省。 | |
| 明 | 鄜州 屬延安府。 | | | | |

續表

| 洛川縣 | 中部縣 |
| --- | --- |
| 鄜畤縣 屬上郡。 | |
| 鄜縣 屬左馮翊。後漢省。 | |
| | |
| | 苻秦置杏城鎮。<br>姚秦置中部縣。 |
| 洛川縣 魏太平真君中置，兼置敷城郡。<br>敷城縣 屬敷城郡。 | 中部郡 魏置。太和十五年兼置東秦州，孝明帝改北華州。西魏改鄜州。<br>中部縣 魏州郡治。 |
| 洛川縣 郡廢，屬上郡。<br>鄜城縣 大業初改名，屬上郡。 | 初改郡曰內部，開皇三年郡廢，大業三年州廢。<br>內部縣 更名，屬上郡。 |
| 洛川縣 屬鄜州。<br>鄜城縣 屬坊州。唐末李茂貞置翟州。 | 坊州 武德二年置州，天寶元年改中部郡，乾元元年復屬關內道。<br>中部縣 武德二年復名，州治。 |
| 洛川縣<br>鄜城縣 梁没禧州，又改縣名昭化。唐復屬鄜州。 | 坊州<br>中部縣 |
| 洛川縣<br>鄜城縣 | 坊州 屬永興路。金屬鄜延路。<br>中部縣 |
| 洛川縣<br>至元四年省。 | 廢。<br>中部縣 屬鄜州。 |
| 洛川縣 泰昌初改「洛」爲「雒」，尋復爲「洛」。 | 中部縣 |

| | 宜君縣 |
| --- | --- |
| | |
| 翟道縣 屬左馮翊。後漢廢。 | 祋祤縣地。 |
| | |
| | 苻秦置宜君護軍。 |
| 狄道縣 魏屬中部郡，後廢。 | 宜君縣 魏太平真君七年置，屬北地郡。西魏置宜君郡。 |
| | 宜君縣 開皇初郡廢，屬京兆郡。 |
| | 宜君縣 屬宜州，後屬坊州。 昇平縣 天寶中置屬坊州。 |
| | 宜君縣 昇平縣 |
| | 宜君縣 熙寧元年省。 |
| | 宜君縣 屬鄜州。 |
| | 宜君縣 |

續表

# 大清一統志卷二百四十九

## 鄜州直隸州

在省治北五百五十里。東西距三百八十里，南北距二百八十五里。東至同州府韓城縣界二百十里，西至甘肅慶陽府合水縣界一百七十里，南至西安府同官縣界二百四十里，北至延安府甘泉縣界四十五里〔一〕。東南至同州府澄城縣界一百九十里，西南至慶陽府正寧縣界二百二十里，東北至延安府宜川縣界九十里，西北至延安府保安縣界九十里。本州境，東西距二百里，南北距一百三十里。東至洛川縣界三十里，西至合水縣界一百七十里，南至中部縣界八十五里，北至甘泉縣界四十五里。東南至洛川縣界四十里，西南至中部縣界九十里，東北至宜川縣界九十里，西北至保安縣界二百十里。自州治至京師二千五百里。

### 分野

天文井、鬼分野，鶉首之次。

### 建置沿革

禹貢雍州之域。春秋時白翟地。戰國魏雕陰邑。秦置雕陰縣，屬上郡。兩漢因之。三國屬魏。晉廢，置杏城鎮。後魏爲北華州地。西魏爲鄜州地。隋開皇三年，始分置洛交縣。大業三年，移鄜州於此，改爲鄜城郡。尋又改曰上郡。唐武德元年，復曰鄜州。貞觀二年，置都督府，十六年府罷。天寶元年，改曰洛交郡。乾元元年，復曰鄜州，屬關内道。唐書方鎮表：建中四年，置渭北節度使，自坊州徙治鄜州。尋罷。貞元三年復置。中和二年，賜號保大軍節度使。五代因之。宋曰鄜州，屬永興軍路。宋史地理志：鄜州，上，洛交郡，保大軍節度。金屬鄜延路。元以州治洛交縣省入，屬延安路。明屬延安府。本朝雍正三年，直隸陝西布政司。領縣三。

洛川縣。在州東南七十里。東西距二百四十五里，南北距二百一十五里。東至同州府韓城縣界二百二十里，西至中部縣界二十五里，南至同州府白水縣界一百二十五里，北至本州界九十里。東南至同州府澄城縣界一百三十里，西南至中部縣界三十五里，東北至延安府宜川縣界一百一十里，西北至本州界三十五里。秦置鄜時縣，屬上郡。漢曰鄜縣，屬左馮翊。後漢省。後魏置敷城郡。太平真君中，置洛川縣。隋屬上郡。唐屬鄜州。五代、宋、金、元俱因之。明易「洛」爲「雒」，尋復爲「洛」，屬延安府。本朝雍正三年，屬鄜州。乾隆三十一年，移治於鳳棲堡。

中部縣。在州南少西一百四十里。東西距二百三十里，南北距七十里。東至洛川縣界四十五里，西至甘肅慶陽府正寧縣界一百八十五里，南至宜君縣界二十里，北至本州界五十里。東南至洛川縣界六十里，西南至宜君縣界二十里，東北至洛川縣界四十里，西北至正寧縣界二百里。漢置翟道縣，屬左馮翊。後漢省。東晉時姚秦置中部縣。後魏置中部郡。太和十五年，置東秦州，孝明帝改曰北華州。西魏廢帝三年，改曰鄜州。隋改郡縣俱曰内部。開皇三年郡廢。大業初州廢，屬上郡。唐武德二年，復改縣曰中部，於縣置坊州。天寶元年，復曰中部郡。乾元元年，復曰坊州，屬關内道。五代因之。宋曰坊州，屬永興軍路。金曰坊州，屬鄜延路。元至元六年州廢，縣屬鄜州。明因之，統於延安府。本朝雍正三年屬鄜州。

宜君縣。在州南二百十里。東西距二百四十里，南北距八十里。東至洛川縣界九十里，西至甘肅慶陽府正寧縣界一百五十里，南至西安府同官縣界三十里，北至中部縣界五十里。東南至同州府白水縣界一百里，西南至邠州三水縣界一百四十里，東北至中部縣界五十里，西北至正寧縣界一百十里。漢左馮翊祋祤縣地。東晉時，苻秦置宜君護軍。後魏太平真君七年，置宜君縣，屬北地郡。西魏置宜君郡。隋開皇初郡廢，屬京兆郡。唐初屬宜州。貞觀十七年廢，二十年復置，屬雍州。永徽二年又廢。龍朔三年復置，屬坊州。五代、宋、金因之。元改屬鄜州。明統於延安府。本朝雍正三年屬鄜州。

## 形勢

秦塞要險。寰宇記。四山雄峙，三川紆迴，臨西夏而控延綏，帶黄河而屏華嶽。州志。

## 風俗

羌渾雜居。寰宇記。勤稼穡，尚鬼神，有剛毅果敢之風。州志。

## 城池

鄜州城。有内外二城。内城周二里有奇，門三。外城周八里有奇，門四。西阻龜山，東濱洛水。池廣二丈。明成化中，因元舊址建。嘉靖中，爲洛水所圮，甃瓴修葺，外城稍移於内。本朝順治十八年、乾隆十一年、嘉慶元年屢修。

洛川縣城。舊城。緣山阻澗，元建。又東關城周三里有奇，門三，池廣二丈。明正德初建。本朝乾隆三十一年，因瀕臨深溝，基址屢圮，移治於鳳棲堡，建城，周二里有奇，門三。

中部縣城。周四里有奇，門三，因阻水爲池，有石堤二道。明成化中改建。萬曆初增築南關城，崇禎初又增築北關城。本朝順治十二年、康熙二年、乾隆三十三年屢修。

宜君縣城。周五里有奇，門二，池深一丈。明景泰中建。本朝康熙十七年修，乾隆三十三年甃石重修。

## 學校

鄜州學。在州南關西。元至正中建。本朝順治十八年重建，乾隆四十五年、嘉慶十九年重修。入學額數十三名。

洛川縣學。在縣治東。乾隆三十一年建。入學額數十六名。

中部縣學。舊在坊州城，明成化初移建縣治東南，崇禎五年徙置上城。本朝康熙五十七年，復移建下城。乾隆四十五年重修。入學額數八名。

宜君縣學。在縣治東。明洪武八年建。本朝康熙四十四年重修。入學額數八名。

西山書院。在州治西。舊爲西寺，明弘治中改爲書院。

朝陽書院。在洛川縣城西北。乾隆五十一年建。

橋山書院。在中部縣治西。乾隆十二年建，十六年修，五十九年重修。

## 户口

原額人丁一萬七千四百九十七，今滋生民户共男婦三十一萬三千八百四十名口。

## 田賦

民地二千八百五十三頃七畝四分五釐，額徵地丁銀一萬八千七百八十八兩九錢四分一釐，糧七千九百四十石三升九合一勺。

## 山川

櫻桃山。在州南五里。山多櫻桃樹。

壽峯山。在州西南一百二十里。

龜山。在州西一里。又龜山在宜君縣西，縣城半跨其上。

大槃山。在州西北。元和志：在直羅縣西北一百十里。

爛柯山。在洛川縣東南八十里。

燈高山。在洛川縣東南九十里。

黄龍山。在洛川縣東南一百二十里。又東南十里，爲同州府韓城縣紫金山。

鄜畤山。在洛川縣南七十里。秦文公祀五祀畤，此其一，州以此得名。

大石山。在洛川縣北五十里。又北十里有白起山。

高山。在洛川縣北九十里，一名大乘山。有五峯並峙，亦曰五峯嶺。又北十里有香爐山。

雄兒山〔三〕。在洛川縣東北九十里。又東二十里有聖公山。皆昔時土人據險保障處。

印臺山。在中部縣東二里。形如三臺。

龍首山。在中部縣東十五里。

鳳凰山。在中部縣西一里，亦曰鳳嶺。縣志：中有黄華谷，産菊。又有玉仙山，在縣西五里。

白石山。在中部縣西六十里。

西山。在中部縣西。爲諸山之總嶺，廣六七十里。縣志：巨壑茂林，石洞深邃。

橋山。在中部縣西北。寰宇記：在坊州西二里。按山海經云，蒲谷水源，其山下水流通行，故謂之橋山，今黄帝陵尚在。元統志：山在縣北一里。下有沮水，潛穿山底過，因名。延安府志又有華蓋山，在縣北橋山後。三峯並峙，高出諸山，即橋山之支阜也。

石堂山。在中部縣西北七十里。寰宇記：水經注云，豬水西出翟道縣西石堂山，本名翟道山。穆天子傳云，南征朔野，徑絶翟道，升於太行。翟道，即石堂山也。按：魏書地形志，狄道縣有淺石山。水經注，沮水歷熇石山。疑皆即石堂之别名。

太子山。在宜君縣東南四十里。相傳秦太子扶蘇築長城時憩此。

秦山。在宜君縣東南九十里。山勢綿亘。相傳唐太宗爲秦王時畋獵於此。

龍頭山。在宜君縣城南。山北有官泉。

玉華山。在宜君縣西南。元統志：在縣西南四十里，有唐建玉華宫。

野火山。在宜君縣西南。元統志：在縣西南七十里，産土硫黄。

龍尾山。在宜君縣西五里。

香山。在宜君縣西北十里。多産香草。

太白山。在宜君縣西北六十里。縣志：上有太白廟，廟前有湫，旱禱輒應。山之東有仙宫崖。

大迴嶺。在州西北十里。上爲通道，登此可以迴望州城，故名。

梅柯嶺。在州西北三十里。舊多古梅。

麻線嶺。在洛川縣東一百八十里，接同州府韓城縣界。又見「韓城」。

硃砂神嶺。在洛川縣東一百九十里。爲同州府韓城縣往來通道。

望觀嶺。在洛川縣東南一百三十里。上有池，不盈不涸。

雲霞嶺。在中部縣東十五里。又石馬嶺，在縣東南二十里。

衙嶺。在中部縣南二十里。沮水經其下。

子午嶺。在中部縣西北二百里，接甘肅慶陽府合水縣界。沮水出此。

高脊嶺。在宜君縣西南七十里。又縣東南五里有三井嶺。

駱駝岡。在中部縣西一百里。土人築砦於上。

三鳳岡。在中部縣西北七十里。下有潛龍洞。

仙掌巖。在中部縣西北三里。五峯聯起如人掌。

馬尾崖。在州南一百里。高數十丈，崖畔水流，遥望如馬尾，因名。

龍舌崖。在洛川縣東北七十里龍尾灣。一巒回顧，狀若龍首飲水。上懸一石，長七八尺，風撼則動而不墜。

駐蹕崖。在宜君縣西玉華山。相傳唐太宗駐蹕於此。元統志：崖東有石室甚奥，外有水散流，號曰水簾。

葦谷。在州南五里。多葭葦。

鳳凰谷。在宜君縣西南五十里。谷中嘗有五色雀見，故名。

蘭芝谷。在宜君縣西五十里，多產芝草。又纏帶谷，在縣西七十里，水流如帶。

龍尾坡。在州東十里。山勢盤旋，若龍尾然。又黑鷹崖，在州東二十里。

開元坡。在州北。唐韋莊有鄜州寒食詩：「開元坡下日初斜。」謂此。

桑園藥王洞。在中部縣西五十里。縣志：洞中深邃可容百人。中有石蓮座，横列奇巧，得之自然。

仙人洞。在宜君縣西四十里，崖畔有仙人溝。又西十里有水簾洞。

洛水。在州東。自延安府甘泉縣流入，又南流逕洛川縣西南、中部縣東，又東南流逕宜君縣東北，又東南入同州府白水縣界。元和志：洛水在洛交縣南一里。寰宇記：洛水在坊州東四十里。從鄜州洛川縣西南，經中部、鄜城二縣入白水縣。元統志：洛水自州北三十里南陽村入境，流七十里至交口村，又東南流入中部縣，又南流十五里至陽家莊合沮水，又東南流四十里，至鄜城十二盤出境。通志：洛水自甘泉縣倒坐鋪入鄜州界，又南合牛武、採銅二川，又南逕州東百步，又南合葦谷水入洛川縣界，逕縣西南七十里，有廂西河合開撫川注之。又逕晉浩鎮入中部縣界，至交口與華池、黑水二川合。又南受仙宫河，入中部縣界，逕縣東北三十五里與沮水合。又南受五交河、聿津河入宜君縣界，逕縣八十里，又右受馮字河水，折而東南，逕秦山入白水縣界。

葦谷水。在州南。寰宇記：三水縣有葦谷水。注水經云，自葦谷東南流入三川。又有黄原水，自破羅谷南流經黄原祠，東合葦川水。州志：水在州南五里，一名荻子溝。又有沙飛溝水，在州南十里。

華池水。在州西南，自甘肅慶陽府合水縣流入。寰宇記：三川縣有三川水，謂華池水、黑水、洛水同會，謂之三水也。通志：華池水出合水縣，東流入州界，逕直羅故城，與黑水合。又東南合會道河、餘樂川，逕中部縣北葡萄塞，爲葡萄河。又東南至交口與洛水會，亦曰葫蘆河。

黑水。在州西南。通志：黑水自合水縣流入，至舊直羅縣東，合華池水。

黄梁水。在洛川縣東南六十里，源出黄梁谷，一名黄連河，西南流入洛。

香川水。在中部縣南。寰宇記：水經云，香川水源出中部縣。北香水，在縣西南三十七里，自宜君縣界來。南香水，在縣南三十五里，水出遺谷。

沮水。在中部縣西南。漢書地理志：直路縣沮水出縣西，東入洛。水經注：沮水自直路縣東南逕燋石山〔三〕，東南流歷檀臺川，俗謂之檀臺水，屈而夾山西流。又西南逕宜君川，世又謂之宜君水。又得黄嵚水口，又東南流逕祋祤縣故城西。寰宇記：昇平縣有子午水，在縣西北百里，出子午嶺，東南流入中部縣界合沮水。又中部縣沮水，自昇平縣北子午嶺，俗號子午水，下合榆谷、慈烏等川，遂爲沮水。九域志：宜君縣有沮水。元統志：沮水自子午嶺東南流二百里，至本縣東三十里楊家莊，東南順流入洛。明統志：沮水在今中部縣南門外。通志：沮水源出正寧縣界子午嶺，分爲二流。其一自中部、宜君南流入耀州界入渭。其一東南流爲子午河，合寇家河水，又東逕宜君縣北，右合慈烏水及玉華川、纏帶谷水，仍東入中部界。遶縣城西、南、東三面，又北合泥谷河爲龍首川，入於洛。按：水經注謂沮水下流，合銅官，注鄭渠，而東入洛。自鄭渠湮廢，沮水故道難考，諸志猶從其說。至經中部縣南入洛之沮水，則始於元統志，禹貢錐指目爲枝津。然此水東流入洛，與南流入渭之沮水，源流各別，非枝津也。且今入渭之沮，上源太近，亦與漢志出直路縣西之説不合。通志分東南二流，兩存其名，今從之。

泥谷水。在中部縣北。寰宇記：水經云，泥水出翟道縣泥谷。今按圖經，泥谷水在縣西北五十里，源自栲栳谷來。通志：泥谷河，一名淤泥河，在縣北十五里。源出隋后嶺東南，流至龍首川入沮水。又寰宇記引水經云：淺石川出翟道山。通志：與泥谷水合流入沮。

石盤水。在宜君縣東五十里。寰宇記：源出同官縣大石盤，東流入縣界。府志有雷聲溝，在縣東三十里。

慈烏水。在宜君縣北。寰宇記：源出昇平縣分水嶺，東流入縣界。通志：水出太白山，東流合杜村河入沮。

仙宫河。在洛川縣東五十里，源出縣境東北。又聿津河，在縣南一百二十里，源出硃砂嶺。皆西流入洛。

廂西河。在洛川縣北五十里。又有開撫川，在縣北九十里，源出宜川縣界，西南流合廂西河，至州界入洛。

五交河。在中部縣，源出宜君縣東曰賀家河、季家河，東流至縣境，合爲五交河入洛。

直羅川。在州南。元和志：羅川水，在直羅縣南二里。州志：直羅川自直羅城南注華池水。又江家川，在州西一百三十里。會道河，在州南八十里。餘樂川，在州西南八十里。俱流合華池水。

採銅川。在州西北。元統志：在州東十五里。有一石窟，中出石脂，就窟可灌成燭，一枝敵蠟燭之三。至元七年，封扃不採。州志：在州西北十五里。又有吉子灣水，在州北五里。邱家溝水，在州西北三里。火焰溝水，在州西南百步。下流皆入洛水。按：寰宇記有大塞門川水，在洛交縣西北四里。小塞門川水，在縣西北十五里。疑即今採銅諸水也。

牛武川。在州東北五里，源出州東北境，西南流入洛水。

玉華川。在宜君縣西，源出駐鑾坡之瀑布泉，流而成川。相近有仙人溝。又纏帶谷水，在縣西二十里。俱與玉華川合流東北入沮水。

姚渠川。在宜君縣西七十里，源出姚渠村北核桃溝，西南流入南沮水。

龍湫。在州西南七十里。湫周數里，多蒲葦，相傳有龍在其下。又有靈湫，在州西北十五里，祈雨多應。

楊班湫。在洛川縣東南。寰宇記：鄜城縣有楊班祠。周地圖記云，姚萇時立節將軍楊班居黄梁谷北。其谷西有小谷，由來無水，夜中忽有人語，就班借車牛十具，云我是湫神，欲移徙。班即借車牛如數，置門前。至明，車濕牛汗，乃尋車轍，至乾谷，忽有水，方二百餘步，其水極深不可測，冬亦湛然，每水旱祈禱有應。舊志：湫在縣東南六十里，周一百二十步。今湮。

靈湫。在宜君縣西一百里。又有神湫，在縣西南。

不溢池。在洛川縣東南一百三十里望觀嶺上。

五眼泉。在洛川縣東五十里。又青龍泉，在縣南三十里。柏林泉，在縣東五十里。靈泉，在縣北六十里。

一線泉。在中部縣治西南一里。泉自山腰垂下如線，味清甘可療疾。又暖泉，在縣東南七里。

黄花泉。在中部縣西南二里石崖下，滴水如珠，亦名滴珠泉。又柳窟泉，在縣西北五里，山頂沸出，懸流而下，如素練然。

寒氿泉。在中部縣西十里，水從地湧，深不可測。大樹重陰，夏日生寒，故名。

上善泉。在中部縣東北。唐書地理志：州郭無水，東北七里有上善泉，開成三年，刺史張怡導水入城，以紓遠汲。四年，刺史崔駢復增修之，民獲其利。縣志：在縣東北二里橋山東，沮水岸側，其水流入於沮。

煖泉。在宜君縣東七十五里。又烈泉，在縣東南三十里。

石油井。在宜君縣西二十里姚曲村。元統志有石井，汲水澄而取之，氣味甚臭，可療駝馬牛羊疥癬。

## 古蹟

雕陰故城。在州北。史記魏世家：襄王五年，秦敗我龍賈軍於雕陰。漢書傅寬傳：寬從定三秦，賜食邑雕陰。應劭曰：「雕山在西南，故名。」晉省。括地志：雕陰故城，在洛交縣北三十里。按：元和志云故城在甘泉縣南四十里，即今州與甘泉縣接界處也。

洛交故城。今州治。魏書地形志：長城縣有五郊城。隋書地理志：上郡治洛交縣，開皇三年置。元和志：鄜州本漢雕陰縣地，暨晉陷於戎羯，不置州郡。後魏爲鄜州地，隋爲上郡，武德元年爲鄜州。州城舊名五交城，東至丹州一百八十三里，西至慶州三百九十八里，南至坊州一百二十五里，北至延州一百五十里。治洛交縣，本雕陰縣地，苻堅時爲長城縣，後魏及周爲三川縣地。隋開皇十六年，分三川、洛川二縣置洛交縣，在洛水之交，故曰洛交。寰宇記：隋大業三年，罷鄜州，置鄜城郡，其年自杏城移理於五交城，即今州理也。元史地理志：至元四年，并洛交入州。

直羅故城。在州西北，唐置，屬鄜州。元和志：縣東至州一百里，本漢雕陰縣地，晉時戎狄所居。隋開皇三年，使户部尚書崔仲方築城以居之。城枕羅源，其川平直，故名直羅城。武德三年，分三川、洛交二縣於此置縣，因城爲名。九域志：在州西九十里。元史地理志：至元四年，併直羅縣入州。元統志：中部縣西北至廢直羅縣一百四十里。舊志：按漢志北地郡領直路縣，沮水出西，東入洛。中部縣志：直路城在縣西北二百里。考寰宇記，沮水源出昇平縣北子午山。今子午山實在今州西南界，與直羅相近，疑直羅縣本即漢之直路縣，後人訛「路」爲「羅」耳。

三川故城。在州南。魏書地形志：中部郡領長城縣。隋書地理志：上郡三川縣，舊名長城，西魏改。元和志：三川縣東北至鄜州六十里，本漢翟道縣地。古三川郡以華池水、黑源水及洛水三川同會，因名。苻堅時於長城原置長城縣，屬長城郡。後魏廢帝改爲三川，屬中部郡。隋開皇二年屬鄜州。九域志：熙寧七年，省三川縣爲鎮，入洛交。州志：三川舊城，在州南六十里。

洛川故城。在今洛川縣東北。魏書地形志：敷城郡領洛川縣，太平真君中置。元和志：縣西北至鄜州六十里。本漢鄜縣地，後秦姚萇於此置洛川縣，以縣界有洛川水爲名。後魏置敷城郡。隋開皇三年，罷郡屬鄜州。寰宇記：隋開皇三年，自高槐移於今所。按：洛川始置，元和志與地形志不同。

鄜城故城。在洛川縣東南。史記秦本紀：文公十年初爲鄜畤。又封禪書：文公夢黄蛇自天下屬地，其口止於鄜衍。文公問史敦，敦曰：「此上帝之徵，君其祠之。」於是作鄜畤。漢置鄜縣，屬左馮翊。後漢省。建安中，鄭渾爲左馮翊，賊梁興寇鈔諸縣，將餘衆聚鄜城，渾擊斬之，即故縣也。魏書地形志：北華州有鄜城郡，首領鄜城縣。隋書地理志：上郡領鄜城縣，後魏曰敷城，大業初改焉。唐屬坊州。元和志：縣西至坊州一百里。寰宇記：在鄜州東南一百二十里。本漢鄜縣地。後魏於今縣理置敷城縣，隋大業初，改「敷」爲「鄜」，屬鄜州。唐武德二年，改屬坊州。唐末李茂貞建爲翟州。梁開平三年，改爲禧州，又改縣爲昭化。後唐同光元年，復爲鄜城縣，仍隸鄜州。九域志：康定二年，即鄜城縣置康定軍。元史地理志：至元四年，併鄜城入洛川。縣志：鄜城廢縣，在今縣東八十里。

翟道故城。在中部縣西北。漢置，後漢廢。魏書地形志：中部郡復領狄道縣，周、隋時廢。又隋書地理志：三川縣有利仁縣，尋廢入。寰宇記：翟道故城，在中部縣西北四十里，周三里，有餘址在。宇文周曾於此置利人縣，尋廢。

中部故城。在今中部縣南。元和志：坊州古之翟國，漢爲翟道縣地。魏、晉陷於戎狄，不置郡縣。劉、石、苻、姚時，於今州理西七里置杏城鎮，後魏孝文帝改鎮爲東秦州，孝明帝改爲北華州，廢帝改爲鄜州。元皇帝以周天和七年放牧於今州界，置馬坊，結構之處尚存。武德二年，高祖駕幸於此，因置坊州，取馬坊爲名。北至鄜州一百五十里。中部縣，郭下，本漢翟道縣之地。後秦姚興於今縣南置中部縣。後魏文帝移入杏城。後周改爲内部，屬鄜州。武德二年置坊州，改爲中部。寰宇記：姚興於今理南十八里置中部郡，後魏太武改爲縣。文帝大統九年，縣移理杏城。隋開皇九年，避廟諱改曰内部。大業三年，自杏城移於今理。元統志：至元二年，坊州廢，縣屬鄜州。延安府志有坊州城，今在縣西南。又南城在縣南四里，又故城在縣西南十里，又上城在縣東北一百八十步。

宜君故城。在今宜君縣西南。元和志：縣東北至坊州一百里。前秦苻堅於杸祤故城置宜君護軍，後魏太武改爲宜君縣。文帝大統五年，又移於今華原縣北。貞觀十七年廢。二十年置玉華宫，仍於宫所置宜君縣，屬雍州。永徽二年，與宫同廢。龍朔三年，坊州刺史竇師倫奏再置。九域志：縣在坊州西南五十五里。按：宜君縣移治，諸志未詳何時。但元和志云玉華宫在縣北四里，寰宇記云宫在縣西四十里，移治當在五代時也。

昇平舊縣。在宜君縣西北。唐置，屬坊州。寰宇記：縣在州西九十里。唐天寶十二年，刺史羅希奭奏析宜君縣西北昇平等三鄉置縣，以鄉爲名，東南去宜君縣三十五里。尋以吐蕃侵破，移縣在横林川。九域志：熙寧元年，省昇平縣爲鎮，入宜君。

秦長城。在州東北。元和志：在洛交縣東北三十里。

夏太后城。在州西。元和志：在洛交縣西三十六里。赫連勃勃聞劉裕滅姚泓，命其子義真等守長安，大悦。自將兵入長安，留太后於此，築城以居之。

杏城。在中部縣西南。晉書：升平初，姚襄徙北屈，將圖關中，進屯杏城，遣其兄姚蘭略地鄜城。魏書序紀：昭帝初，自杏城以北八十里，迄長城原，夾道立碣，與晉分界。魏書地形志：北華州治杏城。元和志：杏城在中部縣西南五里。相傳漢將韓胡伐杏木爲柵，以抗北狄，因以爲名。寰宇記：故杏城在縣西五里。又杏城鎮，姚萇置，在今郡東七里。

赤沙城。在中部縣西七十里。寰宇記：古戍城也。

卜居城。在中部縣東二十里。相傳晉公子重耳奔狄時所居。

玉華宫。在宜君縣西南。元和志：在縣北四里。貞觀二十年，奉敕營造。其地本縣人秦小龍宅，太宗云：「小龍出，大龍入。」當時以爲清涼勝於九成宫。永徽二年，有詔廢宫爲寺，便以玉華爲名。寺内有肅成殿，永徽中奉敕令玄奘法師於此院譯經，每言此寺即閻浮之兜率天也。寰宇記：宫在縣西四十里。唐貞觀十七年，於縣鳳凰谷置正殿，覆瓦，餘皆葺茅。

監軍臺。在州南五里。俗傳唐尉遲敬德演武於此。

四仙臺。在州南七十里，亦曰四仙源。内有仙人溝，其水北流入洛。

望鹵臺。在州西北二百里。相傳唐太宗征突厥嘗登此。

鄜臺。在洛川縣東。元統志：在鄜城舊縣之東。宋元祐二年，范純祐爲主簿時築。

祈仙臺。在中部縣西北橋山。明統志：臺在黄帝陵前。漢武帝用兵朔方，還祭黄帝於橋山，築此。

保大樓。在州城内，即譙樓也。唐置保大軍節度使，故爲名。

面樓。在中部縣南二里。舊志：面面可以望遠，極雲山縹緲之觀。

杜甫宅。在州南六十里三川廢縣。

礬場。在宜君縣西。九域志：縣有礬場。

## 關隘

直羅關。在州西北一百里。明洪武初設巡司，今裁。州志：關因故直羅城爲名。西南通子午嶺，西北通保安，凡二百里，皆深谷峻嶺，爲一方險要。

馬欄鎮巡司。在宜君縣西南一百二十里。本朝嘉慶十八年設。

王家角鎮。在州西一百四十里。本朝嘉慶二十一年，移州判駐此。

屯磨鎮。在州南五十里。又交道鎮，在州東二十里。

張村鎮。在州西七十里。又隆益鎮，在州西一百三十里〔四〕。

樂生鎮。在洛川縣東五十里。又土基鎮，在縣東七十里。

北谷鎮。在中部縣東六十里。

保安鎮。在中部縣西一百三十里。又孟家鎮，在縣西一百五十里。蘆保鎮，在縣西一百七十里。隆坊鎮，在縣西北四十里，唐牧廄所也。又有雙柳鎮，在縣西五十里，今廢。

五里鎮。在宜君縣東七十里。又雷遠鎮，在縣東八十里。突泉鎮，在縣東南三十里〔五〕。杏頭鎮〔六〕，在縣西八十里，一名七里鎮。石梯鎮，在縣西一百二十里。偏橋鎮，在縣北三十里。

宮也。

昇平鎮。在宜君縣西北三十五里。九域志：縣有昇平、北柘二鎮。昇平，即故縣也。又金志縣有玉華鎮，即故

黄龍堡。在洛川縣東南一百二十里黄龍山。有城，周二里有奇。明初置鄜城巡司，後移於此。嘉靖十八年，又移韓城縣

紫金關於堡内。天啓中置西延同知。本朝康熙二十四年裁同知，乾隆十八年裁巡司，移本州州同駐此。

麻線嶺堡。在洛川縣東一百八十里。明萬曆初築，設兵戍守，以通韓城驛道。今廢。

槐柏堡。在洛川縣東五十里，城周三里有奇。又南有柏林堡。

百益堡。在洛川縣東南一百里。又西南有進浩堡。俱有城，周三里有奇。

菩提堡。在洛川縣北八十里，城周三里有奇。

開撫堡。在洛川縣東北九十里，城周四里有奇。

石堡。在宜君縣東七十里，舊有城，平原廣阜，雉堞巍然。明末嘗置官署於此。

鄜城驛。在州北關外。明洪武初置，在州治東南，弘治中改置於此。北至延安府甘泉縣撫安驛九十里。

三川驛。在洛川縣城内，原在三川故城，後移於此。舊有驛丞，本朝雍正七年裁。北至鄜城驛七十里。

翟道驛。在中部縣西北四十里，明洪武中置。北至三川驛七十里。

雲陽驛。在宜君縣東五里，明洪武中置。北至翟道驛七十里。

## 津梁

故州橋。在州東門外，跨洛水。

南石橋。在州南五里。又南五里有宋公橋。又州南六十里有三川橋。又州西南五十里有党海橋。

寺谷橋。在州西五十里。又西十里有張村橋。

永濟橋。在州北十五里。又北五里有榆林橋，跨洛河渡口。

廟西橋。在洛川縣西十里，明嘉靖中建。

石家莊橋。在洛川縣西北十里，路通西安府。

西三里橋。在洛川縣東北三十餘里，在舊縣西三里，故名。兩岸臨谷，架橋以渡，爲險要處。

偏橋。在宜君縣北三十里。

## 陵墓

上古黄帝陵。在中部縣西北橋山上。史記封禪書：武帝巡朔方，還祭黄帝冢橋山。册府元龜：唐大曆五年，鄜坊節度使臧希讓上言坊州有軒轅皇帝陵，請置廟四時享祭，列於祀典。從之。又見慶陽府正寧縣。

唐

段志玄墓。在宜君縣東南三十里。

宋

楊偕墓。在中部縣東三十里。

明

劉琦墓。在洛川縣東北大石山。

朱新鍱墓。在中部縣治北，社稷壇側。

## 祠廟

二賢祠。在州治南文廟左，祀唐杜甫、宋范仲淹。

楊班祠。在洛川縣東南八十里。

秦文公祠。在中部縣南十里。

孟姜女祠。在宜君縣東南突泉鎮。

馮异廟。在洛川縣東北十里，又名高槐廟，有石扁書「大樹將軍」。

黃帝廟。在中部縣東三里。舊在橋山，唐大曆七年建，宋開寶中移此。

## 寺觀

開元寺。在州治北，唐建。

柏山寺。在州西九十五里。州志：山水秀朗，寺在柏間，殿閣隱現。碑識唐太宗建，壁有太宗像。

石泓寺。在州西一百三十里。州志：石山如砌，鑿門而入爲佛殿，有大佛三，小佛尺許者千百計，製作工巧。

曹溪寺。在洛川縣東南一百二十里，内有古池。

定洲寺。在中部縣西八十里。縣志：古柏森羅，西山之勝。

## 名宦

南北朝　周

梁睿。烏氏人。武帝時爲鄜州刺史，有惠政。

## 唐

梁禮。武德中，爲鄜州刺史。梁師都入寇，禮死之。

崔從。全節人。長慶初，領鄜坊節度，屬部多神策屯軍，數亂法驕橫，吏不能制，從一繩以法，下皆重足畏之。党項互市羊馬，類先遺帥守，從獨不取，而厚慰待之，羌不敢盜境。

## 宋

盧鑑。金陵人。以右班殿直爲鄜延路走馬承受公事。李繼遷寇邊，與總管王榮敗走之。擢本路兵馬都監，復出蕩族帳，獲牛羊以萬計。

石普。太原人。真宗時，爲鄜延路副都總管。趙德明納款，詔降制命，普言不宜授以押蕃落使，乃止。

張亢。臨濮人。仁宗時，知鄜州。上疏言邊計甚悉。又言調發之苦，數倍常歲，宜一切權罷。後多施用。

馬懷德。祥符人。仁宗時，爲鄜延路都監。城綏平，破青化、押班、吃當三砦，殺獲甚衆。龐籍具論其前後功，遷供備庫副使。時用兵久，民多散亡，懷德招輯有方，經略使梁適奏請推其法諸路。遷至鄜延路副都總管。

何涉。南充人。仁宗時，遷著作佐郎，管勾鄜延等路經略安撫招討司機宜文字。元昊擾邊，軍中經畫，涉與有力。元昊納款，龐籍召爲樞密使，欲與之俱，涉以親老願得歸養，特改通判眉州。

李師中。楚丘人。仁宗時，知洛川縣。民有罪，妨其農時者，必遣歸，令農隙自詣吏。令當下者榜於民，或召父老諭之，租税皆先期而集。民負官茶，追繫甚衆，師中爲脱桎梏。令鄉置一匱，籍其名，許日輸所負，一錢以上輒投之，書簿而去。比歲終，逋者盡足。龐籍薦其才，轉太子中允。

楚建中。洛陽人。仁宗時，主管鄜延經略機宜文字。夏人來正疆土，往莅其事，衆暴至，兩騎傳矢引滿向之。建中披腹使射，曰：「吾不憚死。」騎即去。衆服其量。元昊歸款，建中白府，請築安定、黑水八堡以控東道。夏人果來，聞有備，不敢入。

張宗誨。宛句人。仁宗時，知鄜州。元昊寇延安，劉平敗没。鈐轄黄德和遁還，走延州不納，又走鄜州。宗誨曰：「軍奔將無所歸，激之則爲亂矣。」乃納之，拘德和以聞。是時鄜城無備，傳言寇至，衆洶洶不安。宗誨嚴斥堠，籍入而禁出，使老幼並力禦之，敵自引去。

王信。太原人。爲鄜延巡檢。康定初，劉平、石元孫戰於三川，信以所部兵薄賊，斬首數十級。

周美。回樂人。仁宗時，除鄜延路兵馬都監。破敵於無定河，乘勝至綏州，殺其酋豪。加本路鈐轄，遂爲副總管。

郭諮。平棘人。仁宗時，爲鄜延路兵馬鈐轄。置獨轅弩五百，募士兵教之，既成，經略使夏安期言其便，詔置獨轅弩軍。

許懷德。祥符人。仁宗時，爲鄜延路副總管。夏人三萬騎圍承平砦，懷德時在城中，率勁軍千餘人突圍破之。夏人復陣，有出陣前據鞍嫚駡者，懷德引弓一發而踣，敵乃去。復進圍延州，懷德夜遣裨將出不意擊之，斬首二百級，圍遂解。

夏隨。榆次人。仁宗時，爲鄜延路副都總管。元昊爲書及錦袍銀帶投境上，以遺金明李士彬，約與同叛。候人得之，諸將皆疑士彬，獨隨曰：「此行間耳。」乃召士彬與飲，厚撫之。士彬感泣，後數日果擊賊斬首虜，獲羊馬自效。

司馬里。夏縣人。仁宗時，通判鄜州。州將武人不法，里平居與之驩甚，臨事正色力争，不少假借。

郭逵。洛陽人。神宗初，鎮鄜延。种諤受嵬名山降，取綏州，夏人遂殺楊定。朝論以邊釁方起，詔焚棄綏州，逵匿而不下，詗得殺楊定者姓名，夏人執獻之。

王安禮。臨川人。應河東唐介辟。熙寧中，鄜延路城囉兀，河東發民四萬負餉，宣撫使韓絳檄使佐役，後帥呂公弼將從之。安禮爭曰：「民兵不習武事，今敺之深入，此不爲寇所乘，則凍餓而死耳。宜亟罷遣。」公弼用其言，民得歸，而他路遇敵者，全軍皆覆。公弼執安禮手曰：「四萬之衆，皆君生之。」

薛向。萬泉人。知鄜州。大水冒城郭，沉室廬，死者相枕。郡卒戍延安，詣主將求歸視，弗得，皆亡奔。至則家人無在者，聚謀爲盜，民大恐，向遣吏曉之曰：「亟往收溺尸，貰汝擅還之罪。」衆泣謝，一境乃安。

林廣。萊州人。神宗時，爲鄜延路鈐轄。攻踏白城，功最。

曲珍。隴干人。神宗時，擢鄜延鈐轄，進副總管。從种諤攻金湯、永平川，斬首二千級。

賈逵。藁城人。神宗時總鄜延兵。鄜州舊有夾河兩城，始元昊入寇據險，城幾不能守。逵相伏龍山、九州臺之間可容窺覘，請於其地築堡障，與城相望，人以爲便。

种誼。洛陽人。哲宗時，知鄜州。夏人犯延安，趙高使誼統諸將，敵聞誼至皆潰。延人謂得誼，勝精兵十萬。

燕達。開封人。擢鄜延都監。數率兵深入敵境，九戰皆以勝歸。

劉涇。楊安人。紹聖末，知坊州。專以仁厚爲政。土産龍鬚席，涇常貢外，不以奉權貴。

錢即。錢唐人。政和中，經略鄜延。言鐵錢復行，與夾錫並用，慮奸民妄作輕重，欲維持推行，俾錢物相值，非欲以威力脅制百姓，頓減物價於一兩月之間。今宣撫司裁損米穀布帛金銀之價，殆非人情。坐貶官，然錢害亦寑。

劉延慶。保安軍人。爲鄜延路總管。破夏人成德軍，擒其酋首。

郭浩。隴干人。建炎中，權主管鄜延路經略安撫。時鄜延之東皆金人，西北即夏境，其屬朝廷者，惟保安一軍，德静一鎮。浩間道之德静，置司招收散亡，與敵對壘一年，敵不能犯。

## 金

盧克忠。鳳集人。天德中，同知保大軍節度。綏德州軍卒數人道過鄜城，求宿民家。是夜有賊剽主人財去，有司執假宿之卒繫獄，榜掠誣服。克忠察其冤，獨不肯署，未幾果得賊。

完顏魯爾錦。中都路額特赫格們明安人。遷保大軍節度使。興定五年，鄜州破，自投崖下死。「魯爾錦」舊作「六斤」，「額特赫格們明安」舊作「胡土割蠻猛安」，今並改。

赫舍哩鶴壽。河北西路珊沁明安人。興定初，權元帥府於鄜州。五年，鄜州破，赫舍哩鶴壽與數騎突出城，元兵追及之，赫舍哩鶴壽據土山力戰而死。謚果勇。「赫舍哩鶴壽」舊作「紇不烈鶴壽」，「珊沁明安」舊作「山春猛安」，今並改。

富察羅索。東北路按春噶爾罕明安人。興定中，遥授孟州防禦使，權都監。將兵救鄜州，轉戰而至，城破死之。「富察羅索」舊作「蒲察婁室」，「按春噶爾罕明安」舊作「按出虎割里罕猛安」，今並改。

鈕祜祿資禄。本姓張氏，咸平府人。興定中，爲金安軍節度使。詔將兵救鄜州，鄜州破，被執不肯降，遂死。「鈕祜禄資禄」舊作「女奚烈資禄」，今改。

## 明

朱新鍱。晉恭王棡七世孫。崇禎時，知中部縣。會有事他邑，土寇乘間陷其城，坐免，尋復任。時李自成已破潼關，傳檄至，新鍱怒而碎之，謀守禦策。然邑新遭寇，人無固志，乃屬父老速去，己誓必死。妻盧氏，妾薛氏、馮氏及幼女，皆先縊。乃書表封印，使人馳送京師，冠帶自縊。士民葬之社稷壇側，妻女祔焉。

劉光先。直隸人。崇禎中，爲中部縣丞。寇陷城，光先力戰被創，遂自刎。

本朝

賈廷璋。山東人。順治初，知宜君縣。王永彊叛兵至，城陷遇害。時典史方一御，亦死於難。

林鑛。慈谿人。康熙中，知宜君縣。縣當南北孔道，郵傳往來，向取之民，鑛大爲裁省。編審丁賦，豪猾率以賄免，鑛精心鉤考，酌定科則，積弊一清。

# 人物

## 南北朝　周

秦族。洛川人。祖白，父蘿，並有至性。族性至孝，父喪，哀毁過禮。與弟榮先尤篤友愛。未幾母又殁，哭泣無時，終喪之後，猶疏食不入房室二十餘年。榮先亦至孝，遭母喪以毁卒。邑里化其孝行。世宗嘉之，詔贈滄州刺史以旌之。

## 宋

楊偕。中部人。舉進士，爲殿中侍御史。郭皇后廢，偕與孔道輔、范仲淹力争。道輔、仲淹既出，偕止罰金，乃言願與道輔等皆貶。富民陳氏女選入宫，將以爲后，偕上疏諫止。嘗論八陣圖及進神楯、劈陣刀，帝下其法於諸路，其後用以敗元昊於兔毛川。累官兵部侍郎，卒，遺奏兵論一篇。偕性忠直敢言，數論天下事，尤喜古今兵法，有兵書十五卷，集十卷。子忱、慥，皆有雋才。

## 元

王士弘。中部人。父有疾，士弘傾家資求醫，見醫即拜，遍禱諸神，叩額成瘡。父殁，哀毁盡禮，廬墓三年。廬上有奇鵲來巢，飛鳥翔集，與士弘若相狎，衆咸異之。終喪，復建祠於塋前，朔望必奠祭，雖風雨不廢。有司上其事於朝，旌表之。

何從義。洛川人。大父母偕亡，從義廬墓，旦夕哀慕，不脱絰帶，不食菜果。事父母孝養尤至。伯叔祖父母皆無子，比亡，從義咸爲治葬，築墳祭奠以禮，時人義之。

王克已。中部人。父母同殁，克已負土築墳，廬於墓側。貊高縱兵暴掠，縣民皆逃竄，克已獨不去。家人呼之避兵，克已曰：「吾誓守墓三年以報吾親，雖死不可棄。」俄而兵至，見其身衣衰絰，形容憔悴，曰：「此孝子也。」遂不忍害，竟終喪而歸。

劉思敬。宜君人。事繼母沙氏、杜氏，孝養備至。父年八十喪明，會亂兵剽掠其鄉，思敬負父避巖穴中。兵至欲殺之，思敬泣曰：「我父老矣，又無目，我死不足惜，使我父何依乎？」賊憐其孝，父子皆免於難。

## 明

劉琦。洛川人。正德中進士。嘉靖初，授兵科給事中。以災異，陳親賢、去邪、仁民、恤軍、選將、信賞、明罰七事，且請倚大臣爲腹心，任言路爲耳目。時給京軍冬衣布棉恒過期，以琦請，即命琦立給。妖人李福達逃洛川，琦知之甚悉，因疏陳顛末，並劾郭勛黨逆。又與御史張問仁劾勛侵盗草場租銀，皆不問。既以福達事下獄，謫戍瀋陽，越十年赦還，卒。

劉仕。中部人。正德中進士，授刑部主事。以争大禮，廷杖。後與定李福達獄，下吏遣戍。穆宗即位，起太僕少卿，年老不就。

張士奇。宜君人。由恩貢選知永清縣。潔己愛民，不憚權貴。擢知通州，罷運皇木車，歲省民費三萬金。修築舊城，疏通運河，賜璽書褒獎，擢開封郡丞。

霍宗。鄜州人。正德中，回賊寇州境，宗以鄉兵獨當其衝，手刃賊數人，力絀死之。州守禮葬，題其墓曰「義勇」。

張應辰。士奇孫。正德中舉於鄉，知肅寧縣。時籍魏忠賢，株連頗衆，應辰多所平反。擢知宛平，民苦役煩，多奏罷之。察巨室爲民害者按以法，豪强肅然。轉户部主事。

劉爾璽。中部人。崇禎二年，賊至三河口，母驚匿。爾璽聞變，手戈馳追，不介而前。或曰不濟，曰：「死不避難，吾猶及踐難焉。」臨賊，從者震怖不前，爾璽犯堅而入，殺賊數人。未得母處，身中大創，兵盡力折死之。又同邑杜壽春，崇禎四年，盗攻城陷。或呼壽春，曰：「母老，焉忍舍之。」亦遇害。

劉禋。仕之孫。父爾完，歷知商丘、名山縣，有學行。禋性剛介，事親孝。母歿於名山，四千里扶櫬過劍閣雲棧，以肩任之。崇禎四年，賊陷中部，禋負父走免。後由鄉舉授知登封縣。土寇李際遇、申靖邦據山爲亂，禋練壯士數百，且戰且守，寇不敢近。李自成陷城，禋被縛，賊以同郡故欲降之，禋叱曰：「豈有奕世清白吏，肯降賊耶！」賊義之，遣其將反覆説以數百言，禋執彌厲，乃見殺。贈僉事。

齊大成〔七〕。鄜州人。諸生。流賊掠西安，衣冠入文廟，不食而死。

## 本朝

楊素藴。宜君人。順治中進士，知東明縣。考最，擢御史。劾吴三桂被謫，後三桂叛，起官督學山西。歷順天府尹，出爲安徽巡撫。值夏逢龍作亂，調撫湖廣，時武昌新經兵燹，加意拊循，以勞勩卒於官。

牛光斗。中部人。仇家搆其父通賊，繫獄，光斗訟冤於大帥，願以身代，會烈日中忽大雨雹，帥廉其冤，釋之。順治中成進士，知諸暨縣，以政績著。

孫繩。宜君人。仁厚好義。宜君屢經兵荒，繩捐貲賙卹。順治元年，大兵征勦流寇，駐營七里鎮。時霖雨四十餘日，餉不繼，繩遣其子枝秀運糧三百石餉軍。枝秀亦諸生，樂善好施，有父風。

劉紘。洛川人。順治中進士，知松滋縣。時姚黄纏頭賊張甚，紘團結鄉勇，屢敗之。江隄屢潰，紘不分畛域，晝夜督率，民資其利，邑賴以安。

張占鼇。洛川人。由拔貢生判荆州府。督餉至房縣之七連坪，遇賊不屈死。贈按察司僉事。長子超以難廕知宜陽縣。宜陽瀕洛而苦旱，超開渠灌溉，近洛之地，旱不爲災。居五載多善政，擢知西隆州。

楊愈勳。宜君人。六歲喪母，號泣不欲生。父復娶李氏，愈勳先意承志，備極孝敬。官華州訓導，課諸生，必先德行。比歸里，當兵燹之後，户口凋敝，每丁賦二兩一錢，民不堪其苦。愈勳率同邑士民請於大府，獲輕減焉。

## 流寓

### 唐

杜甫。襄陽人。安禄山亂，甫家寓鄜州，彌年艱窶，孺弱有至餓死者。肅宗許甫往省視。

# 列女

## 隋

覃氏。上郡鐘氏婦。夫死，時年十八，事後姑以孝聞。數年間，姑及伯叔皆相繼死，家貧無以葬，於是躬自節儉，晝夜紡績，蓄財十年而葬八喪。州里上聞，賜米百石，表其閭。

## 唐

范氏。宜君人。夫死不嫁，事姑孝。姑患病久不痊，忽聞肉香，欲食甚急。氏割左膊肉深至骨，以奉，姑病隨愈。事聞旌表，鄉人以「割骨」名其村。

## 金

康珠珠。鄜州人。夫早亡，服闋，父取之歸家，許嚴沂爲妻，康誓死弗聽。欲還夫家不可得，遂投崖而死。詔有司祭其墓。

「康珠珠」舊作「康住住」，今改。

完顔長樂妻富察氏。字明秀，鄜州人，納恰之女。哀宗遷歸德，以長樂爲總領，將兵扈從。將行，屬明秀曰：「無多言。夫人慎勿辱此身。」明秀曰：「君第去，無以妾爲念，妾必不辱。」長樂一子幼，出妻柴氏所生，明秀撫育如己出。崔立之變，驅從官妻子於省中，明秀聞之，以子付婢僕，與之金，親具衣冠祭物，與家人訣，自縊而死。「富察氏」舊作「蒲察氏」，「納恰」舊作「納甲」，今並改。

張愷妻馮氏。字妙真，刑部尚書延登之女，適進士張愷。興定五年，愷爲洛川主簿。元兵入鄜延，守臣以西路輸芻粟不時至，檄愷詣平涼督之。時延登爲平涼行省員外郎，愷欲偕妙真往，妙真辭曰：「舅姑老矣，雖有叔姒，妾能安乎？子行，妾留奉養。」洛川破，妙真攜三子赴井死。

## 元

康德明妻王氏。鄜州人。年二十，夫亡，撫遺腹子，守節。至正中旌。同州孫世昌妻闞氏、中部王仲泰妻党氏，皆以節著。洛川賀敏妻張氏，夫亡，自縊以殉。

## 明

賀谷榮妻康氏。鄜州人。夫亡苦節，其父逼令改適，氏投崖死。洪武中旌。

劉孝女。中部人。父準，以諸生死無辜，女年十六，抱父屍而死。有司爲營葬旌表。

賀恩妻田氏。宜君人。夫病篤，氏毀容侍湯藥，晝夜不懈。及卒，自縊以殉。又王氏，夫採薪死於火，其姑痛子不食，氏多方勸慰。赴夫死所，尋骨歸葬，墓成自刎。俱被旌。

張敏道妻趙氏。洛川人。年二十，夫亡自縊，同葬。又李從義妻張氏，年十七，夫亡守節。均洪武中旌。

柳輴女。鄜州人。嘉靖中寇至，父輴他往，女年十六，罵賊死，母王氏投崖死。後輴還收葬，面皆如生。又吉孝妻王氏，爲賊所掠，罵賊不屈死。

党爵妻程氏。中部人。年十九，夫亡，撫遺腹子漢成立，娶婦王氏。漢又早卒，姑婦同心守節，撫孤孫繼芳，母道婦儀，鄉里稱焉。又劉侃妻忽氏、李元凱妻任氏、劉爾榮妻李氏、子祛妻李氏、劉煜華妻楊氏，皆以苦節著。

趙彬妻張氏。宜君人。夫亡無子，苦節終身。同縣郭鍾奇妻楊氏，夫早卒，自縊以殉。

郝聚女。洛川人，字拾翠，父聚，許字諸生何三近。年十七，已納采而三近死，女聞訃，以所納幣製衣裳，服之自縊。萬曆中旌。

宋承矩妻劉氏。鄜州人。與同縣高俯妻任氏，均年二十，夫亡，孝養舅姑，撫遺腹子成立，被旌。又羅璜妻柳氏，年十九，夫亡，以苦節著。有宋呂者，妻早死，他妾中有遺腹，呂臨終嘆曰：「縱生子，疇克守而撫之？」妾王氏，慨然以撫孤自誓。呂亡四月，子生，其生母他適，王鞠之，守節四十年。

孟自務妻申氏。洛川人。與自務佃於趙順宰家，趙悦其色，屢挑不從。夜乘孟出，强入室，氏怒刃之，反被殺。縣令禱神，得其情，上聞被旌。

邢其蘊妻何氏。鄜州人。崇禎中，賊陷城，殺其夫，欲逼之。氏憤罵，以石擊賊，怒刃之，至死，罵不絶口。又張國時妻田氏、王祚延妻劉氏，俱罵賊被殺。李必灼妻雷氏、時養清妻侯氏、丁鴻圖妻李氏，俱投崖死。諸生任其印妻姜氏、宋國玠妻陳氏，俱自縊死。

曹可昇妻王氏。中部人。崇禎中，賊陷城，劫氏去。行二里許，有崖壁立，下視深谿，乃奮身投崖死。又劉福妻賀氏，夫亡無子，守節三十年，與諸生呼恒昌母俱死之。貢生劉爾駟妻宋氏，罵賊死。蘇育世妻劉氏，與一女共投井死。劉焕妻任氏，賊逼之，氏厲聲憤罵，賊恚，交刃殺之。

本朝

屈攀鳳妻李氏。洛川人。年十九，夫亡，孝事舅姑，撫子翼廷成立，守節五十年。康熙中旌。同縣劉夢筆妻郝氏，撫子鋐成進士，以節孝著。

劉禋妻張氏。中部人。禋，明末爲登封令，殉難，弟禔與禊亦相繼亡。張同禔妻楊氏、禊妻寇氏，撫孤守志，時稱一門忠節。禊子克訏，亦娶寇氏，訏亡，守節教子，奉侍孀姑，始終不懈。同縣梁國傑妻張氏，國傑爲人所害，張罄所藏付伯兄，訟夫冤。獄成將葬，氏痛哭死。又雷物正妻薛氏、王者謀妻屈氏、劉誕離妻任氏，俱夫亡殉節。

齊七政妻高氏。鄜州人。年十九，夫亡，孝養舅姑，撫遺孤成立。同州羅海瀚妻霍氏、許晉妻左氏、史彩妻張氏、曹汝爲妻王氏，俱夫亡守節。均雍正年間旌。

劉蔚泰妻李氏。中部人。年十六，蔚泰死，李侍姑課子，苦節三十八年。雍正六年旌。又張崇德妻楊氏、葛天裔妻張氏、劉篤妻任氏、藺清妻劉氏、張大鵬母張氏、劉治妻蔡氏、張瑗妻韓氏、牛漢彬妻王氏、劉崑妻陳氏、牛大年妻郭氏、劉芳聲妻柳氏、張名舉妻馬氏、寇曇妻劉氏、寇暹妻劉氏、楊維世妻李氏，均以苦節著。

楊緒妻張氏。宜君人。緒病篤，以氏少且無子，囑以改適。氏悲痛幾絶，出更衣自縊，緒亦死，時年十八。其先有楊國權妻劉氏、楊淩漢妻王氏、楊苾妻寇氏、楊荃妻賀氏，皆以苦節著。以上四世五節，蒲城王炳有碑記。同縣董其事妻蘇氏，夫亡，撫遺孤遴孺成立，及壯，又早逝，妾安氏自經以殉。又楊維克妻曹氏、徐明哲妻張氏、馮琦妻焦氏、賀年有妻董氏、馮聚瑞妻田氏，均以苦節著。

屈大雅妻李氏。洛川人。夫亡守節。同縣王繯妻李氏、白玉璉妻靳氏，又烈婦屈自興妻雷氏，均乾隆年間旌。

楊淳妻張氏。中部人。夫亡守節。同縣傅崇德妻任氏、劉安妻楊氏，寇笏妻馬氏，均乾隆年間旌。

秦禮妻高氏。鄜州人。夫亡守節。嘉慶七年旌。

李正興妻屈氏。洛川人。夫亡守節。嘉慶七年旌。同縣屈開邦妻秦氏、霍山琳妻李氏、陳花妻劉氏，均嘉慶年間旌。

馮論妻焦氏。宜君人。夫亡守節。嘉慶八年旌。

## 仙釋

### 宋

僧法天。本中天竺摩伽陀國僧。宋初至鄜州，與河中梵學僧法進，共譯經義，始出無量壽、尊勝二經七佛贊，知州王龜從潤色之。法天獻於闕下，太祖召見，賜紫袍。

## 土產

鐵。唐書地理志：中部、宜君有鐵。

銅。州志：州東採銅川產自然銅。

麻。九域志：鄜州賦麻布，坊州貢枲麻、弓弦麻。

席。元和志：鄜州、坊州貢龍鬚席。

土硫黄。明統志：宜君縣出。

藥。寰宇記：直羅縣出大黄。明統志：宜君縣出大戟。

## 校勘記

〔一〕北至延安府甘泉縣界四十五里　「五」，原脱，據乾隆志卷一九五鄜州（下同卷簡稱乾隆志）補。按，原言「南至同官縣界二百四十里，北至甘泉縣四十里」，則南北相距二百八十里，與上文「南北距二百八十五里」適差五里之數，因補。

〔二〕雄兒山　乾隆志作「猫兒山」，未知孰是。

〔三〕沮水自直路縣東南逕燋石山　「燋」，原作「樵」，據乾隆志及水經注卷一六沮水改。

〔四〕在州西一百三十里　「州」，原作「川」，據乾隆志改。

〔五〕突泉鎮在縣東南三十里　「突泉」，乾隆志作「烈泉」。按，本志前文山川有烈泉，在宜君縣東南三十里，適在鎮地，蓋鎮以泉爲名。蓋突泉爲嘉慶後改名。雍正陝西通志卷一七關梁作「哭泉」，與「烈泉」皆取義於孟姜女故事。

〔六〕杏頭鎮　乾隆陝西通志卷一七關梁同，乾隆志作「店頭鎮」。

〔七〕齊大成　「成」，原作「臣」，據乾隆志及雍正陝西通志卷六一人物改。

# 綏德直隸州圖

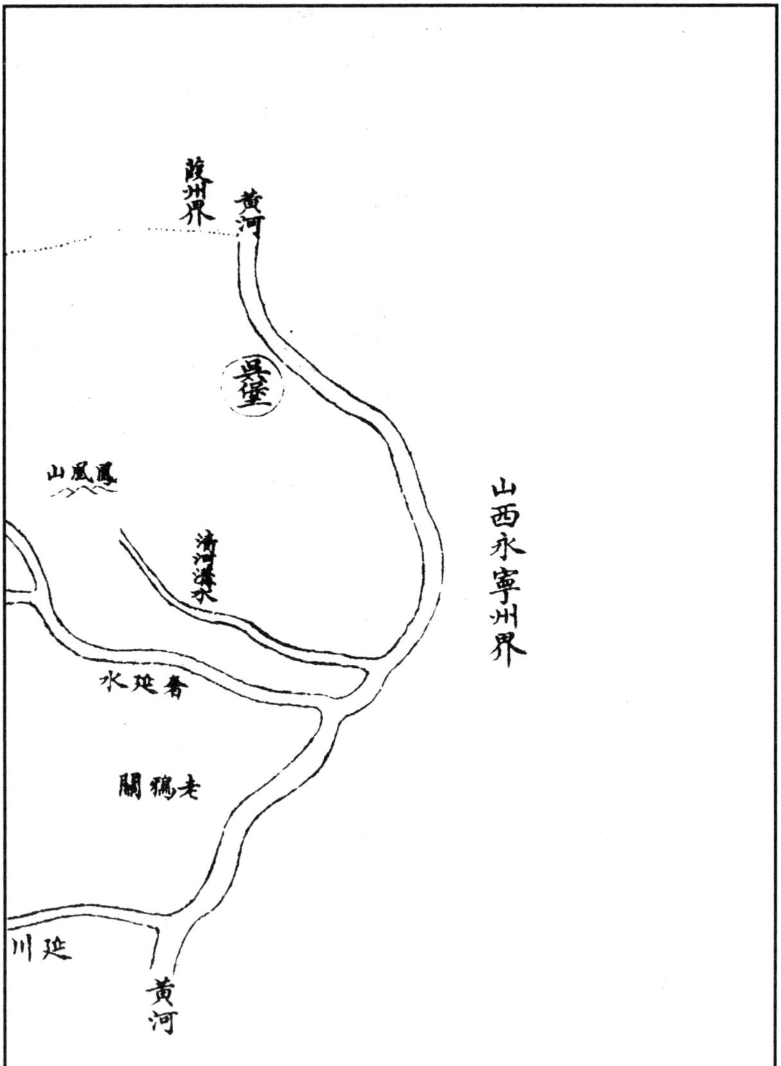
葭州界
黃河
吳堡
鳳凰山
清河濤水
山西永寧州界
晉延水
老鴉關
延川
黃河

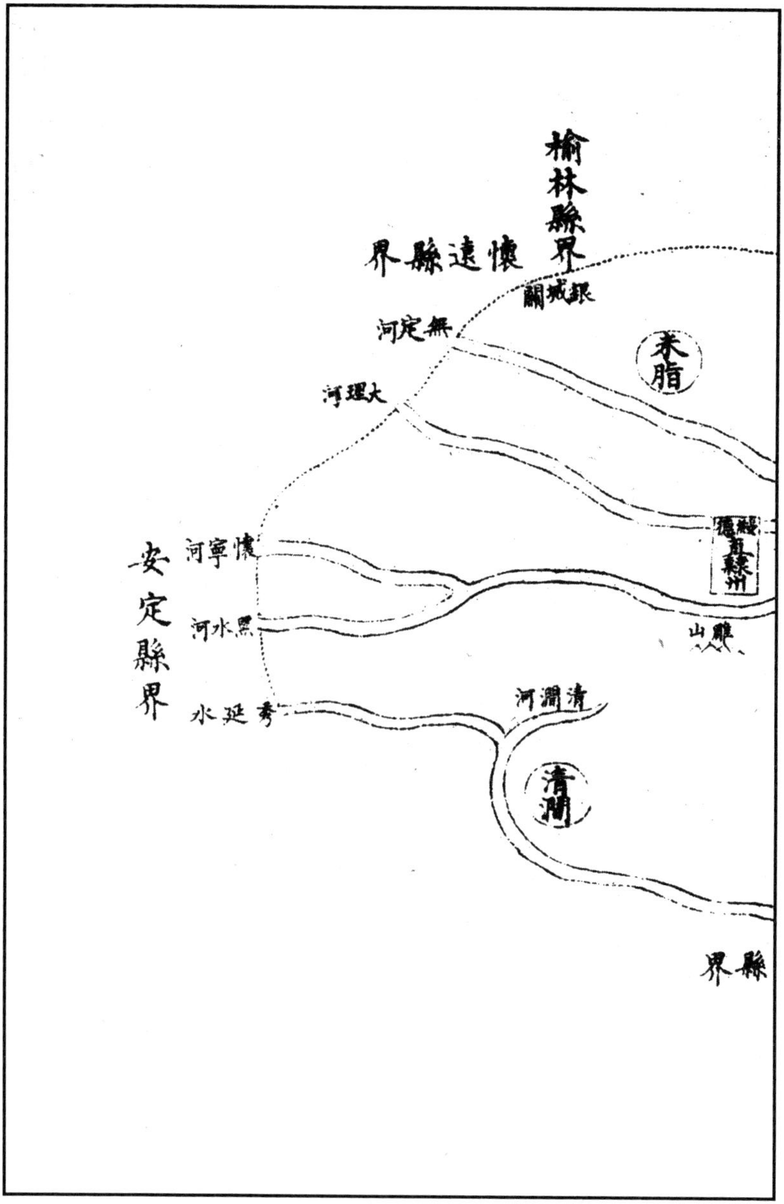
榆林縣界
懷遠縣界
銀城關
無定河
米脂
大理河
綏德直隸州
懷寧河
安定縣界
黑水河
雕山
清澗河
秀延水
清澗
縣界

# 綏德直隸州表

| | 綏德直隸州 | |
|---|---|---|
| 秦 | 上郡 | 膚施縣 郡治。 |
| 兩漢 | 上郡 初爲翟國，尋復。後漢末廢。 | 膚施縣 後漢建安二十年與郡俱廢。 |
| 三國 | | |
| 晉 | | |
| 南北朝 | 安寧郡 西魏置，廢帝元年兼置綏州。 | 上縣 西魏改置，州郡治。又有安寧、綏德、安人三縣。 |
| 隋 | 雕陰郡 開皇三年郡廢，大業三年改州曰上州，尋廢，改置。 | 上縣 開皇初改安人曰吉萬。大業初省安寧、吉萬二縣入，爲郡治。 |
| 唐 | 綏州 貞觀二年復置州，天寶元年改上郡，乾元元年復屬關内道。 | 龍泉縣 天寶初更名，後廢。 |
| 五代 | 入蕃界。 | |
| 宋金附 | 綏德軍 熙寧三年收復，建綏德城。元符二年升爲軍，屬延安府。金大定二十二年升州，屬鄜延路。 | |
| 元 | 綏德州 屬延安路。 | |
| 明 | 綏德州 屬延安府。 | |

續表

| 米脂縣 | |
|---|---|
| 上郡地。 | |
| 膚施、龜茲二縣地。 | |
| | |
| | |
| 撫寧縣 西魏置。 | 延陵縣 西魏置。 大斌縣 西魏置，兼置安政郡。 |
| 撫寧縣 屬雕陰郡。 | 延福縣 開皇中更名，屬雕陰郡。 大斌縣 郡廢，屬雕陰郡。 |
| 撫寧縣 屬銀州，後荒廢。 | 延福縣 武德六年置北吉州，領歸義、洛陽二縣。又置羅州，領石羅、開善、萬福三縣。又置匡州，領安定、源泉二縣。貞觀二年三州及縣俱廢入，屬綏州。 大斌縣 屬綏州。 |
| | 廢。 廢。 |
| 元豐四年建米脂砦，屬綏德軍。金末升縣。 | |
| 米脂縣 屬綏德州。 | |
| 米脂縣 | |

| | | | | |
|---|---|---|---|---|
| | | | | |
| | | | | |
| | | | | 獨樂縣 漢置，屬上郡。後漢省。 |
| | | | | |
| | | | | |
| 開疆縣 西魏置。 | 周保定二年置銀州。 | | | |
| 開疆縣 屬雕陰郡。大業二年廢。 | | | 儒林縣 開皇三年置，屬雕陰郡。 | |
| 廢。 | | 銀州 貞觀二年復置州，天寶初改銀川郡，乾元初復，後荒廢。 | 儒林縣 州治，後廢。 | |
| | | | | |
| | | 銀州 元豐四年復，後廢。 | | |
| | | | | |
| | | | | |

續表

| 清澗縣 | | |
|---|---|---|
| 膚施縣地。 | | |
| | | |
| | | |
| | | |
| | 綏德縣 西魏置。 | 城中縣 西魏置。 |
| | 綏德縣 屬雕陰郡，後廢。 | 城平縣 更名，屬雕陰郡。 |
| | 綏德縣 武德二年復置，六年分置雲州，領信義、淳義二縣。又置龍州，領風鄉、義良二縣。貞觀二年二州及縣俱廢入，屬綏州。 | 城平縣 屬綏州。 |
| | 廢。 | 廢。 |
| 康定初置清澗城，屬綏德軍。金大定二十二年升縣，屬綏德州。 | | |
| 清澗縣 | | |
| 清澗縣 弘治九年改屬延安府。 | | |

| 吴堡縣 | |
|---|---|
| 膚施縣地。 | |
| | |
| | |
| | |
| | 魏平縣 魏置，并置朔方郡，兼領政和、朔方二縣。周廢郡及朔方、政和二縣。 |
| 定胡縣地。 | 魏平縣 屬雕陰郡。 |
| | 武德三年置魏州及魏平縣，兼領安故、安泉二縣。七年兼置綏州，又置大斌縣。貞觀二年廢魏州及魏平等三縣入城平，綏州及大斌縣亦徙廢。 |
| | |
| 置吴堡砦。金正大三年升縣，屬葭州。 | |
| 吴堡縣 | |
| 吴堡縣 | |

# 大清一統志卷二百五十

## 綏德直隸州

在省治東北一千一百里。東西距二百七十里，南北距二百四十五里。東至山西汾州府永寧州界一百三十里，西至延安府安定縣界一百四十里，南至延安府延川縣界一百六十里，北至榆林府榆林縣界八十五里。東南至延川縣界二百二十里，西南至安定縣界八十里，東北至榆林府葭州界一百三十里，西北至榆林府懷遠縣界二百八十里。本州境東西距一百五十里，南北距四十五里。東至永寧州界一百三十里，西至米脂縣界二十里，南至清澗縣界二十里，北至米脂縣界二十五里。東南至清澗縣界一百三十里，西南至清澗縣界五十里，東北至吴堡縣界一百二十里，西北至米脂縣界五十里。自州治至京師一千八百里。

### 分野

天文井、鬼分野，鶉首之次。

### 建置沿革

禹貢雍州之域。春秋時白翟地。戰國魏置上郡，後屬秦，治膚施縣。漢初爲翟國，尋復置上郡。後漢因之。建安二十年，郡縣俱廢。西魏置上縣及安寧郡。廢帝元年，置綏州。隋開皇三年，郡廢。大業三年，改州曰上州，尋廢，改置雕陰郡。唐貞觀二年平梁師都，復置綏州。舊唐書地理志：武德三年，于延州豐林縣置綏州總管府，六年移治所于延州延川縣界，七年又移治城平縣界廢魏平城。貞觀二年，罷都督府，移治上縣。天寶元年，改縣曰龍泉，又改州爲上郡。乾元元年，復曰綏州，屬關内道。五代時爲番族所據。宋熙寧三年收復爲綏德城，屬延州。元符二年，升爲綏德軍，屬延安府。金大定二十二年，升爲綏德州，屬鄜延路。元屬延安路。明屬延安府。本朝雍正三年，直隸陝西布政司。乾隆元年，以吴堡縣來屬。領縣三。

米脂縣。在州北少西八十里。東西距一百六十里，南北距八十里。東至榆林府葭州界八十里，西至延安府安定縣界八十里，南至本州界三十里，北至榆林府榆林縣界五十里。東南至吴堡縣界五十里，西南至安定縣界八十里，東北至葭州界五十里，西北至榆林府懷遠縣界二百里。秦上郡地。漢膚施、龜兹二縣地。西魏置撫寧縣。後周分置銀州。隋廢州，屬雕陰郡。唐復置銀州，屬關内道。宋初屬西夏。元豐四年收復，置米脂砦，屬綏德軍。金升爲縣，屬綏德州。元、明因之。本朝初屬延安府，雍正三年，屬綏德州。

清澗縣。在州南一百四十里。東西距一百九十里，南北距一百六十五里。東至山西汾州府石樓縣界一百五十里，西至延安府安定縣界四十里，南至延安府延川縣界四十五里，北至本州界一百二十里。東南至石樓縣界一百四十里，西南至延川縣界三十里，東北至本州界一百三十里，西北至米脂縣界一百二十里。秦、漢上郡膚施縣地。西魏置綏德、城中二縣〔二〕。隋屬雕陰郡。唐屬綏州。五代時廢。宋康定元年置清澗城，屬延州。元符二年，屬綏德軍。金大定二十二年，升爲清澗縣，屬綏德州。元及明初因之。弘治九年，屬延安府。本朝雍正三年，屬綏德州。

吴堡縣。在州東北一百二十里。東西距五十里，南北距九十五里。東至山西汾州府永寧州界二十里，西至本州界三十里，南至本州界二十五里，北至榆林府葭州界七十里。東南至永寧州界三十里，西南至本州界六十里，東北至永寧州界三十里，西北至米脂縣界五十里。秦、漢上郡膚施縣地。隋、唐爲石州定胡縣地。宋置吴堡砦。金正大三年升爲吴堡縣，屬葭州。元、明因之。本朝乾隆元年，改屬綏德州。

## 形勢

石、隰襟喉，延、鄜門户。明世法録。黄河繞其東，沙漠在其北。前倚雕山，後連川水。州志。

## 風俗

地近邊陲，俗尚强悍，男勤耕稼，女稀紡織。州志。

## 城池

綏德州城。周八里有奇，門四，池深一丈五尺。明洪武中因宋舊址建。又南關城周六里有奇，門四，北通大城。明建文中建。本朝順治十六年、乾隆三十年重修。

米脂縣城。周五里有奇，門三，池廣七尺，深一丈。明洪武六年因宋舊址建。本朝康熙二十年、乾隆二十四年重修。

清澗縣城。周三里有奇，門三，池深二丈。宋康定元年建，明洪武中增築。本朝順治中修，乾隆十五年重修。

吴堡縣城。周二里有奇，門四，以河爲池。明正統中因元舊址建，嘉靖、萬曆中屢修。本朝乾隆三十二年修。

## 學校

綏德州學。在州治東。舊在城西北，金承安四年移建今所。明洪武八年重建，本朝順治十七年、乾隆二十年、五十二年、嘉慶十七年重修。入學額數二十名。

米脂縣學。在縣治東。明洪武十六年建，本朝康熙二十年、雍正五年、乾隆五十一年屢修。入學額數十二名。

清澗縣學。在縣治西南。明洪武六年建，本朝康熙五年修。入學額數二十名。

吴堡縣學。在縣治西南。明洪武十四年建，本朝康熙三十七年改建。入學額數八名。

文屏書院。在綏德州城東。舊名雕山，乾隆三十四年重建，更今名。

圁川書院。在米脂縣南關外。嘉慶元年建。

筆峯書院。在清澗縣治西。乾隆十年建。

興文書院。在吴堡縣城。嘉慶十九年建。

## 户口

原額人丁一萬七千二百五，今滋生民户共男婦二十八萬三千七百一十二名口。

## 田賦

民地一千六百二十七頃九畝四分九釐，額徵地丁銀一萬一千一百二十兩九錢二分，糧五千四百三十八石五斗九升八合二勺。屯地五百七十九頃五十四畝六分三釐，額徵地丁銀六百二十三兩四錢一分三釐，糧一千六百三十五石七斗八升六合六勺。

## 山川

嵯峩山。在州城内。

鳳凰山。在州東三十里。一名鳳宿嶺，古屯戍處。

文屏山。在州城南，峯巒環列如屏。亦名二郎山。

雕山。在州城西南。元和志：龍泉縣有疏屬山，亦名雕陰山。山海經云，貳負之臣曰危，與貳負殺窫窳，帝梏之疏屬山。即此也。舊志：雕山在州城西南，連城横峙，其形如雕。

合龍山。在州西南五里。漢書地理志：膚施縣有五龍山。水經注：奢延水東入五龍山。疑即此。

張家山。在米脂縣東五里。

石佛山。在米脂縣東南七十五里。高聳峭特，爲縣境諸山之冠。

高梁山。在米脂縣西南二十里。

峯子山。在米脂縣西十里。相近有鹿鳴山、貂蟬洞。

白雲山。在米脂縣北二里，環抱縣城。又馮家山，在縣北三里，有泉湧出峯頂。又高家山，在縣北五里，有石洞可容數百人。

烽臺山。在清澗縣東二百步。上有古烽墩。一名東峯山。峯巒秀麗，爲邑之勝。

鐘樓山。在清澗縣南一百步，中隔清澗河。縣志：崔嵬秀拔，舊建鐘樓於其上。又縣南二里有虎頭山。

筆架山。在清澗縣西一百步。三峯秀峙，縣城憑以爲固。

草塢山。在清澗縣治北百步。一名草場山，又名砦山。

官山。在清澗縣北五十里。萬山旋繞，二水縈流，通往來官道。又有小官山，在縣西五十里。

龍鳳山。在吴堡縣南十里。一名黑龍山。

砦西山。在吴堡縣西一里。宋置吴堡砦，山在其西，故名。

高原砦山。在吴堡縣西北五十里。巍然天際，爲衆山宗。

火燒山。在吴堡縣北十五里。一名桃花莊。

定仙嶺。在州東南。寰宇記：延福縣有定仙嶺。舊志：在州東南七十里，爲往來要路，金時置砦於此。

吐谷嶺。在清澗縣東二十里。縣志：唐以吐谷渾部族僑治州界，故名。又相近有苜蓿嶺。

香爐峯。在州東南十五里。又五虎峯，在州西北，五峯聯絡。

聖佛崖。在州東十五里石佛鋪。寰宇記：延福縣有聖佛崖。

馬湖谷。在米脂縣西五十里，接榆林界。

平水。在州西。水經注：平水西北出平谿，東南流入奢延水。隋書地理志：大斌縣有平水。寰宇記：龍泉縣有大力川，在州西〔二〕，又廢大斌縣有小力川。宋史：大中祥符三年，趙德明出大理河，築柵蒼耳坪。治平四年，种諤復綏州，夜渡大理水，軍於州西。通志：大理河，自懷遠縣界東南流合小理河，逕米脂縣西六十里，又逕州西北城下，東流入無定河。小理河，源出懷遠縣之威武堡，逕艾蒿茆、巡司溝，合大理河入州境。大理蓋即大力之訛，亦即平水也。

米脂水。在米脂縣東一百步。縣志：源出張家山，西南流入無定河。以其地沃宜粟，米汁如脂，因名。亦曰南沙。又飲馬河，源出縣西南，流合米脂水。

暖泉水。在米脂縣東七十里，源出縣東南，東北流逕暖泉砦，入榆林府葭州界。

奢延水。在米脂縣西，即無定河。自榆林府榆林縣流入，逕縣西，又東南流逕州城東，又東南流逕清澗縣東北入黄河。水經注：奢延水自合帝原水，又逕膚施縣南，又東入五龍山，自下帝原水亦爲通稱。歷長城東，出于赤翟、白翟之中，又有平水入之。又東走馬水注之，又東與白羊水合，又東入於河。元和志：儒林縣有無定河，自夏州流入，又在撫寧縣北二十里。又云龍泉縣有無定河，一名奢延水，自撫寧縣界流入。沈括筆談：嘗過無定河，度活沙，履之百步皆動，如行幕上。或陷，則人馬車駝，應時皆没，此即古流沙也。明統志：無定河，以潰沙急流，深淺不定，故名。通志：無定河自榆林鎮川堡西入米脂縣界。背干川，自葭州西南流入，又南逕縣西十里，米脂水流入之。又東南逕高和尚砭入綏德州界，又東南延州西北大理河東流入之。東南逕朔方臺南，懷寧河合黑水河東北流入之。又東南逕鳳凰山南，左合滿堂川水。又逕清澗縣東北百里，右納白家河。又東南至新關渡入于河。

秀延水。在清澗縣西，自延安府安定縣流入，又南入延川縣界。水經注：秀延水東流得浣水口，又東會根水、露桃水。寰宇記：廢城平縣有清澗水。縣志：清澗水自安定縣流入，至縣北官山折而南，過城西迤東繞城南，又東南流入延川縣界，即秀延水也。亦名吐延水，又曰辱河。又有西河在縣城西，源出官山南，流入清澗水。東河在縣城東，源出吐谷嶺，西流匯苜蓿嶺、黨家嶁二水，環繞城東，又西南入清澗水。宋种世衡城青澗，開營田二千頃，資東西二河爲灌溉，即此。

白羊水。在清澗縣東北。水經注：水出西南白羊谿，巡谿東北注奢延水。州志：今有白家河，源出吐谷嶺，東北流五十里，入無定河。疑即白羊水也。

走馬水。在清澗縣北。自延安府安定縣流逕縣北，又東北流逕州南，又東入奢延水。水經注：走馬水自陽周東北流入長城，又東北注奢延水。州志：懷寧河源出安定縣柏山寺下，東流逕清澗縣北八十五里，又東入州界，逕州東南十里，至州東南入無定河，即古走馬水也。又黑水河，在縣西北百里，亦自安定縣來入懷寧河。

滿堂川。在州東五十里，其水南流入無定河。

明堂川。在米脂縣西北。宋史：元豐五年，曲珍等敗夏人於明堂川。通志：即榆林西河，自榆林流入無定河。又背干川水，在縣北三十里，自葭州西南流入，經鎮川堡，注無定河。

黄河。在吴堡縣東。自榆林府塞外流入，逕縣東，又逕州東，又南逕清澗縣東，又南入延安府延川縣界。水經注：河水自合湯水，又南逕離石縣西，嗇延水注之，又南陵水注之。又南得離石水口，又南過中陽縣西，又南過土軍縣西。寰宇記：綏州延福縣有黄河，自撫寧縣流入。又綏州東至石州界黄河一百三十里，河上有孟門關。州東南至隰州石樓縣西北黄河爲界，一百五十里。通志：河水自吴堡縣康家塔入綏德州界，又南逕州東百二十里，東岸爲山西寧鄉縣。又南至界首渡入清澗縣界，逕白草原，無定河入焉。又南逕縣東百二十里，東岸爲山西石樓縣。又南爲老牛灘，至張家山入延川縣界。

磨石溝。在米脂縣西八十里。又有佛岔溝水，在縣南四十里。

黑龍溝。在清澗縣西南。自延安府延川縣呼家岔，流入黑龍溝，又東流逕白家原、營田鋪，入清澗水。

落陽溝〔三〕。在吴堡縣南二十里，合馮家原溝水入河。又縣北十里有水灘溝，二泉交流亦入河。

清河溝。在吴堡縣西二十里。黄河水濁，此水入河獨清，故名。

龍泉。在州東。寰宇記：唐龍泉縣以龍泉爲名。府志：龍泉在州東二里無定河東岸，龍兒灣泉從石龍口中流出，可溉田。

嗚咽泉。在州東五里。名山記：相傳秦扶蘇賜死處。唐胡曾詩：「至今谷口聲嗚咽，猶似當年恨李斯。」

龍河泉。在米脂縣南二里。

湫神泉。在清澗縣東黄河岸石巖下。又黑龍泉，在縣東一百步，從石窟中出。

五眼泉。在清澗縣南五十里，水極清冽，暑月經旬不變。

神井。在州東五里，石中流出，因鑿爲池，冬夏不竭。又石井，在州北十里，從石山下流出，可以溉田。

石井。在清澗縣治西。宋种世衡城青澗，無泉，鑿地百五十尺，遇石，世衡命屑石一畚酬百錢，卒得泉，今謂种公井。明正德中多邊警，邑令趙輅恐取汲不足，更鑿一井，引東河水自城下穿入，謂之新井。今堙。

## 古蹟

**膚施故城**。在州東南。史記趙世家：惠文王三年滅中山，遷其王于膚施。秦本紀：孝公元年，魏北有上郡。惠文王十年，魏納上郡十五縣。始皇本紀：三十五年，使長子扶蘇北監蒙恬于上郡。項羽紀：立董翳爲翟王，王上郡。漢書地理志：上郡治膚施縣。後漢書：永初五年，西零羌亂，詔上郡徙衙。永建四年，復歸舊土。晉書地理志：建安二十二年，省上郡。十六國春秋：劉聰建元元年，劉曜攻上郡，太守張禹奔允吾。蓋嘗復置而旋廢也。水經注：奢延水逕膚施縣南，秦昭王三年，置上郡治此。王莽以馬員爲增山連率。司馬彪曰：「增山者，上郡之別名也。」後魏僑置膚施縣，屬襄洛郡，在今慶陽府界，非故縣矣。括地志：上郡故城在上縣東南五十里，即膚施城也。

**上縣故城**。今州治。隋書地理志：雕陰郡，西魏置綏州，大業初改爲上州，治上縣。西魏置安寧郡與安寧、綏德、安人三縣，開皇初郡廢，改安人爲吉萬。大業初置雕陰郡，省安寧、吉萬二縣入，又後周置義良縣亦省入。元和志：綏州，春秋時白狄所居。七國時屬魏爲上郡，自後漢末以來，荒廢年久。俗是稽胡，又爲赫連勃勃部落所居。後魏神䴥元年，東夏州刺史張邵於此置上郡。廢帝元年，於郡内分置綏州。隋改爲上郡，又改雕陰郡，以雕山在西南，故名。隋亂陷賊。武德三年，百姓歸化，遂於延州豐林縣置綏州。貞觀二年，討平梁師都，移於今理。西南至延州三百三十里。治龍泉縣，本秦膚施縣地。後魏於此置上縣，取郡爲名。天寶元年，改爲龍泉州城。貞觀元年築，四面石崖，周迴四里二百步。寰宇記：綏州城據山，四面甚險。唐末，蕃寇侵擾，所管五縣並廢。其民皆蕃族，州差將軍徵科。舊志：綏州宋初爲西夏所據。淳化五年，李繼遷徙綏州民于平夏。咸平四年，築綏州城，既而復陷。治平四年，种諤城綏州。熙寧二年，廢爲綏德城。元符二年，始建爲軍舍，又升爲州，至今因之。

**延福故城**。在州東南。隋書地理志：雕陰郡領延福縣。西魏置曰延陵，開皇中改焉。元和志：縣西至綏州一百十里，本秦膚施縣地。後魏置延陵縣，理延陵村。寰宇記：縣在綏州東南。後魏廢帝元年，置延陵縣，屬撫寧郡。隋開皇七年，改名。縣城據崖，三面夐絶，爲邊方險固之所。今廢爲鎮。又舊唐志：延福縣，武德六年置北吉州，領歸義、洛陽二縣。又置羅州，領石羅、開善、萬福三縣。又置匡州，領安定、源泉二縣。皆併入延福。寰宇記：故匡州城，在延福縣西北五十里，隋置，故城尚存。禄山之亂，陷入蕃界。

大斌故城。在州西北。隋書地理志：雕陰郡領大斌縣，西魏置，仍立安政郡，開皇初郡廢。元和志：縣東至綏州一百十里。本秦膚施縣地。後魏孝明帝神龜元年，於今縣東五里置大斌縣，屬上郡。周、隋不改。武德七年，於今城平縣界魏平故城改置，因隋舊名。大斌者，取稽胡懷化、文武雜半之義。舊唐書地理志：大斌縣初治魏平，貞觀二年，移治今所。寰宇記：在綏州西北一百二十里，今廢爲大斌鎮。

義合故城。在州東。九域志：延川縣領義合砦。宋史地理志：本夏人砦，元豐四年收復，隸延州延川縣，七年改隸綏德城，西至綏德軍四十里，北至暖泉砦八十里。金因之。元史地理志：至元四年，併義合縣入綏德州。蓋金末升砦爲縣也。

銀州故城。在米脂縣東北。晉書載記：苻秦討擒劉衛辰，堅親自驄馬城如朔方，巡撫諸蕃。隋書地理志：雕陰郡領儒林縣，後周置銀州，開皇三年改名，大業初州廢。元和志：銀州，漢西河郡圁陰縣地，晉時戎狄所居。苻秦驄馬城，即今州理城也。周武帝保定二年，分置銀州，因谷爲名。舊有人牧驄馬於此，虜語「驄馬」爲「乞銀」，故名。大業二年廢銀州。隋末陷於寇賊。貞觀二年平梁師都，於此重置銀州。天寶元年爲銀川郡，乾元元年復爲銀州。西至夏州一百八十里，東南至綏州一百六十里，治儒林縣，開皇三年置。宋太平興國七年，李繼捧以夏州歸宋，從弟繼遷留居銀州，與其黨奔入地斤澤。雍熙二年，誘殺曹光實於葭蘆川，遂襲據銀州。咸平六年，割其地畀繼遷。地理志：銀州，五代以來爲西夏所有。熙寧三年收復，尋棄不守。元豐四年，种諤議規横山以西，謂興功當自銀州始，因復取其地，改築永樂城，而此城廢。舊志：銀州城在今縣西北八十里。

米脂故城。今米脂縣治。宋史地理志：綏德軍米脂砦，本西夏砦，元豐四年收復，爲米脂城，後復爲砦，隸延州延川縣，七年改綏德城。元祐四年，給賜夏人，元符元年收復，仍賜舊名。東至暖泉砦四十五里，西至克戎砦六十里。金史地理志：米脂砦置第二將。元史：綏德州領米脂縣。蓋金末升砦爲縣也。明統志：縣在州北八十里。

**嗣武故城**。在米脂縣西北。宋史地理志：綏德軍嗣武砦，舊囉兀城，元豐四年置，尋廢，崇寧三年修復。西至鎮邊砦二十里，南至米脂砦三十里。金史地理志：綏德州有嗣武城。元史地理志：金綏德州領嗣武縣，歸附後入米脂。蓋金升砦所置也。明統志：嗣武故城，在縣西北四十里。

**綏德故城**。在清澗縣北。隋書地理志：雕陰郡領綏德縣，西魏置。元和志：綏德縣北至綏州一百里。後魏文帝分上郡南界丘尼谷置綏德縣，隋不改。武德二年，移於吐延水北，即今理是也。舊唐書地理志：綏德，隋廢縣，武德二年復置。六年分置雲州，領信義、淳義二縣。又置龍州，領風鄉、義良二縣。貞觀二年，二州及縣俱廢入。寰宇記：綏德縣，後魏大統十二年置，今廢爲綏德鎮。元史地理志：金綏德縣，至元四年併入綏德州。

**城平故城**。在清澗縣西。隋書地理志：雕陰郡領城平縣，西魏置。元和志：縣東北至綏州二百里，後魏孝明帝於今縣理西三十里庫仁川置城中縣。隋改爲城平縣，自庫仁川移於今理。寰宇記：縣在綏州西南一百里。後魏神龜元年，置城中縣。隋諱「中」，改爲城平。今廢爲城平鎮。州志：城平城，在州西南一百五十里。

**青澗故城**。今清澗縣治，本寬州城。寰宇記：廢綏德縣有舊石城，在縣東三十里，今寬州是也。九域志：康定元年置清澗城，在延州東北一百八十五里。宋史：种世衡爲鄜州判官，建言延安東北二十里有故寬州，請因其廢壘而興之，右可固延安之勢，左可致河東之粟，北可圖銀夏之舊，朝廷從之。城成，賜名清澗。地理志：青澗城，元符二年屬綏德軍，東至永寧縣界七十里，南至延川縣界四十里。金史地理志：綏德州清澗縣本宋青澗城，大定二十二年升爲縣。延綏志：寬州城，在縣北二百步。縣志：即今後山砦。

**吴堡故城**。今吴堡縣治。宋史夏國傳：開寶九年，李克睿率兵破北漢吴堡砦。九域志：石州定胡縣有吴堡寨。宋史地理志：吴堡砦元豐四年收復。東至黄河，西至綏德軍義合砦六十里，南至綏德軍白草砦九十里，北至晉寧軍一百七十里。金史地理志：吴堡砦，在黄河西，臨西夏界。又孟門縣有吴堡鎮。元統志：葭州，金正大三年，領吴堡縣，本吴堡砦。宋景德以來，屢陷於羌，元豐五年，盡復其地，因築城堡。東臨汾晉，西接鄜延，實爲要衝，時與米脂、葭蘆並興。既成，以米脂屬鄜延，葭蘆、吴堡屬汾晉。元祐二年，以米脂、葭蘆給賜夏人，而吴堡不在所予地分，委官畫定邊界，開立濠堠。金時定胡爲夏人所奪，以吴堡隸通秦砦，後又升爲縣，屬葭州。元至元元年省，二年復置。東至石州孟門縣二十里，西至綏德州一百三十五里，南至石樓縣一百五十里，東南至石州寧鄉縣一百里，西南至清澗縣一百七十五里，東北至臨川一百八十里，西北至米脂縣一百八十里。

**獨樂舊縣**。在米脂縣北。漢置，屬上郡。後漢省。後魏僑置，屬趙興郡。在今甘肅慶陽府正寧縣界。延綏志有馬胡峪，在今縣北碎金驛康家灣之南，即今獨樂縣。宋改爲永樂。

**魏平舊縣**。在清澗縣西。魏書地形志：東夏州領朔方郡，郡領魏平、政和、朔方三縣。隋書地理志：延安郡領魏平縣，後魏置，並立朔方郡。後周廢朔方郡，並朔方、政和二縣入焉。舊唐書地理志：城平縣，武德三年，又置魏平縣，屬南平州。又置魏州，兼領安故、安泉二縣。七年，又於魏平城置綏州總管府，並大斌縣。貞觀二年，廢魏州及魏平、安故、安泉三縣。唐書地理志：城平縣有魏平關。舊志：魏平城在綏州西南一百五十里。

**綏平舊縣**。在清澗縣西北。九域志：延川縣有綏平寨。宋史地理志：元符二年，割隸綏德軍。東至懷寧砦四十里，北至臨夏城六十里。金史地理志：綏德州有綏平砦。元史地理志：金綏德州領綏平縣，歸附後入懷寧。蓋亦金末所置也。舊志：綏平砦，在縣西北一百里。

**懷寧舊縣**。在清澗縣北。九域志：延川縣有懷寧寨。宋史地理志：綏德軍懷寧砦，東至綏德軍四十里，南至清澗城七十里。金史地理志：綏德州有懷寧砦。元史地理志：金綏德州領懷寧縣，至元四年，併入清澗縣焉。

**撫寧城**。在米脂縣西。隋書地理志：雕陰郡領撫寧縣，西魏置。元和志：縣北至銀州八十里，本漢圁陰縣地。魏廢帝于縣東撫寧故城置撫寧縣，屬撫寧郡。隋開皇三年廢郡，移縣於今理，屬銀州。舊唐書地理志：撫寧縣，貞觀二年屬綏州，八年改屬銀州，治龍泉川。開元二年移於今所。宋雍熙三年，李繼遷自三族砦進攻撫寧。熙寧五年，种諤築永樂川、賞逋嶺二砦，分遣諸將築撫寧城。沈括筆談：撫寧舊治無定河川中，李繼隆遷縣於滴水崖，在舊縣北十餘里，皆石崖峭拔，高十餘丈，下臨無定河，今謂之囉兀城者是也。熙寧中所治撫寧城，乃撫寧舊城耳。縣志：撫寧城在縣西四十里。又隋志：雕陰郡領開疆縣，西魏置，有後魏撫寧郡，開皇三年省。唐初開疆縣亦廢。

**長城**。在州西。水經注：走馬水東入長城。寰宇記：城有二，一在州西十五里大力川，一在州北二十五里無定河，皆蒙恬所築之遺跡。

**吴兒城**。在州西北。元和志：在龍泉縣西北四十里。初赫連勃勃破劉義真於長安，遂虜其人，築此城以居之，號吴兒城。

**永樂城**。在米脂縣西。宋史：元豐初，种諤西討，得銀、夏、宥三州而不能守，延帥沈括欲盡城横山，瞰平夏，城永樂，詔給事中徐禧往相其事。禧言銀州雖據明堂川、無定河之會，而故城東南已爲河水所吞，西北又阻天塹，不如永樂形勢險阨。遂城永樂。夏兵聞之，傾國來争，城遂陷。宋史地理志：元豐四年，收復銀州。五年，即永樂小川築新城，距故銀州二十五里，前據銀州大川，賜名銀川砦〔四〕。旋被夏陷，崇寧四年收復，五年廢爲銀川城。明統志：永樂城，在米脂縣西一百五十里，西接宥川，附横山，東西二面，重岡複嶺，路僅可通車馬。

**静邊舊州**。在米脂縣西。舊唐書地理志：静邊州都督府舊治銀州界内，管小州十八。又歸德州，寄治銀州界内，處降党項羌。舊志：静邊州，貞觀後置，五代時改置静州。漢乾祐初，以静州隸定難軍，即此。

**綏德舊衛**。在州治北。明正統二年建，本朝康熙十七年裁。

**朔方臺**。在州東無定河東岸。明統志：世傳秦太子扶蘇所築，一名扶蘇臺。

月兒臺。在州北二里。

祭風臺。在清澗縣北一里。高百丈，上有風伯祠遺址。

相思亭。在州南三十里。州志：西、北二水交合於此。宋司馬光詩：「嶺上雙流水，猶知會合時。行人經過此，那得不相思。」

## 關隘

銀州關。在米脂縣西北九十里，即古銀州地。一名銀城關。

老鴉關。在清澗縣東一百二十里黄河濱，路通山西汾州府石樓縣界。

碎金鎮。在米脂縣北四十五里。舊置驛，達榆林魚河堡。

李廣砦。在州東。相傳李廣屯兵處。

臨夏砦。在州西。宋史地理志：綏德軍有臨夏城，地名囉巖谷嶺。元符元年築城，賜今名。東至克戎砦三十里，南至綏平砦六十里。金史地理志爲臨夏砦。舊志：在州西九十里。

克戎砦。在州西北，接米脂縣界。宋史地理志：克戎城，本夏人細浮圖砦。元豐四年收復，隸延川縣，七年改隸綏德城。元祐四年給賜夏人。紹聖四年收復，賜名。東至綏德軍六十里。金史地理志：綏德州克戎砦置第四將。州志：克戎堡，舊爲州扼塞要地，明初置巡司，弘治中裁。

暖泉砦。在米脂縣東。宋史地理志：暖泉砦，元符二年進築賜名。東至河東烏龍砦二十里，西北至米脂砦四十五里。金因之，元廢。

鎮邊砦。在米脂縣西北。宋置。宋史地理志：東至龍泉砦四十里，南至克戎城六十五里。金因之，元廢。

龍泉砦。在米脂縣北。宋史地理志：綏德軍龍泉砦，宣和二年改名通泉，尋復故。東至清邊砦二十里，南至嗣武城二十里。元廢。

清邊砦。在米脂縣東北，宋置。宋史地理志：西至龍泉砦二十里，南至暖泉砦七十里。金因之，元廢。

順安砦。在清澗縣東北。九域志：延川縣有順安、白草、永平等三砦。宋史地理志：順安砦，延州延川縣舊砦。元豐七年，隸綏德城，元符二年廢，後復置。舊志：順安砦亦曰順安驛，在縣東北八十里，北去綏德州義合驛六十里。

白草砦。在清澗縣東北一百餘里黃河側。宋置，元廢。宋張頌記：砦居山之巔，四面峭壁，峻不可攀，惟西有盤道抵城門。縣志：東扼黃河伏落關路，北控州界鐵茄坪、定仙嶺、滿堂川三路，最爲險要之地。又有後山砦，在縣東北山上。

開光堡。在州北。宋史地理志：綏德軍開光堡，紹聖四年修築，元符元年賜名，二年自延安府來屬。南至綏德軍三十里，北至米脂砦三十里。金因之，元廢。通志：在州北四十里，今爲鋪。又有河末窟兒、臨川、定遠、馬欄、中山等十六堡，皆在州境。

葫蘆堡。在米脂縣西四十里。又背干川堡，在縣北三十里。皆明置。

營田堡。在清澗縣南三十里。縣志：舊傳宋种世衡營田處。又寧川堡，在縣西三十里，明嘉靖中築。

田莊堡。在清澗縣北一百里，接本州界，明嘉靖中築。

觀音石堡。在清澗縣東北八十里，無定河西岸。縣志：兩崖上有湧泉，開石溝爲濠，昔時鄉人多避寇於此。又新開石堡，在縣東北一百二十七里。

官菜園。在州東北一百四十里。明正統中置巡司，今裁。

青陽驛。在州治南。明洪武初置，在城北，嘉靖中移城南。本朝順治中移今所。東北至義合驛六十里，北至銀川驛八十里。

義合驛。在州東六十里義合砦，明正統中置。東北至吴堡縣河西驛六十里。

銀川驛。在米脂縣治西一百步，明洪武初置。北至榆林府榆林縣魚河驛九十里。

奢延驛。在清澗縣南五十步。舊曰清澗驛，明洪武中改名。北至石觜驛七十里。

石觜驛。在清澗縣北七十里，明洪武初置。北至青陽驛七十里。

河西驛。在吴堡縣南二十五里，明正統初置。南至本州義合驛六十里，東至黄河，接山西汾州府永寧州青龍驛七十里。

## 津梁

無定河橋。在米脂縣西十里。

龍門橋。在清澗縣東六十里。又東二十里有遇仙橋。

南天橋。在清澗縣南三十里。

清河橋。在吴堡縣西二十里，跨清河溝。

無定河橋渡。在州東門外。又大理河橋渡在州南門外。皆秋冬架木，夏則撤之。

界首渡。在清澗縣東北一百六十里，路通山西汾州府寧鄉縣。其南有馬灰坪關渡，去縣一百四十里。又南有新關渡，去縣一百二十里。又南有老鴉關渡，去縣一百里。俱通山西汾州府石樓縣。又南有郭家河渡，在縣東南百里，通山西隰州永和縣。

菜園渡。在吳堡縣南十里黄河西岸。又縣東二十里河西驛有楊家店渡。

## 隄堰

流金堰。在米脂縣南。明正德中累石谿口作堰，長五十餘丈，引山水灌田，民獲其利。

## 陵墓

### 秦

扶蘇墓。在州治北山上。寰宇記：在無定河東，去州八里。

蒙恬墓。在州西南一里。寰宇記：在大力川西，去州二里。

宋

高永能墓。在清澗縣東九十里高官莊，有碑。

郝文義墓。在吴堡縣李家原。

金

趙勸墓。在州城西十里，有施宜生碑。

元

党時濟墓。在清澗縣東一百三十里党家山，有碑。

郝志義墓。在清澗縣北八十里。

薛國柱墓。在吴堡縣。

明

馬汝驥墓。在州東五里。

姜漢墓。在州城南十里。

本朝

馬如龍墓。在州境，康熙四十年賜祭葬。

## 祠廟

扶蘇祠。在州城内文廟左，明嘉靖中改建於疏屬山峯。

种公祠。在清澗縣城内，祀宋种世衡。

清風祠。在州西七十里殷家坬南五女川，因孝女五人而名，土人鑿石肖像爲祠。

## 寺觀

天安寺。在州城西。

雲巖寺。在州治西巖上，飛閣翼然，下瞰理水，爲州名勝。

月宮寺。在州城西北，多名人題詠。

九真寺。在州治西一里，明宣德中建。

白草寺。在清澗縣。縣志：寺踞山巔，黄河、圁水，遠相環抱，河東雲樹，隱隱可辨。

石臺寺。在清澗縣。縣志：内有觀音洞，壁立數仞，爲邑名刹。

石塔寺。在吴堡縣南門外。一名祝壽寺。

西峯寺。在吴堡縣北十一里。因泉水泛溢，立寺鎮之。舊名海眼寺。

## 名宦

### 漢

李廣。成紀人。孝景時，爲上郡太守。

馮立。杜陵人。竟寧中，爲上郡太守。先是，立兄野王守上郡，立治行略與野王相似，吏民嘉美，歌之曰：「大馮君，小馮君，兄弟繼踵相因循，聰明賢知惠吏民。政如魯衛德化鈞，周公康叔猶二君。」

### 唐

劉源。太和七年爲銀州刺史。詔市馬三千，置銀川監，以源爲使。

宋

种世衡。洛陽人。仁宗時，簽書鄜州判官，西邊守備用兵不足，世衡請於延安東北故寬州，因其廢壘而築之。城成，賜名清澗，遷内殿崇班、知城事。開營田二千頃，募商賈貸本，通貸贏其利，城遂富實。間出行部族，慰勞酋長，羌屬率皆樂爲用。

种諤。世衡子。知清澗城。夏將嵬名山部落在故綏州，其弟夷山先降，諤因夷山誘降之。舉衆從諤而南，次懷遠，敵四萬衆傅城而陣，至晉祠合戰，追擊二十里，俘馘甚衆，遂城綏州。後爲經略安撫副使。敵屯夏州，諤攻米脂，三日未下。夏兵八萬來援，諤禦之無定河，伏發，斷其首尾，大破之。

趙卨。依政人。郭逵宣撫陜西，辟掌機宜文字。种諤納綏州降人，朝廷以其生事，議誅諤，反故地以釋兵。卨爲逵移書執政，請存綏州以張兵勢。先規度大理河川，建堡砦，畫稼穡之地三十里，以處降者，活降者數萬，爲東路捍蔽。熙寧初，夏人請納塞門、安遠二砦易綏州，卨言綏實形勢之地，宜存以觀其變，神宗然之。後用卨策，以綏爲綏德城。

李稷。邛州人。元豐中，爲陜西轉運使，制置解鹽，坐事貶爲判官。永樂既城，受圍急，稷守之以及于難。

元

聿思敬。晉寧人。泰寧初，清澗尹。先是邑旱，逃徙甚衆，思敬招撫復業。歲復祲，他郡民率歸之，思敬發粟賑且告厚積者貸，全活數萬人。訟以理遣，囹圄空虚，課績爲陜西之最。

## 明

丁碧。嘉靖時，爲延綏勦援游擊。寇大入延綏，碧以孤軍數百遏其前鋒於馬家窊，大呼突陣死。贈都督同知，謚節愍。

霍文玉。武岡人。萬曆初，知清澗縣。縣素不通水利，文玉攜一僕荷鍤巡行郊陌間，相其可田者經畫之。開西、南二渠，引灌數千頃，濬其餘流爲蔬圃。又于高田可汲者，制轉輪汲之，歲益粟十數萬石，民以富饒。

唐思周。磁州人。萬曆中，知清澗縣。歲大饑，請賑，蠲租減賦役，招流移，飭驛傳，治邑六年，百務俱舉。

陳王道。寧鄉人。萬曆中，知清澗縣。獄不踰宿，剖決如流，咸得其情。他邑控籲者，皆假籍以希聽斷。適綏德、延川俱缺長吏，臺司命兼攝之，循聲大起，擢正定同知。

劉廷傑。綏德人。爲延綏撫標參將，以防寇駐綏德。闖賊至，廷傑回鎮，激以大義固守，城陷被執。賊欲降之，廷傑怒曰：「爲朝廷守城者，我也。有死不貽君父羞。」賊支解之。父彝鼎聞之，嘆曰：「吾有子矣！」

周瑚。行唐人。崇禎中，知清澗縣。剖決疑事如習知。流寇逼城數月，瑚守禦多出奇畫，危城得完。

簡國凝。石阡人。崇禎中，知吳堡縣。時值兵荒，請輕徭賦，多方賑給，活數萬人。在官五年，布衣蔬食，去之日，不能具舟車。

## 本朝

王廷議。翼城人。順治中，任清澗縣。時叛逆未靖，大兵駐府谷，人心皇皇。廷議計安反側，調度軍需，整頓有法，聽斷如流，不事鞭朴，五年之間，盜息民安。臺司交章薦之，擢户部主事。

## 人物

### 宋

高永能。清澗人。少有勇力，善騎射，以供奉官從取綏州，先馳入囉兀，五戰皆捷。轉供備庫副使，治綏德城，闢地數千頃，增户三千三百，即知城事。元豐初，爲鄜延都監。秋大稔，夏人將取稼，永能簡精騎突過其營，騎卒驚潰，獲鈐轄二人。擢本路鈐轄。四年，西討，永能爲前鋒，圍米脂城，邊人十萬來援，永能嚴陣待其至，鏖戰於無定河，斬獲甚多，降其首將。累進榮州團練使。永樂之役，城陷戰死，詔贈房州觀察使，録其子世亮爲忠州刺史。

李顯忠。清澗人。初名世輔，南歸時賜名。父永奇，世襲蘇尾九族巡檢。金兵陷延安，授永奇及顯忠官，永奇泣曰：「我宋臣，世受國恩，乃爲彼用耶？」與顯忠密謀，以兵取延安歸朝。挈家出城，至馬翅峪口，爲金兵所及，永奇並家屬二百口皆遇害。顯忠奔夏，率驍勇擒其害父母弟姪者皆斬之。引軍赴行在，吴玠撫之曰：「忠義歸朝，惟君第一。」高宗勞賜再三，命爲招撫司前軍都統制。與李貴同破靈壁縣。金兵至合肥，詔顯忠禦之，敵素畏其勇，避去。尋加保信軍節度使、浙東副總管，屢破金兵。顯忠生長邊陲，熟悉山川險易，每用兵必先計而戰，時稱爲真關西將軍。孝宗立，除威武軍節度，奇其狀貌魁傑，命畫像於閣下。及卒，贈爲開府儀同三司，謚忠襄。

## 明

郝志義。清澗人。成化中進士，授評事，進寺副，奉命審録河南。時久旱，志義定疑獄三十五人，釋無辜者三百七十人，專取服罪者十人戮於市，天即雨。歷官湖廣巡撫。志義素性嚴毅，所至以廉慎稱。

劉寬。綏德衛人。以世職歷官都指揮同知〔五〕。成化四年，從征滿四於石城，先登，後軍不繼，爲賊所執，不屈死。子羊兒爲指揮，次子珍以百户署清平堡把總。羊兒隨游擊高極禦敵，力戰殁於陣。珍往救，亦死之。時稱一門忠烈。綏德衛指揮劉釗亦隨寬死石城之難。

馮禎。綏德衛人。起卒伍，累功擢副總兵，協守綏延。正德六年，盜起，詔以所部千五百人赴討，遇于阜城，逐北數十里，俘斬八百有奇，進解曹州圍。録功進都督僉事。明年，劉惠、趙鐩連陷河南郡縣，禎擊敗之。賊潰而西，復招屯洛南，覘官軍飢疲迎戰。禎方列陣，後哨參將姚信所部忽馳前失利先遁，陣亂，賊齊進，禎下馬力戰，援絶死焉。贈洛南伯，建祠歲祀。

安國。綏德衛人。世襲職爲指揮僉事。正德三年，舉武會試第一，進署指揮使，赴三邊立功。劉瑾索賄不與，乃編之行伍。瑾誅，以故官分守寧夏西路，累遷右副總兵，徙延綏。敵二萬騎分掠偏頭關諸處，國馳敗之岢嵐州。進都督同知、寧夏總兵官。國以材武致大將，端謹練戎務，所至盡職，推將材者必歸焉。在鎮四年卒，特謚武敏。

杭雄。綏德衛人。世爲總旗。雄積首功，六遷至指揮使。正德中，勦賊四川，尋守備西寧，擢綏延游擊。從都御史彭澤經略哈密，偕副將安國破敵岢嵐。累擢都督同知，拜大同總兵官。嘉靖初，小王子萬餘騎入沙河堡，戰却之。召僉書後軍都督府，出鎮寧夏。吉農大入，擊破之。進都督同知。雄遇敵敢戰，與士卒同甘苦。嘗以數騎行邊，敵驀至，乃下馬積鞍爲壘，跪而射之。敵退解衣，腋凝血，乃知中飛矢。少役延綏巡撫行臺，既貴，每至臺議事，不敢正席坐。正嘉間，西北名將，馬永下稱雄云。「吉農」

譯見前。

馬汝驥。綏德州人。正德中進士，改庶吉士。武宗南巡，汝驥偕舒芬等切諫，帝怒，跪闕五日，又杖之，調知澤州。州多藩府，府人虐民，汝驥一繩以法，政聲大著。世宗立，召授編修，歷南京國子祭酒，擢禮部右侍郎，帝愛其才，加侍講以寵之。卒，贈尚書，謚文簡。

雷子堅。綏德州人。正德中舉於鄉，知廣州。剛介不畏强禦。值流賊刼掠，繕城池，治兵器，賊不敢犯，民賴以全。因抗論將帥失利，當路惡之，遂落職。將行，出所貯金幣於官，其廉潔如此。

王成。綏德州人。萬曆時，任延綏參將，從征河套，大挫賊衆。進右都督，鎮大同，訓兵飭邊。在邊五十年，九佩將印，以功名終。成祖孫父子兄弟三世，爲將者二十四人。

薛永譽。吴堡人。歲貢。崇禎三年，賊犯吴堡之川口，永譽先奉母居城中，率衆守虎頭二砦，力不能支。永譽促老幼渡河，自斷後禦賊，賊衆蝟集，矢石如雨，遂入河死。

艾萬年。米脂人。由武生從軍，積功至神木參將。崇禎四年，從曹文詔復河曲。點燈子入山西，萬年力敗之桑落鎮、花帝窊、霧露山，從討平不沾泥。山西告警，隸文詔東征，與李卑一月奏五捷。又與賀人龍敗八大王、掃地王兵。明年賊東遁，連破之延家山、亢義村、賈砦村，擢副總兵。山西土寇不散，巡撫戴君恩，因迎春，召其渠王剛宴，殺之。萬年亦捕殺其魁王豹五、領兵王等，加署都督僉事。尋授孤山副總兵，戍平涼。後戰死于寧州之襄樂。本朝乾隆四十一年，賜謚忠烈。

劉廷傑。綏德州人。任榆林參將。崇禎十六年，流賊李自成傳檄秦中，廷傑與在籍總兵尤世威、王世欽等誓死守。戰七晝夜，城陷被執，奮罵不屈，爲賊支解死。事聞，贈都督僉事。本朝順治二年，予祀忠義祠。

白慧元。清澗人。崇禎中進士，知任丘縣。善祛蠹，吏民畏之。大兵臨城，堅守有功，命減俸行取，會與大奄有隙，摭其罪逮治之。未行而兵抵城下，乃與代者李廉仲共守，廉仲縋城遁，慧元防禦甚力，及城破，一門俱死。贈按察司僉事。本朝乾隆四十一年，賜謚節愍。

艾毓初。米脂人。崇禎中進士，知内鄉縣。生長邊陲，習戰事。流賊來犯，薙大礮於城外，城内燃線發之，賊死無算，遂解去。屢遷右參議，分守南陽。李自成大衆來寇，食盡援絶，毓初題詩城樓，自縊。本朝乾隆四十一年，賜謚忠節。

惠顯。清澗人。由步卒積功至延綏副將。闖賊至，激勵將士，閉城固守。城破被擒，賊曰：「若能從我，則以權將軍相授。」顯不屈死之。從子漸，時爲撫邊守備，亦罵賊死。「漸」，縣志作「濟」。本朝乾隆四十一年，賜惠顯謚忠烈，漸謚烈愍。

赫崇德。綏德州諸生。聞僞官至，即具衣冠自縊於文廟，爲門斗救免，掖至學宫，觸柱而死。本朝乾隆四十一年，予祀忠義祠。

郝允曜。清澗人。以祖廕補南國學典簿，歷刑部郎中。以清獄忤旨，謫上林薄，尋復户部主事。闖賊至，不屈死之。本朝乾隆四十一年，予祀忠義祠。

李振聲。米脂人。由進士知鄖城縣，歷官至湖廣巡按，勤於其職。崇禎末，聞都城陷，死之。

盧之苓。清澗人。性至孝。父死於蜀，匍匐乞食抵西川，負骸歸葬。與同邑李邦鎮，皆以孝行旌。

本朝

馬兗。綏德州人。諸生。闖賊陷西安，欲授以僞官，兗抱先人木主，逃寧鄉山中，兄企被掠死，會大兵至獲免。兗一意奉親，粗糲恒不能飽，師友招之食不就。親殁時，年幾七十，廬墓三年，嚴冬每伏冢哀號，手足皴瘃。

拓文運。清澗人。諸生，以多智稱。順治六年，叛將王永彊陷清澗，欲引爲己用，文運叱之曰：「吾恨力寡，不能盡殲汝等耳。」遂遇害。

白鼇辰。清澗人。順治中，以拔貢判平樂府。有治績，攝知賀縣。以戇直忤上官，鐫秩。事白，復判温州。康熙十三年，耿逆叛，圍其城，總兵官祖宏勳通賊，六月，殺副使陳丹赤、永嘉知縣馬琠，鼇辰爲賊斷右臂，遂同遇害。

馬如龍。綏德州人。康熙初舉於鄉。會朱龍陷延安，州城失守，如龍糾集鄉勇，力戰却之。大兵至，如龍謁軍門陳方略，因統前鋒追賊，復大破之。以功授知灤州，歷遷江西巡撫。淮揚饑，具米十萬移賑，存活無算。

李毓采。清澗人。康熙十四年，朱龍變起，緣邊城堡皆潰，毓采以把總率兵逆戰於綏德州，死之。

傅汝友。清澗人。康熙十九年，以總兵隨定海將軍王之鼎救永寧，爲賊所執，不屈遇害。贈都督同知。

白補宸。清澗人。康熙中舉於鄉，官三原縣教諭。關涼弗靖，督騾運甚亟，三原令佐俱赴軍，補宸代行邑事，設法飛輓。擢寧夏衛教授，督濬秦漢舊渠，開水田數百頃，民德之。

白濬。清澗人。由歲貢授咸陽縣教諭，擢知桐城縣，復擢知象州。所莅多善政，廉介不苟取。性至孝，以不能迎養，自奉惟粗糲。訓子弟有法，五世同居，族人貧者周卹之。邑有大利害，必盡言於邑宰，未嘗干以私。

張璨。綏德州人。康熙中進士，授檢討，轉御史，修高陽城如式。又監賑宛平，稽查滄青河工，績最著。擢兩淮鹽運使，洊升湖南布政使。

## 列女

### 宋

李氏女。清澗人。顯忠族妹，依顯忠父永奇在鄜城。永奇挈之南歸，爲金兵所執，欲犯之，女罵不從，乃縛其手於樹，攢射而死。

## 明

王淑妻時氏。綏德衛人。淑以都指揮守備寧夏，戰殁，氏聞訃自縊。其從孫婦趙氏，亦殉其夫。人稱爲一門雙節。又千户沈滈妻賀氏，賊破城，以子大中託妾高氏，從容投繯死。又衛人高俊妻李氏，年二十夫亡，自縊以殉，成化中旌。又陶輔妻郭氏、余林妻柳氏、白麒妻蘇氏，皆以節孝著。

姜耀妻李氏。米脂人。耀早卒，無子家貧，姑欲嫁之。氏泣曰：「婦去誰事舅姑？」乃織作以供養。舅姑殁，葬祭盡禮，荼苦終身。同縣艾某妻高氏，年十六夫亡，撫遺腹子守節。又李應元妻陶氏，夫亡，自縊以殉。

張鳳妻郝氏。清澗人。年十八，夫亡守節，教子成立。與王綱妻張氏，並弘治中旌。同縣苗實妻郝氏、白延慶妻劉氏、張彦昂妻孫氏、白似玉妻劉氏、子賁妻李氏、鮑璽妻惠氏、王永祥妻白氏，均以苦節著。又惠道昌妻白氏、惠及科妻李氏，均夫亡殉節。

張如愚妻王氏。吴堡人。年十八，夫殁，母憐其少，欲令改適。氏抱遺孤，辰夜號泣，欲以死殉，母乃止。氏勵志守節，孝養舅姑，卒八十七。同縣宋名儒妻劉氏、張志賢妻樊氏、寇善妻丁氏，皆以節著。

馮觀祥妻王氏。米脂人。崇禎初歲荒，流賊起，夫死，氏無依，恐受辱，投河死。同縣高建鼎妻賈氏，爲流賊所掠，氏紿之曰：「我有私積，攜之從汝。」賊信而從之，入室取刀自刎死。

劉興女。清澗人。名貴姐。崇禎中，流賊起，攻神崖砦，擄婦女五十餘，獨貴姐抗節不從，以帕蒙面投崖死。巡按御史吴甡，鐫其崖曰「烈女崖」。同縣康盛運妻呂氏，偕夫避賊母家，賊至，攜其妹投塹死。

本朝

馬啓周妻任氏。綏德州人。夫亡，誓死守節。朱龍之變，大肆焚掠，獨相戒不入馬氏門，欽其節也。雍正九年旌。同州馬駿龍妻柳氏、馬繼俊妻李氏、馬彭齡妻劉氏、馬徵易妻張氏、李如膺妻田氏、王善福妻楊氏、馬士俊妻慕氏、延自璽妻高氏、汪生瑾妻王氏、馬彪妻葉氏、陸法愷妻李氏、張充善妻李氏、張國璽妻馬氏、張隆軒妻賀氏，均雍正年間旌。

艾穆妾金氏。米脂人。年二十五，穆爲明參將，穆亡，隨嫡馬氏避兵玉華山中。本朝定鼎，穆仲子懷英歸誠，官鑲藍旗牛彔章京，居京師，未幾歿。季子懷元往省，及歸，有指爲逃旗，官捕繫之。檄行原籍，取家屬甚急，馬氏年邁，慮不測，欲自盡，氏慷慨請代。與懷元妻姜氏，同就道，比至，事得雪。姜氏舉一子，乃謀西歸。懷元方南遊，閱歲不返，值秦中僕至，遂歸。時秋雨積潦千里，金氏負幼子，攜姜氏，兩月餘始抵家。明年，馬氏卒，氏憂勞傷慟而逝，時年六十三。姜氏哭盡哀，喪葬逾常禮。久之，懷元致書與姜氏訣曰：「母死不奔喪，不可爲子，吾誓畢此生不歸矣。」姜氏驚怛不欲生，家貧子幼，茹苦四十餘年，至六十九歲卒。懷元竟不知所終。雍正六年，以雙節旌。同邑馮震妻高氏，亦雍正年間旌。艾懷光妻王氏，以節孝著。

高國祥妻韓氏。清澗人。爲賀三兒所迫，投崖死，知縣吴其琰置三兒於理。事聞被旌。

馬勗妻丁氏。吴堡人。年二十一，夫亡守節，雍正八年旌。同縣樊恭妻馬氏，以節孝著。又丁泰妻李氏、李應賢妻史氏，同爲賊所刼，二氏登樓以避。賊焚樓迫之，二氏堅拒不從，並死之。

霍士建妻卜氏。綏德州人。矢志守節，日勤紡績。同縣賀進喜妻王氏、崔萬善妻張氏、羅士煜妻何氏、李若梓妻馮氏、李修齡妻高氏、周郁文妻王氏、折有信妻馬氏、雷建妻劉氏、馬鳳國妻延氏、馬曰瑞妻劉氏、劉元吉妻李氏、劉傑吾妻王氏、李桂芝妻李氏、葉生桂妻閻氏、魚躍淵妻高氏、陸班妻張氏、閻天中妻王氏、薛志清妻趙氏、高占龍妻王氏，均乾隆年間旌。

高文彩妻社氏〔六〕。米脂人。夫亡守節，撫孤成立。同縣艾永齡妻王氏、陳有才妻吕氏、馮通妻常氏、高文明妻常氏、艾元泰妻高氏、艾琇品妻常氏、拓有福妻萬氏、高世俊妻艾氏、馬九親妻陳氏、常天佑妻李氏，俱乾隆年間旌。

拓文運妻惠氏。清澗人。夫亡守節。同縣師自恩妻蕭氏、郝熺妻惠氏、李應禄妻楊氏、李雷妻楊氏、任宗皇妻惠氏、惠受祺妻師氏、惠可揚妻師氏、陳發祥妻劉氏、韓龍妻劉氏、白瓚妻張氏、師宣藝妻白氏、白璠妻惠氏、白子仁妻劉氏、邱育世妻張氏、劉鐸妻惠氏、王士甲妻師氏、薛士雄妻白氏、米俊妻張氏、惠明世妻馬氏、白子權妻褚氏、王曰漣妻朱氏、李通吾妻惠氏、賀國用妻王氏、高大雄妻馬氏、白綜妻艾氏、白士静妻柏氏、白虞璋妻高氏、郝人敘妻米氏，俱乾隆年間旌。又惠正心妻師氏，康程虞妻雷氏，惠所和妻賀氏，武全孟妻康氏，白光輝妻惠氏，劉壯圖妻李氏，米萬箱妻王氏，高得貞妻白氏，李友梧妻惠氏、媳醮氏，白成美妻呼氏，白恩妻惠氏，惠得鵬妻張氏，劉萬軍妻馬氏，惠所静妻霍氏，韓思温妻李氏，惠公義妻張氏，白琮妻李氏，任許因妻白氏，劉估璜妻惠氏，康鵬翼妻白氏，任國卿妻賀氏，白環妻劉氏，薛璧妻韓氏，賀士俊妻馮氏，賀文瑞妻吴氏，陳鼎妻劉氏，陳棡妻師氏，武統九妻孫氏，王叔通妻陳氏，惠永博妻雒氏，惠三傑妻白氏，惠和奇妻白氏，楊宗鳳妻劉氏，楊密妻惠氏，白霍妻李氏，米維城妻白氏，陳恭妻白氏，惠本吾妻王氏，惠遐敷妻楊氏，任奠邦妻白氏，李榮貴妻惠氏，鄧士瓏妻賀氏，賀永祐妻郭氏，李大用妻季氏，邱有孔妻拓氏，惠施妻王氏，惠可當妻王氏，張宏魁妻李氏，張宏壽妻白氏，白增康妻柏氏，王漣妻徐氏，白騰妻李氏，劉四節妻白氏，張能遠妻陳氏，白當仁妻李氏，惠廷琪妻李氏，任久志妻白氏，任耀妻王氏，折統元妻白氏，惠尚志妻馬氏，李偉妻惠氏，王鴻妻任氏，朱錡妻陳氏，李作樑妻劉氏，張漣妻陳氏，朱之漣妻李氏，張選妻馮氏，武琳妻賀氏，張元臣妻楊氏，惠作霖妻白氏，惠大年妻劉氏，惠士玠妻劉氏，皆先後以節聞。

王玺妻吴氏。吴堡人。孝事舅姑，撫育孤子，教並嚴師。同縣慕生芳妻宋氏、薛詮妻白氏、賈玫妻王氏、薛欽公妻高氏、宋業妻李氏，又烈婦藺鳳儀妻師氏，均乾隆年間旌。

張國珠妻姬氏。綏德州人。夫亡守節，嘉慶三年旌。同邑雷作楷妻馮氏、折長義妻曹氏、馬逢安妻霍氏、劉天德妻王氏、安士華妻田氏、薛精業妻辛氏、白逢源妻王氏、李廷詔妻李氏、宫爾閣妻李氏、韓衣香妻王氏、霍天德妻郝氏、張曰義妻何氏、葉逢泰妻馬氏，又烈婦郝成才妻蘇氏，均嘉慶年間旌。

艾質同妻張氏。米脂人。夫亡守節，嘉慶元年旌。同邑常敬業妻李氏、姜潛修妻馮氏、姜益妻吕氏、馮質源妻高氏、高威鳳妻康氏、艾恒兑妻高氏、杜質妻高氏、馮榮妻申氏、張天祐妻吴氏、姬逢年妻李氏，又烈婦杜貴兒妻姜氏，均嘉慶年間旌。

劉士炳妻武氏。清澗人。夫亡守節，嘉慶三年旌。同縣賀登科妻高氏、蕭志毅妻劉氏、蕭連登妻惠氏、蕭珍妻師氏、白師憲妻惠氏、徐有福妻白氏、王倬妻賀氏、李琳妻季氏、白連妻李氏，又烈婦高中兒妻馬氏，均嘉慶年間旌。

慕希閔妻霍氏。吴堡人。夫亡守節，與同縣宋邦安妻郝氏，均嘉慶年間旌。

## 土產

布。唐書地理志：綏州土貢胡女布，銀州土貢女稽布。

蠟。元和志：綏州貢蠟。

黄鼠。清澗縣出。

藥。寰宇記：丹州土産香子、苦參。本草：柴胡以銀州爲勝。府志：綏德州出甘遂、木賊、兔絲。又芎藭出米脂，遠志出清澗。

## 校勘記

〔一〕西魏置綏德城中二縣　「城中」，乾隆志卷一九六綏德州建置沿革（下同卷簡稱乾隆志）及隋書地理志、通典州郡等皆作「城平」。按，據太平寰宇記卷三八關西道綏州，後魏神䴥元年置城中縣，隋諱「中」，改爲城平縣。本志蓋據此。

〔二〕龍泉縣有大力川在州西　「州」，原脱，乾隆志同，據太平寰宇記卷三八關西道綏州補。

〔三〕落陽溝　乾隆志及雍正陝西通志卷一三山川均作「楊」。

〔四〕賜名銀川砦　「砦」，原作「岩」，據宋史卷八七地理志改。

〔五〕以世職歷官都指揮同知　「揮」，原作「渾」，據乾隆志改。

〔六〕高文彩妻社氏　「社」，乾隆志作「杜」。